rmann 1912–1992
&
rückner 1915–1989

— Susanne Neckermann 1961
&
Alexander Meder

– Christian Neckermann 1964
&
Darian Hayler

— Josef-Johannes »Jo-Jo«
Neckermann 1961–1984

— Martina Neckermann 1964
&
Jürgen von Buttlar

— Markus Neckermann 1967
&
Christine Pärschke

— Julia Neckermann 1969
&
Georg Rössler

— Lukas Neckermann 1975
&
Cordula Adamek

Walter Neckermann 1914–1972
&
Elsa Leininger 1915–2000

Peter Neckermann 1941–2001
&
Anita Weber 1936

Marlene Neckermann 1944
&
Dieter Heisig 1942

Philipp Neckermann 1982

Die Neckermanns

Thomas Veszelits, Absolvent der Hochschule für Film und Fernsehen, lebt als Autor und freier Journalist in München. Er arbeitete für die *Münchner Abendzeitung* und schrieb für *die Bunte, Welt am Sonntag, Playboy* sowie *GQ*. Nach der Wende leitete er als Chefredakteur Tagesblätter in Budapest und Prag. Als TV-Reporter war er in Brasilien und Russland tätig.

Thomas Veszelits

Die Neckermanns

Licht und Schatten einer deutschen Unternehmerfamilie

Campus Verlag
Frankfurt/New York

Bibliografische Information der Deutschen Bibliothek
Die Deutsche Bibliothek verzeichnet diese Publikation in der Deutschen Nationalbibliografie. Detaillierte bibliografische Daten sind im Internet über http://dnb.ddb.de abrufbar.
ISBN 3-593-37406-4

Umschlaggestaltung: Büro Hamburg
Umschlagmotiv: © @ akg.-image
Satz: Fotosatz L. Huhn, Maintal-Bischofsheim
Druck und Bindung: Freiburger Graphische Betriebe
Gedruckt auf säurefreiem und chlorfrei gebleichtem Papier.
Printed in Germany

Besuchen Sie uns im Internet: www.campus.de

Für Dieter

Inhalt

Prolog
»Adel ohne Adelstitel«

Zum ersten Mal habe ich den Namen Neckermann im Alter von 15 Jahren gehört. Damals lebten wir noch hinter dem Eisernen Vorhang. Ich kann mich gut an das Gesicht meiner Mutter erinnern, als sie eines Tages mit einem dicken, bunten Heft in der Hand nach Hause kam. Es war die *Neckermann Illustrierte*. Mit diesem Titel klang es nach mehr als es eigentlich war, nämlich ein Warenkatalog. Meine Mutter strahlte so glücklich, als hätte sie das Paradies gesehen.

Wir lebten damals in Marienbad, das auf tschechisch Mariánské Lázne heißt. Anfang der 60er Jahre, nach der Kuba-Krise, als die Kalten Krieger sich eine kurze Verschnaufpause gönnten, tröpfelten an Wochenenden die ersten Besucher aus Westdeutschland in diesen malerischen Erholungsort mitten im satten Grün des Böhmischen Waldes. Sie parkten ihre VW Käfer, Opel Rekord und Borgward Isabella vor der Promenade, wo das Kurorchester Walzer von Strauß und Léhar spielte.

Vor dem Palace Hotel hielten die Neoplan-Busse. Wir Kinder waren fasziniert von den verglasten Dächern und den blitzblank strahlenden Zierleisten aus Chrom. Die Menschen, die diesen gläsernen Bussen entstiegen, trugen knitterfreie Trevira-Anzüge und weiße Nyltest-Hemden. Die festen Krägen ragten am Hals steif wie ein Tellerrand. Ganz Marienbad bestaunte diese fremdartige Wesen, als wären sie vom Mars gelandet. Und wie hießen sie? »Die Neckermänner!«

Tatsächlich kamen sie beinahe von einem anderen Planeten, der Wunderwelt des Kapitalismus und des Konsums. Beim Eintritt in die hermetisch bewachte Welt des Sozialismus wurden sie von unseren wachsamen Grenzsoldaten gründlich gefilzt. Die scharfe Suchaktion galt Illustrierten wie *Quick*, *Bunte* oder *Neue Revue*. Was man fand, wurde sofort rigoros beschlagnahmt. Die westdeutschen Reiseveranstalter hatten ihre Fahrgäste ausdrücklich gewarnt, auf keinen Fall den *Spiegel* oder *Stern* als Reiselektüre mitzunehmen. Was nahm man also stattdessen auf eine fünfstündige Fahrt mit? Die neueste Ausgabe der Neckermann-Illustrierten. So kamen diese »Fenster zum Westen«, wie wir solche Sammelobjekte nannten, in unseren Staat der Arbeiter und Bauern.

Meine Mutter bewachte ihren Schatz mit Argusaugen. Ich durfte nicht unbeaufsichtigt im Neckermann-Katalog herumblättern. Sie hatte Bedenken, ich könnte heimlich etwas herausreißen und die Bilder in der Schule herumzeigen. Natürlich wäre mir das als wohlerzogener Sohn nie in den Sinn gekommen. Dennoch musste es irgendwie durchgesickert sein, dass wir im Besitz von »imperialistischem Propagandamaterial« waren. Unvermittelt schneite die staatliche Geheimpolizei bei uns herein. Mein Vater wurde verhaftet und erst spät am Abend freigelassen. Danach wurde er mehrmals zu Verhören zitiert. In mir begann damals die Abneigung gegen dieses totale Überwachungssystem zu keimen.

Heute würde ich sagen, die Befürchtungen der Kommunisten waren nicht unbegründet. Der Neckermann-Katalog lieferte den Beweis, dass der von Marx postulierte »Fetischcharakter der Ware« nicht bloß ein Merkmal bürgerlicher Gesellschaften war, sondern auch in den sozialistischen Köpfen Wunschträume weckte. Auch bei mir meldete sich die Sehnsucht nach dem »Neckermannland« mit seinem scheinbar unbegrenzten Warenangebot.

Das Jahr 1968 stand im Zeichen des »Prager Frühlings« und ich, inzwischen Student am Prager Konservatorium, nutzte die Chance. Ich beantragte einen Pass, besorgte mir in der deutschen Botschaft ein Visum und setzte mich in den nächsten Zug gen Westen. Mit 20 Mark in der Tasche, die ich auf dem Prager Wenzelsplatz zu einem Schwindel erregenden Schwarzmarktkurs gewechselt hatte, kam ich in München an. Als erstes musste ich mich um einen Job kümmern. Voller Hoffnung schlug ich den Weg zu Neckermann ein. Ob er für mich Arbeit haben würde?

Die Münchner Filiale des Neckermann-Kaufhauses lag in der Neuhauserstraße. Auf dem Weg dorthin blieb ich am Personaleingang von Karstadt hängen. »Plakatmaler gesucht«, stand dort auf einer Tafel. Welcher Prager konnte so was nicht! Schließlich haben wir uns alle schon mal als Pflaster-Picassos an der Karlsbrücke versucht. Nachdem die Sowjetpanzer den »Prager Frühling« überrollt hatten, waren die Sympathien für uns Tschechen in Deutschland groß, und ich bekam den Job sofort. Am Monatsende kamen genau 460 Mark in die Lohntüte. Damit ging ich zu Neckermann: Mal sehen, was dort billiger ist als bei Karstadt.

Bin ich in Deutschland, bin ich ein Neckermann

Später, als ich Journalist für die *Münchner Abendzeitung* war, hatte ich Gelegenheit, Josef Neckermann persönlich kennen zu lernen. Ich hatte ihn schon öfter bei Sportfesten, Vernissagen und sogar bei einer Party des *Playboy* in München gesehen. Auf dem »Ball des Sports« in der Rheingoldhalle in Mainz 1981 sprach ich ihn spontan an. Als Vorsitzender der Deutschen Sporthilfe war Neckermann der Organisator der Veranstaltung. Die gesamte bundesdeutsche Prominenz aus Industrie und Unterhaltung war da, man hätte das »Who's who der Millionäre« erstellen können. Neckermann kannte jeden persönlich. Wenn er rief, kamen sie alle.

Man musste auch nicht lange fragen, wo ist Herr Neckermann? Aus dem Trubel ragte sein asketischer Kopf wie ein Leuchtturm hervor. Er flirtete gern, verstrahlte Charme in Überdosis und schwang das Bein als Dauertänzer. Von Walzer bis Rumba, er beherrschte alles. Sein Hüftschwung erinnerte beinahe an Elvis Presley.

Es war gar nicht einfach, eine ruhige Minute mit ihm zu erwischen. Der Mann war eine Legende. Auf der Höhe seines Lebens war er Herr über das drittgrößte Versandhaus, das zweitgrößte Reiseunternehmen und die größte Fertighausfirma der Bundesrepublik gewesen. Er hatte Anlagefonds und Versicherungen vertrieben und Bungalows für Feriendörfer am Mittelmeer verkauft. Als Dressurreiter war er mehrmals Welt- und Europameister geworden und schien ein

Abonnement auf olympische Medaillen gehabt zu haben. Wie immer umschwirrten ihn auf dem Ball Bekannte, Funktionäre, Journalisten, Gesichter vom Film und Fernsehen und schließlich die Sportler selbst. Unentwegt grüßte ihn jemand, zupfte an seinem Ärmel, klopfte ihm auf die Schulter.

Um ein Gespräch zu provozieren, hechtete ich hinter dem »Bettler der Nation« her, wie er sich scherzhaft selbst bezeichnete, und fragte: »Hallo, Herr Neckermann, kennen Sie ›Schwoaßfuß‹ ...? Das ist eine Rockgruppe aus Schwaben.«

Josef Neckermann blieb im Strom des Publikums stehen und sah mich für einen Moment mit seinem stechenden Blick an. »Warum fragen Sie?«

»Weil es von dieser Gruppe namens ›Schweißfüße‹ einen Song gibt, wo es heißt: *›Bin ich in Döjtschland, bin ich a Neckermann; bin ich a Neckermann, bin ich a Oarsch im Kopf von Mannesmann.‹*«

Was dieser Text genau bedeuten sollte, wusste damals niemand so richtig. Er hatte mit der Gastarbeiterthematik zu tun. Die Deutschen hießen im Süden Europas nur noch »Neckermänner«, und wer aus dem Mezzogiorno oder aus Ostanatolien nach Deutschland kam, wurde als Verdiener der D-Mark selbst zu einem Neckermann. Mannesmann stand als Synonym für die Konzerne und reimte sich auf Neckermann. Auf diese Weise versuchten die Feuilletonisten (darunter auch ich), die kryptischen Zeilen zu interpretieren. Natürlich hatte ich nicht die Zeit, Josef Neckermann dies alles so zu erklären. Ich wollte einfach wissen, wie er reagieren würde.

»Und wie gefällt Ihnen dieser Text?«, bohrte ich nach.

Der einstige Versandhauskönig lächelte verschmitzt: »Haben Sie sich mit meiner Nichte Marlene abgesprochen? Sie hat mir neulich diese Platte geschenkt.«

Über die Musik kamen wir ins Gespräch. »Freddy Quinn finde ich besser!«, gestand mir Josef Neckermann und auch, dass er ein Fan von Hans Albers, Rudi Schuricke und Peter Kraus sei. Aber der Größte für ihn war Franz Lambert, der, wie bei jedem »Ball des Sports«, mit seiner Hammondorgel im Foyer der Rheingoldhalle aufspielte.

Josef Neckermann lud mich ein, Lambert zu lauschen. »Kommen Sie, so was haben Sie noch nie gehört!« So geriet ich in Neckermanns

Schlepptau, aber es war nicht leicht, ihm zu folgen. Er eilte nicht voran, er rannte, als ginge es darum, die letzte Bahn zu erwischen. Im Gewühl verlor ich ihn bald aus den Augen. Als ich ihn wiederfand, lotste er bereits den Bundespräsidenten Carl Carstens mit seiner Frau Veronica zu Lamberts donnernder Orgel. Neckermanns ungestümer Drang beeindruckte mich. Spät nach Mitternacht strahlte er immer noch unverwüstliche Energie aus. Später stand ich neben ihm vor dem Bierzelt im Foyer. Um den Sporthilfechef versammelten sich die Bosse der Bosse der deutschen Wirtschaft auf eine Bockwurst für 5 Mark. Neckermann aß sie diätbewusst – ohne Semmel, aber mit scharfem Senf. Der Reinerlös dieser Gala betrug, wie am nächsten Tag überall in der Presse stand, satte 2,2 Millionen Mark. Davon rund 1 Million aus Privatspenden.

Die Würzburger und die Frankfurter Neckermanns

Im Jahr 1995 intensivierte sich mein Kontakt zu Marlene Neckermann, der Nichte des Kaufhauskönigs. Sie ist die Tochter von Josefs jüngerem Bruder Walter, der den familiären Kohlenhandel in Neckermanns Geburtsstadt Würzburg weitergeführt hatte, nachdem Josef zu größeren Zielen aufgebrochen war. Marlene hatte auf der Münchner Kunstakademie studiert und galt als das »schwarze Schaf« des Familienclans. Als vielbeachtete Erotik-Malerin verkehrte sie in der Clique des umtriebigen Fürsten Thurn & Taxis. Mit 50 rettete die begeisterte Reiterin den 125 Jahre alte Traditionshandel für Kohlen und Brennstoffe und gründete ein Start-Up-Unternehmen auf dem Gebiet der erneuerbaren Energien. Heute liefert sie unter anderem Biodiesel aus Raps für die Heizungsanlage des neuen Bundestages in Berlin.

Ich traf sie damals, um einen Bericht über ihr Unternehmen zu schreiben, und der Kontakt hat sich bis heute erhalten.

Die erste Begegnung ging auf das Jahr 1982 zurück, als mein Freund Dieter Heisig, ein begnadeter PR-Fachmann in der internationalen Filmbranche, mich seiner »neuen Flamme« Marlene vorstellte und gleich vorschlug, eine Geschichte über sie als Erotik-Malerin zu schreiben. Marlene überraschte mich mit ihrer schüchternen, zurückhaltenden Art.

Irgendwann lag es nahe, ein Buch über diese vielschichtige Familie zu schreiben. Als ich mit den Recherchen begann, half mir Marlene, Kontakt zu den »Frankfurter Neckermanns« aufzunehmen. Diese Bezeichnung geht auf den Umzug von Josef Neckermann zurück. Nach dem Krieg fand er in seiner Heimatstadt Würzburg für einen Neubeginn keine günstigen Bedingungen mehr – auch deshalb, weil er dort als unrühmlicher »Arisierer« eines jüdischen Kaufhauses in Verruf geraten war. »Profiteur der Nazis« nannte ihn die Würzburger Tageszeitung *Main Post* noch kürzlich.

Josef Neckermanns jüngster Sohn, Johannes, 1942 in Berlin geboren, erklärte sich nach einigen E-Mails zu einem Interview bereit. Er schlug vor, sich zu den Wagner-Festspielen in Bayreuth mit mir zu treffen. Die Wahl des Ortes überraschte mich angesichts der vielfältigen Verstrickungen der Neckermanns in die NS-Vergangenheit.

Zu unserem Treffen erschien Johannes Neckermann, der heute am Schuyler Lake im US-Bundesstaat New York lebt, im feinkarierten, braun-beigen Sakko. Doch das typisch amerikanische Muster täuschte: Das strapazierfähige Kaschmirjackett stammte aus dem Neckermann-Katalog. Johannes hält an der Tradition fest und lässt sich die neueste Ausgabe stets in die USA schicken – »und hin und wieder bestelle ich auch etwas. Es gibt in diesem Katalog immer Dinge, die es woanders nicht gibt«, meinte er.

Es war ein angenehmes Gespräch, aus der ursprünglich vereinbarten knappen Stunde wurde ein langer Nachmittag mit dem eingefleischten Wagnerianer. Anschließend dinierten wir am traditionellen Neckermann-Stammtisch im Gasthof »Goldner Löwe« in Auerbach in der Oberpfalz. Im Laufe des Nachmittags kamen wir auch auf die NS-Zeit zu sprechen. Johannes Neckermann meinte: »Alles was es zu dieser Zeit zu sagen gab, hat mein Vater in seinen Memoiren niedergeschrieben. Alles, was darin steht, ist auch die Meinung der Familie.« Wann immer ich mich während meiner späteren Recherchen mit Fragen zu diesem Thema an ihn wandte, verwies Johannes Neckermann immer auf die Memoiren seines Vaters. Er kannte das

Buch Seite für Seite beinahe auswendig und schien keinerlei Zweifel an deren Richtigkeit zu haben.

Ich merkte bald, dass die Frankfurter Linie wie eine verschworene Gemeinschaft agiert. Ohne den Segen von Johannes Neckermann, der nun als Oberhaupt über die Tradition des Hauses wacht, öffnete sich kein Weg zu den weiteren Familienmitgliedern oder früheren Angestellten. »Wir Neckermanns funktionieren wie eine Festung – wir sind ein Adel ohne Adelstitel«, räumte Johannes ein. In seiner »Ritterlichkeit« war er schließlich bereit, mich bei meinen Recherchen zu unterstützen – ohne mein Manuskript vor dem Abdruck vorgelegt zu bekommen.

Durch ihn traf ich auch Klara Rupp, die 30 Jahre lang Haushälterin der Familie war. Ein Besuch bei ihr in Gemünden am Main verschlug mir förmlich die Sprache. Die Wohnung der 84-jährigen agilen Fränkin gleicht einem Neckermann-Museum. In den drei geräumigen Zimmern befindet sich das komplette Mobiliar »des Chefs« und »der Chefin« – so wie es zwischen 1951 und 1955 bei einem Kunsttischler in Frankfurt nach Maß angefertigt wurde.

Dunkles Wurzelholz, Ahorn, Kirsch und Mahagoni, in robuster Ausführung. Ich saß an einem runden, auslegbaren Esstisch, um mich herum großbürgerliche Schränke und Kommoden. Besonders fiel mir eine Vitrine mit Kristallglas ins Auge, die nach dem Vorbild eines Stücks von Katerina der Großen ausgeführt war: »Die Chefin«, also Annemarie Neckermann, »hatte das Original bei ihrer Familienreise in Petersburg gesehen und danach bei dem Tischler in Auftrag gegeben«, erzählte »Klärchen«, wie sie von den Neckermanns genannt wurde.

Frau Rupps Offenheit war herzerfrischend. Auch mit 84 immer noch das Mädchen vom Lande, streng katholisch, das sich in ihrem Herzen nie verbiegen ließ. Ohne Umschweife antwortete sie, als ich fragte: »Und wie war Josef Neckermann zu Hause?« – »Den Chef habe ich bewundert und gefürchtet. Die Chefin war nie launisch, sie war jeden Tag gleich. So konnte ich es auch ohne Schwierigkeiten 30 Jahre bei den Neckermanns aushalten.«

Die Bewirtung war wie damals bei Neckermanns: Semmeln mit Schinkenwurst. Was nicht bedeutete, dass Josef Neckermann keinen

Hummer liebte. Von einem Foto an der Wand schauten mir zwei Hunde in den Teller: Axel und Sony, aufgenommen im Garten der Neckermanns. »Die Neckermanns waren sehr großzügig,« erzählte mir Frau Rupp, während ich mich umsah. »Bei meinem Abschied erhielt ich zur Firmenrente zusätzlich rund 30 000 Mark auf einmal ausgezahlt, für jedes Jahr 1 000 Mark. Damit habe ich ein sorgloses Alter. Das Glück meines Lebens war, dass ich zu den Neckermanns kam.«

Über Johannes kam schließlich auch ein Treffen mit seiner Schwester Eva-Maria, genannt Evi, zustande. Eva-Maria Pracht, die 1988 in Seoul im Dressurreiten die Bronzemedaille holte, lebt seit 1986 in Kanada. Sie war Papis Liebling und suchte mit goldenem Händchen seine Pferde aus. Im Oktober 2004 kam sie an den Tegernsee, um ihren Bruder Peter zu besuchen, der nach einem Unfall an den Rollstuhl gefesselt war.

Unser Gespräch fand in einer ruhigen Ecke im Hotel Parkresidenz statt, wo Eva-Maria Neckermann bereitwillig erzählte. Besonders genüsslich berichtete sie vom Aberglauben in der Familie. Josef Neckermann habe bei jedem Turnier eine Miniaturbibel in einer winzigen Silberbox in der Tasche gehabt, und seine Frau Annemarie habe ihm vor jedem Turnier auf die Stiefel gespuckt. Einmal warnte die Tochter ihren Vater, als er geschniegelt ausritt: »In brandneuen Hosen reitet man bei einem Turnier nicht.« Josef Neckermann hörte nicht auf seine Tochter und fiel prompt vom Pferd. Als Evi ihn deswegen hänselte: »Siehst du, ich habe es doch gesagt, in neuen Hosen reitet man nicht«, blickte sie der Vater auf eine Weise an, die man nie vergisst: »Er war kurz davor, mir eine zu scheuern.« Eva-Maria erzählte mir eine Anekdote nach der anderen aus der Geschichte der Familie und der Nachmittag verging im Fluge.

Die Legende lebt

Seit ich mich intensiv mit der Familie Neckermann beschäftige, begegne ich dem Namen noch häufiger als früher. Vor einigen Monaten war ich in Hongkong, um einen Bericht für ein Reisemagazin zu schreiben. Auf dem Pier der Star Ferry wartete ich auf eine Dschunke, als ein fröhliches Grüppchen aus einem Bus ausschwirrte. Sie folgten ihrem chinesischen Führer, der mit einem Fähnlein wedelte: »Neckermann« stand darauf. Das Sächseln wies unverkennbar auf die Herkunft der Weltenbummler hin.

»Sind Sie von Neckermann?«, fragte ich eine etwas opulente Leipzigerin. Ihr Gesicht erstrahlte, als hätte sie ein Kompliment bekommen: »Jaaa! Sie auch!?«

In sektenähnlicher Begeisterung erkundigte sie sich gleich: »Sehen wir uns morgen beim Ausflug?« Als wäre es selbstverständlich, dass ein Deutscher in Hongkong ein Neckermann-Tourist sein muss. So zwitscherte es aus der Gruppe auch fröhlich: »Na, dann bis morgen! Mit Neckermann.«

Auf dem Rückflug nach Frankfurt saß ich neben einem Jungmanager. Aus seinem ledernen Gucci-Aktenkoffer holte er eine Zeitschrift: *PM Forum – für alle Freunde des Pferdes.* Aus dem Augenwinkel las ich: »Dr. Josef Neckermann ... durch sein Wirken ... fruchtbare Verbindung zwischen der Sporthilfe und dem Pferdesport ... nicht wegzudenkende Meilensteine ... Wir sind zu Dank verpflichtet.«

Wieder zurück in Deutschland, war ich zu einer Hochzeit eingeladen. Unter den Gästen waren auch einige alte Freunde aus der ehemaligen DDR. Wir erinnerten uns an die alten Zeiten – und schwärmten von den alten Neckermann-Katalogen. »Wenn es uns gelang, einen heimlich zu ergattern, kam es uns wie ein Fenster zum Westen vor«, meinten die Ost-Freunde. Meine selige Mutter tauchte vor meinem geistigen Auge auf und ihr Glück, als sie von diesen gepflegten, freundlichen Westdeutschen einen Neckermann-Katalog geschenkt bekommen hatte. Welch rührendes Geschenk! Sofort verstummte damals jedes Gerede über Alt-Nazis, Neofaschismus und Revanchismus. Sobald man im Neckermann-Katalog zu blättern anfing, war die Welt für eine Weile in Ordnung. Die Wünsche und Illusionen vom Konsumglück vereinten West und Ost. Diesen Glanz hat der Name auch nach den vielen Aufs und vor allem Abs der Familie und des Unternehmens nicht verloren. Neckermann bleibt ein deutscher Mythos.

Kapitel I

»Schnelligkeit im Rudern und gute Beziehungen in der Politik«

Der Aufstieg der Familie Neckermann

Das Maintal bei Würzburg. »*Wandrer, führ'n dich deine Wege vorbei, hier auf rebbekränzten Hügeln, findst du Aussicht, Labung, Ruh!*« verkündete eine Postkarte aus dem Jahre 1890. Die Idylle hat sich bis heute erhalten. Romantische Winzerorte, umgürtet von den Resten alter Stadtmauern, prägen die wellige unterfränkische Landschaft. Der ockerfarbene Sandstein schmeichelt dem Auge. Allerorts überragen die runden Türme und Türmchen die Hügel. An den sonnigen Hängen reift der vollmundige Bacchus, ein kräftiger Kerner, und die lieblichen Rieslingsorten. Die Region ist zudem für eine deftige Spezialität berühmt, die Meterbratwurst. Sie wird auch von der Metzgerei Neckermann aus Aub hergestellt, deren weiße Lastwagen mit weithin leuchtenden roten Lettern durch die Straßen von Würzburg, Kitzingen, Markt Einersheim, Ochsenfurt oder Uffenheim kurven.

Hier, in einer unterfränkischen Metzgerei, beginnt die Geschichte der Familie Neckermann, einer der Familien, die in Deutschland Wirtschaftsgeschichte geschrieben haben. Jahrhunderte lang hatte die Familie hier Schweine geschlachtet, Schinken gepökelt und Würste gemacht. Im Jahr 1890 begann sie, aus diesem Schatten herauszutreten.

Ursprünglich kam die Familie vom Neckar, wie ihr Name verrät. Die Männer vom Neckar waren Flößer. In der Zunftordnung wurden sie 1508 eingetragen. Doch die Flößerei allein konnte die große Familie nicht ernähren. Den damaligen Regeln folgend konnte nur der älteste Sohn das väterliche Erbe antreten. Die jüngsten Söhne mussten auf die Wanderschaft gehen, um woanders Arbeit zu suchen.

Dass der Zug der Neckermänner in Richtung Würzburg ging, lag an einer traditionellen Veranstaltung, die seit dem Mittelalter alle »Flussratten« anzog: dem Würzburger Fischerstechen. Zu diesem Wettbewerb brachen auch die Männer vom Neckar auf. Würzburg, der »unterfränkische Vatikan«, beeindruckte die tief religiösen Neckermänner. Auf dem langen Weg zur Ansiedlung in Würzburg ließen sie sich zunächst in dem fruchtbaren Gollachtal nieder. Hier wurden sie als Metzgermeister branchenkundig. Die nächste Station auf dem Weg nach Würzburg war Hemmersheim, Geburtsort des ersten Neckermanns, mit dem die heutige Generation ihre Vergangenheit zu erzählen beginnt: Peter Neckermann, Metzgermeister, den das Schicksal in die Politik schickte.

Das Jahr 1890 sollte nicht nur für die Familie Neckermann entscheidend werden, sondern für die gesamte deutsche Geschichte. Zwei Jahre zuvor war Wilhelm II. zum deutschen Kaiser gekrönt worden. Nach andauernden Konflikten zwang er den Reichskanzler Otto von Bismarck im März 1890 zum Rücktritt. Nun stand dem eitlen, machtbesessenen Wilhelm II. nichts mehr im Wege, sein »eigener Kanzler« zu werden.

Dies hatte für die Reichstagswahl 1890 Auswirkungen bis in die Provinz. Viele Abgeordnete hatten angesichts des absolutistischen Kurses Wilhelms II. wenig Lust, sich erneut zur Wahl aufstellen zu lassen. So fehlte der Zentrumspartei bei der Eröffnung der Kampagne für die Reichstagswahl am 12. Oktober 1890 für den Wahlkreis 6 in Würzburg noch ein Kandidat. Ein Weinhändler, ein Magistrat und ein Domvikar nach dem anderen hatten verzichtet. In der Not einigten sich die Vertrauensmänner auf einen Würzburger Metzgermeister, der erst seit kurzem im Gemeinderat von Hemmersheim seine ersten politischen Erfahrungen sammelte. Am nächsten Tag berichtete die *Münchner Post* über einen gewissen Peter Neckermann, Jahrgang 1842, der bis dahin »politisch recht unbekannt und ziemlich farblos« geblieben sei.

Die Gesinnung in Unterfranken war schon von je her schwarz. Die Region, die bis ins erste Jahrzehnt des 19. Jahrhunderts unabhängig gewesen und von den Würzburger Bischöfen regiert worden war, zählte als eine sichere Hochburg der Katholiken. Und für gute

Katholiken kam eigentlich nur eine Wahl in Frage: die Zentrumspartei. Diese war 1870 auf die Initiative der Kölner Bischöfe gegründet worden, um im preußisch-protestantischen Deutschen Reich die Interessen der katholischen Glaubengemeinschaft zu wahren. Vom Kaiser wurde die Zentrumspartei misstrauisch als die »fünfte Kolonne Roms« beäugt. Bismarck führte einen langen Kulturkampf, um den Einfluss der Katholiken auf das öffentliche Leben zurückzudrängen. Die Jesuiten wurden verboten, Schulen und Krankenhäuser verstaatlicht, die Zivilehe eingeführt und die Kirche unter staatliche Aufsicht gestellt. Trotz oder wegen der Verfolgung wurde das Zentrum zur stärksten Partei im Reichstag. Doch nachdem die Wogen sich geglättet hatten, unterstützte die Zentrumspartei die Politik Bismarcks, besonders die neue Sozialgesetzgebung. Die Partei war Ende der 80er Jahre des 19. Jahrhunderts an der Ausarbeitung der Kranken-, Unfall- und Invalidenversicherungen beteiligt.

Die Wähler der Zentrumspartei kamen anfangs aus der Landbevölkerung und den unteren sozialen Schichten. Doch im Laufe des Kulturkampfes gewannen sie immer neue Wähler hinzu. Gerade in Bayern war das Zentrum der Block gegen die ungeliebten protestantischen Preußen. Bei der Wahl 1890 wurde die Partei von den meisten mittelständischen und wohlhabenden Katholiken unterstützt.

»Der Wahlkampf war eröffnet. Am Montag reisten eine große Anzahl von Geistlichen, Mönchen, selbst Nonnen mit den Mittagszügen nach allen Richtungen ab, nachdem sie sich in Würzburg mit Flugblättern und sonstigem Agitationsmaterial versehen hatten«, schreibt die *Münchner Post*. Unter den Wahlkämpfern war auch Peter Neckermann. In der Presse wurden die Auftritte der einzelnen Kandidaten genau verfolgt. Zum Beispiel war zu lesen, dass Neckermanns Wahlrivale, der Vaselinefabrikant Theodor Voigt von der Partei »Die Freisinnigen« eine viel schwächere Figur gemacht habe als Peter Neckermann.

Die Bevölkerung zeigte kaum Interesse an der Wahl. In Unterfranken gingen gerade einmal 58,2 Prozent der Wahlberechtigten, also der Männer über 25 Jahren an die Urnen. Die Zentrumspartei, die eifrig für mehr soziale Gerechtigkeit und Erhaltung christlich-moralischer Werte eintrat, konnte ihre Wähler noch am besten mobilisieren und gewann das Mandat schon im ersten Wahlgang. Entscheidend für den Sieg war der Einbruch der Sozialdemokraten, die zwar mit einem ganz ähnlichen Programm ihren Wahlkampf führten wie die Zentrumspartei, denen aber die Unterstützung der Kirche fehlte. Im Vergleich zur vorigen Wahl verloren sie allein in Würzburg die Hälfte ihrer Stimmen. Peter Neckermann dagegen durfte sich freuen: In seinem Wahlkreis bekam er eines der besten Ergebnisse für die Zentrumspartei und zog als Abgeordneter in den Berliner Reichstag.

Peter Neckermanns Metzgerei wird kaum unter der Abgeordnetentätigkeit gelitten haben. Die Parlamentarier hatten damals nicht viel zu tun: Der Reichstag wurde lediglich ein oder zwei Mal im Jahr vom Kaiser einberufen und tagte nur einige Wochen lang. Außerhalb der Sitzungszeiten betrieben die Abgeordneten jedoch heftige Lobbyarbeit, es bildeten sich Interessenpakte und Seilschaften, Intrigen innerhalb einer Fraktion waren an der Tagesordnung. Sobald solche Querelen an die Öffentlichkeit drangen, wurden sie in der Presse genüsslich breitgetreten. Diese Art von Berichterstattung setzte Peter Neckermann offenbar derart zu, dass er sich schon 1893 mit der Absicht trug, wieder aus der Politik auszusteigen. In diesem Jahr erschien in der *Neuen Würzburger Zeitung* ein Auszug aus seiner Rede: »Es ist hinlänglich bekannt, mit welchen Verdächtigungen und Verleumdungen ich in den Blättern herumgezogen wurde. Nur der einstimmige Wunsch der Vertrauensmänner unserer Partei hat mich dazu bewegen können, nochmals eine Kandidatur anzunehmen.«

Um welche Art von Verleumdungen es sich handelte, ist nicht mehr nachvollziehbar, da die Würzburger Archive im Zweiten Weltkrieg größtenteils zerstört wurden. Doch die Verstimmung kann nur vorübergehend gewesen sein, und die Anschuldigungen in der Presse schienen ihm nichts angehabt zu haben. Als sich Neckermann für eine zweite Amtsperiode aufstellen ließ, fand er erneut große Zustimmung. Im Vergleich zu den anderen Abgeordneten hielt ihn der Fränkische Bauernbund für »das kleinere Übel«. Damit war ihm die Unterstützung der Landwirte sicher. Doch diesmal verliefen die Wahlen dramatischer als vorher. Erst in der Stichwahl konnte sich Neckermann gegen den Kandidaten der Sozialdemokraten durchsetzen.

Dieser Wiederwahl verdankt es Peter Neckermann, dass er an einem bedeutenden Ereignis in Berlin teilnahm. Am 5. Dezember 1894 wurde nach zehnjähriger Bauzeit der neue Reichstag eingeweiht. Damit drückte Neckermann die Abgeordnetenbank im großzügigsten und prachtvollsten Parlament Europas. Das imposante Äußere des Monumentalgebäudes entsprach dem neuen Machtstreben des kaiserlichen Deutschlands. Auch die Zentrumspartei mitsamt Peter Neckermann schwenkte auf des Kaisers »Neuen Kurs« ein.

Dass Peter Neckermann es schaffte, Parlamentarier zu werden, erfüllte die Familie mit großem Stolz. Sie erinnert sich nicht an den Metzgermeister, sondern stets an den Reichstagsabgeordneten Neckermann. Dessen Verbindungen sollte sie schließlich auch ihren Aufstieg verdanken.

Schwarzes Gold und Herrgottsschnitzer

Ab Mitte der 90er Jahre des 19. Jahrhunderts vollzog sich in Deutschland ein noch nie da gewesener wirtschaftlicher Aufschwung. Die Menschen wurden wie mit einem Katapult in das Zeitalter der Industrialisierung geschleudert. Die Veränderungen erfassten auch Würzburg. Diese beschauliche Bischofs- und Universitätsstadt wurde lange als »Pensionopolis« belächelt, weil sich dort so viele Beamten, Lehrer und Offiziere im Ruhestand niederließen. Doch mit einem Mal wuchs entlang der beiden Mainufer ein vitales Industriezentrum heran.

Die barocken Befestigungsanlagen wurden abgerissen, die mittelalterlichen, verschachtelten Stadtteile saniert, die Straßen im Eiltempo verbreitert. Die riesigen Grundstücke der Klöster boten genügend Platz für die Ansiedlung von Fabriken und Lagerhallen. Großschlachthöfe, Möbelfabriken, Nähereien, Maschinenwerke, Brauereien und Mühlen für Mehl und Gips schossen wie Pilze aus dem Boden. Aufgrund der günstigen Verkehrslage entwickelte sich die Stadt zum Eisenbahnknotenpunkt mit Verbindungen in alle vier Himmelsrichtungen. Die Mainmetropole wurde zu einem der wichtigsten Produktionszentren in Bayern. Auch die ehemals bischöfliche Julius-Echter-Universität wurde von der Modernisierung erfasst: 1895 entdeckte hier der Physiker Wilhelm Conrad Röntgen eine unsichtbare Strahlung, die nach ihm benannt wurde. Innerhalb von nur zehn Jahren mauserte sich Würzburg zur Kreishauptstadt erster Klasse. War bis dahin von Würzburg nur mit dem Hinweis auf die vielen Kirchtürme die Rede, so sprach man nun von einer »Großstadt mit Krone«.

Peter Neckermanns Sohn Josef Carl, der 1868 aus der Ehe mit der sieben Jahre älteren Barbara Barth geboren wurde, verkörperte den Geist dieser Aufbruchszeit. Schon im Alter von 27 Jahren sagte er Gelbwurst und Schweinskopfsülze im väterlichen Betrieb ade. Den Schlachthof und die Zerlegungshallen mit den Schweinehälften am Haken hasste er ohnehin. Schon als Kind wünschte er sich nur eines: »In meinem Leben nie mehr Blut wie mein Vater sehen zu müssen.«

Er hatte eine andere Branche im Sinn, die eher der Zeit entsprach und mit der sich mehr Geld verdienen ließ: den Kohlenhandel. Die Steinkohle war der Brennstoff der Industrialisierung, mit ihr wurden die Maschinen der neuen Fabriken entlang des Mains betrieben. Aber auch zur Befeuerung des heimischen Herdes wurde jetzt nicht mehr Brennholz oder Torf verwendet, sondern Kohle.

Der aufgeweckte Metzgersohn ließ sich sein Erbe ausbezahlen. Der Bruch mit der Metzgerzunft war gründlich. Wenn man die heutige Metzgerei Neckermann in Würzburg anruft, heißt es lapidar: »Wir haben mit den Versandhaus-Neckermanns nichts zu tun.« Josef Carl krempelte die Ärmel hoch. Was er zum Start in der Kohlebranche brauchte, lässt sich im Archiv eines Kohlengrossisten von damals, Zerssen & Co., Hamburg, nachlesen: »Schnelligkeit im Rudern und gute Beziehungen in der Politik, aber auch Faustrecht und Lautstärke beim Vortrag«.

Aber auch Glück brauchte er. Schon ein Grundstück in der Würzburger Innenstadt zu finden, war gar nicht so einfach: Der Bauboom grassierte. Ein unbekannter zeitgenössischer Autor berichtete: »Überall musste man über die frisch ausgehobenen Gruben auf Brettern balancieren, über die Sand- und Kiesberge klettern, die aufgewühlten Straßenseiten wechseln. Neben den Schienen wurden noch Leitungen für Wasser, Gas und Strom verlegt, Rohre für die Kanalisation verbuddelt. Wegen dem Lärm, dem Fluchen der Bauarbeiter und dem Gestank hagelte es jeden Tag Beschwerden ins Rathaus. Zwecklos. Die hohen Herren Stadträte hatten Besseres zu tun, als den Ärger der Bürger zu schlichten. Sie waren gerade dabei, eine neue Bauvorschrift für die Innenstadt zu verabschieden, die bei neuen Häusern schon mindestens drei Stockwerke und den Dachausbau verordnete.«

Mit dieser neuen Bauvorschrift sollte die Platzausnutzung verbessert werden. Sie regte aber auch die Fantasie der Architekten an. Die neuen Häuser glichen Palästen mit Giebeln, Erkern und Türmchen und präsentierten sich in einem märchenhaften Neuschwanstein-Stil. Und es dauerte nicht lange, da baute Siegmund Ruschkewitz, ein jüdischer Händler aus Danzig, das erste Kaufhaus in Würzburg. Es sollte in der Geschichte der Neckermanns noch eine Rolle spielen. 1898 wurde das Kaufhaus feierlich eröffnet. Der ganze Charakter der Schönbornstraße veränderte sich damit schlagartig. Nun nannten die Würzburger die Einkaufsstraße: »unser Boulevard«. Die Fassade des vierstöckigen Ruschkewitz-Neubaus ähnelte tatsächlich der Galerie Lafayette, die Theophile Bader und Alphonse Kahn zwei Jahre zuvor eröffnet hatten. In Paris wie in Würzburg oder in Berlin, überall veränderten die neuen Kaufhäuser mit ihren klassizistisch strukturierten Fassaden, den Reliefsäulen aus Quadersteinen und den dreieckigen Dachsimsen über den Fenstern das Bild der Großstädte. Insofern war auch das neue Synonym für Würzburg als »Klein-Paris« nicht aus der Luft gegriffen, zudem der Barockarchitekt Johann Balthasar Neumann (1687–1753) schon die erzbischöfliche Residenz dem Louvre nachempfunden hatte.

Das Grundstück für die Neckermannsche Kohlenhandlung fand sich schließlich in der Sterngasse 3, ganz in der Nähe der Franziskanerkirche. Mit dem Gang in dieses Gotteshaus fing der streng geordnete Tagesablauf von Josef Carl Neckermann an. Der Weg führte ihn am Geburtshaus von Tilman Riemenschneider (1460–1531) vorbei. Riemenschneider war ein begnadeter Herrgottschnitzer, dessen Marienaltar schon der Reichstagsabgeordnete Neckermann bewundert hatte und der nun auch seinen Sohn in diese Kirche führte.

Unter den Figuren auf dem Altar befand sich auch der Heilige Valentin, der in Bayern als Schutzpatron besonders verehrt wird. Der

Märtyrer, der im 3. Jahrhundert durch Enthauptung hingerichtet wurde, soll laut Legenden die Sehkraft seiner Augen auch nach dem Tode behalten haben und damit die wahre Liebe erkennen können. Doch in Bayern gilt der Heilige Valentin nicht nur als Beschützer der Liebenden, sondern auch als ein Helfer der Hirten und Patron des Kirchenbaus. Dass in jener Würzburger Franziskanerkirche eine wichtige Reliquie des Märtyrers aufbewahrt wurde, nämlich sein ganzes Haupt und Teile seines rechten Armes, betrachtete Neckermann als ein Zeichen der Vorsehung. Er war der Überzeugung, sich an einem gottgefälligen Ort niedergelassen zu haben. Mit Gottes Hilfe würde sein Werk gelingen. Beim täglichen Gebet erinnerte ihn daran die Inschrift unter Valentins Heiligenstatue: »Wenn der Herr das Haus nicht baut, dann arbeiten die Bauleute umsonst.«

Die Dampfrösser der Götter

Schon zum fünfjährigen Firmenbestehen kam die Firma Josef Carl Neckermann auf eine beachtliche Bilanz. Man schrieb das Jahr 1900 und der Fuhrpark im Hof der Kohlenhandlung zählte 15 Pferdewagen. Im Stall standen 16 belgische Kaltblütler und für die Expresslieferungen ein Gespann Oldenburger Rappen, die einen Zacken schneller waren als die »Dicken«. Josef Carl Neckermann war an zwei Mainkähnen beteiligt und erwog, damit eine eigene Reederei zu gründen. Als Partner bot sich ein Vetter an, Fritz Neckermann (1860–1934). Gemeinsam sicherten sie sich im Neuen Hafen ein großzügiges Gelände, das groß genug war, um später den Anlegeplatz zu erweitern und eigene Schiffe zu bauen. Aber die großen Geschäfte sollte er anderswo machen.

Die Fäden dafür zog ein weiterer Vetter, Mathias Neckermann. Mathias hatte ursprünglich das Färberhandwerk erlernt und seinen Meisterbrief erworben. Dann hatte er sich jedoch der Politik zugewandt, war erst Bürgermeister geworden und 1887 für die Zentrumspartei in den Bayerischen Landtag gewählt worden.

Für den Würzburger Neckermann war der Abgeordnete im Münchner Maximilianeum der richtige Mann am richtigen Ort. Bayern hatte sich nach der Reichsgründung einige wichtige Privilegien behalten, unter anderem die Kontrolle des Eisenbahnnetzes.

In Bayern war schon im Jahre 1835 die erste Bahnstrecke Deutschlands gebaut worden. Der legendäre »Adler« verkehrte mit 20 Kilometern pro Stunde zwischen Nürnberg und Fürth. Seit 1866 war das deutsche Schienennetz um jährlich 1 000 Kilometer gewachsen. Bis zum Jahr 1913 sollten es 63 378 Kilometer werden. Die Bahnhöfe wurden zu pompösen Tempeln und stählernen Kathedralen der Technik. Vielerorts wurden Adler auf die Fassaden gepflanzt und Türmchen angebaut, die aztekischen Pyramiden ähnelten. Ein würdiger Empfang für die Lokomotiven, die man apokalyptisch als dampfende Rösser der Götter mit geflügelten Rädern darstellte.

Die Eisenbahn war das Schwungrad der Industrialisierung: Mit ihrer Hilfe wurden die Rohstoffe herbeigeschafft, die zur Herstellung von Stahl und zum Bau weiterer Eisenbahnen benötigt wurde. Ihr weiterer Ausbau stand ganz oben auf der Tagesordnung. Mathias Neckermann saß im zuständigen Ausschuss, und als Lieferant für die Kohleversorgung schlug er seinen Würzburger Vetter vor. Der zentrale Standort überzeugte, und so erhielt Josef Carl Neckermann den Zuschlag, und 1902 sogar den schönen und einträglichen Titel »Kohlenlieferant der königlich-bayerischen Eisenbahn«.

Nicht jedem gefiel der Fortschritt, der Pferde durch Dampfrösser ersetzte, und auch in der Familie Neckermann forderte er seine Opfer. Pferde scheuten beim Anblick der dampfend fauchenden Lokomotiven, und Kutscher übersahen oft die Gleise samt dem herannahenden Zug. Unfälle waren an der Tagesordnung. So auch an einem Nachmittag im Sommer 1902, als in der Nähe von Thüngersheim, wo die Neckermanns ein Weingut erworben hatten, eine Kutsche unter die Räder geriet. Bei der Bergung des Verunglückten fuhr den Helfern der Schreck in die Knochen: Der stattliche Mann, etwa 60 Jahre alt, war in der Gegend wohl bekannt. Es war der ehemalige Reichstagsabgeordnete Peter Neckermann. Sein Brustkorb war zerquetscht. Mit inneren Verletzungen wurde er ins Hospital gebracht. Dass er überhaupt noch lebte, verdankte er seiner Rossnatur. Nach seiner Entlassung war er nur noch ein Schatten seiner selbst. Auch die Gebete halfen nicht: Er sollte sich nicht wieder erholen. Am 1. Oktober

1902 schloss der Metzgermeister Peter Neckermann für immer die Augen.

Für den Sohn ging das Geschäft mit der Eisenbahn jedoch weiter. Da ihm in Würzburg die Konkurrenz zusetzte, musste er jenseits der Stadtgrenzen nach neuen Abnehmern suchen. Er fuhr nach Berlin, um sich bei der dortigen Reichsbahndirektion um einen Liefervertrag zu bewerben. Als Referenz konnte er immerhin die frühere Abgeordnetentätigkeit seines Vaters anführen. Mit der sprichwörtlichen Hartnäckigkeit der Neckermanns schaffte er es innerhalb der nächsten Jahre, zum Lieferanten der Reichseisenbahn aufzusteigen. Nun war Josef Carl Neckermann richtig dick im Geschäft.

Sporthilfe für Würzburg

»Sportbegeistert«, ist ein Wort, mit dem sich die Neckermanns gern und häufig beschreiben. Auch dies geht auf Josef Carl Neckermann zurück. Nur Geschäfte zu machen, reichte ihm schon bald nicht mehr aus. So wie damals üblich, wollte er als Unternehmer Gutes tun, nicht zuletzt, um seinem Ansehen durch soziales Engagement mehr Glanz zu verleihen. Zuerst erweckte der traditionsreiche Würzburger Ruderverein Neckermanns Interesse. Seine Förderung war nicht ganz uneigennützig: Dem Wassersportclub gehörte ein weitläufiger Grund mit Stallungen, in denen der Gönner seine Reitpferde unterbringen wollte. Doch Neckermann war mit der Pflege unzufrieden und entzog dem Sportverein schon bald seine Unterstützung. Als Revanche gründete er 1905 die Würzburger Rudergesellschaft Bayern.

Von da an erhielt die Rivalität am Wasser fast englischen Stil: Ähnlich wie Oxford gegen Cambridge traten nun die »Mainauer« gegen die »Bayern« an. Das Ruderderby gehörte zum wichtigsten Sportereignis der Stadt. Natürlich wurden Neckermanns Pferde bei dem neuen Club untergebracht und besser behandelt. Offenbar hatte man dort einen Lieblingsspruch des Gründers beherzigt: »Gute Pferde sind mehr wert als schlechte Menschen.« Trotzdem reichte ihm diese Unterbringungsmöglichkeit schon bald nicht mehr aus. Er begann, dem Verein Freie Turnerschaft Würzburg mit großzügigen Spenden unter die Arme zu greifen, denn er hielt das Sportgelände, das sich zwischen der Löwenbrücke und dem Steinbachtal erstreckte, für geradezu ideal, um dort seinen eigenen Reiterverein zu gründen.

Sekt und Kohle

Noch immer war der erfolgreiche Kohlengrossist Junggeselle. Als solcher war er zwar wegen seines wachsenden Vermögens heiß begehrt, doch er beabsichtigte sein Kapital vorsichtig zu investieren. Deshalb zeigte er sich auf bei der Brautschau überaus wählerisch. Neben den üblichen Tugenden einer Frau setzte er noch eine überaus wichtige Eigenschaft voraus: Sie sollte Pferde lieben. Für den Ritt im Damensattel gab es allerdings zur damaligen Zeit in Würzburg nur eine Hand voll Kandidatinnen. Eine fiel ihm ins Auge: Jula, die jüngste Tochter des Kommerzialrates und Sektkellerers Franz Josef Lang.

Jula war um zehn Jahre jünger als der Bräutigam und in jeder Hinsicht außergewöhnlich, wie die Nachfahren versichern. Sie machte nicht nur eine gute Figur im Damensattel, sie ruderte auch noch und spielte Tennis. Doch die Brautwerbung erwies sich als schwierig, denn ihr Vater, der Kommerzienrat Franz Josef Lang, wünschte sich keinen Kohlenhändler zum Schwiegersohn, und sei er noch so vermögend. Er war begeisterter Hobbyarchäologe und hätte sich für seine Tochter gern einen Forscher gewünscht. Die Neckermanns mokierten sich: »Unter einer guten Partie verstand er zumindest einen Historiker vom Schlage des Troja-Entdeckers Heinrich Schliemann, der seiner Tochter den Schatz des Priamos zu Füßen legen würde – so ehrgeizig und hochnäsig waren die Langs.«

Doch es kam wie im Märchen: Der Wille der hübschen und energischen Jula siegte. Sie war in den Kohlenhändler verliebt. Allerdings weniger wegen der Kohle: Besonders Neckermanns bemerkenswerte Leistungen beim Springen und bei Treibjagden hatten es ihr angetan. So führte Josef Carl seine Jula 1908 vor den Traualtar. Von der Hochzeit soll ganz Würzburg gesprochen haben, wie die Nachfahren erzählen. Für Neckermann lag »das Glück dieser Erde auf den Rücken der Pferde«.

Das sollte über Generationen hinweg so bleiben: Fast jeder Neckermann sollte seinen künftigen Lebensgefährten auf dem Reitplatz finden.

Die Familie Lang bildete in Würzburg ebenfalls einen weit verzweigten Clan. Vom Stadtrat bis zum Anwalt und Arzt waren sie in jedem Stand und Status vertreten. Fast durchweg waren sie passionierte Reiter. Dass die Verbindung zwischen Schwarzkohle und Sektkellerei sich schließlich doch harmonisch fügte, lag nicht zuletzt am verbindenden katholischen Glauben.

Jula Neckermann galt als resolut, bestimmend und emanzipiert. Schon bald nach der Hochzeit bewies sie, dass ihr dieser Ruf nicht umsonst vorauseilte. Im Kohlengeschäft übernahm sie rasch die Rolle einer aktiven Beraterin ihres Gatten. Die energische, bodenständige Art der Frauen schien den Neckermännern auch später noch zu imponieren. Als hätten sie stets die schweren Zeiten mitbedacht, in denen die Frauen ihrem Mann stehen mussten, damit die Familie nicht unterging.

Im Jahr 1910 stand zum ersten Mal Nachwuchs ins Haus: Maria-Barbara kam zur Welt. Am Himmel bedrohte der Halleysche Komet die Erde mit einem giftigen Schweif. Astrologen behaupteten, in diesem Jahr würden keine glücklichen Menschen geboren. Dieser Aberglaube sollte sich noch bestätigen.

Kohle und Druckerschwärze

Wie so viele der neuen Reichen beschäftigte Josef Carl Neckermann vor allem eine Frage: Wohin mit dem vielen Geld? Die Gespräche über die Investitionsmöglichkeit füllten die Nachmittage in Cafés und die langen Abende beim Billard. Anteile am Ausbau der deutschen Flotte und Schiffe zu erwerben, galt als ein sicherer Tipp. Doch Neckermann entschied sich anders.

Auch das Zeitungsgeschäft boomte. Nur gab es bereits so viele Druck-Erzeugnisse, dass man einem neuen Objekt am Kiosk keine Chance mehr einräumte. Der Markt war mehr als gesättigt: 1912 erschienen allein in Bayern 463 Tageszeitungen mit einer täglichen Gesamtauflage von 1,5 Millionen Exemplaren. Führend waren die

Münchner Neuesten Nachrichten mit 65 000 verkauften Stück täglich.

Auf einmal munkelte man in Würzburgs Lobbykreisen über ein Konzept für ein neues Blatt mit einem völlig neuen Vertriebskonzept. Neckermann wurde sofort hellhörig. Die Idee stammte aus der Verlagsdynastie Hans und Paul Oldenburg. Der Name allein galt bereits als Garantie. Bekannt war das Münchner Verlagshaus vor allem durch sein *Illustriertes Technisches Wörterbuch*, das 1906 zum ersten Mal erschien. Auch bei Neckermann muss ein Exemplar dieses unentbehrlichen Nachschlagewerkes im Regal gestanden haben.

Der Haken an dem verlockenden Projekt war lediglich, dass bislang die amtliche Zulassung fehlte. Daran arbeiteten auch die Politiker der Zentrumspartei unaufhörlich. Sie übten so lange Druck aus, bis der Start der neuen Zeitung schließlich nur noch an einer einzigen Unterschrift hing. Die musste der hochbetagte, 91-jährige Monarch, Prinzregent Karl Joseph Wilhelm Luitpold, persönlich leisten. Er befand sich jedoch im Zustand der Halbdämmerung. Drei Wochen vor seinem Tod gelang es, ihm die Signatur zu entlocken. Es dürfte seine letzte Amtshandlung gewesen sein.

Am 12. Dezember 1912 starb der Prinzregent Luitpold. Am 1. Januar 1913 erschien die erste Ausgabe der *Bayerischen Staatszeitung*, gekoppelt mit dem *Königlich Bayerischen Staatsanzeiger.* Das königliche Löwenwappen zierte das Titelblatt. Der jährliche Bezugspreis betrug 12 Mark, das Einzelexemplar kostete fünf Pfennige. Die Namen der stillen Teilhaber erschienen nicht im Impressum. Doch die Archive belegen: Der »Kohlenlieferant für die königlich-bayerische Eisenbahn« war dabei.

Das neue Blatt hatte die alte Form. Neben den üblichen Berichten aus dem Reich befand sich auf den nächsten Seiten das Bayernjournal. Dahinter las man über Kultur und Wirtschaft und wühlte sich am Schluss ellenlang durch die Börsenkurse. Wichtiger war jedoch, dass der Vertriebsclou tatsächlich funktionierte: Die Beamten und die Behörden sahen sich durch die Bezeichnung *Bayerische Staatszeitung* zum Abonnement verpflichtet.

Die Zahl der amtlich ausgewiesenen Zustelladressen betrug 15 000 Pflichtabonnements. Allein das machte bereits einen Garantieumsatz von 180 000 Reichsmark jährlich aus. Zudem kamen die Umsätze aus den Anzeigen, weil die Beamten wiederum vielen Inserenten als wichtige Zielgruppe erschienen. Bei diesem finanzkräftigen Leserkreis ließen sich Gala-Uniformen genauso gut bewerben wie Löwenbräu-Flaschenbiere.

Während des Krieges gingen die üppigen Dividenden für Neckermann und weitere Teilhaber auf null zurück. Doch das Blatt überlebte und startete am 9. November 1918 neu. Danach hing es bis 1934 überall an den Kiosken. So lange, bis die Nazis die liberal orientierte *Bayerische Staatszeitung* verboten und das letzte Exemplar beschlagnahmten. Ob die Neckermanns zu diesem Zeitpunkt allerdings noch ihre stille Beteiligung an dem Blatt besaßen, lässt sich nicht mehr ermitteln.

Frühstück mit Barbier

Als Josef Carl Neckermann in den Ehestand trat, kehrten in die Sterngasse 3 wohlgeordnete, großbürgerliche Sitten ein. Das begann damit, dass sich das frischvermählte Paar ein Dienstmädchen leistete, das für 12 Mark im Monat, plus Kost und Logis, rund um die Uhr im Einsatz war. Auch bei den Neckermanns stand das Hausmädchen Marie im Sommer um sechs, im Winter schon um fünf Uhr in der Früh auf. Die Öfen mussten eingeheizt werden, das Wasser für die Wäsche und für Kaffee und Tee aufgekocht, das Frühstück für die Familie vorbereitet sein. Die Dame des Hauses durfte derweil noch ein bisschen im Bett ruhen. Für den Herren erschien Punkt sieben der Zugehbarbier im Badezimmer. Diesen Luxus gönnte sich der sonst sehr sparsame Hausherr, weil er sich während der schäumenden Nassrasur der Zeitungslektüre widmen konnte. Die Zeitung brachte der Barbier mit.

Im Untergeschoss war eine Annahmestelle der Süddeutschen Klassenlotterie, für die J.C. Neckermann eine Lizenz erwarb, um sie im Erdgeschoss seines Firmenanwesens neu zu eröffnen. Einer, der nie vergaß, sich regelmäßig einen Lottoschein zu besorgen, war der Chef selbst. Diese Ausdauer sollte belohnt werden. Ein Jahr vor seinem

Tod schneite ihm kurz vor Heiligabend ein Gewinn ins Haus: rund 10 000 Mark.

»Der Rockefeller von Würzburg«, wie Josef Carl später genannt wurde, wünschte sich dringend einen Erben, weil auch das Geschäft zunehmend expandierte und am Main schon der nächste neue Neckermann-Kohlenkahn gewassert wurde. Inzwischen hatte Vetter Fritz Neckermann die Schiffswerft Frank & Stühler übernommen. Am 5. Juni 1912 folgte eine Nachricht, die die ganze Firma zu einer Feier veranlasste: Der Erbe war da! Der langersehnte Bub, im Sternzeichen Zwilling, wurde nach seinem Vater Josef Carl getauft. Der dritte Spritzer Weihwasser brachte ihm noch den Vornamen Peter zur Erinnerung an den Großvater.

Zwei Jahre später, am 18. Mai 1914, bekam der Kronprinz des Kohlengrossisten noch ein Brüderchen, Walter Maria. An diesem Montag meldeten die Zeitungen, dass Deutschland nun die stattliche Zahl von 65 Millionen Einwohnern erreicht habe. Die Firma J.C. Neckermann zählte über 80 Angestellte in mehreren Filialen, verfügte über einen großen Pferdefuhrpark und eine eigene Reederei,

Maria-Barbara, Walter und Josef Neckermann, 1915.

nannte etliche Häuser und jenen noch von Vater Peter Neckermann erworbenen landwirtschaftlichen Betrieb in Thüngersheim ihr Eigen. Um das Vermögen weiter zu mehren, erwarb Neckermann einige Anteile an der legendären *Frankfurter Zeitung* – auf Empfehlung und Vermittlung von Hugo Stinnes.

Der »Großhamster der deutschen Industriegeschichte«, wie manche Historiker dieses Kapitalgenie bezeichneten, gehörte zu Neckermanns Lieferanten. Seine Kohlenkähne brachten das schwarze Gold den Main flussaufwärts nach Würzburg. Wenn überhaupt jemand in Deutschland den Vergleich mit Rockefeller verdiente, dann war es Hugo Stinnes. Hie und da griff er zu den gleichen ruppigen Methoden der Kapitalvermehrung. Vom Bergbau und Kohlenhandel im Ruhrpott zum Reeder am Rhein aufgestiegen, besaß Stinnes auf dem Höhepunkt seiner Expansion rund 4 500 Unternehmen mit 600 000 Beschäftigten. Das überwältigte sogar den russischen Dichter Wladimir Majakowski: »Vor ihm verblasst die Sonne als Plunder«, schrieb er über den größten Kriegsgewinnler des Ersten Weltkrieges.

Josef Neckermann durfte Hugo Stinnes als zwölfjähriger Knirps in seinem herrschaftlichen Haus in Essen erleben. Die Begegnung beeindruckte ihn nachhaltig: »So sieht ein Vorbild aus«, vermerkte er in seinen *Erinnerungen* und betonte: »Mit solchen wichtigen Leuten verkehrte mein Vater damals.« Es blieb ihm auch keine andere Wahl. Denn Stinnes hielt im Brennstoffvertrieb Deutschlands alle Fäden in der Hand. Wer sich mit ihm nicht gut stellte, konnte sein Kohlenmagazin bald schließen.

Pferde für den Ersten Weltkrieg

Josef Neckermann war zwei Jahre und sein Bruder Walter gerade drei Monate alt, da machte Europa mobil. Am Samstag, den 1. August 1914 strahlte die Sonne am wolkenlosen Himmel, wie es Kaiser Wilhelm II. liebte. Das war sein »Kaiserwetter«, und bei solcher Stimmung erklärte er Russland den Krieg. An den folgenden drei Tagen überschlugen sich die historischen Entscheidungen im Eiltempo. Das kaiserliche Wochenende setzte sich fort mit dem Einmarsch der deutschen Truppen nach Luxemburg. In Deutschland läuteten die Kirchenglocken zum Gebet – und auch die Neckermanns in Würzburg gingen wie jeden Sonntag zu ihrer Franziskaner Kirche, nur 200 Schritte von ihrem Haus entfernt.

Als der Sonntagsbraten auf dem Tisch stand, war in Istanbul der Vertrag unterzeichnet, der die Türken verpflichtete, unverzüglich über das Schwarze Meer Russland anzugreifen, sobald die Deutschen mit den Kampfhandlungen gegen Russland begannen. Am Montag, dem 3. August, reichte die kaiserliche Administrative die deutsche Kriegserklärung an Frankreich. Am Dienstag, den 4. August, billigte der deutsche Reichstag einstimmig die Kriegskredite in Höhe von 5 Milliarden Mark. Ab Mittwoch redeten alle nur noch über die Geschäfte. Die teutonischen Wirtschaftskapitäne gerieten ins Profitfieber.

Mit Hurra ging es an die Front. Die Soldaten kritzelten, bevor sie die Güterzüge in Richtung Frankreich bestiegen, fröhlich mit weißer Kreide an die Wagonwände: *»Ausflug nach Paris«*, *»Auf in den Kampf, mir juckt die Säbelspitze«*, *»Auf Wiedersehen auf dem Boulevard«*. In Würzburg als Garnisonsstadt mischte sich maßloser Patriotismus mit schicksalhafter Vorahnung. Auf dem riesigen Platz vor dem Bahnhof taumelten die Soldaten nicht nur im Heldenrausch. Viele standen da, vom schmerzlichen Abschied mitgenommen, schwermütig in Trauer versunken. So mancher ahnte, dass man sich nie mehr wieder sehen würde. Josef Carl Neckermann war sich nicht sicher, wann ein Einberufungsbefehl ins Haus flattern würde. Er war ein Offizier der Reserve bei dem Würzburger Reiterbataillon. Aber er war immerhin schon 46 Jahre alt. Im Ansturm der Freiwilligen keimte die Hoffnung, dass man die Alten nicht mehr brauchen würde. Die Rechnung ging auf, aber nicht aus Altersgründen. Neckermann wurde bei der zweiten Mobilmachung zu den Ulanen, dem kaiserlichen Reiterregiment eingezogen, aber nach einigen Wochen schon wieder als für die Wirtschaft unentbehrliche Person vom Kriegsdienst freigestellt. Da waren eben seine gute Beziehungen zu den örtlichen Kommandanten und Reiterfreunden im Spiel.

Die Firma Josef Carl Neckermann kämpfte also als Lieferant für den Sieg des Kaisers. Auf den Gleisen, die sich entlang des Mains vom

Zentrum bis in den Hafen erstreckten, wurden die Transportzüge Tag und Nacht beladen. Das brachte vorerst einen wirtschaftlichen Aufschwung, der anfänglich weitere Euphorie für den »Gotteskrieg« schürte. Auch in den Konservenfabriken von Würzburg wurden Sonderschichten eingelegt. Rund um die Uhr wurde für die Fronttruppen Fleisch eingemacht und für Postkarten als Motiv fotografiert. Abgelichtet wurde auch die Hafenanlage der Brennstoffhandlung Josef Carl Neckermann, wo man fröhlich Kohle für die Kriegsmaschinerie bunkerte. Die Schornsteine der umliegenden Fabriken rauchten im Hintergrund. Die Lokomotiven fuhren im Fünf-Minuten-Takt aus den Toren ab. Es wurden auch Pferde aufgeladen, und in dieses lukrative Kriegsgeschäft wollte Neckermann ebenfalls einsteigen.

Reiterregimenter hatten in Würzburg lange Tradition und genossen hohes Ansehen. Auf jeder zweiten Grußkarte, die aus Würzburg kam, posierte ein schnuckeliger Kadett oder hoher Offizier hoch zu Ross. Das Requirieren der Pferde für die Front erhielt höchste Priorität: Ohne die Pferdestärken hätte die Kriegsmobilität zumindest am Anfang keine Schlagkraft gehabt.

Neckermann brauchte sich keine Gewissensfragen zu stellen. Die Absolution für alle Art von Geschäften, die dem Vaterland nützlich sein konnten, erteilte Kaiser Wilhelm II.: »Uns treibt nicht die Eroberungslust, uns beseelt der unbeugsame Wille, den Platz zu bewahren, auf den Gott uns gestellt hat, für uns und alle kommenden Geschlechter.« Das stärkte die Überzeugung auch eines streng gläubigen Katholiken, wie Josef Carl Neckermann es war, dass es sich um höhere Fügung handelte. Nur Atheisten wie Walter Rathenau, der zu diesem Zeitpunkt noch Aufsichtsratsvorsitzender von AEG war, sinnierte im Herbst dieses Schicksalsjahres mit gedämpfter Skepsis: »Nie wird der Augenblick kommen, wo der Kaiser als Sieger der Welt mit seinen Paladinen auf weißen Rössern durch das Brandenburger Tor zieht. An diesem Tage hätte die Weltgeschichte ihren Sinn verloren!«

Schon im Januar 1915 verwandelten sich diese dunklen Ahnungen in Realität. Für Brot, Milch und Mehl wurden Marken eingeführt. Für die Industrie waren die Tage des Profits rasch gezählt. Auch bei Neckermann gingen bald einige Lichter aus. Das Hauptproblem lag beim Kohlennachschub. Der Brennstoffhandel musste sich ganz umstellen. Die Binnenschifffahrt kam fast vollständig zum Erliegen. Englische und westfälische Kohle stand nicht mehr zur Verfügung. Für die Lieferungen aus oberschlesischen und polnischen Gruben war der Weg bis nach Würzburg zu weit. Die Einbrüche führten allmählich bis zum Stillstand. Aber noch gab es in der Neckermann-Sippschaft einige Metzger und auch den eigenen Bauernhof in Thüngersheim. Mit Schwarzschlachtungen sorgte man dafür, dass man auf die kleiner werdende Scheibe Brot wenigstens noch Schmalz schmieren konnte, auch wenn die Schicht immer dünner wurde. Das waren auch die ersten Kindheitserinnerungen von Josef Neckermann: »Das winzige Stück Wurst, das ich bis zum letzten Bissen vor mir herschob.«

Kapitel 2

»Im langsamen Galopp an der Schule vorbei«

Die Neckermanns und ihre Pferde

Am 9. November erklärte Reichskanzler Prinz Max von Baden den Kaiser für abgesetzt, noch am selben Tag floh Wilhelm II. in die Niederlande, und am 11. November 1918 unterzeichneten die deutschen Generäle im Wald von Compiègne einen Waffenstillstand. Der Krieg war vorüber.

Doch für die deutsche Zivilbevölkerung begann der Schrecken erst. Zwar waren 2 Millionen deutsche Soldaten an der Front gefallen, doch die Kampfhandlungen hatten sich nicht auf deutschem Boden abgespielt. In Deutschland hatte Hunger geherrscht, aber kein Krieg. In deutschen Straßen fielen die ersten Schüsse erst nach der Heimkehr der demoralisierten Soldaten. Von der Front oder aus der Gefangenschaft heimgekehrt, landeten viele in einem hoffnungslosen Kreislauf aus Arbeitslosigkeit, Hunger und Elend. Gegen Ende des Krieges war kein Sold mehr bezahlt worden. Und es sollte mit den Schuldigen des Kriegsdesasters abgerechnet werden: den Militaristen und den Kapitalisten. Sie sollten durch einen grundlegenden politischen Systemwechsel enteignet und entmachtet werden. Der Ruf zu Klassenkampf und bolschewistischer Revolution nach russischem Modell hallte allerorten.

In Kiel kam es bereits Ende Oktober zu Unruhen, als Matrosen ihren Sold verlangten. Von dort breitete sich die Revolution nach Süden aus. Angesichts der Unruhen dankte König Ludwig III. von Bayern bereits am 7. November ab, eine sozialistische Regierung formierte sich unter dem Schriftsteller Kurt Eisner. In Berlin riefen am 9. November der Sozialdemokrat Philip Scheidemann und der Kommunist Kurt Liebknecht unabhängig voneinander die Republik aus. Doch die Sozialdemokraten verbündeten sich bald mit den Militärs und unterdrückten die kommunistische Konkurrenz blutig. Nationalistische Frontkämpfer schlossen sich zu Kampfverbänden zusammen, die sich heftige Straßenschlachten mit den Kommunisten lieferten. In den Jahren darauf kam es immer wieder zu Putschversuchen, vor allem von nationalistischen Gruppen.

Auch an Würzburg ging die Revolution nicht spurlos vorüber. Im Vergleich zu Nürnberg, Bayreuth oder München kam es allerdings nicht zur Bildung von Arbeiter- oder Soldatenräten. »Nur der Mob rebellierte, die Kommunisten und die Plünderer zogen durch die Stadt und es wuchs die Angst um die Kirche. Man befürchtete, sie könnte säkularisiert werden«, berichtete Peter Maximilian Bauer, Guardian des Franziskaner Klosters. Da griff der Patriarch J.C. Neckermann in die Würzburger Stadtgeschichte ein. Um die Kirche und ihr Eigentum zu sichern, »privatisierte« er das Kloster, indem er es pro forma kaufte. Seit dieser Zeit herrschte zwischen den Franziskanerbrüdern und den Neckermanns ein besonders inniges Verhältnis.

Ein Herrschertyp wie Josef Carl Neckermann war in dieser Zeit nicht gerade beliebt. Dass es ihm gelang, in den Chaostagen des Krieges eine prachtvolle Rappstute für sich zu ergattern, schürte Neid und Missgunst. Wenn er ausritt, musste er auf Schleichwegen erst aus der Stadt herauskommen, sonst wurde er hoch zu Ross vom Fußvolk beschimpft, bespuckt oder gar mit Steinen beworfen.

Auch wirtschaftlich war mit Ende des Krieges kein Ende der Not in Sicht. Zu verschiedenen Zeiten besetzten die Alliierten das Ruhrgebiet und beanspruchten die geförderte Kohle für sich. Die Kohlenkrise legte Deutschland schon fast lahm. Die früheren Hauptlieferanten von hochwertiger schwarzer Stückkohle, die vor allem für den Lokomotivbrand benötigt wurde, gehörten nun zu Polen, die Lieferungen aus England blieben weitgehend aus.

Für Josef Carl Neckermann ging es nach dem Krieg darum, seinen Kohlenhandel rasch wieder in Schwung zu bekommen. Er musste schnell verhandeln, um an die äußerst knapp verfügbaren Kontingente von diesem fossilen Brennstoff heranzukommen. Also schrieb er eine Stelle als Einkäufer aus. Es meldeten sich viele, die keine Ahnung vom Geschäft hatten: Der Krieg hatte den Nachwuchs in allen Berufsparten stark ausgedünnt. Die Firmen lagen darnieder. So betrachtete es der fromme Josef Carl Neckermann als ein Geschenk des Himmels, als Guido Klug bei ihm vorstellig wurde.

Beim Vorstellungsgespräch bemühte sich Klug um ein breites Unterfränkisch, aber er konnte seinen elsässischen Dialekt nicht verbergen. Doch Neckermann war angetan von dem jungen Mann und vor allem von dessen Zeugnis. Das Firmenlogo auf dem Empfehlungsschreiben zeigte Fördertürme, die spitzen Kohlenhalden und ein weitverzweigtes Netz von Gleisen. Es stammte von Union Minier aus Elsass-Lothringen. Dort hatte Klug eine Lehre absolviert. Die Carl-Alexander-Kohle aus Baesweiler galt als die beste Kohle in Deutschland und ließ sich günstig bis nach Würzburg mit Schiffen transportieren. Für Neckermann war es wahrhaft ein Glücksfall, dass bei ihm dieser begabte junge Mann vorstellig wurde, der fließend Englisch und Französisch sprach und sogar einige wichtige Leute im elsass-lothringischen Kohlenrevier persönlich kannte. Mit ihm konnten die Geschäfte wieder beginnen.

»Der Stinker«

Josef Neckermann war kurz vor dem Ende des Ersten Weltkrieges sechs Jahre alt geworden. Das Unbehagen dieser Zeit prägte sich in sein Gedächtnis ein. Dass sich die Schreckensparolen des Klassenkampfs auch gegen seinen überaus verehrten Vater richteten, erschreckte ihn. Aus dieser Zeit stammt sein Kommunistenhass, der ihn ein Leben lang begleitete: »Sie hatten etwas gegen die Reiter, wie mein Vater es war«, notierte er.

Das Mittelkind fühlte sich in der Familie als benachteiligter Außenseiter. Das Nesthäkchen Walter wurde in Josefs Augen zu sehr verhätschelt, während er immer die Prügel bezog. Je älter er wurde, umso mehr litt er darunter, dass er sich gegen Walter, den Schwächeren, bei den Eltern nicht durchsetzen konnte. Sobald Unordnung in Kinderzimmer herrschte oder irgendwo im Hause eine Fensterscheibe zu Bruch ging, hieß es gleich: »Das war Josöfchen.« Da

Familie Neckermann in den 20er Jahren. Vorn: Walter und Josef. Mitte: Maria-Barbara, Jula und die Tanten Franka und Toni Lang. Hinten: Josef-Carl Neckermann.

packte ihn die Wut und von da war es nur ein kleiner Schritt zur Raserei. Diese Eigenschaft sollte sich später noch weiter ausprägen: Wann immer Josef Neckermann etwas unfair vorkam oder er sich im Unrecht fühlte, »da konnte ich sofort auf die Palme gehen«, bekannte er freimütig.

Auch in der Schule war Josef ein Außenseiter. Das begann mit dem ersten Tag, als es um die Sitzverteilung ging. Josef Neckermann hatte von seiner Großmutter einen Ziegenbock geschenkt bekommen, den er vor einen Leiterwagen spannte und mit ihm durch die Gegend fuhr. Es ist bekannt, dass wer mit Ziegen umgeht auch riecht wie sie. Nun wollte am ersten Schultag keiner neben »dem Stinker« sitzen. Doch der Ärger in der Schule juckte ihn kaum. Nichts war für ihn schöner, als mit diesem Mecker-Gespann den breiten Hindenburgring, Würzburgs breiteste Straße hinaufzupreschen, um für Großmutter Lang Besorgungen zu erledigen. Das Feilschen am Markt, das zu dieser Aufgabe gehörte, entpuppte sich als seine nächste Leidenschaft:

Früh begann sich zu üben, was einmal der Pfennigfuchser der Nation werden sollte.

Josöfchen spielte kaum mit seinen Geschwistern oder anderen Kindern, sondern suchte ausschließlich die Welt der Erwachsenen. Von der Schule führte sein Weg direkt in den Hof des Kohlenmagazins. Dort fühlte er sich frei, dort stand er nicht dauernd unter der strengen väterlichen Aufsicht. Doch die Gesellschaft war nicht gerade kindgerecht, denn die Fuhrleute und Knechte gingen mit dem Sohn des Kohlenhändlers nicht zimperlich um. Die meisten waren Kriegsveteranen, und sie machten sich einen Spaß daraus, sich den Knirps vorzuknöpfen und ihm die Hosen herunterzuziehen. »Schinkenklopfen« nannten sie das, und Neckermann erinnert sich, dass sie ihn schlugen, »bis das Sitzfleisch blutig wie ein Stück Rohschinken wurde«.

Doch so schlimm es auch wurde: Josöfchen hielt dicht. Der Grund waren die Pferde im Kohlenmagazin. Die schwergewichtigen Belgier und Oldenburger übten eine unwiderstehliche Faszination auf ihn aus. Gebannt sah er zu, wie sie ein- und ausgespannt, abgeschirrt, gelenkt, gefüttert, getränkt, beschlagen, gestriegelt wurden. Doch er wollte nicht nur zuschauen. Wo es ging, fasste er mit an und ließ sich nicht vertreiben. Am liebsten führte er die Pferde vom Sternplatz vor dem elterlichen Haus nach hinten in den Stall. Es passt, dass Neckermanns erste Erinnerung mit Pferden zu tun hat, »als man mich als einen Knirps, der kaum laufen konnte, aufs Pferde setzte«. Dieses Gefühl beschrieb er euphorisch als eine hypnotische Berührung. Es sollte ihn nicht mehr loslassen: »Reiten!«

Das Gefühl, zum ersten Mal auf einem Pferd zu sitzen, sollte für alle Neckermanns in gleicher Weise ein Schlüsselerlebnis werden. Mit den Episoden des Kindheitsglücks ist untrennbar der Klang des Hufgetrappels verbunden. »Mit meinem Vater in einem eleganten Jungergespann am Sonntag durch die Straßen von Würzburg zu fahren, das war für mich das Höchste«, erinnerte sich Josef Neckermann 1985 in einem ZDF-Gespräch und schien noch im Alter von 73 Jahren von Glückgefühlen übermannt.

Doch von den Stallknechten auf dem Kohlenhof nahm Josef Neckermann nicht nur seine Begeisterung für Pferde mit, sondern auch seine Vorliebe für Kraftausdrücke. Zeitlebens war er für seine Wutausbrüche und seinen unflätigen Sprachgebrauch bekannt. Folgende Begebenheit wird in der Familie erzählt. Einmal in guter Laune vertraute der sonst despotische Josef Carl seinem zehnjährigen Sohn die Zügel an. Der kutschierte auch ordentlich, bis plötzlich aus einer Seitengasse ein Handwerksgeselle stürmisch mit einem hochrädrigen Karren einbog. Neckermanns Pferde sprangen erschrocken zur Seite. Der Junior am Kutschbock behielt nur mit viel Mühe die Kontrolle über das Gespann.

»Pass auf du Hurensohn, Kruzifix! Hast du keine Augen, du Arschgeige!«, schrie Josef.

Der Vater war entsetzt. Kaum zu Hause, ließ der dem Sohn die Hosen herunter und verdrosch ihn mit der Reitpeitsche, bis die Striemen an Josefs Hintern blutig und dick angeschwollen waren. Die Bestrafung fiel allerdings nicht allein wegen der unflätigen Flüche so hart aus, sondern vor allem, weil der Sohn ausgerechnet vor dem Priesterseminar das Wort »Kruzifix« verunglimpft hatte.

Toleranz zeigte der strenge Vater nur im Hinblick auf die Zukunftspläne seines Ältesten. Er bestand nicht darauf, dass Josef den Kohlenhandel übernehmen sollte, und unterstützte dessen Reiterträume. Josef konnte mit einer glanzvollen Karriere bei der Kavallerie liebäugeln. Mit seiner Statur, hochgewachsen und schlank, schien er dafür prädestiniert zu sein, einen schneidigen Kadetten abzugeben. Schon zum zehnten Geburtstag bekam er seine ersten Reitstiefel geschenkt. Diese Kostbarkeit pflegte er liebevoll mit Schuhwichse und viel Spucke, bis der Schaft wie ein Spiegel glänzte.

Stiefelputzen, Fluchen, Strafen ertragen: Bald sollte das echte Reiterleben beginnen. Mit guten Noten schien es ohnehin hoffnungslos zu werden. Josef lernte seine Lektionen lieber in der Praxis. »Als Vaters Rappstute Lady gedeckt wurde«, berichtet Josef Neckermann in seinem Reiterbuch *Im starken Trab*, »ließ ich es mir nicht nehmen, aus aller Nähe zuzuschauen. Sexualkunde gab es ja damals in den Schulen noch nicht. Ich wurde auf der Deckstelle aufgeklärt. Von den Bienen jedenfalls brauchten mir die Lehrer danach nichts mehr zu erzählen.«

Immerhin war er schon zwölf. Lady nahm sein ganzes Interesse in Beschlag. Als sie ihr Fohlen zur Welt bringen sollte, wollte der junge Neckermann wieder unbedingt dabei sein. Tage und Nächte hielt er Wache im Stall und schwänzte dafür die Schule. Von Müdigkeit überwältigt, verschlief er schließlich den Höhepunkt. »Als ich morgens in der Pferdebox aufwachte, lag neben mir ein wunderschönes Stutenfohlen. Es erhielt den Namen Silvia und es wurde später ein sehr ordentliches Reitpferd.«

Solche Erlebnisse prägten seine frühe Jugend. Mit erstaunlicher Akribie merkte er sich alle Details und entwickelte ein geradezu phänomenales Gedächtnis. Bis zuletzt konnte er sich an jedes Pferd erinnern, mit dem er jemals im Leben in Berührung gekommen war. Abstammung, Ausbildung, Auszeichnungen – er hatte alles im Kopf. Dafür musste er in der Schule die Quarta wiederholen. Dass er nicht der Schule verwiesen wurde, verdankte er seinem Sportlehrer Jonas, der in dem jungen Neckermann wohl einen künftigen Hoffnungsträger für den Reitsport erkannte. »Wenn Du im Sport etwas leistest, wirst Du es auch im Leben zu etwas bringen«, lautete der Leitsatz von Lehrmeister Jonas.

Sturm und Drang

Vielleicht noch mehr als andere Jugendliche war Josef Neckermann ein Rebell. Gegen jede Form der Autorität lehnte er sich auf. Die Eltern hatten es nicht leicht mit ihm. Als sie überlegten, ihren Sohn wegen katastrophalen schulischen Leistungen auf ein Internat zu schicken, brannten seine Sicherungen durch. »Weg von den Pferden? Niemals! Dann lieber tot,« lesen wir in seinen Memoiren. »Ich bin aus Protest auf das Dach eines zweistöckigen Hauses geklettert und drohte zu springen. Ich meinte es ernst. Die Würzburger Feuerwehr musste ausrücken, um mich mit Gewalt runterzuholen.«

Mit seinen Mitschülern stand er nach wie vor auf Kriegsfuß. Als Sohn eines wohlhabenden Kaufmanns bekam er ihren Neid zu spüren. Sie hänselten ihn, aber auch Josef ging nicht zimperlich zu Werke. »Ich packte eines Tages auf dem Heimweg den Anführer, der

Josef Neckermann als Zwölfjähriger beim Training für das Springderby.

mich am meisten ärgerte und stopfte ihm, es war im Winter, seine Kapuze mit Pferdeäpfeln voll. Dann stülpte ich ihm alles über den Kopf, bis ihm die stinkige Brühe über das Gesicht tropfte.« Die Pferdeknechte aus dem Kohlenhof hätten das Problem wahrscheinlich auch nicht anders gelöst.

Neckermann gefiel sich in der Rolle des trotzigen Außenseiters. »Als ich für ein halbes Jahr wegen einer leichten TBC krankgeschrieben wurde und die Ärzte mir leichte Bewegung an der frischen Luft verordneten, verstand ich darunter, jeden Tag auszureiten«, schildert Josef Neckermann. «Natürlich vormittags im langsamen Galopp an der Schule vorbei, damit die Mitschüler und Lehrer mich beim Unterricht aus dem Fenster sehen konnten.«

In dieser Sturm- und Drangzeit suchte Josef Neckermann seine Vorbilder bei den Reitern. An erster Stelle ein gewisser Hauptmann Geuther, den er als 13-jähriger maßlos bewunderte. Tagelang beobachtete er ihn bei den Trainingsrunden, bis der Offizier aus der Mainau-Kaserne den reitverrückten Jungen bemerkte und unter seine Fittiche nahm. Der ernsthafte Reitunterricht begann mit Drill und einer Ausbildung im militärischen Sinne. Geuthers erster Lehrsatz lautete:

»Das Pferd ist wichtiger als der Reiter. Das Pferd gilt als Heeresmaterial, mit dem der Soldat sorgsam umzugehen hat.«

Die Ausbildung wurde jäh von einem tragischen Vorfall unterbrochen. Hauptmann Geuther stürzte beim Probespringen schwer und geriet dabei unter sein Pferd. Von dessen Gewicht wurde sein Becken zerdrückt. Der Reitschüler Neckermann besuchte den schwer verletzten Ausbilder täglich im Krankenhaus, saß stundenlang an seinem Bett und hörte den Geschichten über Pferde zu. Eines Tages schenkte ihm der Hauptmann seinen Sattel. »Wunderschön, aus hellem, ockerfarbenem Wildleder.« Kurz danach verstarb der Reiterhauptmann an den Folgen seiner inneren Verletzungen.

Der tragische Reitunfall seines Lehrers entmutigte den jungen Neckermann nicht im Geringsten. Das Risiko dieser Sportart wurden ihm zwar nun bewusster, aber die Erbschaft des wertvollen Sattels spornte an. Josef Neckermann wollte sich nunmehr als würdiger Nachfolger seines Lehrmeisters erweisen. Es dauerte nicht lange und auch er stürzte. Das Pferd überschlug sich, doch Josef kam mit einigen Rippenprellungen und einem gebrochenen Schlüsselbein davon. Aber kaum wurde nach einigen Wochen der Gips abgenommen, saß er schon wieder im Sattel.

Schon bald fand er einen neuen Lehrer. Adam Hank war ein ehemaliger Wachtmeister in der kaiserlichen Armee und wegen seiner harten Methoden und rauen Umgangsformen gefürchtet.

Aus dem Fenster seines Hauses neben der Reitschule beobachtete er, wie Josef Neckermann mit den Pferden seines Vaters umging. Sein Talent war nicht zu übersehen und Hank bot ihm kostenlosen Unterricht an. Im Leben von Josef Neckermann schlug eine entscheidende Stunde: »Ich habe mich Hank mit Haut und Haaren verschrieben«, schreibt er in seinen Memoiren. »Sobald er die Bahn betrat, hörte alles auf sein Kommando. Einen besseren Lehrer konnte man sich nicht wünschen.«

Dem rebellischen Jungen und schlechten Schüler ging alsbald die eiserne Disziplin in Fleisch und Blut über. Der Wachtmeister Adam Hank stand Josef Neckermann eine Zeit lang sogar näher als sein leiblicher Vater, wofür er sich später fast schämte: »Und waren wir nicht im Stall, dann saß ich bei Hanks zu Hause und blätterte in Büchern mit Bildern von Pferden.« In allem versuchte Josef Neckermann den großspurigen Draufgänger nachzuahmen, in Kleidung, Haltung und vor allem im harschen Befehlston. Bald traute sich Josef sogar zu, für Hank einzuspringen und Reitunterricht zu geben. Es machte ihm einen Heidenspaß, die bessere Gesellschaft – Geschäftsleute, Bankdirektoren, Brauereibesitzer, Ärzte oder Apotheker – herumzukommandieren.

Der Reitlehrer Adam Hank und Josef Neckermann.

Als ihm der Vater zum 14. Geburtstag sein erstes eigenes Pferd schenkte, fühlte sich Josef Neckermann bereits nicht mehr als Kind, sondern als ein Mann, der alles kann.

Noch im selben Jahr feierte er seinen ersten Erfolg. In Stuttgart gewann er im Duo mit Elmar Waldenfels das Paarspringen. »Ein Oberst der Reichswehr und ein Kind«, mokierten sich die Verlierer. Und weil die Besiegten zwei hohe Polizeioffiziere waren, konnten sie Kraft ihres Amtes eine Neuregelung durchsetzen, die Jugendlichen unter 18 künftig die Teilnahme an Wettbewerben untersagte. Damit war die Geschichte des Reiterwunderkindes fürs Erste beendet.

Die Herrenreiter in Braun

Ende Februar 1925 traf sich eine Hand voll Mitglieder der NSDAP in der Mozartstadt Salzburg. Unter anderem ging es um die Frage, welche Farbe die Uniformierung der künftigen SA-Einheiten haben sollte. Ernst Röhm und Hermann Göring gefiel das Hemd, das der

Vater Josef-Carl und Sohn Josef Neckermann beim Ausritt zum Waldhaus bei Würzburg, etwa 1926.

Freikorpsführer Gerhard Rossbach trug: Die Farbe war ein kaum näher definierbares Khaki.

Schon bald tauchten einige Reiter beim Training und bei kleineren Tournieren ohne Jackett auf, nur in Hemden von militärischem Zuschnitt in der Trendfarbe Braun. Dass die Reiter überall so schnell auf die neue Farbe aufsprangen, lag nicht zuletzt daran, dass sowohl Röhm als auch Rossbach selbst begeistert an Reiteraktivitäten teilnahmen. Die Reiter waren eine Elite, eine wohlhabende bis reiche Minderheit. Sie kamen zumeist aus antidemokratischen und deutschnationalen Kreisen. Sie hatten die SA-Truppen verachtet, ihre Führer jedoch bewundert. So auch Josef Neckermann, für den neben Gottesfurcht Disziplin, Pflicht und Gehorsam höchste Werte darstellten: »Die SA-Führer haben aus einer Drecksbande (...) richtige Kerle gemacht.« Nebenbei schwärmten Röhm und Rossbach wie Göring für den Rudersport. Beide Sportarten gehörten zu den Traditionsdomänen im Hause Neckermann. Es war nur eine Frage der Zeit, dass die »Braunen« in seinem Ruder- und Reitclub einmarschierten. Und dem Patriarch Josef Carl Neckermann waren die SA-Reiter allemal lieber als die Kommunisten, die mit Steinen nach den Reitern im Sattel warfen.

Auf Freiersfüßen

Neben der Reiterei begann Josef Neckermann, sich allmählich auch für andere Dinge zu interessieren, allen voran für ein Mädchen namens Annemarie Brückner. Im Sommer 1928 hatte er sie zum ersten Mal im Schwimmbad gesehen. 60 Jahre später liest sich das in Neckermanns Biografie so: »Das erste, was mir ins Auge fiel, war ihr

Badeanzug. Eng. Rot. Ausgeschnitten. Den halben Schenkel gab er frei.«

Josef Neckermann schaffte sich eine schwarz-weiß gestreifte Badehose des Würzburger Sportschwimmclubs SSC und lungerte von da an im Hügelsbad der Maininsel in der Sonne herum. »Sie hatte den Ruf, sie sei schwer zu kriegen«, notierte Neckermann, was bei dem Alter auch nicht verwunderlich sein sollte: Annemi war gerade zwölf geworden.

Ob sie tatsächlich das hübscheste Mädchen von ganz Würzburg war? Auf den Fotos von damals grinst Annemarie selbstbewusst und unternehmungslustig. Die Würzburger Jungs waren aber auch noch aus einem anderen Grund hinter ihr her. Ihr Vater, Richard Brückner, war nämlich einer der ersten Autohändler in der Region. In seinem Hof parkten die Edelmarken von damals: Adler, Horch und Mercedes, daneben die amerikanischen Marken Chevrolet, Ford, Buick und als Sensation schlechthin der Franklin, das Luxusgefährt der Millionäre. Auf diese Modelle nicht nur einen Blick zu werfen, sondern die geschwungenen Kotflügel, das Ersatzrad hinten und den chromblitzenden Kühler vorn anzufassen, darauf waren die Jungs ganz besonders scharf. So scharte Annemi, wie man sie in der Clique nannte, eine Menge von Verehrern um sich.

Als der junge Neckermann im Schwimmbad vorstellig wurde, erhielt er prompt den Spitznamen »Necko«. Doch »Necko« verließ sich nicht auf seine Badehose, sondern warb hoch zu Ross: Das imponierte mehr. Kurz darauf begann auch Annemi zu reiten. Ein Bund fürs Leben wurde besiegelt, aber zur Hochzeit sollte es erst sechs Jahre später kommen und Annemi vorher das Würzburger Konservatorium im Fach Klavier absolvieren. Zeit genug für »Necko« sich seine Hörner abzustoßen, denn »obwohl ich in Annemi wild verliebt war, hatte ich schließlich noch einige andere Eisen im Feuer«.

Die erste Pause im Dauerhofieren bei Annemi machte »Necko« schon im August 1928. Die Olympiade in Amsterdam lenkte ihn völlig ab. Wie besessen jagte er hinter den Sportnachrichten her, um das wichtigste Ergebnis nicht zu verpassen: Wie werden die deutschen Dressurreiter abschneiden? Die Wettkampfberichte ähnelten einer Kriegsberichterstattung. Dauernd war die Rede von Ehre,

Freiheit, Vaterland. Und die Nation taumelte im Freudenrausch. Sieg! Sieg! Sieg! Nach den USA wurde Deutschland der zweiterfolgreichste Teilnehmer. Zehn Goldmedaillen, siebenmal Silber, 13-mal Bronze. Einer der deutschen Helden war Carl Friedrich Freiherr von Langen, der die Goldmedaille im Dressurreiten gewann. »Necko« war dem Edelmann bereits persönlich bei einem Turnier in Frankfurt begegnet und hatte sein Pferd bewundert. Es hieß Draufgänger!

Der junge Erbe

Im Winter 1928 war die Zahl der Arbeitslosen in Deutschland auf knapp 2 Millionen gestiegen. Zur Wahl stellten sich 31 Parteien. Die SPD gewann mit knapp 30 Prozent, die Kommunisten hatten zugelegt und 10,6 Prozent der Stimmen kassiert. Die NSDAP landete weit abgeschlagen mit 2,6 Prozent. Die Demonstrationen und Streiks nahmen zu. Die Deutschnationalen forderten mehr Macht für den Reichspräsidenten Paul von Hindenburg, ihr Zugpferd. Die Zeichen standen auf Sturm.

Doch für die Neckermanns traten die politischen Ereignisse im Winter 1928 in den Hintergrund. Am 20. Dezember 1928, vier Tage vor dem Heiligen Abend, holte Josef Carl Neckermann seinen Erstgeborenen in aller Herrgottsfrühe aus dem Bett. In den Memoiren des Sohnes liest sich das so: »Es war ein bitterkalter Wintermorgen. Sechs Uhr in der Früh. Mein Vater holte mich aus dem Bett. Ich sollte ihn in die Kirche begleiten. Wie jeden Morgen ging er zur Messe. Ich ging mit. Es war kalt, ich fror und wusste gar nicht, was er von mir wollte, als er sich nach seltsamen Dingen zu erkundigen begann.«

Der Vater fragte eindringlich: »Wie stellst du dir dein Leben vor, mein Sohn?«

»Na wie denn! Ich werde Kavallerieoffizier! Das wissen Sie doch«, trotzte »Necko«. »Darüber haben wir oft gesprochen. Sie waren damit einverstanden.«

Der Vater bohrte nach. »Schon, aber was tust du, sollte mir etwas Unvorhergesehenes passieren?«

Der Sohn antwortete verlegen: »Ach, was kann Ihnen schon passieren, Vater! Sie sind erst 60, sind gesund, Sie rudern und sind der beste Reiter...«

»Nein, mein Sohn: Ich meine es ernst, es kann sein....«, doch der Vater vollendete den Satz nicht. Er blieb auf der Straße vor dem Priesterseminar stehen, nahm »Necko« bei der Hand und forderte ihn plötzlich auf: »Versprich mir, dass du mit dem Sport aufhörst!«

Für »Necko« kam dies wie ein Blitz aus heiterem Himmel. Er brachte kein Wort heraus.

Der Vater fuhr fort: »Du bist mein ältester Sohn. Wenn mir etwas zustößt, musst du mit der Reiterei sofort aufhören und dich um die Familie kümmern. Du bist mein Nachfolger. Du wirst der Familienvorstand sein. Du musst deine Mutter entlasten und bald auch deine Geschwister ernähren. Versprich es mir!«

»Necko« war den Tränen nah. Er umarmte seinen Vater und versprach es ihm. Dann spürte er die Hand seines Vater auf seinem Kopf und hörte, wie dieser sagte: »Ich wusste, dass du gehorchst. Wenn du es geschafft hast, das Geld selbst zu verdienen, kannst du wieder reiten.«

Danach betraten die beiden die Kirche des Heiligen Franziskus, um zusammen zu beten. Anschließend trennten sich ihre Wege. »Necko« lief zur Schule und kam wie gewöhnlich zu spät. Sein Vater ging zuerst in die Firma. Dort überraschte er seinen Prokuristen Guido Klug, indem er ihm kurzer Hand sämtliche Vollmachten übertrug und ihn mit der Leitung der Kohlenhandlung beauftragte – »für den Fall, wenn mir etwas passieren sollte.« Danach verließ er hastig das Büro und eilte zu einem Termin beim Finanzamt.

Als »Necko« mittags von der Schule heimkehrte, öffnete ihm das Dienstmädchen die Tür. Sie schluchzte und Ihr Gesicht war voller Tränen. »Dein Vater...«

»Was ist mit meinen Vater?«

»Er ist vor einer halben Stunde mit starken Herzschmerzen nach Hause gekommen, hat sich auf das Sofa gelegt und....«

Ohne ihr weiter zuzuhören, stürmte »Necko« ins Musikzimmer. Dort saß seine Mutter weinend auf dem Sofa. »Mein Vater lag mit dem Kopf auf ihrem Schoß. Sein Gesicht war bleich, er hatte die

Augen geschlossen. Er war tot. Herzschlag« – beschrieb Josef Neckermann die Szene in seinen Memoiren. Abrupt schreibt er dann: »Meine Kindheit war vorbei.«

Am Begräbnis des »Rockefeller von Würzburg« nahmen zahlreiche Würzburger teil. Josef Carl Neckermann wurde in das Familiegrab gebettet, neben seinen Vater Peter und seiner Mutter Barbara.

Bevor Josef Neckermann das Versprechen an seinen Vater einlöste und tatsächlich mit der Reiterei aufhörte, nahm er wenige Tage nach der Beerdigung nochmals an einem Turnier in der Mainau-Kaserne teil. Es fühlte sich verpflichtet, denn Annemi war bei ihrem ersten Reitturnier am Start. Auf Anhieb gewann sie in der Kategorie A-Springen, und »Necko« wurde beim Gehorsamspringen Erster. Als die beiden dann beim Paarspringen den Sieg schafften, war das gemeinsame Glück perfekt.

Bald darauf herrschte erneut Begräbnisstimmung im Hause Neckermann. Diesmal, weil die Pferde verkauft wurden. Nur Walter und Barbara durften ihre Tiere behalten. Dabei waren die Geschwister »weit weniger von dem Pferdebazillus befallen als ich«, jammerte er.

Im Frühjahr des folgenden Jahres machte »Necko« die Prüfungen zur Mittleren Reife und verließ das verhasste Realgymnasium. Unverzüglich trat er eine Lehre bei der Bayerischen Hypotheken- und Wechselbank in der Schönbornstraße an, der Hausbank der Neckermanns. Dort war man bereit, über die schlechten Zeugnisse des Erben und Großanlegers hinwegzusehen. Das war die Rettung. »Das Gespenst der Deklassierung und ein Arbeiter zu werden, stand wie eine schwarze Wand vor mir«, schreibt Neckermann in seinen Memoiren. Er hätte es nicht verkraftet, aus dem Milieu seiner Freunde im Reitclub ausgestoßen zu werden. Die Vorstellung, nie mehr zu reiten, war schon schlimm genug. Noch mehr schreckte ihn, »dadurch die angehimmelte Annemi zu verlieren. Sie hätte sich niemals mit mir als nur einem schlichten Arbeiter abgegeben.«

In der Brennstoffhandlung J.C. Neckermann übernahm der 32-jährige Prokurist Guido Klug die Geschäftsführung und blieb in dieser Position bis 1966 tätig. Die resolute Witwe Jula Neckermann räumte ihm bald noch zusätzlich eine zehnprozentige Firmenbeteiligung ein. Ohne Guido Klug hätte der Kohlenhandel vermutlich nicht überlebt. Mit ihm wurde er die Grundlage des Neckermannschen Aufstiegs.

Kapitel 3

»In dieser Welt will ich auch mal leben«

Die Lehrjahre des Josef Neckermann

»Kopf runter! Deckung hoch! Bleib in Bewegung!« Mit diesen Kommandos werden Boxer trainiert. Der Faustkampf war »in« im Deutschland der 20er Jahre. Max Schmeling war gerade Deutscher Meister aller Klassen geworden und boxte sich auf dem internationalen Parkett nach oben. Auch Josef Neckermann begann mit dem Boxen. Das erschien ihm sinnvoller als die vielen Praktika, die er im Laufe seiner Ausbildung machen musste.

Die Banklehre befriedigte ihn kaum: Briefe frankieren, Bier und Brötchen holen, über den Büchern buckeln, endlose Zahlenkolonnen addieren und mit dem Bleistift in der Hand nach Kassenschluss die Fehler suchen. Die Uhr an der Wand tickte mit unerträglicher Langsamkeit. Die Luft in der Schreibstube war stickig und dann war da noch dieses unentwegte Knarren. Ein Holzstuhl! Sein Chef hatte die Angewohnheit mit seinem Sitz zu kippeln. Das nervte den Lehrling Neckermann am allermeisten: »Wie ich nur dieses Kippeln hasste. Ich hätte auf der Stelle aus der Haut fahren können«.

Das Knarren musste aufhören. Eines Morgens erschien Neckermann zur Tat entschlossen, früher als sonst mit Werkzeug im Büro, um ein Bein am Stuhl seines Chefs anzusägen. Dass der Mann als Kriegsinvalide eine Beinprothese hatte, »dafür habe ich mich in Gedanken bei ihm entschuldigt«, erinnerte sich Josef Neckermann später. Als der Chef kam, wartete er schadenfroh, bis endlich das Kippeln wieder anfing und dann mit einem lauten Schlag endete, als der präparierte Stuhl zusammenbrach und der Chef mit voller Wucht rückwärts auf den Boden fiel. Von da an hatte jedenfalls das Knarren ein Ende.

Diese Zeit produzierte allerdings noch ganz andere Lehrstücke. Die schockierendste Lektion war der Börsencrash. Damals schnupperte Josef Neckermann gerade in den Effektenhandel hinein. In dieser Abteilung gefiel es ihn schon wesentlich besser, was auch am allgemeinen Börsenfieber gelegen haben mag. Die Banken in den USA gaben sogar großzügig Kredite für den Aktienerwerb. Doch der junge Neckermann widerstand der Verlockung: Keine Aktien auf Pump. Schon sein Vater hatte den Leitspruch gehabt: »Regele deine Geschäfte immer so, dass du niemals die Bankiers als Erster grüßen musst!« Der »schwarze Freitag« vom 29. Oktober 1929 gab der Neckermann-Regel recht. Über Nacht verwandelten sich die Aktien und Wertpapiere zu Altpapier und flatterten aus den Fenstern der Banken hinunter auf die New Yorker Wall Street.

Kurz bevor Josef Neckermann seine Abschlussprüfung als Finanzkaufmann ablegte, erreichten die Schockwellen des Bankenkrachs auch Deutschland. Am »schwarzen Montag«, dem 13. Juli 1931 wurde die Darmstädter und Nationalbank, eines der wichtigsten Kreditinstitute, zahlungsunfähig. Am nächsten Morgen blieben auch alle anderen Banken geschlossen. Die Weltwirtschaft stand vor dem Zusammenbruch. Der internationale Zahlungsverkehr setzte aus. Die ausländischen Gläubiger bedrängten die deutschen Banken. Unter dem Eindruck des Chaos, den Tausenden von Menschen auf den Straßen, die verzweifelt versuchten, an ihre Ersparnisse zu kommen, wuchs Josef Neckermanns Misstrauen gegenüber den Geldinstituten. Doch im August 1931 schien in Deutschland wieder alles ins Lot zu kommen, die Banken hatten wieder geöffnet. Die Familie Neckermann hatte alles gut überstanden. Gewisse Verluste an Sparguthaben machte der Trost aller Kohlenhändler wett: Der nächste Winter kommt bestimmt.

Kostproben

Die zwei Neckermann-Jungs hatten zu diesem Zeitpunkt jedoch anderes im Kopf als Wirtschaftskrisen. Walter, genannt »Walti«, hatte schon im vergangenen Sommer die 15-jährige Tochter eines Professoren kennengelernt – die Elsa, und zwar im berühmten Hügelbad auf der Maininsel, wo schon Josef seine Annemi entdeckt hatte. Es war der Jugendtreff schlechthin. Die Elsa, das Mädchen mit dem Pagenkopf, fiel dort auf, weil sie ständig einen eckigen Kasten mitschleppte, den man mit einer Kurbel aufziehen musste – einen Plattenspieler mit Trichter. Immer hatte sie die neuesten schwarzen Scheiben von Landauer, dem einzigen Radiogeschäft Würzburgs dabei: Chansons aus Paris, Josephine Baker. Foxtrott und Rumba lösten gerade den Charleston ab. Die Planken wackelten als alle mitsangen: »Lieber Rum trinken als rumsitzen...«

Josefs angehimmelte Annemi entpuppte sich als ein verwöhntes Trotzköpfchen. Mal erwiderte sie »Neckos« stürmische Avancen, dann gab sie launisch die Pralinenschachteln an ihre Schwester oder Freundinnen weiter, die ihr der verliebte Banklehrling schenkte. Manchmal war ein Armbad drin. Nicht aus Schokolade, sondern aus echtem Gold. Aber auch dies kümmerte Annemi wenig, weil sie schon genug Schmuck in ihrer Schatulle hortete. Als sich die Sache dennoch zu verkomplizieren drohte, schalteten sich die Eltern Brückner ein. Ihre Prinzessin wurde kurzerhand auf ein Internat in Waiblingen bei Heidelberg geschickt. Dies war eine vielpraktizierte Heilmethode gegen das grassierende Liebenssyndrom unter den Jugendlichen aus gutem Hause: »Aus den Augen, aus dem Sinn«, hofften die Eltern.

Auch »Neckos« Mutter nahm die Zügel strenger in die Hand. Der Witwe fiel ein, dass ihr Mann als Kohlenlieferant beste Beziehungen zur Reichsbahndirektion in Berlin hatte und persönlich mit dem Direktor Dr. Adolf Vietor befreundet gewesen war. Als die Witwe ihn fragte, ob er nicht einmal ihren Ältesten kennen lernen wolle, antwortete dieser unverzüglich mit einer Einladung.

Schon die Fahrt nach Berlin war aufregend: »Wir hatten unterwegs im Speisewagen gegessen und das gar nicht so schlecht«, vermerkte Josef, der frischgebackene Bankkaufmann. Es sollte für den Junior noch besser kommen.

Sie bezogen das Hotel Excelsior direkt im Zentrum in der Hardenbergerstraße. Der Jüngling schob Müdigkeit vor und wünschte seiner Mutter artig eine gute Nacht. Wenig später schlich er sich, an der Verbindungstür zum mütterlichen Zimmer vorbei, hinaus auf die

Straße. Hier lockte Berlin mit seinem überschwänglichen Nachtleben. Überall Kabaretts und Revuepaläste, an jeder zweiten Ecke eine rote Laterne. Nicht einmal in Paris tanzte man den Cancan so ausgelassen und flogen die Rüschenröcke so flott. »Necko« gelang es, mit einer jungen Polin anzubandeln. »Sie zeigte mir, wo der Hase läuft«, schreibt er trocken in seinen Memoiren.

Als er sich im Morgengrauen in sein Bett zurückschlich, stolperte er über den Nachtkasten. Durch das Gepolter geweckt, sprang die Mutter auf. Sie hatte in der Zwischenzeit das Verschwinden des Filius entdeckt und ihm diese Falle in den Weg gestellt. Da stand sie nun im Nachthemd und hielt ihrem Sohnemann eine Standpauke, »die sich gewaschen hatte«. Damit allerdings war schon der Strafe genug. Am nächsten Tag bewies der Junior sein Stehvermögen: Nach drei Stunden Schlaf erschien er putzmunter beim Termin in der Reichsbahndirektion und löcherte den Vorstand Vietor frech: »Was glauben Sie, welche Zukunft hat die Kohle?«

Die Frage traf ins Schwarze: Der oberste Reichseisenbahner wurde bei seinem Lieblingsthema ausführlich. Josef Neckermann sperrte die Ohren auf, als er auf die USA zu sprechen kam. »Der wachsende Gigant«, »die führende Industriemacht«, »die Weltmacht der Zukunft« schnappte er auf. »Mit diesem Riesen soll man sich nie anlegen. Hätten sich die Deutschen mit den Amerikanern zusammengeschlossen, hätte sie den Ersten Weltkrieg nicht verloren«, lautete Vietors Fazit.

Abends lud Vietor die Neckermanns ins Adlon ein, den Mittelpunkt des mondänen Berlin. »Was für eine Plattform für Sehen und Gesehen werden!«, staunte der Bub aus der fränkischen Provinz. Die Reichen und die Schönen, die Militärs und die Politiker, die Schauspieler, Paradiesvögel und Damen der feinen Gesellschaft. »Es hat mich mords beeindruckt«, schrieb Josef Neckermann. »In dieser Welt wollte ich auch mal leben.«

Im Neapel des Ostens

Die Fahrt nach Berlin war nicht vergebens. Reichsbahndirektor Dr. Vietor gab dem jungen Neckermann ein Empfehlungsschreiben für den Cäsar-Wollheim-Konzern mit. Schon im August sollte Josef eine Ausbildung in der Stettiner Hedwigshütte, einem der fortschrittlichsten Energieunternehmen Europas, anfangen. Hier wurden Heiz- und Industriekohle, Brikettproduktion, Schiffe, Bahnwagons und Laster mit einem rapid wachsendem Logistikzentrum vorbildlich organisiert.

Samt Mutter rollte er in Stettin an. Jula Neckermann, von den Kindern nur »Mutsch« genannt, wählte das Quartier für ihren Sprössling aus. Sie fand ein gutbürgerliches Haus am Pölitzer Platz. Das Quartier gefiel dem Sohn mindestens so gut wie der Mutter, denn die »Frau Wirtin hatte auch eine Tochter...«

In Stettin pulsierte das Leben fast so aufregend wie in Berlin. Der alte Hansehafen mit einer viertel Million Einwohner hatte ein Nachtleben zu bieten, das es mit Hamburg aufnehmen konnte. In den Werften Stettins wurde die halbe russische Kriegsflotte gebaut. Als ein wichtiger Verladeplatz für Kohle und Zement ankerten hier Schiffe aus England und Schweden, die Kohle brachten und für die Rückfahrt Zement in die leeren Schiffsbäuche luden. Die örtliche Stoewer-Maschinenfabrik produzierte Näh- und Schreibmaschinen, Fahrräder und Kraftfahrzeuge. Aus dem Stoewer-Werk stammte auch eines der teuersten Luxuscabrios der damaligen Zeit. Während des Zweiten Weltkrieges sollte Stoewer neben Opel zum zweitgrößten Lastwagenhersteller im Reich werden. Und schließlich wimmelte es auf den Piers von Stettin von Touristen, die von hier aus zu den Seebädern weiter im Osten schipperten.

Ein Jahr verbrachte Josef Neckermann in Stettin. In dieser kurzen Zeit wurde aus dem unterfränkischen Provinzler ein aufstrebender Weltmann mit Charme, Schliff und einer Schmachtlocke, die auf seiner Stirn wie ein Halbmond klebte. Der Junior genoss das Leben in vollen Zügen und ließ nichts aus. Wieder fand er neue Leitbilder. Er bewunderte den vierschrötigen Stettiner Schauspieler Heinrich George, den damals ganz Deutschland durch seine Charakterrollen kannte. Zu seinem Vorbild erkor er aber Friedhelm Küppers, den Generaldirektor der Hedwigshütte. So wie er einst Adam Hank mit Haut und Haaren verfallen war, übernahm jetzt Küppers diese Leitposition. Er ähnelte sogar Neckermanns leiblichen Vater: Hochgewachsen, hager, athletisch – »und die Beine«, schwärmte Josef über den sportbegeisterten Küppers: »Typische Reiterschenkel.«

Friedhelm Küppers kannte in der Ausbildung nur ein Prinzip: »Wer Erfolg haben möchte, braucht Eier und einen, der ihm da mal kräftig reintritt.« Eine Angewohnheit von Küppers eignete sich Josef Neckermann an: »Jede gute Idee, sei es nur eine treffende Antwort, mit einer Mark zu belohnen.« Die Markstücke trug er fortan griffbereit in seinem Portemonnaie.

Es gab noch einen Ausbilder vom echten Schrot und Korn, der Hand an Neckermanns Profil legte: der Boxer Franz Diener. Er war Deutscher Meister aller Klassen gewesen, ehe ihn kein Geringerer als der inzwischen legendäre Max Schmeling auf die Bretter geschickt hatte. Doch der Sturz vom Boxthron war zu verkraften: Mit jedem Sieg Schmelings auf der internationalen Bühne wurde Dieners Niederlage immer ruhmreicher. So konnte er als Ex-Champ ein Café in Stettin eröffnen und sich des Ansturms der Gäste sicher sein. Sein Café lag ausgerechnet in dem Haus am Pölitzer Platz, in dem Josef Neckermann zur Untermiete wohnte. Dieser ließ die Chance nicht ungenutzt und nahm bei Diener Boxunterricht.

Der Lehrling Neckermann selbst ließ nach eigenen Angaben »nichts anbrennen«. Er schloss sich einer Clique von Söhnen an, aus ähnlichen Kreisen wie er selbst, denen das Leben wie ein Gesellschaftsroman aus Leichtigkeit und Duft der Frauen vorkam. Diese sorglosen Aufsteiger scharte Friedhelm Küppers gern auf seiner privaten Motorjacht um sich. In ausgelassener Runde mit Champagnerkelch in der Hand schaukelte man damals an den Ostseebädern zwischen Stettiner Haff, Swienemünde und Usedom auf und ab, wie heute zwischen Monte Carlo und Saint-Tropez. Mit an Bord oder an den Liegestühlen der gleißend weißen Strandhotels aalten sich die Töchter aus besseren Häusern. Dort lernte Josef Neckermann auch die schöne »Li« Stevenson kennen, deren Vater die Stettiner Niederlassung des weltumspannenden Bergbau- und Brikettunternehmens Mathwin & Son Ltd. leitete, und wurde als Rosenkavalier bei der Familie vorstellig. Außerdem schwärmte er von Küppers junger Frau Jutta, die genauso alt war wie er. Die jugendlichen Liebesabenteuer verliefen derart stürmisch, dass sie bis zu Annemis Ohren nach Würzburg drangen.

Zu seinem Geburtstag schenkte ihm die Mutter ein Motorrad, eine 750er BMW. Das war für den gesellschaftlichen Status mindestens ebenso wichtig wie für die Mobilität des Sohnemannes. Mit diesem legendären Modell legten die Bayerischen Motorenwerke den Grundstein für die ruhmreiche Motorradgeschichte. Technisch revolutionär waren der Boxermotor und der Antrieb über eine Kardanwelle. Ernst Hennes Geschwindigkeitsrekorde machten die Maschine zum Mythos. Das Gefühl »Ich bin der König der Welt« musste in Neckermanns Adern förmlich kochen, wenn er auf diesem Feuerstuhl von Stettin nach Würzburg brauste. Es waren immerhin fast 700 Kilometer, auf den damaligen Straßen kaum unter zwölf Stunden zu bewältigen.

Er schonte sich nicht. Um seinen Lebensstandart zu finanzieren, griff er sogar zur Schaufel und schippte auf einem Kohlenschiff. Das schwefelhaltige Chemie-Zeug aus Schweden, das als Bindemittel von Kohlenstaub für das Backen der Briketts benötigt wurde, musste im Akkord verladen werden. Die Schiffe kamen am Abend. Die Arbeiter für die Nachtschicht trugen schwere Schutzmontur. Den Gestank beschrieb Josef Neckermann als »einen Rülpser von Satan persönlich«. Diese Schinderei wurde mit Sonderzuschlag und anderthalb freien Tagen entlohnt. Die Hälfte dieser Freizeit brauchte man für die Reinigung mit einer Spezialseife, sonst fraß sich die giftig-klebrige Schlickmasse unter die Haut und verursachte schmerzhafte Entzündungen. Das Risiko nahm Josef Neckermann in Kauf.

»Nach solch einer Schicht dachte ich weder an Annemarie noch an Jutta oder Li«, erinnerte sich der Versandhausfürst. Genauso blieb ihm auch ein Konflikt mit den weniger privilegierten Hafenarbeitern im Gedächtnis haften. Dass Stettin nicht nur aus feinen Villen, eleganten Patrizierhäuser und mondänen Jachten der Kohlenbarone, Fabrikanten und Handelsmagnaten bestand, konnte Josef Neckermann nicht übersehen. Das Hafenviertel war auch noch da, das Neapel des Ostens, wie es genannt wurde. Dort flimmerte die Luft nicht durch Kristallglanz, sondern vor Rauch und Staub. Rauflust und lange Messer bestimmten die Sitten.

Die Abenteuerlust lockte die jungen Herren in das Tanzlokal Vaterland. Hier trafen sich Matrosen, Hafenarbeiter, Prostituierte und Zuhälter zu einer faszinierenden Mischung. Die Prostituierten konnten auch als Tanzpartnerinnen gemietet werden. Das Programm lief nach dem üblichen Schema der Amüsierbetriebe ab. Zuerst Variete und danach »folgte die Damenwahl als Auftakt zum Schäferstündchen im Separée«, so Josef Neckermann. Als einer der »feinen Pinkel« von Neckermanns neuen Freunden einem der Mädchen einen Korb gab, brach die Hölle los. »Was, bin ich dir nicht gut genug?«, kreischte die Verschmähte. In dem Moment eilten ihr auch schon die Straßenjungs zu Hilfe. Bei der nachfolgenden Massenschlägerei mischte das ganze Lokal mit. Die Neckermann-Clique zog sich blutige Nasen und einige Zahnlücken zu.

»Es ist keine Schande sich zu prügeln, nur muss man dabei als Sieger hervorgehen«, maßregelte am nächsten Tag der Boss Friedhelm Küppers das beschämte Häufchen der künftigen Unternehmer. Auch dies schrieb sich Neckermann dann als Lehre hinter die Ohren: Niemals mehr als Verlierer am Pranger zu stehen.

Kurz nachdem die Silvesterkorken geknallt hatten, bekam Neckermann einen Zweijahresvertrag auf den Tisch. Für den Sommer stand für Josef Neckermann ein Wechsel nach England bevor. Durch eine seiner Herzdamen erhielt er ein Volontariat bei Mathwin & Son Ltd. in Newcastle upon Tyne. Das Empfehlungsschreiben von Papa Stevenson hätte nicht freundlicher ausfallen können: Man solle den Deutschen wie einen Sohn behandeln, richtete er der Zentrale aus.

Londons Glanz und Gigolos

Morgens um vier Uhr in der Früh ging die Fähre von Hamburg nach Newcastle an der Nordostküste Englands. Josef nahm sein vielbewundertes BMW-Motorrad mit an Bord. Im Vergleich zu Stettin geriet die neue Lehre zum Bildungsurlaub. Kino, Museum, Theater. An Neckermanns breitem unterfränkischen Englisch merkte man diese Praxisschule später allerdings nicht. Zur Erweiterung seines Horizonts dienten dagegen die Spritztouren auf den Kohlenschiffen nach Norwegen und Schweden sowie Motorradausflüge in die schottischen Highlands. Die Landschaft, die Ponys, die frische Luft – Neckermanns Freiheitsdrang bekam Flügel. Die englische Firma meldete sich schon besorgt bei seiner Mutter in Würzburg, weil sie den Jüngling vermissten. Allein die Sonntage waren ihm ein Gräuel: Pubs, Dancing Halls, sogar der Kiosk am Bahnhof, alles war dicht. Da waren die zwei Monate auf der Zeche im walisischen Ashington eine willkommene Abwechslung.

Das Einfahren in die Grube erforderte mehr Mut als Reiten und Motorradfahren zusammen. Auf zwei schmalen Brettern, nur auf einer Seilwinde hängend, ging es ab in die Tiefe. Unten war es entweder zu heiß oder zu kalt, »Necko« schwitzte oder fror. Egal, welche Kleidung er trug, es war immer die Falsche. Seine Arbeit bestand darin, die glänzende Nusskohle aufs Förderband zu schippen, zum Stollenhauen wurde er nicht eingesetzt. Trotzdem lauerte die Gefahr überall. Dauernd brach Wasser ein oder Felsenbrocken stürzten herab. Bei jedem Schritt musste man höllisch aufpassen. Was Neckermanns Gemüt berührte, waren die Ponys, die ihr Leben unter Tage fristen mussten und von der ewigen Dunkelheit fast blind waren. Bei diesen bedauernswerten Tieren verbrachte er seine Mittagspause und steckte ihnen Brot zu.

Der Lohn für die Ausdauer kam mit London, wo er ein paar Monate in der Geschäftsleitung der Weltfirma Mathwin & Son Ltd. hospitierte. Eine Runde in der Chefetage, ein Besuch der Royal Stock Exchange. Da fühlte sich Josef Neckermann schon wie ein halber Börsianer. Als britische Grundregel wurde ihm eingeschärft: »Keine Verträge unter Gentlemen. Das Wort reicht aus.« Diese Maxime heftete er sich später als Geschäftsmann ans Revers: Versprochen, gehalten, egal was passiert.

Eine höchst privilegierte Einladung bezeugte, welche bevorzugte Behandlung ihm seine Gastgeber angedeihen ließen. Josef Neckermann durfte an einem Empfang bei der Bankiersfamilie Rothschild in ihrem Londoner Palais teilnehmen. Wie ein deutscher Multimillionär residiert, hatte er schon als Kind mit seinem Vater beim Besuch von Hugo Stinnes in Essen erlebt. Jetzt sah er, wie es bei den Milliardärs von Weltrang aussieht. Ahnengalerie in den Prunkräumen, Ausstattung aus Gold und Marmor, Dienerschaft mit weißen Handschuhen. Die Reaktion mag überraschend gewesen sein: Überwältigt von der Ehre den Rothschilds die Hand schütteln zu dürfen – ja. Beeindruckt von ihrem Status – nein. Das verschwenderische Milieu kam Josef

Neckermann zu steif vor. Um sich hier wohl zu fühlen, war er denn doch zu bodenständig. Auch später strebte er nie übermäßigen privaten Reichtum an. Ihm ging es immer um Macht und Position. Unter Luxus verstand er, sich die besten Pferde und Automobile leisten zu können.

Sein Lieblingsort in London wurde das Kaufhaus Harrod's, die sagenhafte Welt der Ware. Die Faszination machte sich bald an der Garderobe bemerkbar: Anzüge, Krawatten, Hüte, Schuhe, Socken und Regenschirme. Nur das Beste war für ihn gut genug. Kein Zweifel, die später so oft gerühmte britische Eleganz Josef Neckermanns, die Angewohnheit nur Maßanzüge mit passenden Hemden und Accessoires zu tragen, dürfte wohl das Ergebnis seiner eingehenden Studien bei Harrod's gewesen sein.

Da das Lehrlingsgehalt nicht ausreichte, um die neuen Wünsche zu befriedigen, suchte der frischgewandete Gentleman nach einem Nebenverdienst. Diesmal kam es allerdings nicht mehr infrage, schwefelhaltigen Giftschlamm zu schippen. Bei der erstklassigen Garderobe, die er sich da zulegte, winkten viel bessere Chancen. Im Hotel Savoy zum Beispiel, das einen der besten Ballsäle Londons beherbergte. Dort traf sich die Upper Class zum sonntäglichen Tanz. Nur hatten die eleganten Damen meist Gatten fortgeschrittenen Alters im Schlepptau. Ihre Tanzlust mussten sie also anderweitig befriedigen. Die Lösung des Problems hieß Gigolo, der Eintänzer. Ein Berufsstand mit gewissen Ehren, der sich den Walzerschritt, salonfähige Manieren und gepflegte Konversation gut bezahlen ließ. Zur dieser Savoy-Elite gesellte sich Josef Neckermann. Den Damen gefiel der exotische Charme des Ausländers, sein holpriges Englisch mit mainfränkischem Akzent amüsierte sie. Bis zu 20 Pfund konnte er an einem Abend verdienen und bedauerte, dass diese Tanz-Soirees nur am Wochenende stattfanden.

Die größte Saalschlacht aller Zeiten

Der lukrative Nebenjob im Savoy erlaubte es Josef Neckermann, nun stundenlang mit seiner Würzburger Flamme Annemi zu telefonieren. So erfuhr er nicht nur, wie Annemis Vater für den neuen Führer Adolf Hitler schwärmte, sondern dass in Würzburg der große Rosenmontagsball anstand. Bei dieser Gelegenheit verplapperte sich Annemi und erwähnte, dass sie den Ball in Begleitung eines jungen Herrn besuchen würde. »Ein Student, Erstchargierter bei der schlagenden Verbindung der Makaren. Annemi sprach in der letzten Zeit auffallend oft über ihn. Ich konnte diesen Typen auf den Tod nicht ausstehen«, pflegte Neckermann diese oft erzählte Episode einzuleiten.

Neckermann fackelte nicht lange. Er schwang sich auf sein Motorrad. London-Dover in anderthalb Stunden. Mit der Fähre setzte er über nach Ostende, nahm weiter den Zug zweiter Klasse über Köln nach Würzburg. Er war wild entschlossen, sich seine Annemi nicht ausspannen zu lassen, schon gar nicht von einem Corpsbruder. Hier ging es nicht nur um junge Liebe, sondern auch um die Ehre des Kaufmanns. In Würzburg hatte die Rivalität Kaufleute gegen Akademiker Tradition.

Pünktlich zum Auftakt des Balls fand sich Josef Neckermann im eleganten Platzschen Garten ein, wo der Rosenmontagsball der vornehmen Würzburger Gesellschaft stattfand. Er bezog einen Beobachtungsposten in einer Sitzecke auf dem Balkon des Tanzsaals. Von dort aus konnte er beobachten, wie die 17-jährige Annemarie Brückner in den Saal kam, »gardiniert« von den Freunden ihrer Eltern, dem Polizeipräsidenten von Würzburg und seiner Frau. Davon ließ sich »Necko« nicht einschüchtern. Er wartete, bis Annemi Arm in Arm mit ihrem Galan vorbeischlenderte. Dann sprang er auf und rief: »Darf ich die Herrschaften zu einem Gläschen Sekt einladen?«

»Mit Kaufleuten uns abzugeben? Haben wir es nötig?«, höhnte der »Fuchs«, wie man die frisch von der Mensur gezeichneten Makaren nannte. Das reichte. Josef Neckermann griff zur Sektflasche und warf. Nur um ein Haar verfehlte die Pulle den Kopf des Makaren. Guter Reflex, merkte wohl auch Neckermann. Da hatte er also einen Gegner, an dem er sich messen konnte. Fechter gegen Boxer. Also dachte er: »Kopf runter! Deckung hoch! In Bewegung bleiben!«

Was sich danach im Saal entfesselte, übertraf die Schlägerei in Stettin bei Weitem. Neckermann und der »Fuchs« boxten sich den

Balkon entlang, die Treppe hinunter bis in den Ballsaal. Die frische Mensur des Makars platzte auf. Blut floss in Strömen. Das Publikum von dem Kampf offensichtlich begeistert, machte Platz, bildete beidseitig einen Spalier, feuerte die Kontrahenten an und rief: »Bravo!«. Sogar Polizeipräsident Schneier vergaß für eine Weile das Einschreiten. Die Fäuste flogen. Bald besannen sich die anderen Makaren ihres Corpsgeistes. Da schauten die Kaufleute auch nicht tatenlos zu. Die alte Rivalität flammte auf. In Neckermanns Memoiren liest sich das als Heldentat: »Bis der Polizeipräsident Schneier als oberster Ordnungshüter seine Dienstpflicht antrat, tobte im Saal die schönste Keilerei. Den Rest der Nacht verbrachte ich in der Arrestzelle – bis meine Mutter mich auslöste.«

Die Keilerei wurde in den Schlagzeilen als »größte Saalschlacht aller Zeiten in Würzburg« gewürdigt. *Spiegel*-Autor Werner Meyer-Larsen sah 50 Jahre später in diesem Zwischenfall einen Schlüssel zu Neckermanns Charakter: »Wenn eine Keilerei, dann die größte, die Würzburg je erlebt hat – nur in solchen Maßstäben konnte er denken. Mit diesem satten Gefühl der Selbstherrlichkeit würdigte der Unternehmer Josef Neckermann in seinen Memoiren den Gipfel seiner Jugendstreiche. Den unkontrollierten Wutausbruch stilisierte er als Beweis der unerschrockenen Tapferkeit.«

Nach dieser Saalschlacht war der Boden für Neckermanns Rückkehr nach Würzburg bereitet. Es gab kaum jemanden, der seinen Namen nicht gekannt hätte. Aber noch winkte dem Hitzkopf Josef ein halbes Jahr in Belgien zur Vervollständigung seiner Auslandserfahrungen.

Kapitel 4

»Er wusste es zu zeigen, was eine Harke ist«

In finsteren Zeiten auf der sicheren Seite

Reichspräsident Paul von Hindenburg ernennt Adolf Hitler zum neuen Reichskanzler. Eine Postkarte mit den Köpfen der beiden erscheint zu diesem historischen Tag, dem 30. Januar 1933. Den 1. Mai erklärt Hitler zum Feiertag und schenkt den Werktätigen schon gleich beim ersten Mal einen herrlich sonnigen, warmen »Tag der Arbeit« ohne Arbeit. Gleichzeitig lässt er Gewerkschaftsbüros stürmen und Gewerkschaftsführer in die neuen Konzentrationslager bringen.

Bei diesem »Führerwetter«, wie Joseph Goebbels es nannte, kehrte Josef Neckermann aus England zurück und machte sich unverzüglich auf den Weg nach Belgien. Sein Motorrad blieb diesmal in der Garage. Stattdessen fährt er mit einem nagelneuen Audi mit sechs Zylindern und drei Litern Hubraum zu seinem neuen Ausbildungsplatz. Das weiße Cabriolet mit schwarzem Verdeck und roten Ledersitzen war das Prachtstück der Berliner Automobilausstellung des Jahres 1933 gewesen und wurde insgesamt nur in 195 Exemplaren gebaut. Wer mit einem solchen Superauto in dem belgischen Lüttich vorfährt, darf sich allerdings nicht wundern, dass ihm die Reifen zerstochen wurden. Neckermann wollte das nicht verstehen, aber es sollte für sein jugendliches Empfinden noch dicker kommen.

Die Belgier hatten die Folgen des Ersten Weltkrieges noch nicht verwunden, und die Machtübernahme durch die Nationalsozialisten riss die Narben neu auf. Josef Neckermann berichtete seiner Mutter von der Feindseligkeit, die ihm entgegenschlug. »Sale boche – dreckiger Deutscher«, kritzelte man in den Staub auf die Windschutzscheibe seines Cabrios. Neckermann verstand auch 60 Jahre später als Memoirenschreiber noch nicht: »Warum? Ich war mir keiner Schuld bewusst. An den Demütigungen des Versailler Vertrags wart ihr Belgier doch auch nicht ganz unschuldig!«

Dass man dem Grünschnabel aus Würzburg überhaupt zuhörte, verdankte er Guido Klug, dem Geschäftsführer des Kohlenhandels. Der hatte ihm das Praktikum mit seinen Beziehungen zum Eschweiler Bergwerksverein verschafft. Louis Crespin, der Chef der Lütticher Kohlengroßhandlung, bemühte sich nach Kräfte die Bildungslücken des jungen Neckermann zu schließen. Er nahm ihn auf seine Dienstreisen nach Holland und Frankreich mit, spendierte seinem Gast ein Wochenende in Paris, zeigte ihm den Louvre, führte ihn über die Champs-Elysées und vergaß auch das frivole Montmartre nicht. Zum Abschluss ging es nach Verdun, den grausigsten aller Kriegsschauplätze. Doch Josef Neckermann schien das Erlebnis kaum zu berühren. Ihm fiel der Geruch der Pferde ein und er schwelgte in Erinnerungen an seine Kindheit: »Unsere Fuhrleute im Kohlenhof fielen mir ein, die Verdun-Veteranen und der Glanz in ihren Augen, wenn sie von den großen Schlachten erzählten...«

Dann sah Josef Neckermann die weißen Kreuze: Hunderte, Tausende, Abertausende. Soldatenfriedhöfe und grimmige Denkmäler für die Gefallenen in kalte Bronzemasse gegossen. Die Schrecken des Krieges mussten ihm spätestens in diesem Moment bewusst werden. Umso erstaunlicher seine Reaktion: »Ich war geschockt. Ich beschloss endgültig nach Deutschland zurückzukehren.«

Josef Neckermann war ganz vom Geist des Nationalismus beseelt. Er glaubte an das kaiserliche Motto: »Ein Platz an der Sonne für die Deutschen«. Wie vielen in seiner Generation kam es ihm nicht in den Sinn, nach den Gründen des Hasses auf die Deutschen zu fragen. Er wollte nicht sehen, welche Rolle das kaiserliche Deutschland als einer der Mitschuldigen des Großen Krieges gespielt hatte und welches Leid seine Soldaten über die unbeteiligten Belgier gebracht hatte. Seiner nationalistischen Grundeinstellung sollte er ein Leben lang treu bleiben. Ob als Praktikant in Belgien, Versandfürst, Reiseveranstalter oder Olympiareiter: Er war davon besessen, stets auch etwas für die Nation zu tun.

Herrenreiter im SA-Sattel

Im Spätherbst 1933 kam »Necko« von seinen Wanderjahren zurück nach Würzburg. Nach seiner Rückkehr schaute der Reiter Neckermann natürlich wieder im Stall bei Adam Hank vorbei. Eines Tages fragte ihn sein ehemaliger Lehrmeister: »Ernst Röhm kommt. Sein Adjutant kann nicht reiten. Willst du für ihn nicht einspringen?«

»Warum nicht?«, erwiderte Josef Neckermann, offensichtlich durch das Angebot geschmeichelt.

Für Militärparaden hatte er ohnehin eine Schwäche. Und diesmal ging es um den Stabschef der SA, der Würzburg eine Ehre erwies. Der korpulente Röhm genoss anfangs größere Beliebtheit als Hitler. Unter ihm schwoll die Mitgliederzahl der SA auf 700 000 an, viele davon enttäuschte Frontkämpfer, Krawallmacher und Randalierer. Josef Neckermann war beeindruckt, wie Röhm diese Kraft organisierte. »Er wusste es zu zeigen, was eine Harke ist«, schwärmte er in seinen *Erinnerungen*. Später relativierte er diese Bewunderung mit dem Alibi: »Ich war noch so unglaublich jung.« In der Familie war er mit seiner Sympathie für die SA nicht allein. Die Schwester Barbara hatte 1930 den Rechtsanwalt Dr. Hans Lang geheiratet, der ein Buch über die SA-Bewegung geschrieben hatte, in dem er deren Führung bejubelte.

Josef Neckermann ergriff die Gelegenheit beim Schopf, so dicht an einen der neuen Machthaber heranzukommen. Auf die Schnelle trat er den SA-Reitern bei. Auf den erhaltenen Archivfotos dokumentiert sich Josef Neckermanns Freude: Stolz sitzt er in der maßgeschneiderten SA-Uniform im Sattel, im Bewusstsein, der Eleganteste von allen zu sein.

Doch die Idylle der Festveranstaltung war trügerisch. Die Mannen der ersten Stunde fielen bei Hitler in Ungnade. Röhm wurde wegen angeblicher Putschvorbereitung im Juni 1934 von den SS-Schergen in München ermordet. Eine Hinrichtungswelle erfasste 19 höhere und 31 mittlere SA-Führer sowie drei SS-Leiter und fünf Spitzenmitglieder der NSDAP. 13 SA-Führer wurden bei der Verhaftung erschossen, drei begingen Selbstmord. Die Nazi-Revolution fraß ihre Kinder. Der ausführliche Bericht über die Aktion erschien auf der Titelseite des *Völkischen Beobachters* unter der Schlagzeile: »Es soll jeder wissen, dass, wenn er die Hand zum Schlage gegen den Staat erhebt, der sichere Tod sein Los ist.«

Auch Josef Neckermann geriet wegen seines Schauritts mit Röhm unter Verdacht. Die NSDAP ließ ihn beobachten. Sein Schwager Hans Lang wurde wegen seines Buches über die SA mehrfach zum Verhör in die Parteizentrale zitiert. Nach diesen Schikanen begann seine Überlegung zu reifen, nach Berlin umzuziehen, um dort ungehindert seinen Beruf als Rechtsanwalt ausüben zu können. In Neckermanns Umfeld gab es weitere Opfer des NS-Terrors: Ein alter Familienfreund seiner Verlobten Annemi, jener Würzburger Polizeipräsident Schneier, der Neckermanns Keilerei am Faschingsball geschlichtet hatte, wurde ebenfalls von der SS ermordet. Auch bei Neckermanns künftigem Schwiegervater, Richard Brückner, kühlte sich die Begeisterung für Hitler allmählich ab. Die neuen Parteibonzen stürmten zwar als Kunden auf seinen Autohof, suchten sich die teuersten Limousinen aus und unterschrieben die Ratenverträge – doch sie zahlten nicht. Auf Mahnung reagierten sie mit dem Hinweis auf ihr Parteibuch. Einer der braunen Zechpreller war der oberste Gauleiter für Mainfranken, Dr. Otto Hellmuth, ein ehemaliger Zahnarzt aus Markt Einersheim.

Inzwischen liefen die Vorbereitung für Josef Neckermanns Hochzeit auf vollen Touren. Der Termin wurde auf den 16. August 1934 angesetzt. Zuvor gab es noch eine Grundsatzfrage zu klären: die Religion. Brückners waren protestantisch, Neckermanns erzkatholisch. Die junge Braut weigerte sich zu konvertieren. Also fuhren Braut, Bräutigam und dessen Mutter Jula nach Rom zu Pater Aquilin Reichter, dem kirchlichen Beistand der Familie und einem engen Freund des verstorbenen Vaters Josef Carl Neckermann. Der ehemalige Franziskanermönch sollte die Lösung finden. Er arrangierte eine Audienz bei Papst Pius XI. Dieser erteilte die Erlaubnis zur Ehe, unter der Bedingung, dass alle Kinder im katholischen Glauben erzogen würden.

Hochzeitsreise nach Venedig

Die Trauung fand in der Würzburger Neubaukirche statt. Sie war mit einem Meer von weißen Nelken und Orchideen geschmückt.

Für die Hochzeit Josef Neckermanns und Annemarie Brückners wurde die Würzburger Neubaukirche üppig mit Blumen geschmückt.

Josef Neckermann vermerkte: »So etwas hatte Würzburg noch nie gesehen!« Während die Braut bei strahlendem Sonnenschein auf den Treppen wartete, fuhr er standesgemäß in einem Lincoln

Das Brautpaar »Annemi und Necko«.

vor. Zur Hochzeitsfeier wurden sämtliche Festräume des vornehmen Hotels Russischer Hof gemietet. Wie ein Blitz aus heiterem Himmel erreichte dort die Gäste mitten in der Feier die Nachricht, dass in der Zwischenzeit ein SA-Trupp die Kirche gestürmt und die gesamte Blumenpracht mit den Stiefeln zertrampelt habe.

Man fragt sich als Beobachter zu Recht, ob Erlebnisse wie dieses dem SA-Reiter Josef Neckermann nicht die Augen hätten öffnen müssen. Doch er ließ die Willkür über sich ergehen. Später flüchtete er sich in jenes bekannte Alibi: »Wir waren so jung, so verliebt, so romantisch. Das Leben fing gerade erst an...«

Direkt vom Fest brach das Paar überglücklich in die Flitterwochen auf. Die Hochzeitsnacht verbrachten sie im Kurhaus zu Bad Kissingen, am Morgen ging es im Cabrio weiter zum Inselhotel in Konstanz am Bodensee. Die nächste Stationen waren Sankt Moritz und der Gardasee. Wenn in den hochalpinen Serpentinen der Kühler des Audi kochte, hielt man an und wurde durch den grandiosen Panoramablick entschädigt. Gern erzählte Neckermann, in Sankt Moritz sei er im langen, hellen Staubmantel, mit Ledermütze und Fliegerbrille, von dem Hotelpage für den Chauffeur der Madame gehalten worden – »da wusste ich, was für ein tolles Weib ich zur Frau hatte!«

Schließlich kamen sie in Venedig an. Dort wurde die Heiterkeit jäh durch ein Telegramm aus Würzburg unterbrochen: Annemis Mutter liege im Sterben. Nach der eiligen Rückkehr stellte es sich jedoch als Fehlalarm heraus. Die rüstige Frau Brückner hatte solche depressiven

Anwandlungen öfter. Sie verließ die Welt erst 1978 im gesegneten Alter von 94 Jahren.

Familienbande

Deutschland im Herbst 1934. Nichts war mehr so wie vorher. Die Gleichschaltung der Kommunen, Vereine und Verbände war vollgezogen, außer der NSDAP waren alle Parteien längst verboten, die Arbeiterbewegung war zerschlagen. Die Zustimmung für Hitler wuchs. Der erste Aufschwung unter den Nationalsozialisten brachte unerwartete Chancen für viele, darunter auch für Josef Neckermann.

Früh zeigte sich, mit welchem ungestümen Appetit er seinen unternehmerischen Ambitionen nachgehen würde. Als erstes setzte er sich dem bisherigen Geschäftsführer Guido Klug vor die Nase. Vollgetankt mit den Eindrücken, Erfahrungen und Erkenntnissen aus Stettin, England, Belgien und Paris begann er von heute auf morgen alles umzukrempeln. »Hoffnungslos veraltet, hinterwäldlerisch, düster«, schimpfte er. »Wo gibt's noch so was, die Zahlen per Hand in die Kladden einzutragen.«

Ab sofort wurde die Buchhaltung auf die Hollerith-Maschinen umgestellt. Das Lochkartensystem revolutionierte damals wie später die Computer die Logistik in allen Bereichen. Neben den Geschäftsräumen der Kohlenhandlung war im Untergeschoss der Sterngasse 3 immer noch die Lottoannahmestelle untergebracht. Neckermann wollte die Räume kundenfreundlicher gestalten lassen, doch während der Umbauarbeiten brach die Decke des ersten Stocks ein und das Haus wurde für einige Monate unbewohnbar. Aber Josef Neckermann ließ sich in seinem Tatendrang nicht bremsen. Als nächstes wurden die schweren Zugpferde ausgemustert. An einem einzigen Nachmittag wurden sie an die Landwirte der Umgebung verkauft. Als Ersatz rollten 15 motorisierte Lastwagen auf den Hof. Weitere 25 wurden bestellt.

Für den Geschäftsführer Guido Klug hatte der Juniorchef nur noch wenig schmeichelhafte Worte übrig. Er tat dem Elsässer ein wenig Unrecht: Als Angestellter musste sich Klug für jeden seiner Schritte die Genehmigung bei der Inhaberin der Firma, der resoluten Neckermann-Witwe einholen. Josef Neckermann als Erbe durfte die alten Zöpfe sofort abschneiden. Seine Position innerhalb der Firma festigte er als gewiefter Kundenakquisiteur. Innerhalb des Jahres 1934 lieferte die Firma allein an Privathaushalte und Kleinbetriebe rund 100 000 Zentner Kohle mehr als unter Guido Klugs Geschäftsleitung.

Auch das Glück war auf Neckermanns Seite. Unmittelbar nach seiner Rückkehr von der Hochzeitsreise erfuhr er, dass es in der weitverzweigten Sippschaft einen flugbegeisterten Cousin mütterlicherseits namens Otto Jordan gab, der mit dem Ausbau des neuen Fliegerhorstes in Würzburg beauftragt worden war. Jordan sollte es in seiner Offizierslaufbahn bis zu einem General der Luftwaffe an der Ostfront bringen. Schon in den ersten gemeinsamen Gesprächen mit Josef Neckermann schwärmte er von den neuen Kriegsflugzeugen, die bereits produktionsreif seien. Er führte ihn begeistert durch die Baustellen der Hangars, Landebahnen und Kasernen. Bis Neckermann eine logische Frage einfiel: »Und wie steht es mit der Heizung?«

So kam man ins Geschäft. Die Militärbürokratie hatte vergessen, rechtzeitig Brennstoff zu ordern. Neckermann sprang ein. Es war der erste Großauftrag für den Juniorchef der Firma. Wieder einmal halfen die einflussreichen Verwandten geschäftlich in den Sattel. So wie der Vater Kohlenlieferant der königlich-bayerischen Eisenbahn geworden war, wurde der Sohn Lieferant der NS-Luftwaffe.

Die Zahl der Fliegerhorste begann sich in rasendem Tempo zu vermehren. Bald gab es allein in Bayern 25 neue Luftwaffenstützpunkte. Die Lieferung des Brennstoffhandels J.C. Neckermann betrug laut Angaben des Juniorchefs täglich zehn Laster Kohle pro Kaserne, insgesamt 250 Lkw jeden Tag. Innerhalb kürzester Zeit stellte sich die Firma vom Einzelhandel auf den Großhandel mit dem Militär um. Der 22-jährige Neckermann rieb sich mehr als zufrieden die Hände: »Das hat die Laune der übrigen Kohlenhändler in Würzburg gründlich verhagelt.«

Der Erfolg weckte den Neid einiger Familienmitglieder, die sich um ihre Anteile sorgten. »Was wird Walter machen, wenn sein Bruder Josef alles an sich reist«, reklamierte Hans Lang, der Ehemann von Josefs Schwester Barbara, der natürlich auch in ihrem Namen Ansprüche anmeldete: »Und Mady ist auch noch da!« Überhaupt steckte der Rechtsanwalt nach »Neckos« Ansicht seine Nase zu sehr in Familienangelegenheiten. »Aber die Juristen sind als Besserwisser bekannt«, spottete er.

Walter hatte keinen Grund zu meckern. Zum 20. Geburtstag schenkte ihm die Mutter einen wunderschönen roten BMW-Sportwagen, einen Zweisitzer mit sechs Zylindern, der es auf 130 Sachen brachte. Mit diesem Modell 315/1 begannen die Erfolge der Bayerischen Motorenwerke im Straßenrennen. »Es war das erste Auto von diesem Typ in Würzburg. Die Elsa hatte sich immer passend zu dem Auto angezogen, das war immer die große Schau, wenn die beiden vorgefahren sind«, erinnerte sich Lotte Döring, beste Freundin von Walters Flamme. Bruder Josef allerdings witterte noch mehr Familienzwist, sollte »Walti mal diese Zicke heiraten«.

Josef Neckermanns Schwiegervater Richard Brückner hatte inzwischen wenig Glück mit seinem Autohandel. Die Parteibonzen regierten immer selbstherrlicher und ignorierten seine Mahnungen. Verärgert zog er vor Gericht und schaltete als Anwalt einen überzeugten Anti-Nazi ein. Die Folge war absehbar: Das NSDAP-Mitglied Richard Brückner geriet in der eigenen Partei auf die schwarze Liste. Durch immer neue behördliche Schikanen verlor er die Lust, seinen Autohandel weiterzuführen. Also siedelte er in die Reichhauptstadt über, wo noch ein relativ freier Geist herrschte. Auch viele Regimegegner und Juden zogen in dieser Zeit nach Berlin.

Brückner bot seinem Schwiegersohn an, den Autohandel zu übernehmen. Zwischen den beiden Männern hatte sich eine Freundschaft entwickelt, Brückner war ein wichtiger Berater und eine Vaterfigur geworden. Auch Brückner fand Gefallen daran, plötzlich einen Sohn zu haben, der mit ihm die »ernsten Sachen« besprach und auf seinen Rat großen Wert legte. Doch in diesem Fall lehnte der Schwiegersohn ab. Luxusautos fuhr er gerne, und es war ihm auch einerlei, ob er mit Kohle oder Kraftfahrzeugen sein Geld verdiente. Doch er träumte davon, »etwas ganz Großes« auf die Beine zu stellen. Er wartete nur noch auf die richtige Gelegenheit.

Und die kam auch. Das Telefon klingelte. Der Schwiegervater war dran. Brückner jubelte: »Junge, ich hätte was für dich. Nimm dir morgen frei. Ruschkewitz verkauft.«

Kapitel 5

»Die Zeiten, als hier ein jüdischer Ramschladen war, sind vorbei«

Der Grundstein des Kaufhausimperiums

Josef Neckermann lechzte nach dem großen Wurf. Vom Kohlenhandel hatte er die Nase voll, genauso wie einst sein Vater von der Gelb- und Blutwurst. Verträge waren geschlossen, das Geschäft lief gut, und es schien nichts mehr zu tun zu geben. Doch im Gegensatz zum Patriarchen Josef Carl hatte der Sprössling keine genaue Vorstellung, für welche Branche er sich entscheiden sollte. Er wartete ab.

Inzwischen hörte sich sein Schwiegervater um. Richard Brückner verfügte über gute Kontakte zur Dresdner Bank. Von deren Filialleiter in Würzburg erhielt er immer wieder wertvolle Tipps, welche Unternehmen mit Schwierigkeiten kämpften. In der ersten Jahreshälfte 1935 empfahl Brückner der Reihe nach einen Juwelierladen in Köln, eine Papierfabrik in Augsburg und eine Manufaktur für Keramik im Rheinland. Doch Josef Neckermann wartete weiter.

Die Zahl der Konkurse und Vergleichsverfahren hatte im Jahre 1931 den Höhepunkt erreicht. Inzwischen steuerte die Wirtschaft auf einen Kurs der Konsolidierung zu. Ein Zweig jedoch steckte in einer chronischen Krise: die Waren- und Kaufhäuser. In den sogenannten »Großspezialgeschäften« sank der Umsatz drastisch. Karstadt, schon damals einer der größten Konzerne, überlebte nur mit Überbrückungskrediten. Schon 1928 wurde zur Finanzierung der Schulden eine Anleihe von 15 Millionen Dollar bei einer New Yorker Bank aufgenommen. Die Situation besserte sich nicht. In den Jahren 1931 und 1932 wurden deshalb nach und nach alle Direktoren abgesetzt. Selbst der Gründer Rudolph Karstadt musste zurücktreten und sich auf einen Aufsichtsratsposten zurückziehen.

Doch die verminderten Kaufkraft der Bevölkerung war nicht der alleinige Grund für die Krise der Kaufhäuser. Entscheidend waren die politischen Veränderungen im Lande. Die Kaufhäuser gehörten überwiegend jüdischen Besitzern und waren von den Boykottaufrufen und Schikanen der Nationalsozialisten besonders betroffen. Die systematische Verfolgung der Juden in Deutschland begann mit dem Boykott jüdischer Geschäfte am 1. April 1933. Schon an diesem Tag triumphierte der nationalsozialistische *Völkische Beobachter*: »Eine Reihe großer jüdischer Warenhäuser ist geschlossen. Tietz, Kaufhaus des Westens am Wittenbergplatz, Tietz am Alexanderplatz, die Warenhäuser in Neukölln, am Halleschen Tor, am Cottbuser Damm, in der Chausseestraße und in der Turmstraße.« Damit gingen in Berlin viele Glanzlichter aus. Doch noch war die Stimmung nicht so weit, in der Bevölkerung wurden Kritik und Befürchtungen einer neuen Krise laut.

Die Nationalsozialisten revidierten also ihre Entscheidung und ließen die Wiedereröffnungen unter strengen Auflagen zu. Die neuen Regeln waren reine Schikane. So durften die Kaufhäuser ihren Kunden plötzlich keine Erfrischungen mehr anbieten. Das Kaufhaus des Westens musste sein Dachrestaurant schließen. Mal durften die Kaufhäuser keinen Bedarf für die Schulen, wie Hefte, Stifte, Schiefertafeln, Kreide und Tinte führen. Dann verbot man den jüdischen Betreibern den Verkauf von christlichen Devotionalien, wie Jesus- und Marienbilder, Rosenkränze, Kerzen und Kommunionsartikel, was in einer katholischen Stadt wie Würzburg empfindliche Umsatzeinbußen bedeutete. Am schlimmsten traf den Handel allerdings die NS-Hetze: »Kauft nicht bei Juden!«

Auch noch Jahrzehnte später gab sich Josef Neckermann unbedarft und wollte nur am Rande vom Terror der Nationalsozialisten gegen jüdische Geschäfte gehört haben. »Vom Hörensagen wusste ich, dass die Verfolgungsmaßnahmen der NSDAP Anfang 1933 gegen Ruschkewitz ganz besonders drakonisch ausgefallen waren«, notierte er in seinen Memoiren. Gewiss, er weilte zu dieser Zeit in England. Doch seit dem Herbst 1934 war er wieder in Würzburg, wohnte noch dazu in der Innenstadt in aller nächster Nähe des Kaufhauses Ruschkewitz und konnte den Terror nicht übersehen. Zu Weihnachten 1934 besetzten kurz vor Ladenschluss SA-Wachen den Eingang zum Kaufhaus Ruschkewitz. Die Kunden mussten die Verkaufsräume durch den Personaleingang verlassen. Auch vorher wurden sie des Öfteren von SA-Schlägern belästigt, beschimpft und fotografiert. Damit nicht genug: Den Reichsbeamten wurde per amtlicher Anordnung generell verboten, in jüdischen Geschäften einzukaufen. Doch Neckermann meinte: »Die Parolen gegen die Juden gingen den Bauern ins eine Ohr rein und aus dem anderen wieder raus. Günstiger Weihnachtsschmuck ist allemal interessanter als Parteipolitik.«

War er tatsächlich so naiv? Mag sein, dass er sich über die Situation der Kaufhäuser keine eingehenden Gedanken machte. Er hatte auch nicht die Absicht, in diese Branche einzusteigen. Ein Gebiet, zu dem er vermerkte: »Jüdisch und Warenhaus waren zwei Begriffe, die im damaligen Verständnis zusammengehörten wie Pünktchen und Anton.« Deshalb sprang auch der Funke nicht über. Bis zu jenem Anruf seines Schwiegervaters im Oktober 1935.

Wieder handelte es sich um einen Tipp der Dresdner Bank. Ohne eine weitere Finanzspritze drohe Siegmund Ruschkewitz und seinen beiden Würzburger Kaufhäusern die Pleite. Doch statt ein weiteres Darlehen zu gewähren, schickte die Dresdner Bank eine sofortige Rückzahlungsforderung aller Gelder. Diesem Druck musste sich der Gründer Ruschkewitz unweigerlich beugen.

Plötzlich horchte Josef Neckermann auf. Er mochte bei den Umtrieben der Nazis einiges übersehen haben, doch eine Sache war ihm ganz genau aufgefallen: die plötzliche Faszination der Uniform. Es galt als schick, in schwarzen Schaftstiefeln, schwarzer Reithose, schwarzer Krawatte zum braunen Hemd herumzulaufen. Wer kein Geld hatte, besorgte sich eine gebrauchte SA-Uniform. Um sich so zu verkleiden, musste man nicht Mitglied bei einer der Parteiorganisationen sein. Viele junge Männer, die in solcher Nazi-Aufmachung herumliefen, hatten wenig Ahnung, worum es bei den nationalsozialistischen Zielen eigentlich ging, aber sie hatten das Gefühl, dabei zu sein. Sie träumten von Motorrad und Auto und wollten dazu »trendig gestylt« sein. Durch den allmählichen Anstieg der Beschäftigung hatten sie Arbeit. Deutschland begann sich zu militarisieren: Die Rüstungsindustrie, die Rohstoff- und Chemiewirtschaft, der Autobahnbau samt zugehörigen Zulieferanten boten neue Arbeitsplätze. Die Löhne waren bescheiden, die Kaufkraft entsprechend gering. Doch den jungen Männern juckte auch schon das Kleingeld in der Tasche. Sie wollten ihre Wünsche befriedigen. Wer sie bediente, konnte mit dem Motto »Die Masse macht's« ordentlich verdienen. Josef Neckermann gefiel der Gedanke, in die Textilbranche einzusteigen. Ruschkewitz war seine Chance.

Die Nürnberger Rassengesetze

Vor dem Termin mit Siegmund Ruschkewitz hatte sich ein politisches Gewitter entladen, das vorher schwer in der Luft gehangen hatte. Aus der Fülle der neuen Verordnungen und Gesetze, Gleichschaltungen und Verbote sollte noch eine Neuregelung Deutschland grundlegend verändern: Das »Blutschutzgesetz« und das »Reichsbürger-Gesetz«, die am 15. September 1935 von Hitler persönlich auf dem Reichsparteitag in Nürnberg verkündet und danach als »Nürnberger Rassengesetze« bezeichnet wurden. Vollwertige Staatsbürger waren nach diesen Gesetzen nur noch »Arier«, Juden wurden in ihren Rechten stark beschnitten. Mit den Nürnberger Gesetzen erhielt die antisemitische und rassistische Ideologie des Nationalsozialismus ihre scheinjuristische Grundlage. Ein Teil der Bevölkerung nahm diesen Schritt zur »Reinhaltung des deutschen Blutes« mit einer gewissen Genugtuung auf. Plötzlich schienen die Schikanen, Berufsverbote und Vertreibungen, mit den das NS-Regime die jüdischen Bürger verfolgte, eine gesetzliche Rechtfertigung zu haben.

Davon profitierten all jene, die auf staatlich verordnete, legale Weise an jüdisches Eigentum herankommen wollten. Nun gab es eine Möglichkeit, jüdisches Eigentum mit wasserdichten Verträgen zu erwerben und gesetzlich die Fortführung abzusichern. Die finanziellen Konditionen konnte man selbst diktieren. Solange es keine Mitbewerber gab, vereinfachte sich das Verhandlungsprozedere. Meist wurden die Verhandlungen direkt von den Geldinstituten abgewickelt, in erster Linie von der Dresdner und der Deutschen Bank. Ohne deren rege Beteiligung wäre die so genannte »Arisierung« (auch »Entjudung«

genannt) nie so reibungslos und schnell verlaufen. Mit ihrer Hilfe ging der »arische« Teil Deutschlands nun auf Schnäppchenjagd. Die jüdischen Unternehmen lagen auf dem Wühltisch. Die Interessenten benahmen sich dementsprechend und hamsterten: Abzocken, schachern, zersplittern, zerschlagen. Auch Josef Neckermann wurde plötzlich vom Kaufrausch gepackt.

Seine Kaufpläne stießen im Familienrat zunächst auf erheblichen Widerstand. In seinen Memoiren bekannte er freimütig, seine Mutter habe gegen diesen »billigen Jakob der Stadt« – gemeint war Ruschkewitz – gewettert. »Wie es da schon riecht!«, habe sie gehöhnt. »Diese jüdischen Ramschläden hätte meine Mutter nie im Leben betreten«, schreibt Neckermann. Sie sei bei Ruschkewitz nicht mal an den Schaufenstern stehen geblieben und habe ihre Kleider in vornehmen Läden wie dem Kaufhaus Seisser gekauft. Aber angeblich habe sie sich weniger an den jüdischen Besitzern gestört. Ihr ging das Publikum, das dort verkehrte, gegen den Strich: »Die Bauern, die markttäglich mit ihren Fuhrwerken in die Stadt einfielen.« Sie sei nicht antisemitisch gewesen, beeilt sich Neckermann zu sagen: Immerhin seien der frühere Hausarzt und der Anwalt der Familie jüdischer Herkunft gewesen.

Auch Guido Klug, Geschäftsführer der Kohlenhandlung, warnte Josef Neckermann eindringlich vor den Gefahren seiner waghalsigen Ambitionen: »Du hast nicht die geringste Ahnung von der Materie. Wurzelbürsten, Miederwaren und Rasiermesser sind doch keine Kohlen.«

»Aber Handelsspannen sind Handelsspannen«, trotzte Neckermann junior: »Wo ich Miederwaren und Rasiermesser in riesigen Mengen bestelle, muss ich auch traumhafte Konditionen erhalten.«

Klug wusste um die schlechte wirtschaftliche Lage von Karstadt und anderen Kaufhäusern und schimpfte: »Du hast doch absolut keine Ahnung, Josef!«

Doch »Necko« blieb stur. Selbst als er zur Unterzeichnung des Vorvertrages Einblick in die Bilanzen bekam, ließ er sich nicht abschrecken. Da zeigte sich, auf welchen wackeligen Füßen die Firma Ruschkewitz gegenwärtig stand. Hohe Bankschulden und Hypotheken minderten den Verkaufswert. Doch die Grundstücke mit den

Gebäuden in der Vorzugslage stellten an sich schon einen hohen Kapitalwert dar. Das 1898 erbaute Hauptgeschäftshaus in der Schönbornstraße 3 mit der eleganten Pariser Jugendstilfassade entsprach dem modernsten internationalen Standard. Aufzüge, Registrierkassen, Kühlsysteme in der Lebensmittelabteilung, Deckenbeleuchtung, Rolltreppen vom Erdgeschoss hinauf zum ersten Stock, alles war neu.

Als Dreingabe winkte ein weiteres Schnäppchen. Siegmund Ruschkewitz war 1931 mit einem Einheitspreisgeschäft in der Eichhornstraße 5 in das boomende Segment der Billigmärkte eingestiegen. Seine Ware bezog er über den Wohlwert-Konzern, eine Beteiligungsgesellschaft des US-Giganten Woolworth. Das Sortiment bewegte sich in exakt fünf Preiskategorien zwischen einem Groschen und fünf Mark. Der Riecher von Ruschkewitz täuschte nicht: Er wurde als Preisbrecher in ganz Mainfranken führend und lieferte Neckermann die Idee der »Preispolitik für den kleinen Mann«.

Erbenzwist im Hause Neckermann

Um den Kauf zu finanzieren, bat Josef Neckermann seine Mutter um die vorzeitige Auszahlung seines Erbanteils aus der Kohlenhandlung. Er bezifferte seinen Anteil auf rund 200 000 Reichsmark. Die Mutter lenkte ein und zahlte den Sohn aus. Dies sorgte erneut für böses Blut in der Familie: Die Geschwister, vor allem der Bruder Walter, fühlten sich benachteiligt, dass Josef schon mit 23 Jahren sein Erbe antreten sollte. Die gewünschte Summe sollte den ursprünglich angesetzten Kaufpreis für Ruschkewitz samt Bankspesen decken. Es ist mehr als zweifelhaft, ob dieser Betrag dem tatsächlichen Wert der Kaufhäuser entsprach. Doch Ruschkewitz hatte keine andere Wahl. In Anbetracht der Umsatzeinbußen, behördlichen Schikanen und Boykottaufrufen der NS-Frauenorganisationen war es nicht einfach, geeignete Käufer für das bedrohte Unternehmen zu finden. Die Banken taten in diesem und anderen Fällen das ihre, um die jüdischen Besitzer unter Druck zu setzen. Beim riesigen Kaufhausimperium der jüdischen Familie Tietz schnappte zum Beispiel die Dresdner Bank zu, ohne Tietz einen anderen Verhandlungspartner zuzulassen. Der Kaufhausbesitzer Salman Schocken mit Filialen in Chemnitz, Stuttgart, Zwickau und Nürnberg versuchte sich gegen die Repressalien zu wehren, indem er einen »arischen« Verwaltungschef einsetzte. Doch auch solche Notlösungen hielten nur bis zur nächsten Welle von Schikanen.

Für die jüdischen Besitzer war es bitter genug, ihr Lebenswerk und damit ihren Unterhalt zu verlieren. Noch schlimmer war die Vorstellung, es könnte durch einen skrupellosen oder unfähigen NS-Profiteur vernichtet werden. Mit dieser Einstellung schien auch Siegmund Ruschkewitz die Verhandlungen mit Josef Neckermann einzugehen. Hier konnte man, wenn nicht von Freundschaft, dann zumindest von einem gewissen gutbürgerlichen Kontakt sprechen. Die Familie Ruschkewitz waren alteingesessene Würzburger. Ernst Ruschkewitz, einer der vier Söhne des Kaufhausbesitzers, war Mitglied der »Rennrudergesellschaft Bayern«, die Josef Carl Neckermann 1905 gegründet hatte. Die Söhne Hans und Fritz ritten neben »Necko« unter Weisung des Reitlehrers Adam Hank. Dessen Sohn Carl wiederum arbeitete sich im Kaufhaus Ruschkewitz vom Lehrling bis zum Prokuristen hoch und saß bei den Verhandlungen des Zwangsverkaufs am Tisch. So eng waren die Verbindungen.

Am 25. Oktober 1935 setzten Josef Neckermann und Siegmund Ruschkewitz ihre Unterschriften unter den endgültigen Kaufvertrag. Es soll ein tränenreicher Akt gewesen sein. Anschließend überließ der 62-jährige Gründer dem jungen Neckermann sein Büro mit den feierlichen Worten: »Führen und entwickeln Sie von diesem Platz aus mein Geschäft, so wie ich es gern getan hätte.«

Diese Szene wurde später zwischen 1948 und 1950 mehrfach bei der Gerichtsverhandlung in Würzburg geschildert, als die Ruschkewitz-Erben ihre Wiedergutmachungsansprüche einklagten. Neckermann wurde bestätigt, dass der Firmeninhaber unter den gegebenen Umständen »den Abschluss als Erleichterung empfunden und sich von seinem Vertragspartner ohne Verbitterung trennte«.

Nun war Josef Neckermann also plötzlich Herr über 130 Angestellte und mehr als 60 freie Außenmitarbeiter. Zum ersten Mal saß er in einem eigenen Chefsessel. Und er war ein »Arisierer«. Ein

Die Reitergesellschaft von Adam Hank, 1932. Von links: Frau Hank, Adam Hank, Josef Neckermann, Carl Hank. Ganz rechts: Annemarie Brückner, Neckermanns spätere Frau, neben ihr Hans Ruschkewitz.

hässliches Wort, das Neckermann lieber in seiner volkstümlichen Art durch andere ersetzte. Er nannte es zum Beispiel einen »guten Fischzug«. Oft hörte man ihn sagen: »Es kann nur einer der Sieger sein. Ich war schneller. Das ist Künstlerpech für die anderen«.

Doch die unliebsame Konkurrenz sollte bald in Aktion treten und Neckermann einige Knüppel zwischen die Beine werfen. Sie trafen so hart, dass der sonst kaum empfindliche Unternehmer in seinen Memoiren schrieb: »Hätte ich an jenem 25. Oktober geahnt, worauf ich mich da einlasse, hätte ich den Termin abgesagt. Selbst auf die Gefahr hin, meinen Schwiegervater zu enttäuschen.«

Vielleicht übertreibt Neckermann hier seine Nöte ein wenig, um gegenüber Ruschkewitz kein schlechtes Gewissen haben zu müssen. Doch in den nächsten knapp drei Wochen bis zu dem notariellen Termin erlebte er, mit welchen harten Bandagen die neue NS-nahe

Lobby des Einzelhandels ihre Interessen durchzusetzen versuchte. Die Neuordnung der Handelsstrukturen sollte nicht mit der »Arisierung« jüdischer Kaufhäuser beendet sein. Die Einzelhändler forderten, die Institution der Kaufhäuser generell zu zerschlagen. Die freigewordenen Verkaufsflächen sollten in kommunale Marktplätze umgewandelt werden, Stände sollten zu günstigen Konditionen direkt an die Einzelhändler und Gewerbetreibende verpachtet werden. Das mittelalterliche Zunftdenken feierte fröhliche Urständ.

Aber einmal im Ring, kniff Josef Neckermann nicht. Nun war er fest entschlossen zu kämpfen. Er wollte es allen zeigen, dass er der Beste und der Größte war. Wie bei der Saalschlacht an jenem Rosenmontagsball gab es für ihn nur eines: Gewinnen!

Schon am nächsten Tag, dem 26. Oktober 1935, gab es einen weiteren Grund zum Feiern: Annemi brachte das erste Kind, einen Sohn, zur Welt. Der Knabe erhielt den Vornamen des Großvaters Peter. Es war schon ausgemacht, dass der Sprössling einmal das Imperium übernehmen sollte, das sein Vater Josef gerade gründete.

Die Front der Widersacher

Den Würzburgern ist ein Name mindestens so geläufig wie Neckermann: Es ist der Name Schlier. Noch ehe man bei einem Besuch in Würzburg die Residenz, die Heiligen der mittelalterlichen Steinbrücke oder die Festung Marienberg hoch über dem Main bewundern kann, sieht man schon die schwarzen Großbuchstaben in weißen, eckigen Glaskästen in der Domstraße leuchten: Betten Schlier. Diesem mächtigen Matratzenfürsten, dem Herrn über Lattenroste, Laken, Kissen und Zudecken, musste Josef Neckermann zuhören, als dieser zwei Tage nach Vertragsschluss bei einer Versammlung der Einzelhändler vom Rednerpult grollte: »Dieser Vertrag verstößt gegen das nationalsozialistische Wirtschaftsprogramm, meine Herren. Unser Führer hat den Warenhäusern und den Juden doch nicht deshalb den Kampf angesagt, um nun an die Stelle der semitischen Volksfeinde weiße Juden zu installieren!«

Doch so leicht ließ sich Josef Neckermann nicht einschüchtern.

Er fuhr unverzüglich nach Berlin, um beim Reichswirtschaftsministerium vorzusprechen. Dort erläuterte er sein Anliegen als »informatorische Hilfe bei der Überführung eines jüdischen Kaufhauses in arische Hände«. Er wusste also, welche Formulierung man wählen musste, um als linientreuer Antragsteller zu gelten.

Der eingeschaltete Ministerialdirigent versprach, diese »provinzlerischen Mainfranken sofort in ihre Schranken zu weisen«. Der damalige Wirtschaftsminister Hjalmar Schacht selbst hatte es zur Staatsaufgabe erhoben, die Wirtschaft zu führen. Der wollte sich seine Konzepte nicht durch die Einflussnahme privater und regionaler Verbände verwässern lassen. Josef Neckermann musste noch zwei Wochen Hickhack mit der Würzburger Handelskammer, dem Bürgermeister und dem Bettenspezialisten Schlier über sich ergehen lassen, dann erging eine Weisung des Wirtschaftsministeriums an die Kreisleitung der NSDAP: »Es steht nichts im Wege, dass Herr Neckermann die beiden Kaufhäuser Ruschkewitz übernimmt.«

Der Minister als Freund und Helfer

Am 14. November 1935 wurde die Ruschkewitz-Übernahme notariell beurkundet und ins Grundbuch der Stadt eingetragen. Die Inventur bewältigte man innerhalb eines Tages. Schon am Samstag, dem 16. November, begann der Verkauf unter Neckermanns Regie. Siegmund Ruschkewitz und seine Frau Mina schickten einen Blumenstrauß – eine Geste, die bei den späteren Wiedergutmachungsprozessen keine unwesentliche Rolle spielte: Es wurde als Beweis gewertet, dass »die Arisierung unter friedvollen Umständen ablief«.

Josef Neckermann sah sich ganz auf der Linie der nationalsozialistischen Politik: »Ein nichtjüdisches Kaufhaus für Würzburg« sollte es sein. Welche Ansprache Josef Neckermann als neuer Kaufhausherr am liebsten auf der Straße halten wollte, um die Passanten anzulocken, verriet er ebenfalls in seinen Memoiren: »Liebe Würzburger, die Zeiten, als hier ein jüdischer Ramschladen war, sind vorbei. Von nun an gibt es hier für jeden etwas. Gewiss, auch für Sie, der Sie zweifellos höhere Ansprüche stellen. Es wird alles erfüllt.«

Natürlich hielt er diesen Vortrag nicht. Aber er wünschte sich innerlich: »In meinen Häusern sollen sich die Kunden die Ärsche aneinander reiben«. Das war schon der Leitspruch von Leonhard Tietz, Gründer von Kaufhof und KaDeWe, gewesen. Ihm erging es ähnlich wie Siegmund Ruschkewitz. Mit seiner Enteignung begann der Aufstieg von Helmut Horten. Auch bei ihm stand die Dresdner Bank Pate. Beim Zwangsverkauf erzielte die Familie Tietz gerade mal 800 000 Reichsmark Ablöse, die sie bei der Flucht nicht mitnehmen durfte. Dies verleitete Josef Neckermann später zu der Feststellung, die Familie Ruschkewitz hätte den Umständen entsprechend noch ein relativ gutes Geschäft gemacht. Sie hätte einen guten Riecher gehabt, »nicht zu zögern und zu verkaufen«.

Als Zahlung erhielt Siegmund Ruschkewitz schließlich rund 50 000 Reichsmark – so weit hatte Neckermann den Kaufpreis gedrückt. Mit dem restlichen Geld aus seinem vorgezogenen Erbe übernahm Neckermann angeblich die bestehenden Schulden von Ruschkewitz. Und da es auf Weihnachten zuging, stockte er sofort die Lagerbestände gründlich auf. Um neue Kredite brauchte er sich keine Sorgen zu machen: Die Dresdner Bank bestätigte seine beinahe unbegrenzte Bonität.

Im Vergleich zu dem Schicksal der enteigneten, jüdischen Kaufhausbetreiber waren alle weiteren Schikanen seitens der städtischen Verwaltung, der Handelskammer oder den Verbandsintrigen, geführt durch seinen Erzfeind Hans Schlier, nur lächerliche Lappalien. Mal wurde Josef Neckermanns Kaufhaus wegen Verstoß gegen die Ladenöffnungszeiten für einen Tag geschlossen. Ein andermal musste er die Bezeichnung Kaufhaus in Warenhaus ändern und kaum hingen die neuen Schilder über dem Eingang, folgte eine Anzeige wegen unlauteren Wettbewerbs mit der gerichtlichen Aufforderung, den Titel Warenhaus nicht mehr zu führen. Beim nächsten Schildbürgerstreich fuhr Josef Neckermann gleich wieder nach Berlin – »den Fahrplan kannte ich schon auswendig«. Diesmal drang er direkt zu Hjalmar Schacht vor.

Obwohl parteilos, vereinigte Schacht als Reichsbankpräsident und Wirtschaftsminister die wichtigste wirtschaftspolitische Position in seiner Person und genoss damals noch das unbeschränkte Vertrauen Hitlers. Schacht galt als feinsinniger Denker. Als Sohn eines amerikanischen Vaters sprach er fließend Englisch. So brachte er IBM, Standard Oil, Ford, General Motors dazu, Hitler in den ersten Jahren der Diktatur zu unterstützen. Schacht war kein ausgesprochener Judenhasser und bremste die wahllose Arisierung. Trotzdem hielt er es für verfehlt, »dass die kulturellen Schlüsselstellungen gerade von den Juden so eifrig erstrebt werden.« In einem Aufsatz schrieb er: »In einem christlichen Staat darf die Kulturpolitik keinesfalls Nichtchristen ausgeliefert sein.«

Schachts smartes Oberlippenbärtchen erinnert Josef Neckermann an seinen Vater. »Necko« folgte seinem Bauchgefühl und wählte einen vertraulichen Ton. So ging das Gespräch ins Private über und sie kamen auf Stettin zu sprechen. Wie es der Zufall wollte, fand man plötzlich eine gemeinsame Bekannte. Wie es sich herausstellte, »war der Herr Minister auch ein Bewunderer der schönen Elisabeth ›Li‹ Stevenson«, jener besten Partie Stettins, von der auch Neckermann als Lehrling in Stettin so überschwänglich zu schwärmen wusste. Aus solchen Episoden entstehen mitunter Männerfreundschaften, die mehr wert sind als Fachkompetenz. So erhielt Josef Neckermann von Reichsminister Schacht ein Empfehlungsschreiben, das ihm bald alle Wege ebnen sollte. Für die Zukunft konnte er sich sicher sein, im Wirtschaftsministerium immer offene Türen vorzufinden.

Den letzten unliebsamen Streich in Würzburg spielte Josef Neckermann die Gestapo. Nach seiner Rückkehr aus Berlin wurde er im Morgengrauen verhaftet. Das erste Verhör: »Ganze zehn Stunden lang im gleißenden Licht wie im Film«, berichtete Josef Neckermann. Für die Gestapo war es Routine. Alles und jeder wurde überprüft. Neckermann musste einen ausführlichen Bericht über seine Unterredung mit dem Reichsminister abgeben. Entrüstet schilderte Josef Neckermann in seinen Erinnerungen, wie er bei dieser Vernehmung bedrängt worden sei, von seinem Vertrag mit Ruschkewitz zurückzutreten. Man hätte ihn als »staatsfeindlichen Klerikalen« denunziert. Die plötzliche Freilassung konnte er sich dann angeblich nicht erklären. Es sei alles zu verwirrend gewesen. Auf dem Heimweg blieb er vor der Marienkirche stehen. Der Abschluss dieses Kapitels liest sich bei Neckermanns Memoiren wie in einem Dreigroschenroman: »Plötzlich hörte ich Schritte, spürte eine Hand auf meiner Schulter, vernahm eine vertraute Stimme. Meine Frau. Ich zitterte vor Zorn und Erregung. Wir gingen in die leere Kirche. Ich heulte wie ein Schlosshund. Ich hatte es überstanden.«

Das bittere Los der Enteigneten

Für alle, die nicht wie Neckermann zur Herrenrasse zählten, hatte die Tortur erst begonnen. Nach dem »Reichsbürger-Gesetz« konnte kein Jude Reichsbürger sein, und damit durfte auch kein Jude mehr ein öffentliches Amt bekleiden. Alle jüdischen Beamten mussten zum 31. Dezember 1935 den Dienst quittieren. Gleichzeitig wurde beschlossen, dass Juden keine Geschäfte mehr besitzen durften. Ihnen wurde untersagt, nichtjüdische Angestellte, Bedienstete und sonstiges Personal zu beschäftigen. Fast wie ein Hohn klang der Passus: »Allen Juden ist es ausdrücklich verboten, die Reichsflagge« – also die Hakenkreuzfahne – »zu hissen.«

Was geschah mit der Familie Ruschkewitz? Im Archiv der Jüdischen Gemeinde in Würzburg finden sich zahlreiche Unterlagen. Die Danziger Familie kam 1898 nach Würzburg, 1914 erhielt sie dort das Bürger- und Heimatrecht, genoss alle Reichsrechte und beteiligte sich aktiv am gesellschaftlichen und kulturellen Leben der Stadt. Sie stiftete einen schönen Brunnen für die Glacisanlagen und spendete regelmäßig größere Summen für die Waisenhäuser. Der älteste Sohn Max war 1917 als Artillerieoffizier an die Westfront marschiert und hatte dort für das Deutsche Reich gekämpft. Er war als Invalide zurückgekehrt und Mitglied der Geschäftsleitung im elterlichen Betrieb geworden. Im Jahre 1930 war er an den Folgen seiner Kriegsverletzungen gestorben.

Nach der Firmenübernahme durch Josef Neckermann zogen die Eheleute Siegmund und Mina Ruschkewitz im Februar 1936 nach Berlin. Sie hofften, in der Großstadt untertauchen zu können. Als Privatiers lebten sie dort weitere vier Jahre lang, bis die Nationalsozialisten begannen, alle Juden zu internieren. Im Oktober 1940 gelang ihnen die Flucht vor dem Zugriff, mit einem Schiff flohen sie in Richtung Palästina, wo bereits ihr Sohn Fritz mit seiner Familie lebte. Zu einem Wiedersehen kam es nicht. Unterwegs brach unter den Passagieren Typhus aus. Siegmund Ruschkewitz starb noch an Bord. Im Hafen von Tel Aviv wurde dem Seuchenschiff die Landung verweigert. Es musste auf die griechische Insel Heraklion zurückkehren. Dort starb im November 1940 auch Mina Ruschkewitz. Das Ehepaar wurde gemeinsam auf dem örtlichen jüdischen Friedhof beerdigt.

Ernst Ruschkewitz, vormals Geschäftsführer des Billigmarktes »Wohlwert-Merkur« verließ Würzburg schon im Januar 1936 und siedelte nach Den Haag über. 1942 wurde Holland von Nazis besetzt, und Ernst Ruschkewitz wurde verhaftet und mitsamt seiner Familie ins Vernichtungslager Auschwitz deportiert. Als Zwangsarbeiter führte er während der ganzen Zeit ein Tagebuch, das in einem Würzburger Archiv aufbewahrt wird. Am 31. März 1945, kurz vor Kriegsende, wurde er im Außenlager Buchenwald ermordet. Fritz und Hans, die Reiterkumpel Neckermanns überlebten. Fritz, ausgebildeter Grafiker und Werbeleiter im Kaufhaus seines Vaters, war bereits im September 1933 nach Tel Aviv ausgewanderte und verdiente dort sein Geld als Zeichner und Illustrator von Kinderbüchern.

Den jüngsten Ruschkewitz-Sohn Hans beschützte offenbar ein Glückstern. Er erwischte 1936 einen Platz auf einem Auswandererschiff nach Johannesburg. In Südafrika arbeitete er sich unter dem anglisierten Namen Rush vom Weinkellner zum Teilhaber mehrerer Firmen hoch. 1944 heiratete er eine deutsche Schönheitspflegerin namens Hilde aus Hannover, die ebenfalls vor den Nazis geflüchtet war.

Kapitel 6

»Diese wunderbaren ovalen Formen«

Neckermann macht seine erste Million

In der Silvesternacht äußerte Josef Neckermann einen einfachen Wunsch. »Im neuen Jahr möchte ich meine erste Million machen.« Prost, was kostet die Welt? Sie zu erobern, hatte sich der angehende Kaufhaus-Multi fest vorgenommen.

Die Voraussetzungen für den Erfolg waren nicht schlecht. Mit den Warenhäusern in Deutschland ging es wieder aufwärts. Die Arbeitslosigkeit war gegenüber 1933 um mehr als zwei Drittel zurückgegangen, im Sommer 1936 war annähernd Vollbeschäftigung erreicht. Natürlich trug die Einführung der allgemeinen Wehrpflicht genauso dazu bei wie der Reichsarbeitsdienst, zu dem junge Männer und Frauen eingezogen wurden, um Autobahnen, militärische Anlagen und Wohnungen zu bauen. Für einen dauerhaften Aufschwung hätten all diese Maßnahmen nicht ausgereicht. Dem Wirtschaftskreislauf mangelte es an Kapital und Krediten, der private Konsum wurde durch die bescheidenen Löhne kaum angekurbelt. Die Nationalsozialisten setzten lediglich ein antikes Prinzip um, nach dem es immer noch besser ist, mit Zwangsarbeitern Pyramiden zu bauen als den Staat mit hoher Arbeitslosigkeit zu belasten.

Neben den beiden Ruschkewitz-Kaufhäusern im Zentrum Würzburgs kaufte Josef Neckermann bald ein drittes Warenhaus hinzu. Auch das Kaufhaus Vetter war »arisiert« worden, doch im Gegensatz zu Neckermann geriet der neue Besitzer in Schwierigkeiten. Die Erweiterung der Verkaufskapazität diente der bewährten kaufmännischen Strategie, die lautet: Je mehr Einkaufsmacht vorhanden, desto günstiger die Konditionen bei den Fabrikanten und Großhändlern.

»Die alten Kunden blieben treu«, berichtete Josef Neckermann als er die Pforten von Kaufhaus Ruschkewitz jetzt unter seinem Namen öffnete. »Die neuen Kunden kamen in Strömen aus Neugier, was sich wohl veränderte.« Mit großer Begeisterung machte sich Josef Neckermann ans Möbelrücken. Mal ließ er die Parfümerie umgestalten, mal die Wäscheabteilung umkrempeln. Zwischendurch wurden die Innenräume renoviert, neue Heizung und Beleuchtungskörper installiert.

Bei den Investitionen soll er nie knauserig gewesen sein, wenngleich er pingelig auf die Kosten achtete. Nicht das Beste, sondern das Günstigste suchte er. Dabei lernte er für die Zukunft. Zum Beispiel stellte er bei der Renovierung fest, dass Lampen, die man selbst montierte, erheblich billiger waren als fertige Leuchtkörper. Fortan kaufte er auch für sein Sortiment einiges in zerlegtem Zustand. Bei der Lampenabteilung fing er an: Gestelle, Lampenschirme, Kabel, Stecker und Glühbirnen bezog er direkt von Hersteller und ließ sie von Heimwerkern aus der Würzburger Umgebung montieren. Groß- und Zwischenhandel fielen weg, und durch die eigene Produktion konnte er konkurrenzlos günstig sein.

Er hatte am laufenden Band neue Einfälle. Seine Maxime lautete: »Wir müssen Dinge bringen, die es woanders nicht gibt.« Als Erster führte er einen Heimservice in Würzburg ein. Gardinen wurden nach Maß genäht, Neckermanns Schnelldienst hängte sie bei den Kunden zu Hause auf. »Die Konkurrenz kochte vor Wut«, so der Erfinder über die Reaktion.

Nur der Schreibtisch war nicht sein Ding, im Büro hielt er es nicht aus. Sobald er in Bewegung war, fühlte er sich in seinem Element. Mehrmals täglich inspizierte er seine Kaufhäuser. »Ich konnte mich sowohl in die Rolle des Kunden als auch des Personals hineinversetzen. Ich sprach mit jedem.«

Eine frühere Angestellte konnte sich an den frischgebackenen Kaufhauschef gut erinnern: »Seine Reaktionen waren heftig und immer sehr emotional. Er konnte in einem Satz loben und schimpfen. Bei jedem entdeckten Fehler brüllte er: Warum funktioniert das nicht? Wer ist dafür zuständig? Wer schläft hier?«

Aber obwohl Josef Neckermann vom Warensortiment wenig

Ahnung hatte, lernte er schnell. Sein Talent ersetzte die Schule. So brauchte er nicht erst in die Bücher zu schauen, um festzustellen, welche Artikel gefragt waren und welche liegen blieben. Gerne fuhr er mit dem Finger über die Regalbestände. Stieß er auf Staub, geriet er sofort in Rage: »Warum kümmert sich hier keiner drum? Arbeitet hier jemand gegen mich?«

Schon einige Wochen nach der Übernahme entdeckte Neckermann ein Problem: die falsche Disposition. Der Schuldige war schnell ermittelt: Carl Hank, Einkäufer und alter Freund aus dem Reiterclub. Doch wenn es ums Geschäft ging, war Neckermann unsentimental: Hank wurde fristlos gefeuert. »Härte zeigen gehört zu den Grundsätzen, auch im Kaufmannsleben – wie in der Pferdedressur«, pflegte der Self-Made-Kaufmann auch später immer wieder zu betonen. Vor drakonischen Maßnahmen schreckte er nie zurück.

Unter »humaner Führung« verstand er, die Belegschaft nach Feierabend hin und wieder auf ein Bierchen oder zu einem Schoppen Wein einzuladen. Man ging gleich quer über die Straße zum Maulaffenbäck, der ältesten Wirtschaft Würzburgs. Als Chef von 150 Angestellten zeigte er sich gerne spendabel. Vorausgesetzt, es handelte sich um »treue Mitarbeiter«. In einem Jubiläumsband über Würzburg findet sich ein fröhliches Bild von einem Betriebsausflug. Am Bus hing seitlich ein Band »Neckermann – wir machen heute frei«. Eine etwa 30-köpfige Gruppe von Mitarbeiterinnen steht davor. Der einzige Mann ist der Busfahrer – und natürlich Neckermann selbst. Auf dem Foto sieht er ausgesprochen glücklich aus.

Abenteuer Einkauf

Zu seiner Rastlosigkeit bekannte sich Josef Neckermann ohne Umschweife: »Weg mit dem Bürokram. Ich muss raus«, fauchte er wie ein Tiger. Gerade noch in der Tür, schon war er wieder entschwunden. Seine Sekretärinnen waren die meiste Zeit damit beschäftigt, ihn zu suchen. Unterwegs im Hause schnappte er sich gerne spontan einen Abteilungsleiter und fuhr mit ihm davon: Ware besorgen. Er kaufte ein wie im Rausch. Heute in Chemnitz über die Lieferung von

Miederwaren verhandeln. Morgen schon im Erzgebirge Weihnachtskugeln und Rauschgoldengel bestellen.

Die Nullen hinter den Zahlen faszinierten ihn. »Diese wunderbaren ovalen Formen«, schwärmte er. Es machte ihm diebische Freude, auf dem Bestellzettel immer noch hübsch eine Null hinten an die Auftragszahl dranzuhängen. Seine Kalkulationsmethode wurde zur Legende: »Würzburg hat 90 000 Einwohner – also wie viele Teller mit Goldrand nehmen wir?«, monologisierte er zum Beispiel in einer Porzellanmanufaktur in Selb wie ein Schauspieler auf der Bühne. Damit machte er seine Verhandlungen spannend. »Tja, wenn Würzburg 90 000 Einwohner hat, dann nehmen wir rund 100 000 Stück von den Tellern mit dem Goldrand.«

Auf die verwunderten Gesichtern in der Verhandlungsrunde reagierte er mit einem Wort: »Sonderangebot.« Das Wort, einmal entdeckt, ließ ihn nicht mehr los. Sonderaktionen wurden zum Prinzip Neckermanns. Was man heute als Wühltische bezeichnet, hieß damals »Blocktische«. Sie standen direkt am Eingang. Neckermann übernahm diese Idee des Kundenfangs aus den USA. Für Deutschland, insbesondere für die Provinz, war diese Geschäftspraktik ein Novum. Josef Neckermann scherzte über sich selbst: »Ich war der Weltmeister, wenn es darum ging, das Rad neu zu erfinden.«

Hunderte, Tausende von Kilometern fuhr er jeden Monat. Wie zu Lehrlingszeiten waren seine Autos sein ganzer Stolz. Als frischgebackener Kaufhausbesitzer legte er sich sofort das exklusivste Modell seiner Zeit zu: Horch V8 mit acht Zylindern, fünf Litern Hubraum, 100 PS und einer Spitzengeschwindigkeit von 125 Kilometern pro Stunde. Die geschwungene Linie der Kotflügel, die Haifischkiemen entlang der hochgestellten Motorhaube und die Laufkultur des Motors besticht noch heute. Nur 1 000 Exemplare wurden von diesem Luxusgefährt in Zwickau hergestellt.

Bei allen Erfolgen musste »Necko« auch Lehrgeld zahlen. Den bevorstehenden Fasching 1936 schätzte er als fröhlicher ein, als er war. Auf sein Geheiß wurden seine Kaufhäuser bis unter die Decke mit Scherzartikeln vollgestopft. Trillerpfeifen, Luftschlangen, Konfetti, Pappnasen, Narrenhüte, Eulenspiegel-Kapuzen, Hasenohren, Clownpantoffel, Teufelsmasken, Knallbonbons. »Ich hatte mich

Josef Neckermann am Steuer seines Horch V8.

völlig übernommen«, musste Neckermann spätestens am Faschingdienstag einräumen. Aber die eigene Fehldisposition juckte ihn nicht: »Weil ich immer einen Ausweg aus der Bredouille wusste.« Die Lösung: »Kurz nach Mittag, nachdem die Schule aus war, ordnete ich dem Personal an, sich Hütchen und Pappnasen aufzusetzen und aus dem Balkon und den Fenstern unseres Kaufhauses die Knallbonbons und das ganze Zeug auf die Straße zu werfen.«

»Das Fest der Schönheit«

»Peterle!« So nannte ihn seine Frau Annemi, wann immer er die Flügel hängen ließ. So hieß Josef Neckermann mit zweitem Namen, im Andenken an seinen Großvater. Nun saß er in Berlin auf der Tribüne des Olympiastadions und brauchte den Trost seiner Frau. Er lamentierte: »Wieso bin ich nicht dabei? Warum reite ich nicht für Deutschland?« Seine Frau Annemi soll ihn getröstet haben: »Nimm's dir nicht so zu Herzen, Peterle. Deine Zeit wird noch kommen.«

Dieser Moment auf der Tribüne im Olympiastadion ist im Leben des Josef Neckermann vielleicht genauso wichtig wie die »Arisierung« des Kaufhauses Ruschkewitz in Würzburg. Unter dem Eindruck der olympischen Propaganda entschied er sich dafür, sich dem NS-System ganz anzuschließen und zu den Siegern der Stunde aufzusteigen. In Neckermanns Kopf setzte sich der Virus fest, »etwas ganz Großes« zu schaffen.

Nicht nur Neckermann, ganz Deutschland war im Olympiafieber. Schon elf Tage vor der Eröffnungsfeier gab es nur ein Thema: den olympischen Fackellauf. Am 20. Juli startete die Staffel in einem Hain in Griechenland. Mit 3 840 Stück Magnesiumfackeln, hergestellt von der Panzerschmiede der Krupp-Werke, trugen Athleten das Feuer über 3 015 Kilometer bis ans Ziel. Am 1. August loderten die Flammen in der Olympiaschale am Berliner Reichssportfeld hoch. Hitler hielt die Eröffnungsrede. Beim Einmarsch der Nationen hob nicht nur die deutsche Delegation die rechte Hand zum Führergruß. Auch Italien, Österreich, Bulgarien und sogar Frankreich hatten sich zu dieser Geste entschlossen.

Bei allen Reitwettbewerben saßen die Neckermanns in der ersten Reihe. Neidlos kannte er Leistungen an, »aber ich lag stets am Ohr meiner Frau und flüsterte ihr, wie es wohl wäre, wenn ich selbst....« Doch seine Freude bei der Siegerehrung muss groß gewesen sein. In der Einzeldressur gewann Heinz Pollay auf Kronos. Die Goldmedaille in der Mannschaftswertung holten sich ebenfalls die Deutschen, die in den Offiziersuniformen der Wehrmacht ritten. Josef Neckermann war beeindruckt, einmal mehr erlag er seiner Faszination für Uniformen.

Die Olympiade 1936 war ein voller Propaganda-Erfolg der Nationalsozialisten. Hier wurde nicht nur die Überlegenheit der »arischen Rasse« gefeiert, sondern auch der Erfolg eines Regimes, das binnen drei Jahren 6 Millionen Arbeitlosen eine Beschäftigung gegeben hatte. Diese Tatsache konnten nicht einmal die schärfsten Gegner der NS-Diktatur ignorieren. Dass es zugleich Massenverhaftungen gab und dass überall Konzentrationslager entstanden, war vielen bekannt, weil fast jeder in seinem Bekanntenkreis mindestens von einem Betroffenen wusste, der über Nacht verschwunden war, verhaftet von Gestapo, abgeführt von SA oder SS und nicht mehr heimgekehrt. Doch die meisten, darunter auch Josef Neckermann entschuldigten sich später mit Unwissen: »Man konnte noch die Tragweite solcher Aktionen nicht erfassen.« Gewiss, die Presse durfte darüber nichts berichten. Doch die meisten Deutschen erfuhren trotzdem von diesem Staatsterror und entschuldigten die Willkür damit, die »Säuberungen« würden nur eine Minderheit betreffen: »Juden und Kommunisten – unsere Feinde.«

So kam es, dass am 16. August 1936 die Nation mitsamt Josef Neckermann euphorisch die glanzvolle olympische Bilanz feierte. In der Medaillenwertung belegte Deutschland den ersten Platz vor den USA. Insgesamt 89 Stück, 33-mal Gold, 26-mal Silber und 30-mal Bronze. So einen Triumph hatte es noch nie gegeben. Mit sportlicher Leistung konnte man Josef Neckermann immer beeindrucken. In diesem Moment hatten ihn die Nationalsozialisten gewonnen.

Große Pläne

Die Zukunft hieß Berlin. »Nur nicht in Würzburg versauern«, notierte Josef Neckermann, euphorisiert von den Olympischen Spielen. Seine Pläne nahmen konkrete Züge an: Textil mit der ganzen Vielfalt der Branche. Von Bettlaken bis zu Uniformen. Er dachte weniger an Mode. Seine Wunschvorstellungen deckten sich mit den Begriffen: Vertrieb, Versorgung, Versand. Er wollte »ein ganzes Volk einkleiden«.

Josef Neckermanns Schwester Barbara (Mady) hatte den Absprung aus Würzburg bereits geschafft. Mit ihrem Mann, dem Rechtsanwalt Hans Lang hatte sie einen beruflichen Neuanfang ausgerechnet in der Textilbranche gewagt. Auch die Langs konnten sich aus jüdischem Vermögen eine kleinere Bekleidungsfirma schnappen.

Nach der Olympiade in Berlin war auch Neckermann soweit. An seinen Schwiegervater Richard Brückner gab er den Suchauftrag: »Warenhaus, Kaufhaus, Versandhaus, irgendetwas in diese Richtung. Bis zu 3 Millionen können wir gehen!«

Diese Aussage lässt erahnen, welche Umsätze Josef Neckermann mit den beiden Ruschkewitz-Kaufhäusern erzielte. Denn auch Bankkredite, mit denen er wahrscheinlich sein Millionen-Poker eröffnen wollte, orientieren sich am Umsatzvolumen. Offenbar hatte Fortuna seinen Silvesterspruch erhört. Doch so schnell, wie Neckermanns Appetit sich meldete, ging es dann doch nicht: Es sollten noch fast zwei Jahre vergehen, bis es zu der ersten konkreten Verhandlung über die nächste »Arisierung« kam.

Freudige Ereignisse

Zunächst stand ein anderes Ereignis an, das Josef Neckermanns Aufstieg beschleunigen sollte. Im Mai 1937 flatterte ihm eine »gute Nachricht« ins Haus. »Die NSDAP hatte mich nach eingehender Prüfung für würdig befunden, der Partei beizutreten.« So lautete der Satz, mit dem Neckermann in seinen Memoiren die Tatsache zu ironisieren versuchte, dass man inzwischen eine überzeugende persönliche Bewerbung benötigte, um der NSDAP beitreten zu dürfen. Die NSDAP warb offiziell nicht mehr um neue Mitglieder, und ein Bewerber musste schon gute Referenzen und einflussreiche Fürsprecher vorweisen können, um »für würdig befunden« zu werden. Das konnte Neckermann offenbar, und erhielt die Registrierungsnummer 4 516 510.

Am 29. Juni 1937 kam dann das zweite Kind in der Familie Josef Neckermann zur Welt. Die Tochter wurde auf den Namen Eva-Maria getauft. Wenn man zurückrechnet, stellt man fest, dass der Zeugungsakt noch vom postolympischen Geist beflügelt gewesen sein dürfte. Bei einer Familie, die stets Aberglaube und Horoskope beachtete, ist eine solche Anmerkung nicht ohne Bedeutung. Denn wie beim erstgeborenen Sohn Peter der dringende Wunsch des Vaters in Erfüllung ging, einen Erben zu haben, so sollten mit der Tochter die olympischen Träume wahr werden.

Im Sommer 1937 feierte man bei den Neckermanns ein weiteres Großereignis in Uniform: Bruder »Walti«, bereits im Rang eines Artillerieleutnants, heiratete seine Jugendliebe Elsa Leininger.

Walter war schon im Herbst 1936 zum Dienst eingezogen worden. Wenn schon Soldat, strebte er freilich die Offizierslaufbahn an, von der ursprünglich Josef geträumt hatte. Die Ausbildung dauerte drei Jahre und traf den »schwächeren und labilen Bruder« anfangs hart.

Die Hochzeit von Walter Neckermann und Elsa Leininger, 1937.

Walter war seit seiner Kindheit Vegetarier, und Elsa brachte ihm in den ersten Monaten täglich sein Essen ans Kasernentor. »Erst allmählich machte der Barras meinen Bruder zum Mischköstler«, notierte Memoirenschreiber Josef.

Immerhin hielt er seinem Bruder zugute, dass er seine Elsa in der Würzburger Schwimmanstalt Hügelbad kennen gelernt hatte, so wie er selbst seine Annemi. Im Gegensatz zu Josef war bei Walter die Religionsfrage von vornherein geklärt. Ursprünglich war ihre Familie zwar protestantisch gewesen, als altes Kärnter Patriziergeschlecht hatten sich die Leiningers schon im 16. Jahrhundert der Reformation angeschlossen. Weil sie angeblich an einem Freitag Fleisch gegessen hatten, wurden sie aus ihrer österreichischen Heimat vertrieben. Die Flucht führte von Klagenfurt bis nach Markt Heidenfeld bei Würzburg. Im Laufe der weiteren Zeit war die Familie schließlich wieder zum katholischen Glauben übergetreten. So stand der Hochzeit der jüngsten Leininger-Tochter mit »Walti«, dem Sohn der katholischen Familie Neckermann, aus klerikaler Sicht nichts im Wege.

Doch die Freude des Jahres 1937 war trügerisch. »In der gleichen Nacht, als unsere Tochter geboren wurde, gab es zum erstenmal Probealarm mit Verdunkelung«, notierte Josef Neckermann in seinen Memoiren. Wohin Deutschland steuerte, musste ihm spätestens in diesem Moment klar sein. In den Krieg! Doch durch den olympischen Triumph motiviert, zweifelten offenbar die wenigsten am Sieg.

Kapitel 7

»Wir haben schließlich nicht im Geschichtsbuch gelebt«

Der »Arisierer« Josef Neckermann

Berlin. Die zweistöckige Villa in der Charlottenburger Tannenbergallee 2–4, einer feinen Gegend, kam Josef Neckermann wie eine Residenz vor. Als Zwölfjähriger hatte er schon die Prachtvilla von Hugo Stinnes gesehen, in London war er während seiner Lehre in den Palast der Rothschilds eingeladen worden. Wenn er jetzt ins Schwärmen geriet, wusste er, wovon er sprach. Hinter der reich verzierten Jugendstilfassade öffneten sich großzügige Räume mit ausgesucht teueren Möbelstücken. Im Arbeitzimmer, in das er von einem der Bediensteten des Hauses geführt wurde, stand ein riesiger Schreibtisch aus Mahagoni. An der Wand dahinter hing ein düsteres Porträt des Münchner Malerfürsten Franz von Lenbach. Josef Neckermann und sein Schwiegervater Richard Brückner wurden wie Staatsgäste empfangen. Nach etwa zehn Minuten erschien der Besitzer dieser Villa, Karl Amson Joel.

Seine ersten Worte galten dem teuren Gemälde. »Ein großartiger Künstler dieser Lenbach, aber er konnte keine Augen nach der Natur malen«, bemerkte er beiläufig. Aus seinem Unterton ließ sich entnehmen, dass er dieses Bild eher als Kapitalanlage als wegen seines ästhetischen Wertes schätzte. Joel hatte nicht nur den Ruf, ein exzellenter Geschäftsmann zu sein. Er hatte eine unglaubliche Erfolgsgeschichte geschrieben. Aus dem Nichts war er zu einem der wichtigsten Versandunternehmer mit eigener Kleider- und Wäscheherstellung aufgestiegen. Und das in knapp zehn Jahren, zuletzt unter den denkbar ungünstigen Umständen der Rassenverfolgung.

Karl Amson Joel war Jude. Als er sich an diesem 11. Juli 1938 mit Josef Neckermann traf, rangierte sein Versandhaus hinter Witt Weiden, Quelle und Schöpflin auf dem vierten Platz. Um sich eine Vorstellung von den Dimensionen dieser drei Unternehmen machen zu können, einige Zahlen zum Vergleich. Josef Witt aus Weiden, gelernter Zimmermann, hatte 1907 ein Kolonialgeschäft von seiner Schwester geerbt und war als Hausierer mit einem Buckelkorb übers Land gezogen. Sein Sohn durfte studieren und wurde Kommerzienrat. 1934 beschäftigte er in seinen Fabriken und Logistikabteilungen annähernd 5 000 Mitarbeiter. 1937 verbuchte er einen Jahresumsatz von rund 89 Millionen Reichsmark. Damit hielt er einen Marktanteil von mehr als 50 Prozent und war unangefochten die Nummer Eins im deutschen Textilversandgeschäft. Der Werbeslogan der Firma wurde zur Selbstverständlichkeit: »Wäsche kauft man bei Witt.«

Gustav Schickedanz hatte 1927 den Grundstein zu seinem Versandimperium in Fürth in Bayern gelegt. Der Name stand symbolisch für die neue Einkaufsform nicht mehr im Handel, sondern direkt an der Quelle. Das Konzept ging auf: Im Jahr 1938 belieferte Schickedanz 2 Millionen Kunden und erreichte 40 Millionen Reichsmark Jahresumsatz. Wilhelm Schöpflin als Dritter in der Reihenfolge schien bereits satt zu sein, nachdem er fast die ganze badische Textilindustrie von sich abhängig gemacht und auch mehrere Fabriken übernommen hatte.

Karl Amson Joel setzte sich in Rekordzeit durch. In zehn Jahren schaffte er es trotz aller Behinderungen seitens der NS-Administrative rund 850 000 aktive Kunden an sich zu binden, vorwiegend aus dem norddeutschen Raum, Mecklenburg, Pommern, Sachsen, Ostpreußen – die am weltlichsten orientierten deutschen Länder. Die religiöse Gesinnung war nicht ohne Bedeutung für das Kaufverhalten: Wo die Glaubensfrage zweitrangig oder die Konfession überwiegend evangelisch war, fiel die Saat des Antisemitismus auf weniger fruchtbaren Boden als bei den Katholiken. Außerdem verhielten sich die Protestanten, selbst von der früheren historischen Verfolgung schwer geprüft, von Haus aus toleranter gegenüber anderen Rassen und Religionen. Ein Zug, der nicht nur Joel zugute kam: »Wenn die Preise stimmen, machen die Protestanten auch Geschäfte mit dem Teufel«, pflegte man in jüdischen Händlerkreisen zu scherzen.

Joels Firmengeschichte verdient eine ausführliche Darstellung. Schon deshalb, weil sie in denkbar krassem Gegensatz zu Neckermann steht. Ihm kam kein Geld aus einer reichen Familie aus dem Kohlenhandel zugute. Das Ehepaar Joel hatte 1927 gerade 10 000 Reichsmark auf dem Konto, die sie sich buchstäblich vom Munde abgespart hatten. Bis dahin hatten sie als Großhändler Firmen wie Witt Weiden mit Textilien versorgt. Kaum machte sich Joel mit einem zusätzlichen Kredit selbstständig, begann sein kleiner Versand aufzublühen. Joel war ein Arbeitstier. Am Anfang hatte er nicht einmal ein Auto. Die Pakete, die er mit seiner Frau Meta in der Wohnung verschnürte und verklebte, brachte er mit einem Leiterwagen selbst zur Post.

Mit Bett- und Weißwäsche fing Joel an und erweiterte sein Angebot auf Schürzen, Hemden und Arbeitskittel. Die große Nachfrage machte es bald notwendig, eine eigene Näherei zu gründen. Da produzierte er seine eigene Konfektion, für die er sich an der US-amerikanischen Mode orientierte. Noch war deutsche Mode international. Die platinblonde Filmschauspielerin Jean Harlow trug einen figurbetonten Schnitt und raffinierten Faltenwurf, die sie sich bei der Hollywood-Diva Joan Crawford abgeschaut hatte.

Joel war der erste Versand, der neueste Kleidermode ins Angebot nahm. Der Erfolg spiegelte sich in den Zahlen. Schon fünf Jahre nach dem Start betrug der Umsatz zwischen 80 000 und 120 000 Reichsmark – im Monat! In Joels Kleiderfabrik rollten bereits drei Fließbänder zwischen den Tischen der Zuschneider, Näherinnen und Büglerinnen. Diese technische Ausstattung kam von der Firma Singer aus Amerika.

Joels Pech bestand darin, dass er sich als Jude ausgerechnet in Nürnberg, der »Hauptstadt der Bewegung« niederließ. Hier wirkte der berüchtigte Julius Streicher, der oberste Judenhasser des Reiches und Herausgeber der Schmierenpostille *Der Stürmer.* Seit 1923 erschien das Wochenheft mit der ominösen Parole auf dem Titel: »Die Juden sind unser Unglück!« Das Hetzblatt erreichte eine Auflage bis zu 100 000 Exemplaren. Umso erstaunlicher, dass Joel in dieser hasserfüllten Atmosphäre so gut prosperieren konnte.

Doch die Zeiten radikalisierten sich zunehmend. Ab 1933 wurde Julius Streicher Gauleiter. Ihm fiel eine entscheidende Rolle bei der

Wirtschaftsregelung in Süddeutschland zu. Daher beschloss Joel im Frühsommer 1934, seine Zelte in Nürnberg abzubrechen und nach Berlin umzuziehen, wo ein gemäßigteres politisches Klima zu herrschen schien. Die NSDAP hatte hier bei den Wahlen 1932 keine Mehrheit verzeichnet. Außerdem gab es in Berlin eine Anwaltsgemeinschaft, die noch verzweifelt versuchte, sich für die Rechte der Juden einzusetzen. Sie verfügte anfangs über gute Beziehungen zu den Ministerien und hatte einen direkten Zugang zu Hermann Göring, der damals noch Preußischer Ministerpräsident war.

Göring war ein listiges Chamäleon, das seinen Verhandlungspartnern mit seiner Art Unbehagen einflößte. Am trefflichsten drückte dieses Gefühl Emil Hácha aus, der spätere Präsident des von den Nazis geschaffenen Protektorats Böhmen und Mähren: »Göring hat mich angeschaut wie eine Frau. Die Koketterie, die Stimme, die Augen, bei diesem Mann wusste man nie, woran man ist.« Er fühlte sich für alles zuständig, war von Hitler bereits als Nachfolger designiert und führte sich noch theatralischer auf als der Führer.

Diabolischer hätten seine Spiele nicht sein können. 1934 versprach er jüdischen Vermittlern hohe Provisionen, wenn sie seine Wirtschaftspläne finanziell unterstützten. Göring täuschte sogar vor, er bemühe sich um das Bestehen der erfolgreichen jüdischen Betriebe, die zwar mit strengen Auflagen geknebelt wurden, aber zumindest von ihren jüdischen Besitzern weiter geführt werden konnten. Eine der Bedingungen bestand in der Aufnahme eines »arischen« Mitgesellschafters in die Geschäftsführung. So fühlten sich selbst die jüdischen Juristen von der Oranienburgstraße sicher und äußerten die Hoffnung, »dass nach der Bereinigung von formalen Schwierigkeiten eine Zusammenarbeit mit Hitler durchaus möglich sein wird«.

Eine trügerische Hoffung

In dieses Schlangennest setzte sich Joel. Dabei vertraute er auch auf einen Mann, der vorgab, die Interessen der Textilbranche nach bestem Wissen und Gewissen zu vertreten: Fritz Tillmann, Parteigenosse der NSDAP und Berliner Stadtrat, ehrenamtlich Gauwirtschaftsberater, hauptberuflich Tuchfabrikant. Sein Wort genügte Joel als Garantie. Im Jahr 1934, zwei Jahre vor den Olympischen Spielen, schien die drittgrößte Metropole der westlichen Welt noch ein Ort zu sein, wo Unternehmer vom Format eines Karl Amson Joel vor Attacken wild gewordener Fanatiker wie Julius Streicher sicher waren.

In seiner Hoffnung war Joel nicht allein. Zu dieser Zeit siedelten verstärkt jüdische Unternehmen nach Berlin um. Der agile Franke mietete ab Mitte 1935 auf dem Osram-Gelände in Berlin-Wedding, Utrechterstraße 25–27, einen Gebäudekomplex an. Er schaffte die neuesten Geräte für Logistik, Verpackung und Transport an und richtete sich nach den modernsten Anforderungen des Versandgeschäfts völlig neu ein. Die günstige Anbindung zur Bahn verstärkte den Standortvorteil. Jener prestigeträchtige Osram-Schriftzug über Berlin-Wedding erhöhte noch zusätzlich das Image der neu erworbenen Adresse. Nur Joels Näherei mit den modernen drei Fließbändern, etwa 200 Singer-Nähmaschinen und rund 150 Angestellten blieb in Nürnberg. Julius Streicher weigerte sich strikt, eine Genehmigung zur Verlagerung der Produktionsstätte zu erteilen.

Joels Start in Berlin gelang unter den gegebenen Umständen mehr als vielversprechend. Er erweiterte das Warenangebot nochmals, und ließ den Katalog nach US-Vorbild teilweise in Farbe gestalten. Die bunten Modezeichnungen ließen die Kleider schwungvoller, schicker und noch verlockender wirken. Über den Katalogseiten saß Joel persönlich bis spät in die Nacht hinein. Der Lohn für seine Ausdauer und seinen Fleiß: Bis zum Jahresende 1937 stieg sein Umsatz auf knapp 1 Million Reichsmark – im Monat!

Doch Joel hatte keine Zukunft mehr. In Wirklichkeit hatte es sich um eine Gnadenfrist gehandelt, die ihm der Tuchfabrikant Fritz Tillmann bei Hermann Göring herausgehandelt hatte. Die NS-Maschinerie ließ keine weiteren Ausnahmen zu. Das Leiden der Juden verschärften sich: Sie wurden durch »arische« Zulieferanten boykottiert, durften keine Zeitungsanzeigen mehr aufgeben, mussten ihre Pakte mit einem großen schwarzen »J« auf gelbem Hintergrund kennzeichnen und wurden aus sämtlichen Gremien der Wirtschafts- und Handelsorganisationen ausgeschlossen. Immer wieder wurden sie verhaftet und zermürbenden Verhören unterzogen, die nicht so versöhnlich endeten wie seinerzeit die Gestapo-Vernehmung von Josef Neckermann.

Eine Bank für alle Fälle

Als am 26. April 1938 eine »Verordnung über die Anmeldung des Vermögens der Juden über 5 000 Reichsmark« verabschiedet wurde, gab Karl Amson Joel auf. Um eine Zwangsschließung seines Betriebes und die Stilllegung der Näherei zu verhindern, und um möglichst viel Zeit zu gewinnen, bis sich ein annehmbarer Käufer finden würde, ging er zunächst auf Tauchstation. Heimlich ließ er Verhandlungen über den Verkauf durch seinen Vertrauten Fritz Tillmann führen. Eine weitere Vermittlerrolle spielte das Bankhaus Hardy & Co., zu dessen guten Kunden auch Neckermanns Schwiegervater zählte.

Karl Amson Joel und Josef Neckermann waren sich vor ihrem ersten Treffen noch nie begegnet und hatten auch keinerlei gesellschaftliche Beziehung zueinander. Man kannte sich dem Namen nach, wie man sich in der Branche eben kennt. Weshalb sich Joel aus der Reihe von etwa 15 Bewerbern für Neckermann entschied, ist nicht mehr ermittelbar. Neckermann glaubte, der Grund liege in seinen Fähigkeiten, und beschrieb sich in seinen Memoiren als »einen jungen Mann aus Würzburg, ein sehr tüchtiger...« Mit diesem Hinweis sollten angeblich die Mitbewerber, Josef Witt und Gustav Schickedanz eine Absage erhalten haben.

»Die Begeisterung für Neckermann«, mutmaßte der ZDF-Historiker Guido Knopp in seinem Buch *History*, »musste sich spätestens an jenem 11. Juli 1938 bei dem persönlichen Treffen abgekühlt haben: Was waren das für Zeiten, in denen ein 26-Jähriger ohne jegliche Erfahrung im Versandgeschäft einem wie Joel die Bedingungen für den Verkauf seiner Firma diktieren konnte?« Die Antwort, die Josef Neckermann damals wusste, wurde zu einem seiner vielen Leitsätze: »Wer nicht mit der Zeit geht, geht mit der Zeit.« Doch anders als Neckermann konnte Joel sich eben kein Parteibuch zulegen. Neckermann kann nicht so dumm gewesen sein, dies nicht zu wissen. Seine Antwort war ein furchtbarer Zynismus.

Wie vor ihm Siegmund Ruschkewitz hatte auch Karl Amson Joel bei den Verhandlungen keine freie Hand mehr. Die Vorgespräche waren vorschriftsmäßig durch einen »arischen Bevollmächtigten« geführt worden. Danach lag ein vorbereiteter Vertrag auf dem Tisch, »aufgesetzt und in allen Sachfragen von Fritz Tillmann überprüft«. Guido Knopp urteilt: »Dass der vereinbarte Kaufpreis mit 2,3 Millionen Reichsmark unter diesen Umständen viel zu niedrig ausfiel, verwunderte Joel da nicht mehr«. Neckermanns Hinweis auf die Schlussklausel ist nur noch die Bestätigung dessen, auf welchem verlorenen Posten Joel stand: »Es herrschte darüber Einigkeit, dass die finanzielle Abwicklung über das Bankhaus Hardy & Co. erfolgt.« Natürlich, denn die Hardy Bank war für alle Arten von undurchsichtigen Geschäften der richtige Partner. Denn während die Muttergesellschaft der Dresdner Bank als Aktiengesellschaft ihre Bilanzen veröffentlichen musste, war die Hardy Bank als GmbH nicht dazu verpflichtet.

Dennoch hätte Joel es offenbar für schlechten Stil gehalten, wenn er seine Gäste nicht mit gebührender Höflichkeit behandelt hätte. Nicht die Spur einer Verbitterung ließ er laut Neckermann aufkommen: »Es ging alles sehr freundlich über die Bühne«. Die Übernahme dauerte kaum mehr als zwei oder drei Stunden. Nach dem Einführungsgespräch in Joels Villa ging es schnurstracks in die Firmenzentrale im Wedding. Dort wurden alle leitenden Angestellten vorgestellt, und Neckermann inspizierte den Betrieb bis in die letzten Ecken.

Josef Neckermann hatte durchaus gemischte Gefühle. Einerseits zeigte er sich von den imposanten Dimensionen und dem modernen Stand der Versandtechnologie beeindruckt, anderseits kamen ihm Zweifel, ob er in der Lage sein würde, seine kühnen Pläne zu verwirklichen. Vor allem machte er sich Sorgen, ob nicht in absehbarer Zeit ein Krieg ausbrechen und seine Hoffnungen zunichte machen würde.

Betrug mit staatlicher Hilfe

»Meine Courage siegte!«, meinte Josef Neckermann. Noch in Joels Unternehmen setzt er seine Unterschrift unter den vorbereiteten Vertrag. Danach sah er Karl Amson Joel nie wieder. »Sämtliche weiteren

Schritte koordinierte ich mit Fritz Tillmann, Bevollmächtigter der Firma bis zu der Übernahme durch meine Person«, hielt Neckermann fest. Fritz Tillmann hielt weiterhin Kontakt mit Joel. Der stand seit Mai 1938 schon ohne Pass da. Als Ersatz hatten Juden ein weißes Reisedokument – die Farbe für Staatenlose –, das sie sich für teures Geld kaufen mussten.

Am 1. September 1938 übernahm Josef Neckermann das Versand- und Wäschehaus endgültig. Bis dahin hatte er noch einige behördliche Schwierigkeiten zu überwinden. Nach der Attacke gegen die Kauf- und Warenhäuser des Jahres 1933 galt fünf Jahre später plötzlich das Versandhaus als unerwünschte Handelsform. »Ohne die Intervention beim Reichsministerium wäre das Genehmigungsverfahren sofort abgelehnt worden«, behauptete Neckermann und beschwerte sich über das Prozedere. »Gausozialwart, Polizeipräsidium, Reichshandelskammer. Überall wurde an den ursprünglichen Verträgen etwas geändert, korrigiert, neu hinzugefügt.«

Schließlich lagen nach Neckermanns Darstellung in seinen *Erinnerungen* sowie in den ersten Prozessakten zur Wiedergutmachung die Dinge wie folgt: »Das Inventar wurde statt mit 200 000 wie vorgesehen, nur mit 5 300 Reichsmark bewertet. Von dem seinerzeit vereinbarten Kaufpreis von 2,3 Millionen, von dem die Verbindlichkeiten und Lieferantenverpflichtungen der Firma Joel abgezogen wurden, habe ich vereinbarungsgemäß weitere 500 000 Reichsmark als Sicherheit für eventuell noch bestehende Forderungen gegen die Firma Joel einbehalten. Den Rest des Kaufpreises, nunmehr in Höhe von 1,14 Millionen Reichsmark, entrichtete ich auf ein Treuhandkonto beim Bankhaus Hardy & Co. in Berlin.«

Zu diesem Zeitpunkt weilte Joel bereits in der Schweiz, um sein Leben zu retten. Dort wartete er jedoch vergeblich auf sein Geld. Neckermann versicherte ihm, er habe die Zahlung wie vereinbart getätigt. Also beschloss Joel, juristisch gegen die Hardy-Bank vorzugehen. Erwartungsgemäß lehnte die NS-Justiz die Klage ab, mit der Begründung, er sei Devisenausländer. Um den genauen Ablauf der Zahlung sollte es nach dem Krieg lange juristische Auseinandersetzungen geben, bei denen immer deutlicher wurde, dass möglicherweise doch nicht die Hardy Bank am Ausbleiben der Zahlung Schuld war. Tatsache war, dass Joel in der Schweiz an das wenige Geld, das ihm im Zwangsverkauf zugestanden worden war, nicht herankam.

Auf den Spuren des Führers

Im Jahr 1938 brach in Deutschland ein wahrer Kaufrausch aus. Die Nachfrage nach Bekleidung wuchs nicht zuletzt in der bangen Vorahnung, dass man sich diesen vorübergehenden Wohlstand nicht mehr lange würde leisten können.

Nach einer Volksabstimmung am 10. April verleibte sich Nazi-Deutschland zunächst Österreich ein. Am 29. September 1938 wurde das Münchner Abkommen geschlossen: England, Frankreich und Italien stimmten zu, dass die Wehrmacht das Sudetenland besetzte. Die Republik Tschechien, im Sprachgebrauch der Nationalsozialisten »Tschechei« genannt, wurde ihrer Grenzgebiete beraubt. Schon wenige Monate später, im März 1939, sollte Hitler-Deutschland auch das Münchner Abkommen brechen, den Rest der Republik Tschechien besetzen und das »Protektorat Böhmen und Mähren« einrichten.

Am 3. Oktober 1938 besuchte Hitler die Stadt Eger, auf Tschechisch Cheb. Durch das Attentat auf Albrecht von Wallenstein im Jahre 1634 war die Stadt lange als »Mörderstadt« verrufen. Für die Nationalsozialisten hatte der Feldmarschall des Dreißigjährigen Krieges besondere Bedeutung, weshalb das Tatorthaus mit schwarz-roten Hakenkreuzfahnen verhüllt wurde. Zu Hitlers Begrüßung erschallte auf dem riesigen Platz der Jubel von fast 1 Million Menschen.

Josef Neckermann folgte dem Führer auf dem Fuße in die neue »Reichsmark«, wie das Sudetenland nun hieß. Kurz nach der Besetzung fuhr er nach Karlsbad, auf Tschechisch Karlovy Vary. In diesem Kurort hatten schon Zar Peter der Große, Beethoven, Goethe, Wagner und Marx geweilt. Auch Josef Neckermann stieß hier auf Labung: Unweit des Grenzortes Bärenstein fand er einen leerstehenden Textilfertigungsbetrieb, dessen Besitzer zwangsweise evakuiert worden waren. Es hatte sich um Tschechen gehandelt, die von der neuen Gauleitung, dem fanatischen Volksverhetzer Konrad Henlein, vertrieben worden waren. Die Näherei, die in den nächsten Jahren bedeutend ausgebaut wurde, sollte nicht nur Neckermanns Versanddisposition erhöhen, sondern auch neue Kapazitäten für den Führer schaffen.

Noch kauften die Menschen in Deutschland wie verrückt. Doch das Gespenst eines Krieges rückte näher. Die Anzeichen für eine Krise verdichteten sich. Die Rohstoffe wurden knapper, Importe versiegten, Devisen wurden ausschließlich für die Rüstungsindustrie verwendet. Von heute auf morgen verschwanden ganze Warengruppen vom Markt. Es gab keine Baumwollartikel und keine Trikotagen mehr zu kaufen. In den Herausforderungen lebte Neckermann auf: »Denn plötzlich war man Weltmeister im Erfinden von Ersatzstoffen«, erinnerte er sich stolz.

»Für die exquisiten Stoffe wie den fließend fallenden Chiffon, den glänzenden Crêpe de Chine und den raffiniert durchsichtigen Georgette in Frankreich gab es in Deutschland die Kunstseide als Ersatz. Gleichzeitig begann die Ära der Zellwolle, mangels englischer Importe an Schafwolle. Anfangs ein unsägliches Gemisch von Holzfasern, machte die Chemie rasch Fortschritte, bis man aus dem Ersatzgarn recht hübsche Kleidung und Wäsche fertigen konnte, nicht ganz knitterfrei, nicht ganz farbecht und überhaupt mit Vorsicht zu genießen, aber immerhin«, so Josef Neckermanns Rückblende.

Die Berliner »Champagner-Luft«

In der Nacht vom 9. auf den 10. November 1938 wurde Deutschland von der »Reichskristallnacht« erschüttert. In einem organisierten Pogrom gingen Schlägertrupps systematisch gegen Juden und ihr Eigentum vor. 29 jüdische Warenhäuser wurden durch Großfeuer vernichtet, 101 Synagogen zerstört, 7 500 Geschäfte verwüstet. 35 000 Juden wurden von der SA zusammengetrieben und in Konzentrationslager gebracht. Göring schaltete sich anschließend mit einer satanischen Idee ein: Gegen hohe Summen konnten sich die Juden vorübergehend »freikaufen«. Ein noch größeres Geschäft fürs Reich machte der passionierte Jägersmann, der sich gerne damit rühmte, Handel sei sein Steckenpferd, mit Schadenersatzforderung an die Geschädigten: 1 Milliarde Reichsmark sollten Juden für die entstandenen Schäden zahlen.

Die Reichskristallnacht fand auch in Neckermanns Memoiren Eingang. Als er am Tag an einer verwüsteten jüdischen Musikinstrumentenhandlung vorüberging, spürte er eine gewisse Erschütterung: »Meinen Sie wirklich, ich hätte nicht gewusst, welches entschiedenen Zerstörungswillens es bedurfte, um ein Klavier aus einem Fenster im ersten Stock zu werfen?« Wie man solche Schreckensmomente beiseite schiebt, erklärte er dann: »Aber am nächsten Tag konnten andere Dinge schon wieder zwingender sein. Es gab vielleicht Ärger mit Lieferanten, ein wichtiger Mitarbeiter bekam zum denkbar unpassendsten Zeitpunkt eine Grippe... Wir haben schließlich nicht im Geschichtsbuch gelebt, alles fein säuberlich sortiert und analysiert, das war doch ein Alltag, den wir geführt haben.«

Der Historiker Hans Mommsen hat sich mit der Rolle der Unternehmer im Nationalsozialismus beschäftigt. Seine Thesen decken sich in mehreren Punkten mit den Aussagen in Josef Neckermanns Memoiren: »Die Wirtschaftsführer waren offensichtlich zu sehr in die tägliche Arbeit eingespannt, um Abstand zum Regime zu gewinnen«, resümiert Mommsen. Und: »Die Unternehmer passten sich dem Regime an, gaben dem Arisierungsdruck nach, der teilweise auch von den Belegschaften in den Betrieben ausging, und unterstützten die Aufrüstung und Expansion Hitlers ohne größere Vorbehalte. Stets aber standen Erhalt und Weiterführung der Unternehmen im Vordergrund.«

Wer es verstand, »mit der Zeit zu gehen«, der erlebte durchaus schöne Tage. Manchem gingen Träume in Erfüllung, wie dem NSDAP-Mitglied Neckermann, der sich auch noch ein halbes Jahrhundert später ohne Umschweife zu seiner Haltung bekannte: »Ich hatte nicht das geringste Bedürfnis, in Schwierigkeiten zu geraten. In politischen Dingen liegt mir keine tätige Opposition. Ich tauge nicht zum Märtyrer.« Mit dieser selbsterteilten Absolution konnte der nach wie vor praktizierende Katholik Neckermann zu großen Taten schreiten. Als Erstes hielt er für seine Frau Annemi eine Überraschung bereit: Mit den Joel-Firmen übernahm er auch den Mietvertrag für die Villa in der Charlottenburger Tannenbergallee.

Die Lage muss fantastisch gewesen sein. Gleich hinter dem Gartenzaun erstreckte sich der Wald. Beim Umzug brachte Annemi auch ihr neues Klavier mit, ihren heißgeliebten »Blüthner«-Flügel. Auf dem neuen Ehrenplatz im Salon harmonierte das Instrument mit drei kostbaren Teppichen, sechs Brücken und vier Bildern – darunter jenes wertvolle Lenbach-Portrait. Annemi Neckermann und Joels Frau Meta vereinbarten, dass die Neckermanns das Inventar in Verwahrung nehmen würden.

Josef Neckermann vor der Villa Joel, Berlin.

Die feine Liga der »Arisierer«

Zum 17. Januar 1939 war die »Arisierung« vollständig abgeschlossen. Die Bilanz sprach für sich: 1933 hatten in Deutschland 100 000 jüdische Betriebe existiert. Im April 1938 waren es nur noch 39 532 gewesen. Anfang 1933 hatte es mehr als 500 000 jüdische Geschäfte gegeben. Im Juli 1938 waren es nur noch 9 000, davon 3 637 in Berlin. Nicht alle, die der kompromisslosen Anwendung der »Nürnberger Gesetze« zusahen, stimmten den rigiden Methoden auch zu, wie der Brief des Kaufmanns Horst Krüger, NSDAP-Wähler und SA-Mann der ersten Stunde beweist, der im Archiv der Berliner Handelskammer liegt. Er war auf den 16. April 1938 datiert: »Ich kann nicht mehr zusehen, in welch schamloser Weise von vielen arischen Geschäftsleuten, Unternehmen und Desgleichen, versucht wird, die jüdischen Geschäfte, Betriebe, Fabriken möglichst wohlfeil und um einen Schundpreis zu erraffen. Die Leute kommen mir vor wie die Aasgeier, die sich mit triefenden Augen und heraushängender Zunge auf jüdische Kadaver stürzen.«

Nicht nur in Deutschland, in Österreich, in Polen, in Holland, im Protektorat Böhmen und Mähren, überall wurden die jüdischen Betriebe enteignet. Die Dresdner Bank und die Commerzbank erstellten für das Reichswirtschaftsministerium ganze Listen von jüdischen Unternehmen, die zu haben waren. In den Akten über die abgewickelten Übernahmen stößt man auf Namen wie Helmut Horten oder den Oetker-Konzern.

Sogar der Führer selbst hatte »arisiert«. Der Akt betraf Abraham Wertheim, den Besitzer eines der größten Kaufhäuser Europas. In seinem Tempel des Konsums am Potsdamer Platz gab es ein Palmenhaus mit Grotten und Wasserfällen. Der Werbespruch lautete: »Wer nicht bei Wertheim kauft, bringt nichts von Wert nach Haus.« Das Sortiment reichte bis zum Klavier, zu Perser Teppichen, Kleidern und Parfüm aus Paris. Der Erfolg ermöglichte die Gründung einer eigenen Bank für Kundenkredite. Mit dem Zinsgewinn wurden Grundstücke erworben. Eines fiel Adolf Hitler ins Auge als idealer Platz für seine Reichskanzlei mit dem berühmten Führerbunker. Mit einem Federstrich wurde der Baugrund enteignet.

Die Wertheims verließen Deutschland 1939 in letzter Minute. Ihre Geschichte geriet in Vergessenheit. Der größere Teil der Immobilien und Gründstücke lag in Ostberlin, er wurde nach 1945 erneut enteignet und in DDR-Staatsbesitz überführt. Im Westen wurde Wertheim – oder was davon noch übrig blieb – 1951 von Hertie übernommen. Nach Ansicht der Erben wurde der in den USA lebende Abraham Wertheim bei dieser Transaktion betrogen. 1994 schluckte Karstadt die Kaufhauskette Hertie und ist somit Rechtsnachfolger des Unternehmens. Eine ehemalige Wertheim-Parzelle dient bis heute den Beamten des Finanzministeriums als Parkplatz.

Der Fall wurde wieder aufgerollt, nachdem die Interessenvertretung Jewish Claim Conference (JCC) 1997 die Annerkennung weiterer Wiedergutmachungsansprüche durchsetzte. Eine Gesetzesänderung schloss die Entschädigung auch für Grundbesitz mit ein. Im Jahre 2002 besuchte Barbara Principe, geborene Wertheim, Berlin.

Zur Begrüßung eilte Bundestagspräsident Wolfgang Thierse persönlich herbei. Nachdem in den USA eine Feststellungsklage gegen die KarstadtQuelle AG eingereicht wurde, bezifferte das Nachrichtenmagazin *Focus* die Forderung in dem brisanten Fall auf 510 Millionen Euro. Hierzulande geht es um die Rückgabe von rund 50 Immobilien im Verkehrswert von etwa 350 Millionen Euro.

Militär-Look im Neckermann-Katalog

Über die Jahre 1938 und 1939 schrieb Josef Neckermann in seinen Memoiren: »Ja, ich war in dieser Zeit glücklich«. Die Berliner Luft, der lebhafte Trubel auf den Straßen, Kinos, Restaurants, Tanzlokale, für die zwar kaum Zeit übrig blieb, aber die ganze Atmosphäre reichte schon, um Neckermann zu beflügeln. Alle späteren Gewissensfragen, ob von der Nachkriegsgeneration oder bei den Wiedergutmachungsprozessen gestellt, konnte er nur mit einem Satz beantworten: »Das kann nur einer verstehen, der dabei gewesen war.«

In jenem verführerischen Aufschwung des Jahres 1938 glaubten die Neckermanns noch an Märchen. Die Berliner Champagnerluft bewirkte Wunder. Annemi fühlte sich plötzlich von ihrem asthmatischen Bronchialleiden befreit, das sie in Würzburg so schlimm gequält hatte. Sie führte ein hochherrschaftliches Haus und sah ihren »Necko« meistens in bester Laune. Josef Neckermann schwärmte auch von der Familienzusammenführung. Seit dem Spätsommer lebten die Kinder Peter und Eva-Maria, sowie das Kindermädchen samt Haushaltshilfe, die Schwiegereltern Richard und Agnes Brückner und Annemis Schwester Lilo alle in Berlin, Neckermanns Schwester Barbara und ihre Familie nicht zu vergessen.

Noch vor Weihnachten ging an die Kundschaft von Joel ein neuer Katalog heraus. Mit der Frühjahrs-Preisliste, gültig bis 15. April 1939. Das neue Logo auf dem Titel: »Wäsche- und Kleiderfabrik Josef Neckermann, Versandhaus Berlin, Utrechter Straße 25–27«. Weiß auf schwarz in einem schwarzen Kasten eingeblockt, garantierte er: »Was nicht entspricht, können Sie zwanglos umtauschen oder Ihr Geld nebst Portoauslagen zurückerhalten«.

Josef Neckermann erinnert sich an seinen Aufstieg: »Ich begann sofort, meine Ideen, mit denen ich selbst kaum noch Schritt halten konnte, zu verwirklichen. Ich ergänzte das Sortiment durch Fertigwäsche, durch Charmeuse-Ware – teils aus eigener Fertigung, um Teppiche, Möbelstoffe und Gardinen.« Und er freute sich darüber, dass nun auch »Volksgenossen, Beamte und Parteimitglieder, ohne Bedenken von meinem reichhaltigen und vorteilhaften Angeboten Gebrauch machen konnten, da ich als rein arisches Unternehmen galt«. Damit erweiterte sich der Kundenstamm im Laufschritt auf über 1 Million Adressen.

Für die eigene Konfektion ließ Neckermann sogar ein eigenes Atelier einrichten. Hauseigene Modedirektricen, wie damals Designer hießen, fuhren zu Modenschauen bis nach Paris, um sich inspirieren zu lassen. In Frankreich boomte die Textilbranche nach der Depression Anfang der 30er Jahre. Die großen Marken, die bis heute den Modegeschmack bestimmen, hatten sich gerade etabliert: Coco Chanel, Elsa Schiaparelli, Nina Ricci, Madame Grès, Guy de Givenchy, Jean Patou und Marcel Rochas. Letzterer war übrigens der Erste, der schon 1932 einen Hosenanzug für die Frau entwarf. Neckermann fand das »grässlich«: Frauen in Hosen passten einfach nicht in sein Weltbild.

Der Sommer-Katalog des Jahres 1939 war ein Spiegel der Zeit. Als würde die Mode bereits der Katastrophe voreilen, bestimmte der militärische Look die Damenmode. Eckige Schultern, Posamentverschlüsse, knappe Röcke, Federhüte, Stulpenhandschuhe – als wären die Frauen zu Rekruten geworden. Auch im Programm war ein Tiroler Hütchen. Das hatte Hitler aufgebracht, der sich bei seinen Alpen-Aufenthalten in Berchtesgaden gern in Jägertracht zeigt. Immerhin gab es bei Neckermann eine Grenze: Ein Konterfei »unseres Führers Adolf Hitler« hatte er nicht im Angebot. Es soll auf Einwände von seiner Frau Annemi aus dem Sortiment entfernt worden sein. Konkurrent Schickedanz offerierte in seinem Quelle-Katalog diesen vielgefragten Artikel sogar schon fertig gerahmt.

Josef Neckermann schien von grenzenlosem Elan, Energie und Ehrgeiz angetrieben zu sein. Wie ihn gab es viele im Hitlerreich. In der Biografie über Hitlers Lieblingsarchitekten Albert Speer schreibt

Joachim Fest: »Keiner war über 35. Das waren jene, die in der großen Depression seit 1929 keine Chance gehabt hatten und nun wie Motten ins Licht schwirrten, fasziniert von Visionen und der Macht, sie durchzusetzen.«

Neckermanns Ehrgeiz hatte aber auch noch andere Wurzeln. Nach dem Tod seines Vaters litt er unter fürchterlicher Angst zu versagen. Sein ganzes Leben schien eine gnadenlose Jagd nach Anerkennung zu sein, unermüdlich unternahm er jede Anstrengung, Beweise für seine Fähigkeiten zu erbringen und den »Rockefeller von Würzburg« zu übertreffen.

Kapitel 8

»60 000 Wolldecken für die Westwallarbeiter!«

Geschäfte mit zwielichtigen Freunden

Im neuen herrschaftlichen Haushalt in Berlin spielte die Muse eine wichtige Rolle. Annemis »Blüthner«-Flügel im Salon war nicht nur Dekoration. Eine der frühesten Kindheitserinnerungen von Sohn Peter ist, »dass bei uns im Hause häufig musiziert wurde.« Auch aus dem Radio klangen anspruchsvolle Töne: Beethoven, Bruckner, Mozart und stundenlang Wagner. Die berauschende Wirkung erfasste auch die Neckermanns. In ihre Plattensammlung reihten sich bald die Opernaufnahmen von *Rheingold*, *Walküre* und *Siegfried*.

Auch des Führers Vorliebe für den *Ring der Nibelungen* und seine Auftritte am »Grünen Hügel« bei den Bayreuther Festspielen entgingen Josef Neckermann nicht. Er begann keinen Tag ohne die Zeitungslektüre. Die Informationen aus den Massenblättern, zu dieser Zeit der *Völkische Beobachter*, später *Bild*, betrachtete er als eine Art Marketingstudium. Hier konnte er den Puls der Zeit herausspüren und die Interessen der breiten Schichten erahnen. Als leidenschaftlicher Autofahrer verfolgte er natürlich die Berichte über den raschen Ausbau der Reichsautobahnen. Ein weiteres Schlagwort fiel ihm auf: die »Siegfried-Linie«. Als angehender Wagnerianer musste er darüber stolpern und seinem Naturell entsprechend gleich ein Stückchen weiterdenken.

Unter diesem markigen Titel wurden die Verteidigungsanlagen an der Westgrenze bekannt. Seit 1936 wurden sie auf einer Länge von 630 Kilometern an der Grenze zu Holland, Belgien, Luxemburg und Frankreich gebaut. Dieses damals 3,5 Milliarden Reichsmark teuere Bollwerk wurde zu einem wichtigen Teil der NS-Propaganda. Die rund 18 000 Bunker sollten den Eindruck erwecken, Deutschland sei eine uneinnehmbare Festung und gegen jeden Angriff von Westen gesichert. Über 100 000 Arbeiter schufteten bei diesem Einsatz und es wurden täglich mehr. Für Josef Neckermann stellte sich nur eine Frage: »Da besteht doch ein ungeheuerer Bedarf an privaten Bestellungen von Bett-, Tisch- und Unterwäsche« Und wer liefert die?

Zunächst versuchte er die neuen Kollegen aus der Textilbranche für diese Frage zu interessieren. Doch es stellte sich schnell heraus, dass seine Mitbewerber nicht mitziehen würden. »Meine Ziele setzten allerdings Flexibilität und Phantasie voraus und die schienen den meisten zu fehlen.« Doch Neckermann hatte durch die Übernahme der Joel-Wäschefabrik und der Textilmanufaktur im Sudetenland überschüssige Kapazitäten. Also beschloss er, im Alleingang vorzupreschen. Durch seine Beziehungen zu den höchsten Stellen des Reichswirtschaftministeriums hatte er keine Probleme, einen Termin bei einer der Schlüsselfiguren beim Bau des Siegfried-Walls zu bekommen: Fritz Todt, Hitlers Ingenieur.

Fritz Todt war der führende Baumeister des Systems. Ab 1933 wurde ihm praktisch alles unterstellt, was mit dem Bauwesen und mit Technik zusammenhing: Er war für den Bau der Autobahnen, der militärischen Anlagen und des Westwalls verantwortlich. Um seine Aufgaben zu bewältigen, erhielt Todt Sonderbefugnisse, die ihn allen Ministerien überordneten. Seine »Organisation Todt«, die er 1938 ins Leben rief, verfügte auf ihrem Höhepunkt über 800 000 Einsatzkräfte, nach Kriegsbeginn meist Zwangsarbeiter.

Neckermanns Riecher hätte nicht besser funktionieren können. Mit dem beinahe allmächtigen »Generalinspektor für Bauwesen« verstand er sich auf Anhieb blendend. Hier waren zwei Männer voller Tatendrang, beide überzeugte NSDAP-Anhänger, die auf der gleichen Wellenlänge schwammen. Gern erzählte Josef Neckermann später in vertrauten Kreisen, wie rasch er mit Fritz Todt ins Geschäft kam: »60 000 Wolldecken für die Westwallarbeiter!« – »Wann können Sie liefern?«

Sofort brachen sie zu einer Besichtigung der Großbaustelle »Siegfried-Linie« auf. Unterwegs auf der Autobahn sprachen sie über Dinge, die noch möglich sein sollten. »Begeisterung klang in seiner

Stimme mit«, überlieferte Neckermann seinen Eindruck. Die gemeinsame Inspektion mit Fritz Todt schien Neckermann sehr zu beeindrucken: »Am Westwall wurde unter den primitivsten Bedingungen geschuftet. Die Beschäftigten hatten kaum Maschinen zur Verfügung und schienen dennoch guter Dinge. Das hat mich merkwürdig berührt, denn die Arbeit, die dort verrichtet werden musste, war ausgesprochen hart.« Neckermann konnte sehen, wie Eisenträger, Steinquader und Beton auf die Hügel mit Seilen hinaufgezogen wurden – nur durch die Muskelkraft der Arbeiter. Und es fiel ihm auf: »›Arbeitsmäßig uniformiert‹, wie wir das nannten, hatte man die Männer nicht.« Also einigte er sich mit Fritz Todt an Ort und Stelle darauf, neben den Wolldecken auch Blaumänner und warme Unterwäsche zu liefern. Und dies sollte erst der Anfang einer intensiven Zusammenarbeit mit Hitlers Baumeister sein. Neckermann war endgültig im Boot des Systems angekommen.

Alles, nur kein Heldentod

Am 1. September 1939 begann der deutsche Überfall auf Polen. Die Bomber und Panzer donnerten. In den Köpfen der Deutschen dröhnte der Aufruf des Führers: »Der polnische Staat hat die von mir erstrebte friedliche Regelung nachbarlicher Beziehungen verweigert; er hat stattdessen an die Waffen appelliert. Die Deutschen in Polen werden mit blutigem Terror verfolgt, von Haus und Hof vertrieben. Eine Reihe von für eine Großmacht unerträgliche Grenzverletzungen beweist, dass die Polen nicht gewillt sind, die deutsche Reichsgrenze zu achten. Um diesem wahnwitzigen Treiben ein Ende zu bereiten, bleibt mir kein anderes Mittel, als von jetzt ab Gewalt gegen Gewalt zu setzen.«

Josef Neckermanns Bruder Walter marschierte als Besatzer in den ersten Reihen an die Front. Kurz zuvor hatten die Brüder miteinander telefoniert. Hitlers Propaganda stand nicht zur Debatte. Es ging um ihre grundsätzliche Haltung im Kriegsfall. Waren die beiden Neckermannsöhne schon immer verschiedener Natur gewesen, so trat der Gegensatz jetzt deutlich zu Tage. Josef verspürte wenig Lust, an die Front zu gehen: »Mit derselben erbitterten Entschlossenheit, mit der ich bereit war, dem ›Heldentod‹ zu entkommen, wollte ich auch meine Pflicht tun. Wenn es sein sollte, sogar in vorderster Linie. Aber bitte nicht an der Front«.

Walter Neckermann wehrte sich nicht gegen die Militärpflicht. Er gehörte schon zu der neuen Soldatengeneration, die den Treueid nicht mehr auf Volk und Vaterland, sondern auf »unseren Führer und Reichskanzler« ablegte. Damit war er wie alle deutschen Soldaten nur auf die Person Hitler verpflichtet. Eine Bemerkung sollte Walter seinem älteren Bruder noch lange verübeln: »Ein paar müssen schließlich noch übrig bleiben, um den Karren hinterher wieder aus dem Dreck zu ziehen«, sagte Josef beim Abschied am Telefon.

Der Tag des Kriegsbeginns war für Neckermann ein Tag wie jeder andere. Seine Krawatte harmonierte mit dem Hemd, wie immer hatte seine Ehefrau Annemi die Kleider am Vorabend sorgfältig zurechtgelegt. »Necko« hatte schließlich immer wichtige Dinge zu tun und keine Zeit, morgens lange im Schrank nach Kleidung zu suchen. Wie jeden Tag erschien er auch an diesem im Büro, und wie immer kam er unpünktlich. »Die Uhr, die hatte er nicht gekannt«, erinnerte sich einer seiner Mitarbeiter. Statt eines Chronometers trug er nur ein goldenes Armband, das ihm Annemi zur Hochzeit geschenkt hatte.

Nach der Übernahme von Joels Firmen war Josef Neckermann Besitzer des modernsten Konfektionsbetriebs und Versandunternehmens Deutschlands. Doch mit diesem 1. September 1939 hatte er die Rechnung ohne den Führer gemacht. Das Gespenst von Kontingentierungen und staatlichen Direktiven ging um. Die Rationierungen begannen und trafen besonders den Bereich der Konsumgüter. Schon ab Mitte 1939 waren die Kapazitäten in der Bekleidungsindustrie gekappt worden. Bis 1943 sollte die Produktion in der Textilbranche um rund 50 Prozent sinken. Es wurden praktisch nur noch Uniformen und Arbeitermonturen hergestellt. Ab Mitte 1943 wurde in der Schuhproduktion statt Hunderten von Modellen nur noch der »Einheitsschuh« fabriziert.

Eine Marktentwicklung rechtzeitig zu erkennen, gehört zu den Grundvoraussetzungen eines erfolgreichen Managements. Für die besseren Zeiten im Voraus zu planen, ist das oberste strategische

Gebot. Doch was passierte in Zeiten des Krieges? Neckermanns unternehmerischer Instinkt ließ ihn nicht im Stich: Wenn der Staat die Kontrolle über die Wirtschaft übernimmt, dann kann nur der Unternehmer überleben, der sich für den Staat unentbehrlich gemacht hat. Für den Unternehmenschef lautete die erste Voraussetzung, »u.k.« gestellt zu werden – unabkömmlich. Wegen dringender Versorgungsaufgaben befreit vom Kriegsdienst, so wie einst Neckermanns Vater während des Ersten Weltkrieges.

Neckermanns Dreiergespann

Die Behördengänge wurden nun zur täglichen Routine. Ein früherer Verbündeter war nicht mehr an Bord: der Reichswirtschaftsminister Hjalmar Schacht, der schon im November 1937 auf sein Amt als Wirtschaftsminister verzichtet hatte. Er war aus freien Stücken zurückgetreten, da ihm Hitlers Kriegsabsichten Unbehagen bereiteten, und er nicht in der Lage gewesen war, die Finanzen zu konsolidieren. In einem ZDF-Interview nannte Neckermann Schacht »eine ganz große Persönlichkeit«. So wie die meisten deutschen Unternehmer der damaligen Zeit hatte er große Hoffnungen in den Wirtschaftsminister gesetzt.

Das Reichswirtschaftsministerium war aufgelöst worden und unter der Bezeichnung Verwaltungsamt für Wirtschaft in den NS-Staatsapparat übergegangen. An der Spitze stand nun Dr. Walther Funk, der aus seiner Verachtung für Juden keinen Hehl machte. Das Machtwort sprachen aber Hermann Göring und Heinrich Himmler.

Trotz der veränderten Personalsituation musste sich Neckermann keine Sorgen machen. Eine Liste hoher Beamter, die ihm »aufs Pferd helfen sollten«, hatte er schon lange in der Schublade. Man findet sie auch in seinen Memoiren, allerdings ohne ergänzende Kommentare. Bei drei Namen lohnt sich der Blick ins Archiv allemal: Dr. Franz Hayler, Otto Ohlendorf und Dr. Hans Kehrl.

Franz Hayler, der Sohn eines Münchner Lebensmittelhändlers, wurde als promovierter Staatswissenschaftler 1934 zum ehrenamtlichen Leiter der Reichsgruppe Einzelhandel nach Berlin berufen und stieg 1938 zum Leiter der Reichsgruppe Handel auf. Haylers Position galt als unerschütterlich. Er hatte schon 1923 am »Hitler-Putsch« mit dem Marsch auf die Feldherrnhalle in München teilgenommen. Als solcher war er Träger des so genannten »Blutordens«. Später erhielt er den Rang eines SS-Brigadeführers. Josef Neckermann bekannte in seinen Memoiren (ohne die Figur Hayler näher zu beleuchten), dass er diesem »Fachmann« sehr viel zu verdanken hatte. Es scheint auch eine gewisse persönliche Beziehung zwischen den beiden gegeben zu haben: Gegen Ende des Krieges fühlte er sich Fritz Hayler nach eigenen Aussagen freundschaftlich sehr verbunden.

Auch der zweite Freund, Otto Ohlendorf, galt als alter Kämpfer der NSDAP. Schon 1925, im Alter von nur 18 Jahren, war er der NSDAP beigetreten und hatte die hochgeachtete Parteinummer 6 531. Auf dem Wirtschaftsgebiet war er ein Schützling Franz Haylers. Mit Josef Neckermann sollte er bald große Geschäfte machen.

Der dritte Name auf Neckermanns Liste war schließlich der Mann, ohne den in Sachen Textil im Dritten Reich nichts ging: Dr. Hans Kehrl. Geboren 1914 als Sohn eines Tuchfabrikanten aus Cottbus, ging er ab seinem 19. Lebensjahr nach einer Begegnung mit Hitler zielstrebig mit der Zeit. Der Reihe nach trat er allen NS-Organisationen bei: 1933 wurde er NSDAP-Mitglied Nummer 1 878 921, danach Mitglied beim NS-Volksbund, beim Reichsluftschutzbund, beim Kraftfahrer-Korps und schließlich 1936 SS-Angehöriger. Sein fundiertes Handels- und Marketingwissen erwarb er in den Jahren von 1935 bis 1937 durch ein Volontariat in den USA, wo er auch einen Fernkurs in »Scientific Management« in Boston belegt hatte. Er konnte sich bei den Nazis mit modernsten Erkenntnissen im Management nützlich machen. Als Generalreferent im Wirtschaftsministerium führte er 1939 die Kleiderkarten ein. Nebenbei selbst noch in der Textilindustrie tätig, erreichte er die höchste staatliche Position, die ein Unternehmer im Dritten Reich erklimmen konnte. Ab 1943 wurde er Speers Generalstabchef. Sein Vorgesetzter charakterisierte ihn mit folgenden Worten: »Er neigte dazu jeden Auftrag ins Überdimensionale zu steigern und damit ein Mammutunternehmen anzustreben.« Eine Basis, auf der man mit Neckermann sicherlich gut reden konnte.

Dass Josef Neckermann es schaffte, mit diesen für ihn unentbehrlichen Drahtziehern der NS-Versorgungsorganisationen einen guten Kontakt aufzubauen, lag an seiner Hartnäckigkeit. Den Auftakt machte er, indem er die Herren Ohlendorf, Kehrl und Hayler zu einer Besichtigung seiner arisierten Firma in Berlin-Wedding einlud. Der Zweck dieser Präsentation war klar: Er wollte sich als mustergültigen Unternehmer empfehlen und als Lieferant an Reichsaufträge gelangen. Nicht, dass die Konkurrenz geschlafen hätte. Nur kamen die Mitbewerber nicht so schnell auf die Idee, wie man »mit der Zeit geht«. Nicht jeder lud gleich die Nazi-Bonzen, SS-Wirtschaftsführer und Hitlers Mitstreiter der ersten Stunde zu einer Betriebsbesichtigung ein.

Die NS-Funktionäre waren am Ende der Betriebsvorführung restlos überwältigt. Und Neckermann beschrieb ihre Reaktion so plastisch, als ob es sich um ein Sportereignis gehandelt hätte. Man hört seinen Jubel förmlich aus seinen Memoiren schallen: »Bravo! Ich war die Nummer Eins im Reich!« An Selbstbewusstsein mangelte es Neckermann nie. Er hatte die Fähigkeit, die richtigen Argumente zu finden, um die NS-Funktionäre zu überzeugen. Dass in seinem Unternehmen vorwiegend Frauen arbeiteten, unterstrich er mit den Worten: »In Kriegszeiten, wenn jeder Mann im wehrfähigen Alter an der Front ist, ein Plus!«

Auch in der Vertriebsform des Versandhandels sah er Vorzüge für die Kriegswirtschaft: »Wenn wir die Bedürfnisse der Verbraucher von einer Stelle aus befriedigen, benötigen wir nur einen Bruchteil der Ware, die sonst zwangsläufig über den Einzelhandel verstreut herumliegt«. Das klang nach völliger Übereinstimmung mit den Thesen des zentralistisch gesteuerten NS-Wirtschaftsystems. Neckermann drängte damit in seine historische Wunschrolle: Der Chefankleider der Nation zu werden.

Und damit meinte er nicht nur den zivilen Sektor: »Die Herren vom Reichswirtschaftsministerium hatten sich davon überzeugt, dass mit dieser Betriebsform eine Einrichtung zur Verfügung stand, deren Bedeutung für den Sektor Textilien, Bekleidung und Schuhe potenziell weit über die Deckung des privaten Bedarfs hinausreichte.« Wie so oft sah Neckermann schneller als die anderen, wohin der Trend laufen könnte, und passte sich an. Wenn der zivile Kleidermarkt kleiner würde, wollte er das große Geschäft mit den Uniformen und Bedarfsartikeln von Millionen von Soldaten machen. Der Staat als Kunde: Das war der größtmögliche Markt.

Für das Problem des sich anbahnenden Mangels an Arbeitskräften hatte Wirtschaftsminister Walther Funk schon eine Lösung parat: Zwangsarbeiter. Noch während seiner Zeit als Verbindungsmann der NSDAP zum Chemiekonzern I.G. Farben hatte Funk diese Möglichkeit in Erwägung gezogen. Plötzlich wandelte Josef Neckermann in gefährlicher Nähe von späteren Kriegsverbrechern, die vor nichts zurückschrecken sollten: Von der Versklavung der KZ-Häftlinge bis zu deren fast vollständigen Vernichtung durch das Giftgas Zyklon B.

Die »Arisierung« Osteuropas

Neckermanns Verbindungen entwickelten sich prächtig. Seine neuen Freunde im Wirtschaftsministerium waren Karrieristen wie er selbst, sie wollten im System aufsteigen. Neckermann bot sich als nützlicher Helfer an, und im Gegenzug nahmen sie ihn mit ins Innerste des NS-Staates. Wohin die Reise gehen sollte, darüber legte sich Neckermann keine Rechenschaft ab. Auch in seinen Memoiren weicht er der Frage aus, welche Hoffnungen er mit seinen neuen Seilschaften verknüpfte.

Franz Hayler, der Freund mit dem Blutorden, trieb seinerseits eine schwindelerregende Karriere voran. Zu den vielen Ämtern, die er ohnehin schon bekleidete, wurde er von Wirtschaftsminister Walther Funk obendrein zum Staatssekretär ernannt und kletterte damit eine weitere Stufe nach oben. Nach der Entstehung der Südosteuropa-Gesellschaft (SOEG) unter der Schirmherrschaft von Walther Funk 1940 übernahm Franz Hayler hier einen Sitz im Präsidium. Der Standort dieser Organisation lag in Wien. Ihre Aufgabe sollte sein, künftig in den eroberten Gebieten Südosteuropas die Wirtschaft und den Handel zu ordnen und zu lenken. Angesichts solcher Pläne rechnete Hayler auch mit Neckermann. Die Seilschaft begann sich zu festigen, für Neckermann trat der Traum von Geschäften in Übergröße in greifbare Nähe.

Die SOEG verfügte bereits bei der Gründung über Außenstellen in der profaschistischen Slowakei, in Ungarn, Bulgarien, Rumänien, Serbien, Kroatien, Griechenland und in der Türkei. Darüber hinaus verfügte diese Organisation über offizielle Verbindungsleute beim Abwehrdienst, beim Oberkommando der Wehrmacht, im Wehrwirtschafts- und Rüstungsamt sowie – nicht unwesentlich – beim Reichsführerstab SS. Es gelang Josef Neckermann, sich in diesem Netzwerk als vollwertiges Mitglied einzubringen. Hayler, Ohlendorf und Kehrl, das war sein Dreiergespann, das es ihm ermöglichte, im großangelegte NS-Textilgeschäft Fuß zu fassen. Er kommentierte es in seiner Art lakonisch: »Fachleute werden immer gebraucht.«

Beim Versuch, seine Aktivitäten im Nachhinein in einem besseren Licht erscheinen zu lassen, schrieb sich Neckermann in seinen Memoiren sogar gewisse Verdienste zu: »Mit meinem Einsatz in jenen Jahren habe ich einen nicht unwesentlichen Beitrag zur Nichtverstaatlichung des Handels geleistet, und ich kann nicht verhehlen, dass ich heute mehr noch als damals stolz darauf bin, damit den Weg für die freie Marktwirtschaft offengehalten zu haben.«

Urlaub an der polnischen Riviera

Dass dem vielbeschäftigten Josef Neckermann privat das Glück hold blieb, zeigen einige erhaltene Bilder im Familienalbum: Annemi im gestreiften Badeanzug, »Necko« in weißen Hosen und mit Schiebermütze, die obligate Zigarette lässig in der Hand. Als Hintergrund gut zu erkennen, die Kulisse der weißen Kaiserbäder an der Ostsee. Usedom, Heringsdorf, Ahlbeck, Zinnowitz, Basin und die Promenade vor der Villa Seedüwel – für Josef Neckermann waren das wohlbekannte Orte, an denen er während seiner Stettiner Zeit auf der Jacht von Friedhelm Küppers vorbeigeschippert war. Als neues Ziel öffnete sich nun die polnische Riviera mit dem Strand von Zoppot, der jetzt von den Deutschen besetzt war und bis zum Sommer 1942 den Badebetrieb aufrecht erhielt.

Badefreuden im Kriege: Annemarie Neckermann am Strand in Zoppot, 1942.

Die Banderolen »Danzig grüßt den Führer!« hingen über den Straßen. In diesem »Monte Carlo des Ostens« urlaubte auch Göring gern an Bord seiner Jacht. Im Hafen parkte seine Luxuslimousine Horch. Der zweite Horch gehörte Josef Neckermann. Einen dritten Wagen dieser Marke gab es in Danzig nicht zu sehen.

In Berlin gingen die Neckermanns neuen gesellschaftlichen Verpflichtungen nach. Eine besonders enge Freundschaft entwickelte sich zum Gesandten der rumänischen Handelsmission.

In dieser Zeit stellte Neckermann Walter Bauer als Fahrer für seine weichgefederte Luxuslimousine Horch V8 ein. Fast 30 Jahre blieb Bauer beim »Chef« im Dienst. Zuverlässigkeit und Treue stand bei den Neckermanns ganz oben als höchste aller Tugenden. Selbst in diesem Geist erzogen, wussten sie auch, wie man die anderen dazu verpflichtete: Durch die Vermittlung der Sicherheit, dass für Treue eine großzügige Belohnung erfolgt. Mit dem Prinzip der Treuebonus wurden die guten Mitarbeiter an das Unternehmen gebunden und die Käufer zu Stammkunden erzogen.

Im Herbst 1939 bereitete Josef Neckermann der zweite Katalog seines Versandhauses wieder viel Freude. Das große Weihnachtsgeschäft sollte anlaufen. Pyjamas und Nachthemden fehlten im Angebot. Neckermann hielt linientreu ein, was er der Reichswirtschaft versprach: Rohstoffe zu sparen. Für die Geschenke unterm Christbaum brauchte man schon Kleiderkarten. Da fiel Neckermann auf, dass es keine Wertpunkte für Arbeits- und Schutzkleidung für die Rüstungsarbeiter gab. Seine diesbezügliche Anfrage beim Wirtschaftsministerium landete bei Hermann Göring. Der soll geantwortet haben: »Sollen sich die Arbeiter doch Jutesäcke umbinden.« – Neckermann konterte: »Aber selbst Jute muss für Devisen importiert werden.« Seitdem kannte auch Göring den Namen Neckermann.

Der Wirtschaftsexperte Werner Meyer-Larsen erklärte in seinem Buch *Der Untergang des Unternehmers* das Phänomen Neckermann: »Nicht den Gebildeten gehört der Sieg im Kampf, auch nicht den Klugen der Reichtum, auch nicht den Könnern der Erfolg, sondern alles hängt nur von jenem günstigen Zusammentreffen von Zufall und Zeit ab.« Der Laie würde sagen: »Dass jemand seine Interessen nicht immer mit lauteren, doch keinen strafbaren Mitteln verfolgen darf, daran bestehen keine Zweifel.« Die Unternehmer schienen in der Hoffnung zu leben, sie könnten das NS-System nutzen, ohne zu einer Gegenleistung verpflichtet zu sein. Neckermann lullte sein Gewissen mit dem Gedanken ein, er erfülle nur seine Pflicht und begeisterte sich an dem eigenen Größenwahn »ein ganzes Volk versorgen zu können«.

Kapitel 9

»Hitler hörte interessiert zu«

Pflichtbewusst fürs Vaterland

Die Menge macht's – was für eine trügerische Musik. Neckermann selbst bezeichnete die Phase ab 1941 als »eine Mischung besonderer Art, aus echtem kaufmännischem Wagnis und behördenähnlicher Funktion«. Er sprach sogar von einem »Cocktail« – ein Mix, der unter den gegebenen politischen Umständen nicht »ohne« war. Doch die Realität der Verhältnisse stets vor Augen, stieß Neckermann mit einem Prost an: »Abstinenz hätte den Ruin bedeutet.«

Nehmen wir Neckermanns lockeren Vergleich beim Wort: Wer half ihm, diesen explosiven Cocktail anzurühren? Was waren die Zutaten? Sehen wir uns einige der Strippenzieher, die in den Hinterzimmern der Reichsministerien und NS-Organisationen saßen, der Reihe nach an.

Strippenzieher Nummer I

Herbert Tengelmann. Mit dem gleichnamigen Supermarkt hat er nichts zu tun. Als Vertreter der Textilindustrie wurde er zum Präsidenten der Wirtschaftsgruppe Einzelhandel berufen. Es war damals üblich, Unternehmer als Fachberater in die Reichsgremien zu integrieren. Über seine Tätigkeit hinterließ Tengelmann sonst keine Spuren, außer, dass er ein aktiver Unterstützer Josef Neckermanns war. Nach dem Krieg brach offensichtlich der Kontakt ab. Gerda Singer, ab 1948 persönliche Sekretärin von Josef Neckermann, schüttelte bei seinem Namen den Kopf: »Nein, Herbert Tengelmann ist mir kein Begriff.«

Strippenzieher Nummer 2

Georg Karg. Der Sohn eines gescheiterten Tuchfabrikanten schaffte den Aufstieg durch die »Arisierung« des Warenhauskonzerns Hertie. Hierbei musste sich Karg noch weniger Mühe machen als Neckermann: Die »Arisierung« erledigte ein Bankenkonsortium. Georg Karg wurde von der Dresdner Bank als Geschäftsführer der Hertie-Gruppe eingesetzt. In den Jahren 1939 und 1940 kaufte er auf zwei Raten sämtliche zum Konzern gehörende Warenhäuser und stieg zum Alleininhaber auf.

Nachdem er den Krieg mit großen Geschäften gut überstanden hatte, ging es mit riesigem kaufmännischen Appetit weiter: Karg übernahm 1951 den Kaufhauskonzern Wertheim und krönte schon 1953 sein Lebenswerk mit einer Hertie-Familienstiftung. Dadurch wurde das Kapital vor dem Zugriff des Fiskus gesichert. Alle Überschüsse aus dem Kaufhausgeschäft flossen an die Stiftungskasse, die 97,5 Prozent an der Hertie GmbH hielt. Zu Josef Neckermann hatte er nach dem Krieg keinen geschäftlichen Kontakt mehr, »nur aus Freundschaft ließ sich Karg schon mal beim Sportball blicken«, meinte Gerda Singer. Der öffentlichkeitsscheue Georg Karg starb 1972 im Alter von 84 Jahren, von der eigenen Stiftung als Förderer der Bildung gefeiert. Mit dem Wissen über die Hintergründe bekommt der Leitsatz der Karg-Stiftung besondere Bedeutung: »Nicht Intelligenz allein macht Begabung aus, sondern der Komplex persönlicher Eigenschaften, Fähigkeiten und Fertigkeiten, die einen Menschen befähigen, besondere Aufgaben zu übernehmen.«

Strippenzieher Nummer 3

Otto Ohlendorf, der Kopf. Albert Speer bezeichnete ihn als »Meister der Intrige«. Der Sohn eines Landwirts aus Hoheneggelsen bei Braunschweig, der an der Universität Göttingen Rechts- und Staatswissenschaften studiert hatte, war zum Zeitpunkt der Machtübergabe an die Nationalsozialisten an der Universität Kiel tätig. Ab 1934 war er Abteilungsleiter im Institut für angewandte Wissenschaften in

Berlin. 1936 wechselte er zum SD, dem Sicherheitsdienst der SS. Zu seinen wichtigsten Aufgaben zählten die »Meldungen aus dem Reich« über die Stimmung in Deutschland. Als eine Art Marktforscher bei der Reichsgruppe Handel kam er schon in dieser Zeit mit Josef Neckermann in Kontakt. Die beiden verstanden sich auf Anhieb, weil sie über die Geschäfte hinaus noch eine Gemeinsamkeit hatten: die Pferde. Neckermann und Ohlendorf waren beide SA-Reiter.

Neckermann würdigte Ohlendorf in seinen Memoiren als Verfechter der Marktwirtschaft: »Er trug viel dazu bei, dass die gewachsenen Institutionen des Handels während des Nationalsozialismus eine gewisse Eigenständigkeit behielten und nicht zu einem von sachfremden Funktionären verwalteten staatlichen Verteilerapparat degenerierten.« Er meinte, dass dieser Ohlendorf auch Courage zeigte, indem er es wagte, offen die negativen Auswirkungen von Görings Vierjahresplan zu kritisieren. Dahinter steckte allerdings nur ein heimlicher Machtkampf zwischen Göring und Himmler. Ohlendorf stand auf Himmlers Seite und versuchte Göring versteckt mit Berichten »über die Verflechtung staatlicher Autorität und privatwirtschaftlicher Interessen durch die gleichen Personen« zu kompromittieren. Aufgrund der kritischen Äußerungen ließ Göring Ohlendorf kaltstellen. Doch schon 1939 reaktivierte ihn Reinhard Heydrich (ebenfalls ein passionierter Reiter) für den SD.

Der gute Kontakt zwischen Neckermann und Ohlendorf bestand seit der Betriebsführung durch die ehemaligen Versandhallen und Nähereien von Joels Textilunternehmen in Berlin. Otto Ohlendorf bestätigte dem »Arisierer« Neckermann höchste Kompetenz. Bald konnte Ohlendorf einen wichtigen Freundschaftsdienst übernehmen: Als NSDAP-Mitglied flatterte Josef Neckermann plötzlich die Einberufung zur Waffen-SS ins Haus. »Die ließen Hayler und Ohlendorf wieder verschwinden«, schrieb Neckermann.

Ende Juni 1941 wurde Otto Ohlendorf nach Russland abkommandiert. Der Befehl kam persönlich von seinem Förderer SS-Obergruppenführer Reinhard Heydrich. Heydrich gründete als Chefbeauftragter für die »Endlösung« vier Einsatztruppen. »A« im Bereich der Heeresgruppe Nord, »B« für die Mitte, »C« für den Süden und »D« für den Osten. Die Verantwortung für die Einsatzgruppe »D«

wurde an Otto Ohlendorf übertragen. In dieser Funktion war er für die Ermordung von 92 000 Menschen – Juden, Sinti, Homosexuelle und Kommunisten – verantwortlich. Nach dem Attentat auf Reinhard Heydrich als Stellvertretenden Reichsprotektor von Böhmen und Mähren am 4. Juni 1942 in Prag kehrte Ohlendorf wieder nach Berlin zurück. Seine Kompetenz als »Meinungsforscher« war erneut gefragt. Er wurde Leiter des Amtes III (Deutsche Lebensgebiete) des Reichssicherheitshauptamtes und blieb bis zum 23. Mai 1945 im Dienst.

Mit Josef Neckermann hielt er ständigen Kontakt, weil dieser als Koordinator des Reichswirtschaftministeriums häufig mit der SS zu tun hatte. Die Verbindung zwischen den beiden muss enger gewesen sein, als die Archive verraten. Der Name Ohlendorf zieht sich während der ganzen Kriegszeit wie ein roter Faden durch Neckermanns Memoiren. Sogar einen schweren Bombenangriff überlebte Neckermann an Ohlendorfs Seite: »Die Verwüstungen waren unbeschreiblich. Ohlendorf hielt den Kopf eines Mitarbeiters in den Händen – vom Rumpf getrennt.«

Bevor Ohlendorf von den Alliierten verhaftet wurde, trafen sich die beiden. Neckermann schildert diese letzte Begegnung in seinen Memoiren spürbar erschüttert. »Er kam auf mich zu und bat mich wie aus heiterem Himmel, dass ich mich nach dem Krieg um seine Frau und seine Kinder kümmern möge – ›aber warum?‹« Ohlendorf deutete nur an: »Ich habe etwas getan, wofür ich zur Verantwortung gezogen werde.«

Was Ohlendorf zur Last gelegt wurde, will Neckermann erst durch die Nürnberger Prozesse erfahren haben. Die Berichterstatter beschrieben Ohlendorfs Auftritt mit dem Vergleich »als würde ein Polarwind in den Gerichtssaal stoßen«. Mit präziser Artikulation und genau abgemessenen Sätzen, ohne ein Zittern in der Stimme, schilderte er die Massaker in der Ukraine, die unter seinem Kommando ausgeführt wurden.

Neckermanns Gönner, Förderer und Duzfreund Ohlendorf wurde als Angeklagter seiner Kriegsverbrechen überführt und am 10. April 1948 zum Tode verurteilt. Die Hinrichtung fand am 7. Juni 1951 in der Haftanstalt Landsberg am Lech statt. In der Presse wurden

Ohlendorfs Briefe aus dem Gefängnis publik gemacht. Darin versuchte er, Hitlers Konzeption des Krieges gegen den Bolschewismus zu rechtfertigen und die eigenen Verbrechen zu relativieren.

Nach Ohlendorfs Hinrichtung als Massenmörder war Neckermanns Sekretärin, Gerda Singer, völlig überrascht: »Er war doch ein gebildeter, tief religiöser Mensch…« Neckermann seufzte nur: »Man kann keinem Menschen ins Herz sehen.«

Das Kleidermonopol

In enger Zusammenarbeit mit diesen drei Herren gründete Neckermann Ende Dezember 1941 eine Gesellschaft öffentlichen Rechts mit dem Namen Zentrallagergemeinschaft für Bekleidung, abgekürzt ZLG. Das Stammkapitel der Gesellschaft lag bei 2 Millionen Reichsmark, von denen Neckermann und Karg als gleichberechtigte geschäftsführende Gesellschafter je 1 Million beisteuerten. Verwaltungsvorsitzender der ZLG war Herbert Tengelmann. Als Textilindustrieller brachte er die Fachkompetenz ein, die Neckermann, dem textilfremden Branchenneuling noch fehlte. Kargs Aufgabe war es, die übrigen Textilfürsten ins Boot zu holen. Neckermann war noch zu sehr ein »Greenhorn«, um das Vertrauen der Branche zu genießen. Doch entscheidend war Neckermanns Ideenreichtum und sein direkter Draht zum SS-Entscheidungsträger Otto Ohlendorf, der als stiller Teilhaber der ZLG mit von der Partie war.

An diese Gesellschaft gingen die Aufträge, die der Staat zu vergeben hatte. Neckermann erläutert das Konzept wie folgt: »Die Bedarfsträger melden der ZLG über die Reichsstelle Kleidung, was genau sie wann in welchen Stückzahlen wo benötigen. In Absprache mit dem Wirtschaftsministerium erteilen wir daraufhin die entsprechenden Aufträge an die Unternehmen der Textilindustrie: Herstellung der Stoffe, Fertigstellung der Ware. Die Produkte kommen dann entweder an unsere Außenlager, knapp 30, oder direkt an die Auslieferungsstellen. Dabei denke ich in erster Linie an unsere Groß- und Einzelhandelsgeschäfte, sowie natürlich an die Warenhäuser. Diese Unternehmen dürfen jeweils einen Aufpreis von 15 Prozent auf die

ZLG-Rechnung veranschlagen und verkaufen die Produkte an die jeweils empfangsberechtigten Inhaber von Bezugsscheinen. In erster Linie werden das die jeweiligen Betriebsführer sein.«

Mit diesem beispiellosen Modell gelang es Josef Neckermann, sich in das NS-System einzuschalten. Es war clever ausgedacht und hatte unzählige Lücken und Nischen für unternehmerischen Spielraum. Die Organisation hielt ein Monopol: Von der Armee über Beamte, bis zur Zivilbevölkerung und Zwangsarbeitern – wenn es darum ging, was es zum Anziehen gab und wo es etwas gab, lautete die Antwort: Alle Anfragen sind an die Reichsstelle Kleidung zu richten. Von dort aus wurde alles an die ZLG zur Bearbeitung weitergeleitet.

Und wer saß als zuständiger Referent in der Reichsstelle Kleidung? Josef Neckermann! Mit eigenem Büro und Sekretärin in der Budapester Straße. Neckermann war ein Staat im Staat, der ungekrönte Textilkönig.

Auf sämtliche Aufträge erhob die ZLG für das Handling einen Zuschlag von 8 Prozent zum Herstellungspreis. Falls es Gewinne geben sollte, war vereinbart, diese an das Reichswirtschaftministerium abzuführen. Die Reichsstelle Kleidung sollte die Aufträge gerecht an alle Textilunternehmer verteilen. Doch um in diese Riege aufgenommen zu werden, musste man sich bei Neckermann bewerben. So konnte Neckermann die Konkurrenz kontrollieren und sich selbst Aufträge zuschanzen. »Unsere Betriebe werden als kriegswichtig eingestuft, die Reichsstelle Textil teilt uns alle nötigen Rohstoffe zu, unsere Aufträge werden mit hoher Dringlichkeit abgewickelt«, freute sich Neckermann.

Otto Ohlendorf, der Mann im Hintergrund, lieferte wertvolle Tipps. Als »Meinungsforscher« beim SD wusste er über Bezugsquellen für Material bis zu Transportmöglichkeiten bestens Bescheid. Letzteres wurde zunehmend problematisch. Das ZLG brauchte einen Verbindungsmann zur Reichsbahndirektion, die Ohlendorf herstellte. Die Zusammenarbeit klappte wie am Schnürchen. So konnte Neckermann in seinen Memoiren aufzählen, mit welchem Erfolg sein System funktionierte: »150 000 Arbeitsanzüge für den Osteinsatz – und dann ging es mit der ZLG, wie es meistens geht: Eine Aufgabe zog die andere nach sich. Wenn Sie erst einmal in einem Gespann stecken, dürfen Sie sich nicht wundern, wenn der Karren, den Sie ziehen, immer mehr beladen wird. Ich beklagte mich darüber nicht, ich hatte es nicht anders gewollt.«

Winteruniformen für die Wehrmacht

Das erste Großprojekt der ZLG sollte über einen anderen guten Bekannten zustande kommen: Hitlers Baumeister Fritz Todt. Seit der Aktion »Decken für den Westwall« galt er als dessen Vertrauter. Ende 1941 führte Todt eine Dienstreise an die Ostfront durch. Bei dieser Inspektion fiel ihm die völlig unzulängliche Winterausrüstung der Wehrmacht auf. Eigentlich waren die deutschen Soldaten auf Väterchen Frost gar nicht vorbereitet. Das Oberkommando der Wehrmacht hatte sich vermutlich in der Illusion gewogen, nach dem Überfall Russlands am 22. Juni 1941 würde man spätestens zu Weihnachten schon in Moskau feiern. Diese Vorstellung vermittelte nicht zuletzt Hitlers suggestive »Blitzkrieg«-Theorie. Man hatte sich schwer getäuscht. Der plötzliche Wintereinbruch stoppte den Feldzug. Die Wehrmacht blieb in Schnee und Eis stecken.

Die Rotarmisten dagegen waren für den eisigen Winter mit wattierten Steppjacken gut ausgerüstet, die sie als Unterhemden direkt am Körper trugen. Darüber zogen sie ihre Uniformen an. Was den »Iwan« – so nannte man die russischen Soldaten im Wehrmachtsjargon – wärmte, sollten sich die Deutschen nach der Eroberung Moskaus wahrscheinlich dort aus den Kasernen und Lagern beschaffen – Kriegsversorgung wie zu Napoleons Zeiten. Deshalb hatte man die Wehrmacht auch nur provisorisch für den Winter mit so genannten Kutschermänteln ausgerüstet. Neckermanns Fachurteil: »Bereits im trockenen Zustand hatten sie ein viel zu schweres Gewicht, das unbeweglich machte. Bei Nässe zogen sich diese Mäntel mit Wasser voll und hingen dann wie Bleimanschetten am Körper.«

Nach dieser Erkenntnis schickte Neckermann seinem Bruder Walter unverzüglich einen Ledermantel an die Ostfront. Nach der Hierarchie des Heeres war die Zuteilung von solcher wetterfester Oberbekleidung aus Leder bei der Wehrmacht nur dem hohen Offizierscorps vorbehalten. Aber mit seinen Beziehungen konnte Josef Neckermann für seinen Bruder einiges erreichen. Walter Neckermann erzählte später seinen Kindern Peter und Marlene, welche unbezahlbaren Dienste ihm des Bruders Geschenk leistete. Marlene Neckermann erinnerte sich: »Mein Vater war davon überzeugt, der Ledermantel rettete ihm sein Leben. Er hing noch sehr lange nach dem Krieg im Schrank wie ein Heiligtum.«

Im Kino musste Neckermann mit ansehen, wie untauglich die Wehrmachtssoldaten für den Winter ausgerüstet waren. »In der Wochenschau hatte ich deutsche Soldaten in ihren knöchellangen Wintermänteln gesehen, die weißen Schneemäntel darüber gestreift. Sie liefen einen Hang hinunter und stürzten dabei, mit den Beinen in ihre eigenen Mäntel verheddert«, berichtete er in seinen Memoiren.

Seiner Natur entsprechend dachte er sofort ein Stück weiter. Über seine Vorstellungen, wie man die Soldaten kampftüchtig bekleiden sollte, sprach er bald mit Fritz Todt. Der konnte nach der Ostfrontinspektion nur zustimmen und beauftragte Hans Kehrl sofort mit der Bildung einer »Frostkommission«. In der NS-Administrative hatte alles seinen genau vorgezeichneten Weg, auf dessen Einhaltung sogar ein Generalinspektor wie Fritz Todt achten musste. Aber das hatte Neckermann schon längst für sich geregelt. Der verantwortliche Reichskommissar für Handel, Hans Kehrl, gehörte ja ebenfalls zu seinem Netzwerk. Der Textilfabrikant, der zugleich für die Reichskleiderkarte zuständig war, hielt seit jener denkwürdigen Besichtigung der »arisierten« Joel-Betriebe große Stücke auf den Versandhändler. Er delegierte die Koordination von weiteren drei Kommissionsgruppen an Neckermann. Die erste führte ab sofort eine Art Marktforschung durch, befragte die Frontsoldaten und testete russische Beuteuniformen.

In der zweiten Gruppe wurden die wichtigsten Stofffabrikanten zusammengeschlossen. Sie sollten ein neues Gewebe entwickeln, mit hoher Widerstandsfähigkeit gegen Kälte, Wind, Regen und Schnee und sie sollten danach auch im Stande sein, das neue Material innerhalb kürzester Zeit herzustellen. In diesem Arbeitskreis wirkte ein Chemiker, Professor Walther Klingsöhr, dem es gelang, den Ersatzstoff Zellwolle wetterfest mit einer Schutzschicht zu imprägnieren.

Die von ihm entwickelte Substanz »Opanol« vereinte in sich ähnliche Eigenschaften wie der heutige Gore-Tex: wasserabweisend, winddicht und das wichtigste – atmungsaktiv. Mit dieser Beschichtung präparierte Stoffe hielten bei Tests in Kältekammern bis zu 50 Minusgraden stand, ohne brüchig zu werden. Man hatte zweifellos in der Not, wie so oft, eine bahnbrechende Erfindung gemacht.

Die dritte Gruppe leitete Josef Neckermann persönlich. Bei ihm sollten alle Forschungs- und Testergebnisse, Muster und die Systeme für die Konfektionierung zur Auswertung landen. Danach sollte er die Produktion steuern, überwachen und für die Lieferfristen garantieren. Viel Zeit gab es nicht. Man schrieb die ersten Januartage 1942. Als Termin stand im Kalender der August. Welche Dimensionen der Auftrag erreichen sollte, würde man heute noch für unrealistisch halten: 3 Millionen Winteruniformen. Wann sollte überhaupt die Präsentation der ersten Musterkollektion sein, um sie von der Führung absegnen zu lassen?

Neckermanns Fortune

Am 8. Februar 1942 flog der Generalinspektor für Straßen- und Bauwesen, Wasser und Energie und inzwischen auch für Rüstungsfragen zuständige Fritz Todt nach Rastenburg in Ostpreußen, um im Führerhauptquartier einen Zwischenbericht abzustatten. Kurz vor der Landung stürzte die Maschine ab. Es gab Vermutungen, bei dem Unglück handelte es sich um einen Attentatsversuch auf Hitler, dem zufällig Fritz Todt zum Opfer fiel. In diesem Flugzeug hätte auch Josef Neckermann sitzen können. Dass er nicht mitflog, lag daran, dass die Winteruniformen noch nicht ausgereift waren. Statt zum Führer flog Neckermann mit der ersten Musterkollektion an die Ostfront, in eine besonders eisige Region zwischen Finnland und Russland, das Land der großen Seen in Nordkarelien. Dort kämpfte eine Kompanie der Waffen-SS. »Ihr Urteil über die Opanol-Jacken fiel positiv aus«, schrieb Neckermann.

Das Schwierigste war laut Neckermann, »diese ganze Sache unter Geheimhaltung vor der Wehrmacht durchzuführen.« Das

Militär wollte sich von Zivilisten und von Beamten der Reichsstelle für Kleidung nicht ins Werk pfuschen lassen und entwickelte seinerseits neue Winteruniformen. Irgendwo musste eine undichte Stelle gewesen sein. Eines Nachts wurde Josef Neckermann zu vorgerückter Stunde in seinem Firmenbüro in der Utrechterstraße gestört. In der Tür standen die Feldjäger mit einem sofortigen Einberufungsbefehl. Die bisherige Freistellung als »u.k.« wurde auf der Stelle entwertet. Ein Kübelwagen brachte Neckermann zum sofortigen Dienst in die Kaserne. Nun zeigte sich, wie zuverlässig seine Netzwerke funktionierten. Am nächsten Tag alarmierte die Sekretärin die höchsten Stellen. Auf Anweisung von Albert Speer, Nachfolger von Fritz Todt, erfolgte innerhalb weniger Stunden Neckermanns Freilassung.

Im Zusammenhang mit Neckermanns Freistellung ist ein Dokument interessant, das Hans Kehrl, einstiger Weggefährte Neckermanns, in den 70er Jahren in seiner Autobiografie abdruckte:

Vermerk für Herrn Präsident Kehrl

Soeben rief Herr Neckermann an und teilte folgendes mit:

Er hatte sich, da er Jahrgang 1912 ist, im Dezember v. Js. freiwillig zur SS gemeldet, war aber von den Prüfungskommissionen, die in seinem Betrieb erschienen, ohne sein Dazutun zurückgestellt worden, und zwar teilweise deswegen, weil er im Auftrage des RWM (Herr Knaake und Herr Eggebrecht sind informiert) für die Zentral-Lagergemeinschaft (ZLG) tätig ist.

Heute wurde er plötzlich zum Wehrbereichs-Kommando bestellt, und man informierte ihn, er müsse sofort einrücken. Nach Hinweis auf den obigen Sachverhalt gab man ihm bis zum 20. d. Mts. Frist. Der anwesende Major erklärte, er sähe an sich ein, dass er unentbehrlich wäre, er handele jedoch auf Anweisung höchster Stellen und müsse noch heute Bericht über die vollzogene Einziehung geben. Der Unteroffizier meinte, Herr Neckermann habe sicherlich einen besonders guten Freund »oben« sitzen.

Josef Neckermann nahm dazu in seinen Memoiren Stellung und bestätigt: »Kurz nach Beginn des Krieges sollte ich schon einmal eingezogen werden. Zur SS. Meine Papiere wanderten zwischen Wehrbereichskommando und Reichssicherheitshauptamt hin und her. Bevor es ernst wurde, ›verschwanden‹ mit Hilfe von Franz Hayler und Otto Ohlendorf die Unterlagen auf wundersame Weise. Seither war ich nicht mehr behelligt worden.« Soweit richtig. Nur auf ein kleines wichtiges Wörtchen ging Neckermann nicht ein: Nämlich, dass er sich freiwillig zur SS gemeldet hatte.

Albert Speer, Neckermanns Retter und neuer Reichsminister für Bewaffnung und Munition, übernahm sämtliche Ressorts von Fritz Todt, damit auch die Akte »Frostkommission«. Josef Neckermann hatte ihn unverzüglich nach seiner Rückkehr aus Karelien über die Testergebnisse mit der neuen Opanol-Winterbekleidung informiert. Wieder hatte er den richtigen Riecher, den Test von der Waffen-SS durchführen zu lassen. Ohne die Zustimmung des Oberkommandos der Wehrmacht abzuwarten, wurde umgehend mit der Produktion begonnen. Die Webereien liefen auf Hochtouren, um das endlose Garn für 1,5 Millionen Uniformen zu spinnen. Für die Imprägnierung benötigte man mindestens 1 Million Liter Opanol, um den Stoff doppelseitig wind- und wasserfest zu decken: »Links« auf der feldgrauen Tarnfarbe, »rechts« auf Weiß. Die fertigen Jacken und Hosen sollte man je nach Bedarf wenden können.

Als Schneider für die Musterkollektion fiel die Wahl auf James Cloppenburg in Hamburg, den Meister der feinen Naht und Spezialist für elegante Mode. Den Schnitt und die Form der Winteruniform der Wehrmacht führte Cloppenburg mit einigen pfiffigen Details aus: Knöpfe wurden durch Kordeln und Knebel ersetzt, um sie auch mit klammen Fingern oder mit Handschuhen leicht öffnen und schließen zu können. Auf die Rangabzeichen wurde verzichtet. Zusätzlich zur Uniform erfand man die passenden Handschuhe: Mit Löchern für Daumen und Zeigefinger, um das Gewehr bedienen zu können. Überflüssig zu erwähnen, dass die Nähereien Cloppenburg die Musterkollektion in kürzester Zeit herstellten.

In der Hektik der Arbeit hatte Josef Neckermann fast den Zuwachs in der Familie übersehen. Am 30. März 1942 kam als drittes Kind Johannes auf die Welt. Das Nesthäkchen, wie die spätere Hausangestellte Klara Rupp bestätigte: »Er wurde schon sehr verwöhnt.« Die Musik von Wagners *Ring der Nibelungen* bekam er in die Wiege gelegt, so formten sich seine musischen Anlagen wohl schon im Unterbewusstsein.

Musterkollektion in der Wolfsschanze

An der Ostfront erfroren die Soldaten, doch im Berlin des Jahres 1942 war die Stimmung noch gut. Zwar dröhnte aus dem Volksempfänger die Propaganda, heroische Nachrichten von der Front prasselten auf die Zuhörer. Aber von Rationierungsmaßnahmen abgesehen, war das NS-System bemüht, das Leben so normal wie möglich weiter laufen zu lassen. Im März hatte Hitlers Regisseur Veit Harlan gerade mit den Dreharbeiten zu einem Leinwandepos *Der große König* angefangen, einer staatlich verordneten Verherrlichung Friedrichs des Großen. Harlan hatte ein unbegrenztes Budget, ihm wurde alles zur Verfügung gestellt, was er sich wünschte: 5 000 Pferde und für die Schlachtszenen echte Soldaten unter dem Kommando des SS-Generals Kurt Daluege. In den Hauptrollen spielten die Publikumslieblinge von damals: Kristina Söderbaum, Elisabeth Flickenschild, Paul Wegener und Gustav Fröhlich. Der gigantomanische Film sollte dem Publikum ein Spiegelbild der Gegenwart zeigen: Einen einsamen, von Fehlschlägen getroffenen König, der entgegen aller Ratschläge seines Generalstabs den Krieg führt und schließlich auch gewinnt. Den Schlusssatz für den Film schickte Hitler persönlich an Harlan: »Am Sieg zweifeln ist Hochverrat.«

Für die Präsentation der Winteruniformen im Führerhauptquartier wurde der 20. April 1942 bestimmt. Die Idee kam von Albert Speer: Es war der 53. Geburtstag des Führers. An diesem Tag sollte er zwei Geschenke bekommen: Am Vormittag die neuen Winteruniformen, am Nachmittag die Neuentwicklung des Panzers Tiger – die langersehnte Wunderwaffe, mit der »der große König« allen Unkenrufen zum Trotz den Krieg gewinnen sollte. An diesem wichtigen Schicksalstag war ein Platz am langen Tisch bei Hitlers Geburtstagsfeier in der Wolfschanze auch für Josef Neckermann reserviert. Der Flug in der JU 52 kam als ein zusätzliches Abenteuer hinzu. Mit diesem legendären Flieger sollte er fortan noch öfter unterwegs zu sein.

»Was machen sie an meinem Schreibtisch?«, fragte ein Mann, der plötzlich das Büro betrat, wo Josef Neckermann gerade seine Unterlagen auszubreiten begann. Der Ton klang freundlich, eher belustigt, wie sich Neckermann in seinen Memoiren erinnerte. Er beschrieb zuerst diesen Mann, als jemanden, den er von Fotos her schon gut kannte. Sein Markenzeichen war die randlose Brille, und Neckermann meinte, er sah damit wie ein Lehrer aus.

Es war Heinrich Himmler, Reichsführer SS und Chef der Deutschen Polizei. Josef Neckermann unterhielt sich eine Weile angeregt mit ihm. Er nützte die Gelegenheit, ihm die Vorzüge der neuen Winteruniformen der Wehrmacht zu schildern, die er am späten Vormittag dem Führer präsentieren sollte. Neckermann sei über das Interesse von Himmler angenehm überrascht gewesen. Bei seinem autobiografischen Rückblick konnte es allerdings Neckermann selbst nicht fassen: »Hätte mir zu diesem Zeitpunkt jemand von den Verbrechen berichtet, die Himmler verübte, hätte ich es ihm nicht geglaubt.«

In seinen Erinnerungen an den Henker der SS, Heinrich Himmler, vergisst Neckermann zu erwähnen, dass die beiden sich eigentlich schon kannten, wenn auch indirekt. Neckermann war von Albert Speer als Verbindungsmann zwischen Reichsministerien und der SS eingesetzt worden. Otto Ohlendorf, Brigadeführer der SS, war Duzfreund und Geschäftspartner Neckermanns in der ZLG. Als »Meinungsforscher« lieferte er seine Berichte direkt an Himmler. Der Kreis schloss sich. Wieder einmal saß Neckermann auf der sicheren Seite und konnte deshalb auch mit Himmler seelenruhig plaudern.

In der Wolfsschanze herrschte an jenem 20. April 1942 Hochbetrieb. Die Historiker haben errechnet, dass der Führer während des Krieges an etwa 15 000 Besprechungen, Konferenzen, Sitzungen teilnahm. Für Josef Neckermann und seine Musterkollektion soll er sich laut Albert Speer fast 20 Minuten Zeit genommen haben. Am Vortag, einem Sonntag, waren alle notwendigen Vorbereitungen für die Präsentation getroffen worden. Es hatte eine Generalprobe mit acht SS-Männern der Leibstandarte Adolf Hitlers gegeben. Danach kam Generaloberst Alfred Jodl zur Anprobe. »Ein begeisterter Skiläufer«, wie Neckermann vermerkte, »der von der Winterausrüstung etwas verstand. Er prüfte genau den Stoff, lobte die vielseitige Verwendungsmöglichkeit und vor allem die doppelseitige Nutzung.«

Dass sich Neckermann und Jodl gut verstanden, ist nachvollziehbar: Beide waren gebürtige Würzburger. Das allein dürfte gereicht haben, um im fernen Ostpreußen, noch dazu mitten im Krieg, gewisse Sympathien zu wecken. So sollte Jodl seinem Heimatfreund Neckermann auch zugesichert haben: »Auch Fromm wird begeistert sein, dafür werde ich sorgen.«

Der Giftmörder in weißem Kittel

Neben Himmler und Jodl lernte Neckermann in jenen denkwürdigen Tagen im Führerhauptquartier einen dritten ranghohen Nationalsozialisten kennen: Hitlers Leibarzt, den berüchtigten Dr. Karl Brandt. Auch wenn er später seine Meinung revidieren sollte, war er zunächst von ihm begeistert: »Er machte auf mich den Eindruck eines kultivierten Mannes, war sehr liebenswürdig und wirkte außerordentlich sympathisch. Besonders interessierten ihn die Vorkehrungen, die wir gegen mögliche Infektionsgefahren bei Schussverletzungen getroffen hatten.«

Man muss bedenken, dass diese Zeilen Josef Neckermann im Jahre 1989 schrieb. Spürbar bemühte er sich um eine gewisse Aufklärung seiner Vergangenheit, mit der er nach Fernsehinterviews in den Jahren 1985 und 1986 zunehmend stärker konfrontiert wurde. Zwei Faktoren schienen ihm wichtig zu sein. Zum einen wollte er die menschlichen Seiten der NS-Verbrecher hervorheben, um zugleich ein Alibi für eigene Verstrickungen im System anzuführen. Zum anderen versuchte Neckermann Beweise zu liefern, dass er nicht für den Sieg, sondern schon für die Rettung arbeitete. Darum schilderte er eine Episode mit Dr. Brandt im Führerhauptquartier: »Er führte mich ins geheime Kartenzimmer, wo alle Kriegsschauplätze detailliert verzeichnet waren. Für jede deutsche Division stand ein Strich. Über vielen, allzu vielen, ein Kreuz. Diese Divisionen waren aufgerieben. Erledigt.«

Die Ursache sei nicht nur die fanatische Kriegsführung gewesen, sondern auch die mangelnde Ausrüstung, hätte ihm Dr. Brandt erklärt, der Todesarzt der Konzentrationslager, der die Verbrechen des berüchtigten Dr. Josef Mengele 1000fach übertraf. Und wieder lässt ihn Neckermann zur eigenen Rechtfertigung zu Wort kommen: »Hätten wir die Winteruniformen bereits im letzten Jahr gehabt, wäre uns vieles erspart geblieben. Wir haben mehr als eine Million Soldaten an der Ostfront verloren. Zigtausende durch Erfrierungen.« Damit nicht genug. Angeblich schloss der Arzt seinen Vortrag mit der Bemerkung: »Dieser Krieg ist nicht zu gewinnen.«

Umso erstaunlicher, wenn er schon 1942 dieser Ansicht gewesen sein soll, dass er weiter an seinem Handwerk als Massenmörder festhielt. Professor Dr. med. Karl Brandt hatte Hitlers Tötungsmaschinerie bereits 1939 in Gang gesetzt. Als Spezialist für »Euthanasie« hatte er systematisch psychisch Kranke ermorden lassen – ein in der Geschichte beispielloses Verbrechen. Die Zahl der Opfer überschritt die Grenze von 100 000 Menschenleben. Ab 1942 beteiligte sich Dr. Brandt aktiv an der »Endlösung der Judenfrage«. Als Leiter der Aktionszentrale »Tiergartenstraße 4« (T4) entsandte er über 100 Giftmörder in weißem Kittel in die Konzentrationslager nach Osten. Die ersten Kommandanten in Belzec, Sobibor und Treblinka waren Mitarbeiter von Dr. Brandt, der unaufhaltsam auf der Karriereleiter nach oben kletterte, bis zum Generalleutnant der Waffen-SS und Reichskommissar für das Sanitäts- und Gesundheitswesen.

Brandt begann seine Laufbahn als Chirurg im Hospital »Bergmannsheil« in Bochum. In gewissem Sinne kam er aus dem gleichen Milieu wie Neckermann – aus der Kohlenbranche. War dies die Wurzel für die gegenseitige Sympathie der beiden Männer, die sich in der Wolfsschanze am Vorabend einer Uniformpräsentation angeblich über den bereits verlorenen Krieg unterhielten? Oder hatte dieser »Dr. Tod« auch etwas über seine tägliche Praxis berichtet, in der er Spezialisten darin ausbildete, wie man Tuberkulosenkranken, Alten und Schwachen, Kriegsgefangenen, Sintis, unterernährten KZ-Häftlingen und in der Nazi-Terminologie so genannten »arbeitsunwilligen Elementen« eine Todesspritze setzt? Man kann sich des Eindrucks nicht erwehren, dass Josef Neckermann einige Geheimnisse über den zweitägigen Besuch in der Wolfsschanze mit ins Grab nahm.

Des Führers 53. Geburtstag

Am Montag, dem 20. April 1942, kam Josef Neckermann fast mit der ganzen Spitze des Oberkommandos der Wehrmacht und der Elite der NS-Führung in Berührung. Er stand auf Tuchfühlung mit Generälen und Funktionären der Nazis. Keine Statisten Hitlers, sondern seine wichtigsten Entscheidungsträger und Vollstrecker. Generalfeldmarschall und Chef des Oberkommandos der Wehrmacht in Führers Hauptquartier Wilhelm Keitel, wegen seiner Hitlerhörigkeit auch »Lakeitel« genannt; der Oberkommandant der Kriegsmarine Großadmiral Erich Raeder, der im darauffolgenden Jahr von Karl Dönitz ersetzt werden sollte; der Oberkommandant des Heimatheeres Generaloberst Friedrich Fromm; der Chef des Wehrmachtsführungsstabes Generaloberst Alfred Jodl; SS-Chef Heinrich Himmler; SS-Panzergeneral Sepp Dietrich sowie Albert Speer, Kriegsmanager und »Alleskönner«.

Unter diese Herren mischte sich das Defilee der Geburtstagsgratulanten aus der Schwerindustrie. Für den Nachmittag war die Premiere für den neuentwickelten Tiger-Panzer angesetzt. Daher rührte vermutlich auch die gute Laune, die im Führerhauptquartier herrschte. Als Überraschung sollten noch die Herren von der Reichseisenbahn auftreten, angeführt durch ihren Generaldirektor, den inzwischen 75-jährigen Julius Dorpmüller. Wie es der Zufall wieder einmal wollte, war dieser ein alter Bekannter von Josef Neckermanns Vater – Josef Carl Neckermann, den er einst mit der Lieferung »hochwertiger Nusskohle für den Lokomotivbrand« beauftragt hatte.

Der Grund für die Anwesenheit des Reichsbahnpräsidenten war ein sonderbares Hobby Hitlers, das wenig bekannt ist. Seit Anfang des Jahres 1942 musste die Reichsbahndirektion auf Befehl des Führers unter Hochdruck sein Lieblingsprojekt vorantreiben: die Breitspurbahn. Die Strecke sollte auf vier Meter breiten Gleisen von Paris über Berlin bis nach Rostow am Schwarzen Meer führen, mit Ergänzungsstrecken nach Moskau und Kasan, südlich mit einer Abzweigung über Wien bis nach Istanbul. Am Ziel dieser Utopie standen gar Wladiwostok und Indien. Diese Züge sollten eine Höchstgeschwindigkeit von 200 bis 250 Kilometern pro

Stunde erreichen. Das Projekt wurde als »kriegswichtig« eingestuft und hatte bei der im Winter 1941/42 überforderten Reichsbahndirektion mitunter Vorrang vor der Erstellung der Fahrpläne für die Versorgungslinien an die Ostfront. Unfassbar aber wahr: Hitler hatte in seinem galoppierenden Größenwahn dieses Vorhaben mit der Zeile signiert: »Ich will Baumeister sein, Feldherr bin ich wider Willen.«

Aber zurück zum Auftritt von Herrn Neckermann. Mit welchem Geschick die acht »SS-Dressmen« die Winteruniform seiner Kollektion vorführten, dafür findet sich in seinen Memoiren dieses Zitat: »Die Präsentation verlief reibungslos. Hitler hörte interessiert zu, und Himmler nutzte die Informationen, die ich ihm angetragen hatte, zu geschickten Zwischenfragen und Einwürfen, die mir sehr gelegen kamen. Die Militärs hielten sich zurück. Hitler ging weiter, einige Offiziere unterrichteten sich eingehend und schienen sehr angetan. Unsere Winterausrüstung hatte überzeugt.«

Vor solch brisantem Hintergrund muss man allerdings Neckermanns spätere Bemerkung, er habe schließlich nicht im Geschichtsbuch gelebt, korrigieren: Neckermann hat dieses Geschichtsbuch mitgestaltet. Seite an Seite mit allen einflussreichen Personen dieses schrecklichen Horrorszenarios. Mittags durfte er mit ihnen an der Geburtstagstafel des Führers am Abend dinieren. Neckermann erinnert sich: »Die Tischgespräche wurden in den endlosen Monologen von Hitler erstickt; ich hatte schon davon gehört und war vorbereitet. Noch ehe der Service bei mir angelangt war, hatte Hitler bereits gegessen, und es wurde wieder abgeräumt.«

Der Führer hatte es in der Tat eilig. Wie man von Albert Speer weiß, warteten im Hinterzimmer die Herren von der Reichseisenbahn. Hitler platzte vor Ungeduld, sich endlich mit seinem Lieblingsspielzeug beschäftigen zu dürfen. Bis ins Morgengrauen sichtete er die Pläne und Zeichnungen von riesigen Loks und gigantischen Wagenkonstruktionen, in deren Bäuchen man je nach Wahl wie in einem Hotel wohnen oder überdimensionale Panzer transportieren konnte. Die Wirklichkeit stand im krassen Gegensatz zu den Träumen. Im harten Winter 1941/42 fielen in Russland bis zu 70 Prozent der deutschen Lokomotiven aus. Die Parallele zu den Winteruniformen der

Wehrmacht war mehr als fatal. Im Tagebuch des Oberkommandos der Wehrmacht steht dazu:

»Da während des Vormarsches der deutschen Truppen im Sommer und Herbst 1941 keine besonderen Maßnahmen für die Wintersicherung des Eisenbahnbetriebes durchgeführt wurden, traf der strenge Winter den Nachschub besonders hart. Hitler hatte General Friedrich Paulus, Feldmarschall bei der Schlacht um Stalingrad, zu Beginn des Russland-Krieges erklärt: »Ich will diese Rederei über die schwierige Versorgung unserer Truppen im Winter nicht mehr hören. Darüber sich irgendwelche Sorgen zu machen, ist ganz und gar unnötig. Denn es wird keinen Winterfeldzug geben. Ich verbiete hiermit ausdrücklich, von einem Winterfeldzug mir gegenüber zu sprechen.«

An Deck der Ersten Klasse

Welche Rolle Josef Neckermann bei diesem Rüstungsfeldzug eigentlich spielte, fasst Dan van der Vat, Autor seiner bemerkenswerten Publikation *Der gute Nazi*, treffend zusammen: »Er war mit an Bord dieses riesigen NS-Schiffes. Er schuftete nicht im Motorenraum, er befehligte nicht von der Kommandobrücke. Er flanierte auf dem Deck erster Klasse. Mal machte er Geschäfte mit der Schiffsbesatzung, mal mit den Passagieren. Er war halt mit Leib und Seele ein Kaufmann. Und wenn er sich auch zwischendurch beklagte, so wusste er stets: Wer sich vom Teufel zum Essen einladen lässt, der muss mit ihm auch feiern.«

Wenn Josef Neckermann auch hungrig von Hitlers Geburtstagstafel aufstand: In Berlin konnte er sich dafür entschädigen. Mit seinem Gönner Albert Speer ging er oft zum Arbeitsessen. Das Lieblingsrestaurant der NS-Führung hieß »Horcher«. Der Gründer Otto Horcher war paradoxerweise 1934 vor den Nazis nach Madrid geflohen, wo er ein neues Lokal eröffnet hatte, das bis heute in Gourmetführern warm empfohlen wird. Zwar hatte Goebbels Anfang 1943 aus Solidarität mit der ausgebombten Bevölkerung die Schließung der Schlemmerlokale rund um Berlins Regierungsviertel veranlasst. Nur gegen das feine Restaurant »Horcher« traute er sich nicht vorzugehen, weil dort Hermann Göring zu speisen pflegte. Sein Intimfeind Goebbels störte ihn ein paar Mal, indem er SA-Mannen vorbeischickte, die mit Steinen die Fenster einwarfen. Um das Drei-Sterne-Niveau der Speisekarte in Kriegszeiten halten zu können, hatte das Reichsernährungsministerium aus der »Anordnung der Bewirtschaftung«, einem staatlich kontrollierten Lebensmittelplan, alles Geflügel, Nieder- und Hochwild sowie Süßwasserfische ausgenommen. Daher gab es beim »Horcher« in Berlin den ganzen Krieg hindurch auch Fasanen, Hummer und Kaviar aus den beschlagnahmten Beständen in Frankreich. »Zwar zu hohen Preisen, aber in ebenso guter Zubereitung«, vermerkte Speer. Bei ihm lässt sich auch nachlesen, wie so ein Dienstessen mit dem Wirtschaftsminister Walther Funk ablief: »Das Essen von livrierten Dienern serviert, war friedensmäßig. Funk ließ Suppe aus ausgepresstem Fasanenfleisch servieren, es folgte ein gespickter Rehrücken in Sahnesauce. Dazu wurde ein vorzüglicher Mosel kredenzt, dann ein milder Burgunder; zum Sorbet gab es einen alten Champagner.«

Aus dieser Zeit stammte auch Neckermanns Vorliebe für Hummer. Labte er sich mal an dieser Delikatesse, entglitt ihm schon in trauter Runde eine nostalgische Bemerkung zu den Kriegszeiten in Berlin, die ja auch schöne Seiten hatten.

Auftrag erfüllt

Bis Ende August mussten 2,5 Millionen Winteruniformen in den Wehrmachtslagern sein – »dafür haftete ich mit meinem Kopf«, schrieb Neckermann. Das scheinbar Unmögliche gelang. Mit dieser Leistung sollte der Name »Neckermann« bis lange nach dem Krieg bei vielen Menschen in guter Erinnerung bleiben.

Für viele deutsche Soldaten war die wetterfeste Spezialbekleidung der letzte Lebensretter. Bei der Kapitulation der 6. Armee im Nordkessel von Stalingrad am 2. Februar 1943 gingen 90 000 Soldaten in Kriegsgefangenschaft – bei einer Kälte von Minus 31 Grad. Auf dem Wege in die Lager starben 40 000 Soldaten an Erschöpfung und Erfrierungen. Nur 6 000 Gefangene kehrten nach dem Kriegsende zurück – es waren diejenigen, die Neckermanns Winteruniformen hatten. Viele ehemalige Kriegsgefangene schrieben in den 50er Jahren Dankesbriefe an Josef Neckermann. Aus einigen zitiert er in seiner Biografie: »Die Spezialbekleidung hat mir bis Kriegsende hervorragende Dienste geleistet. Ich mochte sie schließlich gar nicht mehr ausziehen, weil ich Angst hatte, sie würde mir geklaut.« Oder: »Seine große und wichtigste Bewährungsprobe erlebte ›der Kampfanzug‹ aber erst in der Kriegsgefangenschaft. Wir lagen mit zirka 300 000 Soldaten im berüchtigten Lager Remagen. Auf freiem Feld. Im Morast. Tagsüber Hitze, nachts Bodenfrost und dazwischen Regen. Ich musste erleben, wie manche Kameraden an Unterkühlung starben, weil sie weniger gut geschützt waren als ich. Mein Tarnanzug gab mir eine wohlige Außenabschirmung.«

Josef Neckermann war zeitlebens stolz auf seine Leistung, »die Winterbekleidung mit entwickelt und durchgesetzt zu haben«. Gleichzeitig betonte er stets, wie betroffen es ihn machte, dass nicht alle Uniformen vor Einbruch des Winters 1942/43 ausgeliefert wurden, obwohl sie fertig waren. Sie blieben in Zwischenlagern der zentralen Stellen, teils sogar in Berlin hängen. Kompetenzgerangel, Versagen, Unfähigkeit und auch Sabotage verhinderten die Weiterleitung an die Front.

Neben den Uniformen lief natürlich die zivile Produktion weiter: 800 000 Männergarnituren aus den Beständen der Altkleider, 135 000 Arbeitshosen, 34 000 Männerhemden und noch einmal fast ebenso viele Unterhosen und Frauenbeinkleider mussten hergestellt werden. Im Sommer 1943 war der Name Neckermann in aller Munde. Will Tremper, damals 15, in den 50er Jahren Regisseur, später Autor beim *Stern*, erwähnte in seinem Buch *Meine wilden Jahre* augenzwinkernd: »Am 2. August 1943 fand ich mich mit einem frisch ausgestellten Arbeitsbuch in einer Druckerei und Setzerei in der Rheinstraße in Koblenz ein. Mir wurde eine Tätigkeit als Laufbursche zugeteilt. Einmal durfte ich sogar Büstenhalter Größe D einkaufen gehen. Es war Alarmzustand wie vor einem Luftangriff: Der Reichskommissar für Textilien – ein gewisser Neckermann – hatte BHs freigegeben, und die gesamte Weiblichkeit der Stadt rannte, wie die Furien, in die Geschäfte – ich in Stellvertretung für meine weiblichen Vorgesetzten.« Auch dies wurde Neckermann nach dem Krieg hoch angerechnet. Als er neu Kunden zu werben begann, erinnerten sich viele Frauen gerne an die BH-Zuteilung in schweren Kriegszeiten – ein Grund mehr, die neuen Schürzen wieder bei Neckermann zu bestellen.

Selten wurde darüber gesprochen, wie Josef Neckermann diese unglaublichen Mengen an Bekleidung herstellen konnte. Wenn man jedoch in seinem eigenen Buch nachforscht, stößt man zwischen den Zeilen auf eine Antwort, die den Mythos Neckermann zu verschütten droht. Da tauchen Namen und Orte auf, bei denen es einem eiskalt über den Rücken läuft: Das Ghetto von Białystok, die Aufstände und Hinrichtungen der Juden, die skrupellosen Supermänner, die später das Wirtschaftswunder in Deutschland managten und schließlich der »Alleskönner« Albert Speer, der alle Probleme Neckermanns mit einem Federstrich lösen konnte. Das Zauberwort hieß Zwangsarbeiter.

Kapitel 10

»Ein grandioses Programm für die Versorgung der Bevölkerung«

Zwangsarbeit bei Neckermann

Im Jahr 1986 saß Neckermann in »Blacky« Fuchsbergers Talk-Show »Heut' Abend« auf der Couch. Im Plauderton legte er dar, wie er die Zentrallagergemeinschaft für Bekleidung gesehen wissen wollte: Es sei »ein geradezu grandioses Programm für die Versorgung der Bevölkerung, der zivilen Angehörigen der Wehrmacht und der ausländischen Arbeitskräfte mit Bekleidung...« gewesen.

Ein Teil der Nation wusste es ihm immer noch zu danken. In der Redaktion des Bayerischen Fernsehens trafen in den Tagen nach der Sendung die sprichwörtlichen Waschkörbe voll Post ein: Dankesbriefe der ehemaligen Frontsoldaten und Kriegsgefangenen in Russland.

Es waren allerdings auch Briefe dabei, die fragten, ob sich der Herr Neckermann an den 9. Juni 1942 erinnern könne. Das war der Tag, an dem ein Erlass des Reichswirtschaftministeriums verfügte, dass die Juden, die inzwischen in osteuropäische Ghettos deportiert worden waren, alle entbehrlichen Kleidungsstücke abliefern mussten. Sie durften praktisch nur noch das behalten, was sie gerade am Körper trugen. Wer erwischt wurde, dass er Pelze und Wolle versteckte, dem drohte die sofortige Hinrichtung.

Das Ghetto Białystok

Über diese Zeit in Josef Neckermanns Leben gibt es neben seiner Autobiografie keine weiteren Quellen. Offizielle Unterlagen wurden bei der Bombardierung Berlins vernichtet. Neckermanns Büro in der

Budapester Straße brannte 1944 vollständig aus. Bei einem der Luftangriffe, bei denen seine Dienststelle getroffen wurde und das Treppenhaus Feuer fing, warf Neckermann nach eigenen Aussagen selbst einige unangenehme Akten ins Feuer. Was man in Neckermanns Memoiren nachlesen kann, veranlasste den ZDF-Historiker Guido Knopp zu der Schlussfolgerung: »Neckermann selbst scheute sich nicht, Kleider von Juden aus Konzentrationslagern und polnischen Ghettos für die deutsche Kriegswirtschaft umnähen zu lassen, und rechnete sich das im Nachhinein sogar noch als große Tat an.« Als Quelle für diese Behauptung, diente eine Passage aus Neckermanns Memoiren: »Ich hatte Nähmaschinen ins Ghetto stellen lassen und war stolz darauf und überzeugt, Gutes zu tun...Wir gaben den Juden Arbeit, halfen ihnen damit zu überleben.« Dieses Zitat bewertet Guido Knopp so: »Im Wissen um den Holocaust war dies eine fast zynisch zu nennende Aussage.«

In Neckermanns Memoiren finden sich allerdings sehr wohl Passagen, die seine Erschütterung über die herrschenden Zustände in der Bekleidungsfabrik im Ghetto von Białystok schilderten, in der ausschließlich Zwangsarbeiterinnen eingesetzt wurden. »Als ich einmal hinkam, waren drei Menschen aufgehängt worden. Zur Abschreckung, wie es hieß. Sie hätten schlecht gearbeitet, angeblich Sabotage betrieben. Ich bin sofort zu Gauleiter Koch nach Königsberg gefahren und habe der Regierung von Ostpreußen meinen Anteil inklusive der Nähmaschinen, den ich in den Betrieb gesteckt hatte, zur Verfügung gestellt.«

Hier hätte Josef Neckermann ruhig etwas ausführlicher werden können. Doch er sparte nähere Angaben vorsichtig aus. Als ein Zeichen des Widerstandes war die »Rückgabe seiner Anteile und Nähmaschinen« kaum zu bewerten. Vielmehr scheint es, dass Neckermanns Instinkt signalisierte, hier in der Hölle von Białystok könnte er selbst zu Schaden kommen. »Es herrschten entsetzliche Zustände im Ghetto«, schreibt Neckermann. Er merkte sehr wohl, wie das System entartete. In dieser Barbarei wollte er sich selbst schützen.

Dazu kam, dass Erich Koch als Chef der Zivilverwaltung im Bezirk Białystok noch fanatischer als für die Nazis in erster Linie für sich selbst arbeitete und Neckermann sich wohl schon allein deshalb lieber von ihm fern hielt. Koch gehörte zu der Sorte Abenteurer, die nur ein Ziel kannten: Die eigene maßlose Machtbesessenheit auszuleben. Ab 1941 erstreckte sich sein Herrschaftsbereich über ein riesiges Gebiet vom ostpreußischen Königsberg über Kiew und Poltawa bis zum Schwarzen Meer und auf der Ostseite bis zu dem Fluss Dnjepr. Koch muss sich wie ein König vorgekommen sein. Nach dem Zusammenbruch der Ostfront gelang ihm die Flucht vor der Roten Armee mit einem eigens für ihn bereitstehenden hochseetüchtigen Eisbrecher. In Ostfriesland untergetaucht, wurde er 1949 erkannt und von den Briten an Polen ausgeliefert. In Warschau wurde er nach langjährigen Prozessen erst 1958 zum Tode verurteilt, doch die Vollstreckung wurde verschoben. Erich Koch hatte das Gerücht in die Welt gesetzt, er wisse, wo das Bernsteinzimmer abgeblieben sei. Mit diesem Trick konnte er sein Leben retten. Der sowjetische KGB schützte ihn als vermeintlichen Geheimnisträger. Koch starb 1986 im greisen Alter von 90 Jahren im polnischen Barczevo.

Die Verlagerung der Produktion aus Białystok konnte Josef Neckermann gut verargumentieren. Nach Berlin zurückgekehrt, schlug er Albert Speer sofort vor, die Nähereien nach Lodz zu verlagern. Dort gab es ausreichend Zwangsarbeiter, an diesem Standort waren schon mehrere Unternehmen angesiedelt (von denen AEG/Telefunken die meisten Zwangsarbeiter für sich beanspruchte). Als Gründe für den Vorschlag zur Verlagerung nach Lodz führte Neckermann den größeren Abstand zur Front sowie die größere Nähe zu Deutschland – und damit kürzere Lieferwege für Rohstoffe – an.

Neckermann musste keine Angst haben, dass ihm aufgrund der Abkehr von Białystok irgendeine Gefahr drohen würde: Der Rüstungsminister Albert Speer hielt seine schützende Hand über ihn, mit dem Wirtschaftsminister Walther Funk ging er zum Dinieren und Adolf Hitler hatte ihn per Führerbefehl für die Kriegswirtschaft »unabkömmlich« gestellt. Auf Neckermanns Brust haftete das Parteiabzeichen der NSDAP und ein feiner Streifen spannte sich vom Knopfloch über das Revers: Es war das Kriegsverdienstkreuz Erster Klasse, das ihm der Führer nach der Präsentation der Winteruniformen der Wehrmacht geschickt hatte.

Massenhinrichtungen im Walzertakt

Im August 1943 brach im Ghetto Białystok ein erbitterter Aufstand aus. Es war die zweitgrößte jüdische Widerstandsaktion gegen den NS-Terror im Zweiten Weltkrieg nach der blutigen Aufruhr im Warschauer Ghetto am 19. April 1943. Es waren die Frauen in Białystok, die auch als Näherinnen zur Zwangsarbeit für Neckermanns ZLG gearbeitet hatten, die diesen Aufstand anführten. Nur sechs überlebten. Sie flüchteten in die umliegenden Wälder und kämpften als Partisaninnen bis zum Kriegsende weiter.

Nach der Niederschlagung der Aufstände in Warschau und Białystok befahl der Reichsführer der SS Heinrich Himmler, unverzüglich mit den Massenerschießungen in Ostpolen zu beginnen. Es waren jene schrecklichen Liquidationen von Tausenden von Juden durch die Hinrichtungskommandos der SS und der Polizeibataillone, bei denen die Schüsse und Schreie der Opfer mit Märschen und Walzern von Johann Strauss aus Lautsprechern übertönt wurden. Białystok als Ort des Grauens steht im gleichen Rang mit Treblinka, Sobibor, Majdanek und der Liquidierung des Warschauer Ghettos.

Wenn Neckermann in seinen Memoiren erwähnte, »wir halfen den Juden zu überleben«, liegt der Schluss nahe, dass er von diesen Aktionen mit den Decknamen »Erntefest« und »Reinhard« zumindest ansatzweise erfahren hatte. Himmler rechtfertigte diese Verbrechen als »Maßnahmen für die Sicherheit«. In den internen Informationsblättern, die Otto Ohlendorf für das Reichswirtschaftsministerium herausgab und zu denen auch Neckermann ungehindert Zugang hatte, fanden sich darüber Erwähnungen.

Der Seiltänzer Neckermann

Als Leiter der Reichsstelle Kleidung war Neckermann auch für die Versorgung der Zwangsarbeiter zuständig. Zu diesem Zweck war er seit März 1942 auch in direkter Verbindung mit einer neuen Instanz, dem »Generalbevollmächtigten für den Arbeitseinsatz« in Person des Thüringer Gauleiters Fritz Sauckel. Unvermeidlich, dass Josef

Neckermann bald in Kontakt mit KZ-Häftlingen kommen musste. Sauckel hatte 1934 an der Jenaer Universität einen Lehrstuhl für »menschliche Züchtungslehre und Vererbungsforschungen« einrichten lassen. Nach Kriegsausbruch sorgte er mit fanatischem Eifer für den Nachschub an Arbeitskräften. Aus den besetzten Gebieten, vor allem Polen und Russland, ließ er über 5 Millionen Menschen nach Deutschland deportieren. Bei den Nürnberger Prozessen saß Sauckel als einer der 20 Hauptkriegsverbrecher auf der Anklagebank. Er wies sämtliche Schuld von sich, beschuldigte Goebbels und Eichmann für die Entgleisungen des Nationalsozialismus und verteidigte den Führer. Sein Todesurteil vernahm der vorher so hartgesottene, menschenverachtende NS-Scherge Sauckel völlig in Tränen aufgelöst – von allen Nazi-Größen war er der einzige, der vor Selbstmitleid weinte. Anschließend bestürmte er Friseur, Gefängnisarzt und Psychologen, dass sein Todesurteil nur die Folge eines Übersetzungsfehlers sei. Er hoffte auf einen Justizirrtum, den er noch revidieren könnte. Am 16. Oktober 1946 wurde Fritz Sauckel in Nürnberg gehängt.

Josef Neckermann erinnerte sich rückwirkend an den Umgang mit Fritz Sauckel mit folgenden Worten: »Stärker als während der Querelen mit Sauckel kam mir nie zum Bewusstsein, auf was für einen Seiltanz ich mich da eigentlich eingelassen hatte.« Erstaunlicherweise schien Neckermann während der NS-Zeit diesen Balanceakt recht flott zu meistern. Er blieb bis zu den letzten Kriegsstunden unangetastet in seiner Funktion. Bei dem schnellen Gesinnungswechsel der Nazi-Bonzen, den Launen der diversen Gruppenführer, der ständigen Suche nach Verrätern, der Bespitzelung durch Gestapo und Überwachung durch den SD eine wahre Meisterleistung.

Das Rezept für »Russenbrot«

Ab 1985 begann sich die NS-Vergangenheit langsam an Neckermanns Fersen zu heften. Neckermann war zu diesem Zeitpunkt nur noch ein Memoiren schreibender Privatier und bemühte sich nach Kräften um eine positive Darstellung seiner Person als verantwortungsvoller Unternehmer. Der ZDF-Journalist Alfons Spiegel befragte ihn in der Reihe »Zeugen des Jahrhunderts« zu seiner Tätigkeit während des Zweiten Weltkriegs. Statt »Zwangsarbeiter« benützte Spiegel allerdings in einer kaum zu übertreffenden Peinlichkeit die Begriffe »Fremdarbeiter« und »ausländische Arbeitskräfte« aus der NS-Terminologie. Offensichtlich neigte man 1985 immer noch mehr zur Verdrängung als zur Aufklärung der NS-Verbrechen. In diesem Sinne fiel auch Neckermanns Antwort zum Thema »Fremdarbeiter« mehr als verharmlosend aus: »Man kann von niemandem eine wirkliche Leistung verlangen, wenn man nicht dafür Sorge trägt, dass der Betreffende nicht gut gekleidet und vor allen Dingen hinsichtlich des Essens gut versorgt ist.«

Hier reicht ein Blick in die Unterlagen der Nürnberger Prozesse, um ein völlig anders Bild zu erhalten: »Die Lage der Arbeiter aus dem Osten und seit Sommer 1943 auch Italiener war gekennzeichnet durch schlechte Ernährung, Bezahlung, Unterbringung und Kleidung, oft überlange Arbeitszeiten, mangelnde ärztliche Versorgung, Übervorteilung durch deutsche Vorgesetzte, Diffamierungen und Misshandlungen sowie durch hohe Todesraten.«

In den Zellstoffwerken im Osten wie etwa Pirna, Heidenau und Königstein, die auch Neckermanns Textilbetriebe belieferten, waren vorwiegend russische Kriegsgefangene beschäftigt. Von der zentralen Stelle des Reichswirtschaftsministeriums war für die Herstellung des so genannten »Russenbrotes« folgende Vorschrift ergangen: 50 Prozent Roggenschrot, 20 Prozent Zuckerrübenschnitzel, 20 Prozent Zellmehl (Sägespäne) und 10 Prozent Strohmehl oder Laub.

Doch vor der ZDF-Kamera war Josef Neckermann sichtlich um unverfängliche Formulierungen bemüht: »In erster Linie war das Reichswirtschaftsministerium für Rüstung und Munition daran interessiert, dass diese Arbeitskräfte so gut versorgt wurden, um den ihnen übertragenen Arbeiten gerecht zu werden. Wir selbst als Vertreter der zivilen Wirtschaft waren daran noch mehr interessiert, gerade diesen Menschen eine unerlässliche Hilfe in Form der zur Verfügungsstellung der ihnen zustehenden Bekleidung zu leisten. In meinem Fall kann ich sagen, dass die menschlichen Faktoren überwiegend waren.«

Die entscheidende Frage, »hatten die einzelnen Unternehmer keine

Möglichkeit, sich gegen den Einsatz von Zwangsarbeitern zu wehren?«, versäumte der ZDF-Journalist Spiegel zu stellen. Eine Antwort gibt der Historiker Hans Mommsen: »Für die Unternehmen stellte es ein Risiko dar, sich diesem System zu entziehen, da sie sonst mit verringerten Rohstoffquoten und schlimmstenfalls mit Betriebsstillegung zu rechnen hatten. Nach anfänglichem Zögern zeigten sie daher in der Regel keine Hemmungen, Zwangsarbeiter einzusetzen, wenn deutsches Personal nicht verfügbar war. Und Unternehmer ließen sich schließlich darauf ein, KZ-Häftlinge zu beschäftigen.«

Kapitel 11

»Der Bombenalarm klang im Hotel Adlon anders als auf der Straße«

Die Manager des Untergangs

Textilberge. Halden von Altkleidern. Unvorstellbare Mengen der unterschiedlichsten Herkunft. Pflichtsammlungen unter der Bevölkerung mischten sich mit Zwangsabgaben, geraubter Kleidung von Juden und konfiszierten Beständen aus besetzten Gebieten. Um den dringend erforderlichen Textilnachschub zu sichern, wurden private Firmen zwischengeschaltet. Die Anstrengungen des Reichswirtschaftsministeriums, den Schwarzhandel zu unterbinden, setzte die SS unter drakonischen Strafen durch. Oft wurden Täter zur Abschreckung sofort erschossen. Dabei wurden viele örtliche SS-Kommandanten selbst zu den größten Schmugglern. Ganze Waggonladungen von Bekleidung wurden umgeleitet, verschoben, verschachert.

In diesem Chaos sollte Josef Neckermann die Kontrolle nicht verlieren: jeder Mantel, Rock, jede Bluse, Hose wie Jacke, jedes Hemd oder Handschuhe – alles fürs Reich. Berge von Unterlagen, Lieferscheinen, Rechnungen stapelten sich auf seinem Tisch. In seiner Doppelfunktion als Geschäftsführer der ZLG und Leiter der Reichsstelle Bekleidung erreichte sein Aufgabengebiet unvorstellbare Dimensionen. Es galt nicht nur die Wehrmacht zu versorgen. Jeder Schlüpfer, jedes Paar Socken, kurz jedes Stück Textil bedurfte einer amtlichen Freigabe, bevor es in den Handel gelangte. Neben diesen Kontrollaufgaben war Josef Neckermann auch für die Produktion zuständig. Für die beiden Superminister Speer und Funk war er der Mann fürs Grobe. Er musste vor Ort organisieren, die Nähereien überwachen, Produktionskapazitäten erweitern, nach den Bombenangriffen und Aufständen in den ostpolnischen Ghettos neue Herstellungsstätten aus dem Boden stampfen.

»Ohne Schuhe keine Ernte«

Mitte 1943 änderte sich in Bezug auf Bekleidung die Situation radikal. Nach den großen Angriffen auf Hamburg im Juli und August explodierte die Nachfrage nach Kleidung und Wäsche enorm. Der Bedarf konnte nicht mehr befriedigt werden. Die Textilproduktion war auf weniger als ein Drittel der Vorkriegsmenge zurückgegangen. Doch immerhin gelangten monatlich noch 300 000 neue Einheiten an die Endverbraucher, die sich einen regelrechten Nahkampf um die wenigen Stücke lieferten.

Im August 1943 wurde die »Reichskleiderkarte« gesperrt. Die Zuteilung erfolgte nur noch nach einem Dringlichkeitsantrag, wer nicht zu den »Fliegergeschädigten« gehörte, musste eine amtlich bestätigte Bescheinung vorlegen. Die Zentren der deutschen Bekleidungsindustrie wurden von Zerstörungen heimgesucht. Die Berliner Industrie als wichtigster Produzent war Anfang 1944 schon zu fast 80 Prozent zerstört. Lieferungen aus dem Ausland blieben aus. Der Nachschub an Rohstoffen versickerte fast vollends. Nur noch 5 Prozent der Baumwollemenge des Jahres 1939 standen für die Verarbeitung zur Verfügung. Wolle gab es nur noch für die Armee, bevorzugt für die Waffen-SS. Eine Dienststelle unmittelbar unter Himmlers Aufsicht überwachte die Lieferungen. Josef Neckermann war für die Koordination zuständig.

Doch nicht nur das Garn fehlte. Der Energiemangel legte die Textilfabriken lahm. Ab 1943 wurden bei den Arbeitsschuhen, der einzigen noch produzierten Sorte, das Leder durch Holz ersetzt. Eigentlich gab es nur noch Holzpantoffeln mit einem Filz- statt einem Lederoberteil. Darunter litt die Arbeitskraft und die Gesundheit der ganzen Bevölkerung. Das Schuhproblem setzte der Reichsführung schwer zu. Die Arbeiter drohten mit Aufstand: »Wenn wir keine Schuhe bekommen, hören wir auf zu arbeiten.« Die Bauern meuterten: »Ohne Schuhe keine Ernte.«

Gegen die Tausch- und Schwarzmarktwirtschaft, die den Alltag der deutschen Bevölkerung beherrschte, halfen nicht einmal die schwersten Strafandrohungen. Schließlich musste die Reichsführung einige Ventile öffnen und ein »Ringtauschverfahren« legalisieren. Es entstanden Warentauschzentralen für neue und gebrauchte Artikel. Die Altmaterialverwertung wurde immer wichtiger für die Wirtschaft. Das System wurde sogar mit Bonusprämien und Gutscheinen verknüpft. Altlumpensammler und Kleiderdiebe hatten Hochkonjunktur.

Auf dem Arbeitsmarkt war die Lage ähnlich prekär. Schien noch bis 1943 die Zwangsrekrutierung von Menschen aus den besetzten Gebieten wie Polen, Sowjetunion, Frankreich genügend Arbeitskräfte in die deutsche Industrie zu pumpen, konnte 1944 nur noch aus dem besetzten Italien ein Nachschub organisiert werden. »Militärinternierte« war der NS-Ausdruck für diese Zwangsarbeiter, Italiener nannte man »Imis«. Auch sie wurden in Neckermanns Betrieben eingesetzt.

Diese jetzt angebrochene Phase bezeichnete Josef Neckermann in seinen Memoiren als eine harte Zeit – die härteste sollte noch kommen. Sein Kommentar: »Wer seine Aufgaben noch ernst nahm, und das möchte ich für mich ebenso wie für meine ständigen Gesprächspartner in Industrie, Handel, Reichstelle und im Wirtschaftsministerium in Anspruch nehmen, verausgabte sich.«

Drogen beim Neckermann

Tag und Nacht. Der Einsatz ging rund um die Uhr. Um durchzuhalten, tauchte im Reich die erste Energie-Pille auf: Pervitin. Sie war schon in den 30er Jahren auf der Basis von Methamphetamin entwickelt worden, nun wurde das Produkt massenhaft als Muntermacher in Umlauf geschleust. Zeitweilig gab es sogar mit Pervitin angereichte Pralinen auf dem Markt als Ersatz für Koffein. Durch die Überbelastung griff das Zivilpersonal der NS-Administrative zu Pervitin. Auch Josef Neckermann putschte sich mit »diesen weißen Elefanten« auf – und vermerkte in seinen Memoiren eine Nebenwirkung, »die zum Verdruss bei unseren Frauen führte«. Etwas prüde ausgedrückt, steigerte Pervitin den männlichen Trieb, ähnlich wie heute Viagra.

Das Suchtphänomen in den obersten NS-Führungskreisen ist bekannt. Propagandaminister Goebbels und Reichsmarschall Göring waren morphiumabhängig. Sie setzten sich wie Junkies täglich ihre Spritzen. Göring hatte bereits 1925 seine erste Entziehungskur hinter sich, nach der Verhaftung durch die Amerikaner in April 1945 erlitt er Entzugserscheinungen. Im Führerhauptquartier in Berchtesgaden erlangte Dr. Theodor Morell große Berühmtheit, der Hitler ab Juni 1944 mit seinen Wunderspritzen aufmunterte: Sie enthielten eine Mischung aus Pervitin, Eukodal, Belladonna, dem Sexualhormon Testoviron sowie den Kreislaufmitteln Cardizo und Coramin.

Mit Pervitin wurden die Frontsoldaten vollgestopft. Neckermann schluckte die Pillen mit Unmengen Nikotin. Als Kettenraucher stand er unter dem Zwang, stets für einen »schier unerschöpflichen Vorrat an Zigaretten in meiner Schublade zu sorgen«. Er war in dieser Zeit dabei, sich seine Gesundheit zu ruinieren. Als er nach dem Krieg eine Bauchspeicheldrüsen-Tuberkulose – eine typische Elendskrankheit, verursacht durch schlechte Ernährung und dreckiges Wasser – bekam, war sein Magen endgültig ruiniert. Er konnte keinen Kaffee mehr vertragen und nicht mal ein Gläschen Sekt trinken. Mit 48 erlitt er seinen ersten Herzinfarkt, ab 1976 pumpte sein Herz nur mit Hilfe eines Herzschrittmachers. Doch vom Glimmstängel konnte er nicht lassen. Zum Schluss machte ihm das Raucherbein derart schwer zu schaffen, dass er keine Schuhe mehr anziehen konnte. Er schlurfte nur noch in übergroßen Filzpantoffeln von Schmerzen gepeinigt herum.

Hitlerjahre sind Lehrjahre

Nachdem der Rückzug an allen Fronten begonnen hatte, machten sich innerhalb des NS-Apparates überall verstärkt Intrigen breit. Der Reichsführer SS Heinrich Himmler und der Leiter der Parteikanzlei Martin Bormann bemühten sich intensiv, Albert Speers guten Stand bei Hitler zu schwächen. In den Berichten des SD-Informationschefs Otto Ohlendorf häuften sich Vorschläge, welche Ressortchefs in Speers Reichswirtschaftsministerium zu ersetzen sind. Er spielte Bormann damit indirekt Argumente zu, mit denen dieser das Versagen der Industrie kritisierte.

Als neuer Mann des Planungsamtes des Reichswirtschaftsministeriums sollte Hans Kehrl die Wirtschaftskapitäne zur Räson bringen. Damit kam ein weiterer Gönner Neckermanns in eine hohe Führungsposition. Schon vor seiner Beförderung hatte er als »General« der zivilen Kriegswirtschaft gegolten. Neckermann bewunderte ihn offen: »Er war als Dispositionsgenie bereits über sich hinausgewachsen.« Von der Rohstoffversorgung bis zur Herstellung, alles lag beim Planungschef Kehrl. Wie viele Panzer, Kanonen, Jagdflugzeuge, Maschinengewehre, U-Boote und Munition Hitler brauchte, Kehrl stellte die Zahlen zusammen.

Auch in seinem ursprünglichen Bereich der Textilversorgung behielt er die absolute Kontrolle über jeden Meter Garn und Zwirn und jedes Stück Knopf und Kordel. Bei den Sitzungen mit den Herstellern ließ er sich jedes einzelne Produkt und Mengenzahlen nennen und strich danach die Produktionspläne zusammen. Von den Krawatten für die SS bis zu den Schnürsenkeln für die Wehrmacht, der Überblick ging Kehrl, der durch seine hagere Statur und seine scharfen Gesichtszüge sogar eine gewisse Ähnlichkeit mit Neckermann hatte, nie verloren. Er fand immer noch einen Posten, wo er den Rotstift einsetzen konnte. Damit handelte er sich seinen Spottnamen ein: »Findet-nicht-statt-Kehrl«.

Die Hitler-Jahre waren für Neckermann wie auch für viele andere spätere Wirtschaftskapitäne die wichtigsten Lehrjahre. Neckermann profitierte von den Einsätzen, die ihm Hans Kehrl anvertraute und erntete später dessen Lob: »Rohstoffe, die nach dem Plan nicht in Frankreich verarbeitet werden sollten, wurden von Beauftragten der Reichstellen aufgekauft. Einer von ihnen, der sich in gleicher Weise die Sympathie der Franzosen erwarb, war der junge Josef Neckermann, der damals noch kein weltbekannter Versender war« – so Kehrl in seinen Memoiren.

Viele der »Krisenmanager Hitlers« waren junge Unternehmer. Albert Speer schreibt in seinen *Spandauer Tagebüchern*: »Die Spitzenmitarbeiter, deren Namen ich mir von der Industrie nennen ließ und mit denen ich die Rüstung des Reiches organisierte, waren alle ungewöhnlich jung: Josef Neckermann, Ernst Wolf Mommsen, Stieler von Heydekampf, Hans Günther Sohl. Man nannte sie daher auch den ›Speerschen Kindergarten‹.« Die tragende Funktion dieser

Manager wurde erst später erkannt, als sie schon längst wieder führende Funktionen in der bundesdeutschen Wirtschaft übernommen hatten.

Bomben auf Berlin

Würzburg bangte, Berlin brannte. Die Bomberoffensive der Briten hatte bereits im Sommer 1940 mit vereinzelten Angriffen begonnen. Seit 1943 kamen die Angriffe so häufig, dass die Einwohner kaum mehr eine Nacht in Ruhe durchschlafen konnten. Die Engländer flogen nachts, die Amerikaner tagsüber. Der Fliegeralarm wurde zum Alltag, der warnende Kuckucksruf aus dem Volksempfänger hörte sich schon wie das Zeitzeichen an. Danach ging das Sirenengeheul los.

Die beiden Kinder von Josef Neckermann, Peter und Eva-Maria, waren inzwischen nach Bayern in ein Nonneninternat geschickt worden. In den Weihnachtsferien kamen sie nach Berlin zurück. Die Nacht vom 16. Dezember 1943 sollte Eva-Maria eindringlich im Gedächtnis bewahren. »Der Keller! Opa Brückner hatte ihn vorsorglich zum Luftschutzbunker ausgebaut. Vorher war es nur ein ganz normales Tiefgeschoss, wie in den Villen im Berliner Waldviertel Tannenberg üblich. Die Räume dienten als Abstell- oder Speisekammer. Also brauchten sie nicht besonders stabil zu sein.«

Die Befestigungsarbeiten wurden buchstäblich in allerletzter Minute fertig. Kaum waren die Decken zusätzlich mit Balken und einem Gerüst abgestützt, die Wände verstärkt, die Sandsäcke vor die Fenster gestapelt, schon heulte der nächste Fliegeralarm los. Eva-Maria erzählt: »Es war am späten Abend, meine Mutti hatte mir einen Teller mit Süßigkeiten ans Bett gestellt. Ich wollte ihn noch schnell mitnehmen, aber Mutti meinte: ›Du kannst es stehen lassen. Es wird bestimmt nicht lange dauern und wir kommen wieder hoch…‹ Als wir alle im Keller versammelt waren, merkte ich, mein Vater ist nicht da. Er hatte wie immer in der Nacht gearbeitet. Ich bekam um ihn fürchterliche Angst. ›Wo ist Papa?‹, weinte ich, daran erinnere mich ganz genau. Da krachte es auf einmal fürchterlich. Die Türglocke läutete los. Danach flogen die Sicherungen mit Blitz und Rauch aus dem Kasten. An der Decke platze die Glühbirne. Auf einmal steckten wir in völliger Dunkelheit. Ich weiß nur, dass ich mich zitternd an meine Mutti presste und flüsterte: ›Papi, wo ist mein Papi?‹ Die Erde begann zu beben, es gab Erschütterungen, dass ich dachte, der Boden unter meinen Füßen würde sich öffnen. Der Krach war ohrenbetäubend und die ganze Zeit heulten die Sirenen.«

Noch im 67. Lebensjahr erinnerte sich Eva-Maria an die Ereignisse, als wäre alles erst gestern passiert. »Nach etwa zwanzig Minuten heulten die Sirenen zur Entwarnung. Wir krochen aus dem Keller und konnten es nicht fassen. Unser Haus war weg. Vor uns rauchte nur noch ein Trümmerhaufen. Die einzige Mauer, die noch stand, war die von unserem Kinderzimmer. Der Adventskalender hing noch dran....und ich habe mich geärgert, hätte ich bloß den Teller mit den Süßigkeiten mitgenommen...«

Erst etwa eine Stunde später traf Josef Neckermann ein. Eva-Maria erinnert sich genau an die Umarmungen mit der Familie und das Glück in seinem Gesicht, dass alle unverletzt den Bombenangriff überlebt hatten. »Dann machte sich mein Vater mit Opa daran, den Schaden zu besichtigen. Wie durch ein Wunder blieb die Garage unversehrt stehen. Drinnen parkte Vaters Limousine, der Horch, den er so liebte. Auch das Auto hatte keine einzige Schramme, keine Beule abbekommen. Mein Vater packte die ganze Familie und fuhr sofort zu Freunden aufs Land. Die Fahrt durch das brennende Berlin werde ich nie vergessen. Überall rannten Leute, blutüberströmt, verwirrt, schreiend, weinend. Tote lagen auf der Straße. Bei manchen fehlte der Kopf, bei anderen waren die Beine vom Rumpf abgetrennt. Die Ruinen zeichneten sich gespenstisch gegen den Himmel ab. Der nächtliche Horizont färbte sich vom Feuer und Rauch blutrot....«

Außer dem Horch blieb noch ein weiteres Stück unversehrt: Der »Blüthner«-Flügel. In Vorahnung der drohenden Zerstörung Berlins hatte Annemarie Neckermann ihr Lieblingsstück ins sichere Bayern bringen lassen. Am Tegernsee hatte Opa Richard Brückner das Haus Hungaria im Ortsteil Rottach erworben, wohin die Neckermanns nun flüchten konnten. Soviel Glück hatte nicht jeder, denn neben allen Nöten wurde auch der Wohnraum in Deutschland als Folge der Bombardierungen knapp.

Neckermanns Familie genoss auch noch einige andere Privilegien. Ab März 1943 war für nicht berufstätige Frauen zwischen 17 und 45 die Dienstpflicht eingeführt worden: Albert Speer wünschte diesen Einsatz für die Rüstungsindustrie. Doch für die Neckermanns stellte es keine Schwierigkeit dar, Ausnahmeregelungen zu erwirken – »mal mit kleineren, mal mit größeren Summen«. Für die Schwägerin Elsa Neckermann fand sich eine Stelle als Sekretärin in der Würzburger Kohlenhandlung.

Eva-Maria erinnerte sich später an das Leben am Tegernsee: »Das Haus in Rottach war bald bis unters Dach voll. Wir Kinder schliefen in übereinander gestellten Betten während immer mehr Verwandte bei uns einzogen.« Neben den Brückners wohnte hier Annemi Neckermann mit den drei Kindern Peter, Eva-Maria und Johannes, sowie Annemis Schwester Liselotte mit ihren Kindern Jochen und Ingeborg. Deren Vater, der bekannte Professor der Berliner Charité, Dr. Kurt Apitz, Kapazität in der Pathologie und Spezialist für Herzgefäßchirurgie, leistete als Notarzt Dienst an der Front und kam nicht aus dem Krieg zurück. Zu der Tegernseer Gemeinschaft gehörten noch zwei rumänische Wahlverwandte, das Ehepaar Popescu. Insgesamt lebten elf Personen in vier Zimmern.

Das Leben im Hotel Adlon

Josef Neckermann musste in Berlin als Reichsbeauftragter für Bekleidung die Stellung halten. Für das Jahr 1944 zog er standesgemäß ins Adlon, das nobelste Hotel Berlins. Es war gleich eine ganze Suite, »dank der guten Beziehungen des Reichswirtschaftsministeriums«, vermerkte Josef Neckermann in seinen Memoiren stolz.

»Während Berlin noch lernte, mit Bomben zu leben, wurde im Adlon alles getan, um die Schrecken des Krieges vergessen zu machen. Nichts, aber auch gar nichts schien seiner eingefleischten Eleganz etwas anhaben zu können«, schilderte Josef Neckermann in seinen Memoiren diese Zeit, in der man sich schließlich an die »Bombardierung fast schon gewöhnte«.

Berlin war eine sterbende Stadt. Die Bevölkerung war größtenteils aufs Land evakuiert worden. Man sah nur noch Reichsbeamte, Uniformierte, Flüchtlinge, Jugendliche und Alte des Volkssturms sowie Schutzbefohlene (wie man die Leute nannte, die nach den Bombenangriffen halfen, Verletzte und Tote aus den Trümmern zu bergen – in Berlin waren es meist Frauen aus Russland und der Ukraine) mit Armbinden ihrer Dienststellen auf den Straßen. Hedda Adlon erinnert sich: »Die Stadt war eine Mondlandschaft geworden. Die schöne Kuppel der Hedwigskirche war zerborsten. Aus den ausgebrannten Fensterhöhlen der Wohnhäuser flatterten die angekohlten Reste der Tapeten. Vielfach zeigten nur noch kahle Schornsteine die einstige Größe der Bauten, der Pfeiler und Säulen, die unter Schutt und Asche begraben lagen.«

Das Hotel Adlon war wie durch ein Wunder weit und breit das einzige noch unversehrte Gebäude in Berlin Mitte. Ringsum zog sich eine Betonmauer als Bombenschutz bis zum ersten Stock hoch. Mit einer schweren Stahltür am Eingang ähnelte es einer Festung. Dennoch war man bemüht, den letzten Anschein eines gesellschaftlichen Lebens zu wahren. Jeden Mittwoch versammelte der Außenminister Joachim von Ribbentrop die Minister, Diplomaten, Künstler und Wissenschaftler im Dienste des Reiches zu einem »jour fix« um sich. Der berühmte Professor Sauerbruch kam genauso wie die Schauspieler Paul Wegener, Gustaf Gründgens, Elisabeth Flickenschildt und Kristina Söderbaum.

An der Adlon-Bar feierten die tollkühnen Flieger, meist mit dem Ritterkreuz auf der Brust geschmückt. Das waren die Nachtjäger, die Berlin bei Luftangriffen schützen sollten. Der Berühmteste von ihnen war Heinrich Alexander Prinz Sayn zu Wittgenstein. Nach seinem 87. Luftsieg wurde er abgeschossen, aber nicht ohne vorher noch seinen letzten Drink im Adlon genommen zu haben.

»Der Bombenalarm klang im Hotel Adlon anders als auf der Straße. Im Foyer und allen Gängen hingen große, wunderschön schimmernde Messinggongs, die angeschlagen sonor hallten«, schrieb Neckermann. Im Keller hatte Hitlers Wunderingenieur, der

Autobahnkonstrukteur Fritz Todt, 1941 zwei Bunker einrichten lassen. Einen für die Gäste des Hotels, den zweiten für die »bedeutenden Zeitgenossen«, sprich die NS-Elite, die zum Stammpublikum des Adlon zählte. Letztere speiste hier an kleinen runden Tischen, bedient von Obern in Frack und mit weißen Handschuhen. Hoteldirektor Louis Adlon konnte für jeden irgendeine Kleinigkeit aus der Küche hervorzaubern und dazu noch einen Schluck Wein servieren, wie Hedda Adlon berichtete: »Il y a quelque chose...«, er hat das gewisse Etwas, wie man ihn gern etwas versnobt auf Französisch lobte. Mag sein, dass derlei Annehmlichkeiten dazu beitrugen, dass Josef Neckermann bei guter Gesundheit blieb. Während seine Vorgesetzten Albert Speer und auch Hans Kehrl durch die permanente Überforderung ausbrannten und unter Kreislaufzusammenbrüchen und Herzbeschwerden litten, hielt Neckermanns Kondition eisern durch.

Zu seinen Privilegien gehörte auch eine Zugangsberechtigung zum Bunker erster Klasse: »Polstersessel, Schreibmaschine, ein kleiner Eckschrank mit Geschirr und Gläsern, tiefer Teppich – und es war für vieles gesorgt, was man in einem Luftschutzkeller nicht vermutet hätte«, skizzierte er das Interieur. Diesen Luftschutzkeller zog Josef Neckermann sogar dem Bunker des Reichswirtschaftministeriums vor. Außerdem, wie Hedda Adlon berichtete, »unterhielt man sich hier während der schrecklichen Stunden über Kunst, Literatur, Reisen, die man früher einmal unternommen hatte.« Da saß Josef Neckermann schon mal neben dem Dirigenten Wilhelm Furtwängler und fachsimpelte mit ihm über Wagner. Einmal rettete ihm die Entscheidung, »die paar Hundert Meter zu laufen, um doch noch ins Adlon zu gelangen«, tatsächlich das Leben. Als wieder einmal die Sirenen heulten, dinierte er mit einigen »hohen Herren« im nahe gelegenen Hotel Bristol. Auch dies war eine feine Adresse mit Ausnahmebewirtschaftung für die Nazi-Elite, doch das Bristol hatte offenbar keinen so starken Schutzengel wie das Adlon: »Das Bristol wurde bei diesem Angriff völlig zerstört, keiner der Herren, mit denen ich noch am Abend zusammengesessen hatte, überlebte.«

Vorbereitung für die Zeit danach

Ungeachtet der katastrophalen Lage des Jahres 1944, der verheerenden Verluste an Menschen und Material, der militärischen Einbrüche an allen Fronten und des grenzenlosen Leids der Zivilbevölkerung, begannen die Spitzenbeamten der Ministerien schon die Zeit nach dem Krieg zu planen. Hans Kehrl arbeitete für seinen Vorgesetzten Albert Speer eine Rede aus, in der er betonte: »Freie Wirtschaft ist unmöglich, wir benötigen jetzt und nach dem Kriege eine planvoll gelenkte Wirtschaft.« Im Sommer 1944 wurde ein »Siegesprogramm« verkündet und Albert Speer regte das »Nachdenken über das Undenkbare« an.

Welche Rolle war dabei für Josef Neckermann vorgesehen? Hans Kehrl übertrug ihm neben der bisherigen Produktionsüberwachung auch die Verwaltungsaufsicht über die Lagerhaltung der Rohstoffe, Altkleidersammlung und Produktion. Als Hans Kehrl am 15. November 1944 das Ritterkreuz verliehen bekam, weil er als Leiter des Rohstoffamtes die schwierigsten Engpässe überwinden konnte, durfte sich auch Neckermann auf die Schulter klopfen. Unter seiner Leitung waren die Bestände der ZLG prall mit Kleidern gefüllt und überall im Reich gut versteckt. Selbst, wenn die Produktion auf fast null sinken sollte, gab es für die nächsten vier bis acht Monate noch Vorräte an Kleidern.

In diesen Tagen tat sich Neckermann noch enger mit Franz Hayler zusammen. Der Chef der Reichsgruppe Handel, Staatssekretär im Reichswirtschaftministerium, stand hoch in der Gunst sowohl bei Albert Speer als auch beim Reichswirtschaftsminister Walther Funk. Anfang 1945 witterte Hayler plötzlich Morgenluft. »Egal, wie der Krieg ausgeht, wir werden weiterhin gebraucht«, verbreitete er seinen Zweckoptimismus. Der gleichen Meinung waren übrigens auch Hermann Göring und Heinrich Himmler. Jeder glaubte auf seine Weise, für Europas Zukunft unentbehrlich zu sein. Hans Kehrl wurde als Wirtschaftsminister einer Nachkriegsregierung gehandelt. Solche Pläne wurden von Historikern mit dem Zustand eines Krebskranken verglichen, der zwar im Sterben liegt, aber sich täglich an die Hoffnung des Weiterlebens klammert.

Hermann Göring begann inzwischen, klammheimlich Kapital auf die Seite zu schaffen. Doch nicht heimlich genug, denn »Chefspitzel« Otto Ohlendorf bekam Wind davon. Plötzlich hieß es, in Görings Etat für den letzten Vierjahrsplan seien noch nicht alle finanziellen Mittel ausgeschöpft. Aus diesem Fond sollte auch Neckermanns Interessenkreis Textil nochmals bedient werden. Doch diesmal musste Neckermann allein handeln, denn Albert Speers Charisma als Garant für den »Endsieg« begann ab Herbst 1944 zu verblassen. Für massives »Störfeuer« sorgte der Reichsleiter Martin Bormann. Der begann heimlich, die Amtsenthebung Görings und Himmlers vorzubereiteten, was ihm allerdings erst im April 1945 gelang.

Ohlendorf hielt Neckermann über diese Entwicklungen auf dem Laufenden. Neckermann war klug genug, sich aus jeglichen Intrigen herauszuhalten. Auch »optisch« hielt er Maß, was ihm später sehr zugute kam. Obwohl ihn die braune SA-Montur und die militärische Einheitskleidung der Olympiareiter fasziniert hatte, verfiel er nicht dem Uniformenrausch seiner Kollegen. Sein Vorgesetzter Hans Kehrl trat in der grauen SS-Uniform zur Arbeit an, Neckermann dagegen agierte in Zivil. In seiner Zwitterposition als halb Beamter und halb Privatunternehmer hinterließ er auch nirgendwo eine Unterschrift, die ihn später hätte belasten können. Er ergriff für niemanden Partei und zeigte ab Anfang 1944 keinerlei Ambitionen, weiterzukommen.

Drei Waggons Kondome

Während sich auf den Korridoren der Ministerien und Ämtern dicke Luft ausbreitete, konnte Neckermann kurz vor Weihnachten 1944 für eine kleine Lachnummer sorgen. Der Reichsstelle Bekleidung oblag die Zuteilung jeglicher Art von Textilien, ob Kleider, Decken, Bettlaken, Taschentücher, Schuhe, Windeln oder Damenbinden. Auch alles, was im weitesten Sinne unter Schutzbekleidung fiel, gehörte dazu: Gummihandschuhe, Gasmasken, aber auch »hygienische Empfängnisverhütungsmittel«. Bei der Disponierung letzterer für Weihnachten 1944 musste etwas schief gegangen sein. Als das Telefon in seinem Büro klingelte, glaubte Josef Neckermann seinen Ohren nicht trauen zu können: »Herr Neckermann, die Kondome sind da. Aber wir haben große Probleme sie einzulagern.« – »Warum?« – »Es sind zu viele.« – »Wie viele?« – »Drei Waggons.«

Doch Neckermann wäre der falsche Mann auf seinem Posten gewesen, wenn ihm nicht eine Lösung eingefallen wäre. Zwei Wagenladungen Kondome wurden direkt an die Wehrmachtssoldaten verteilt. Ein Berg von den Gummidingern fand bei der festlichen Weihnachtsdekoration eine Verwendung. Da Kerzen, Lametta und Kugeln rar geworden waren, ließ Neckermann die Christbäume der offiziellen Stellen mit aufgeblasenen Kondomen dekorieren. Albert Speer amüsierte sich darüber köstlich: »Na, was haben Sie denn da wieder angestellt? Das ganze Ministerium ist ja versorgt!«

Die restlichen Präservative hob Neckermann als »Währungsmittel« auf und versteckte sie so gut, dass sie bis in die Nachkriegszeit überlebten. Sie waren auf dem Schwarzmarkt ein vielgefragter Artikel. Mitunter konnte man die Verhüter auch gegen Zigaretten tauschen, was dem starken Raucher Neckermann sehr entgegen kam.

Natürlich erzählte Neckermann auch seinen Bekannten im Hotel Adlon von der Geschichte. Unter seinen Zuhörern war auch eine Frau in Fliegeruniform. Sie hieß Beate Köstlin, war damals etwa 25 Jahre alt und hatte bei Görings Luftfahrtministerium den gefährlichen Job, Jagdbomber und Düsenjäger einzufliegen und zu überführen. Am 30. April 1945 flog sie den Russen aus Berlin davon und tauchte nach dem Krieg in Schleswig-Hostein wieder auf, wo sie einen kleinen Versandhandel gründete. Sie erinnerte sich daran, dass Neckermann sie gefragt hatte, was man mit 100 000 Kondomen anstellen könne. Also rief sie ihn an und fragte, ob er inzwischen eine Verwendung für die vielen Präservative gefunden habe. Neckermann verneinte. An den Namen der Dame konnte er sich zunächst nicht erinnern: Sie hieß inzwischen Beate Uhse.

Kapitel 12

»Wir feiern den Krieg, der Frieden wird fürchterlich«

Die letzten Tage des »Dritten Reiches«

Im Februar 1945 wurden bei einem flächendeckenden Bombardement alle Industrieanlagen in Berlin-Wedding endgültig zerstört, darunter Osram, Siemens, Telefunken und die Wäsche- und Kleiderfabrik Neckermann. Neckermann hatte die Lagerbestände vorausschauend nach Würzburg verlegt, da die Lazarettstadt als sicher galt. Auf den Kähnen am Main dümpelten fast eine viertel Million Einheiten verschiedener Textilsortimente, vom Arbeitskittel über die Unterhose bis zum Waschlappen. Von den Nähmaschinen und sonstigen technischen Einrichtungen blieb in Neckermanns Berliner Fabrik nur ein Haufen qualmender Schrott zurück.

Zu Neckermanns Aufgaben als Leiter der ZLG gehörte, nach solchen Luftangriffen die »Nackten« zu versorgen. Mit diesem Wort wurden in der Amtssprache Personen bezeichnet, die alles verloren hatten, aus den Trümmern herauskrochen und gerade ihr »nacktes Leben« retten konnten. Ab Mitte 1944 kamen jeden Monat etwa 200 000 solcher Antragsteller hinzu, die laut Erlass des Reichswirtschaftsministeriums mit mindestens einem Kleidungsstück auszustatten waren: Im Winter mit einem Mantel, im Sommer je nach Bedarf mit einer Hose, einer Jacke oder einem Hemd.

»Doch woher nehmen und nicht stehlen?«, schilderte Josef Neckermann die drückende Not der Lage. In Deutschland war die Produktion weitgehend zum Erliegen gekommen. Neckermann hoffte, in Italien, dem Traditionsland des Textils noch Ware zu finden, Rohstoffe oder vielleicht sogar schon fertige Kleidungsstücke. Nur wie sollte er die bezahlen? Zwar waren noch Berge von Reichsmark vorhanden, doch im internationalen Zahlungsverkehr besaß die Währung keinen Wert mehr. Für Stahl- und Eisenlieferungen aus Portugal wurde mit Gold gezahlt. Da tauchte unvermutet Rettung auf, und für Neckermann begann eines der merkwürdigsten Kapitel des Krieges.

Görings Diamanten

Restlos aufgeklärt ist die Geschichte bis heute nicht. Neckermann wollte gerüchtehalber gehört haben, dass Görings Vierjahresplanbehörde noch größere Vorräte an Diamanten hortete. Der Historiker Janis Schmelzer durchleuchtet in seinem Buch *Devisen für den Endsieg* die brisanten Hintergründe. Hermann Göring als Gründer der Vierjahresplanbehörde trug auch den Titel »Rohstoff- und Devisenkommissar« und erhielt im April 1936 von Hitler fast unbegrenzte Befugnisse. Es glich einer Erlaubnis zur Errichtung einer selbstständigen und unabhängigen Wirtschaft, eines Staates im Staat. Die Leitung der Geschäftsgruppe Devisen übernahm ein alter, persönlicher Freund Görings, der frühere Werkzeuggroßhändler Paul Körner, dessen Namen auch Neckermann bei der Schilderung des Diamanten-Deals öfter erwähnt. Körner, im Rang eines Ersten Staatsekretärs, leitete alle illegalen Transaktionen. Er war niemandem außer Göring Rechenschaft schuldig. Diese Finanzautonomie strebte Göring für sich und seine Behörde bereits ab 1933 systematisch an. Berühmt war sein Ausspruch: »Ich beabsichtige nicht, meine Diktatur damit zu beginnen, dass ich mir vom Finanzministerium Vorschriften machen lasse.« Im gleichen Atemzug maßregelte er auch den Reichsfinanzminister, Graf Schwerin von Krosigk: »Wenn ich Geld für besondere Zwecke benötige, wird mir das der Reichsbankpräsident zur Verfügung stellen.«

Über Görings Devisenstelle konnten sich auch private Unternehmen zum Beispiel an den Goldgeschäften im Dritten Reich beteiligen. Janis Schmelzer führt sie namentlich auf: »Degussa, die Deutsche Bank, die Dresdner Bank, das Bankhaus Sponholz & Co. und die Berliner Handelsgesellschaft.« Zu den Verstößen dieser Behörde unter Paul Körners Aufsicht, der zugleich als Aufsichtsrat mehrerer

Unternehmen fungierte, zählten Urkundenfälschungen über die Herkunft von Gold, Diamanten und sonstigen Raubgütern. Einige Aktivitäten wurden später in Nürnberger Prozessen auch als »Verbrechen gegen die Menschlichkeit« eingestuft.

Es ist bekannt, dass Göring bis zum Kriegsende über beträchtliche Sonderfonds, für »staatspolitische Zwecke« bestimmt, verfügte. Da klopfte eines Tages auch Josef Neckermann an. Er machte Paul Körner und seinem Mitarbeiter Dr. Friedrich Kadgien, einem Experten für das nationalsozialistische Devisenrecht, den Vorschlag, im Rahmen der Amtshilfe anzufragen, ob Göring ihm für die ZLG etwas von der härtesten Währung der Welt überlassen könne. Wenig später lag ein Haufen Diamanten auf dem Schreibtisch des Handelschefs Franz Hayler, um genau zu sein 12 941,17 Karat. Auf eine normale Waage gelegt, entspricht das einem Gewicht von etwas mehr als 2,5 Kilogramm. »Stellen Sie sich eine Obsttüte vor, nur voll mit Diamanten statt mit Äpfeln«, schrieb Neckermann.

In seinen Memoiren versicherte er, nach der ersten Überraschung habe er sorgfältig die Herkunft und die Zertifikate der Edelsteine geprüft, um sicher zu gehen, dass es sich nicht um Raubgut handelte. Alles schien in Ordnung. Görings Ministerialbeamte Körner und Kadgien legten Dokumente vor, die nachzuweisen schienen, dass ein Hamburger Bankenkonsortium die Klunker schon 1938 an der Amsterdamer Börse erworben hatte.

Im folgenden Handel trat Neckermann, bei dessen Bewegungen immer wieder erstaunt, wie trittsicher er sich im komplizierten und nicht ungefährlichen Gestrüpp der NS-Führung auskannte, als privater Geschäftsmann und nicht als Beamter des Reiches auf. Als Inhaber der Textilfirma Neckermann und Mitglied der ZLG wollte er mit den Steinen auf dem internationalen Markt Ware kaufen, um weiter produzieren zu können. Für den Kauf der Diamanten benötigte er selbst Geld, doch die Dresdner Bank vermittelte ihm anstandslos ein Darlehen. Knapp 5 Millionen Mark erhielt Josef Neckermann zur Finanzierung seiner neuen Aktion. Die Bank stellte einen Scheck in dieser Höhe aus, den sie direkt an die Reichsbank schickte, zur persönlichen Verfügung des Reichsbankpräsidenten und Wirtschaftsministers Walther Funk, der nach wie vor alle Anweisungen Görings akzeptierte.

»Die Übergabe der ›Steinchen‹ fand in einem größeren Kreis von hohen Beamten im Reichswirtschaftsministerium statt. Man sieht schließlich nicht jeden Tag zweieinhalb Kilo Diamanten auf einem Haufen. Fein säuberlich in kleinen weißen Umschlägen verpackt und pingelig mit Zahlen beschriftet, öffnete der Handelschef Franz Hayler vor der versammelten Runde ein Briefchen. Worauf ihm aus lauter Aufregung der Inhalt aus der Hand kullerte und auf dem Tisch in alle Richtungen rollte. Einige von diesen Glitzerkörnchen purzelten auf den Boden und verschwanden in Parkettritzen. Mein Gott! – Der Minister und ein halbes Dutzend seiner höchsten Beamten bückten sich, gingen auf die Knie, um die kostbaren Winzigkeiten Stück für Stück wieder aufzulesen«, beschrieb Josef Neckermann die Szene in seinem Buch. Der Minister war Walther Funk. Der blieb nach Neckermanns Angaben weiterhin der Weisungsberechtigte über »Görings Schatz«, wie man die Diamanten fortan im Reichswirtschaftministerium nannte, obwohl Neckermann sie käuflich erwarb.

Soweit Neckermanns Variante. Als die Geschichte von Görings Diamanten 1955 im *Spiegel* publik gemacht wurde, brach ein Sturm der Entrüstung los, und allerhand Gerüchte über die Herkunft der Steine tauchte auf. Es schien geradezu unglaublich, dass Göring dem Privatmann Neckermann im Tausch gegen ein Bündel wertloser Geldscheine 2,5 Kilo Diamanten verkauft haben sollte. Der Preis versetzte die Leser in helle Aufregung: Für ein Karat soll Neckermann 383 Reichsmark bezahlt haben, und das zu einer Zeit, als es in Deutschland schon mit 10 000 Reichsmark gehandelt wurde. Die Leser vermuteten eine dunkle Aktion. Reichsmarschall Göring, der besessene Sammler von Beutekunst, wollte sich auf alle Szenarien vorbereiten, die nach der Niederlage Deutschlands eintreffen konnten, von der Zusammenarbeit mit den Alliierten, über die Flucht nach Südamerika, bis zum Freikauf seiner Person vor der Verfolgung durch Juwelen. Es wurde viel darüber geschrieben, dass Göring gegen Endes des Krieges Boten anheuerte, um sein Privatvermögen und Teile des noch vorhandenen Reichschatzes wegzuschmuggeln. Gehörte Josef Neckermann vielleicht auch zu diesen Kurieren? Sollte er mit einem fiktiven Kauf von Diamanten für die ZLG nur die Spuren verwischen?

Ob es je geplant oder von vornherein als Finte gedacht war, das Geschäft mit den italienischen Textilherstellern kam nie zustande. Neckermanns Kommentar dazu: »Die Mühlen der ministeriellen, diplomatischen und militärischen Bürokratien mahlten jedoch so langsam, dass sich das italienische Geschäft zerschlug. Unser Vorhaben blieb Theorie.« Tatsache ist, dass Josef Neckermann mit einem Mal auf 2,5 Kilo Diamanten saß.

In Anbetracht der gefährlichen Lage durch die ständige Bombardierung Berlins beschloss Neckermann sofort, den Diamantenschatz nicht in einer Bank der Reichshauptstadt zu deponieren und schon gar nicht in seiner Suite im Adlon unterm Bett zu verstecken, sondern sie in das noch relativ sichere Bayern zu verfrachten.

Mit seinem Dienstwagen, einem DKW mit Holzrahmen und Türen aus Spanplatten, fuhr Neckermann also am 20. März 1945 ins Alpenvorland nach Miesbach, die beiden Stahlkassetten voll glitzernden Inhalts unter dem Beifahrersitz. Kaum angekommen, mietete er einen Safe in einer Bank an. Die Wahl fiel auf Miesbach, da es in der Nähe der Ausweichdienststelle der Reichskanzlei auf dem Obersalzberg im Berchtesgadener Land gelegen war. Dorthin, 800 Kilometer von Berlin entfernt, zogen sich nicht nur die Führungsköpfe, sondern zunehmend mehr Dienststellen zurück. In Berliner Jargon nannte man das Alpengebiet den »größten Luftschutzkeller Deutschlands«. Außerdem befand sich Neckermanns Familie bereits am Tegernsee, und so konnte der eifrige Katholik Neckermann diese Dienstreise auch mit der Feier der Erstkommunion seines ältesten Sohnes Peter verbinden. Sonst hätte er es kaum geschafft: Seit der Bombardierung der Leuna-Werke war Sprit kostbarer als Blut. Wegen der drastischen Sparmaßnahmen durften nur noch die obersten Parteiführer und die Minister selbst solche Dienstreisen antreten. Das Glück war Neckermann hold: Es gelang ihm, unbehelligt mit einem Koffer voller Diamanten durch das brennende Deutschland zu kutschieren.

Doch kaum hatte Neckermann die Diamanten in Miesbach deponiert, musste er sie am 11. April schon wieder abholen und diesmal im Safe der Reichsbank in Berlin unterbringen. Es sollte nicht die letzte Aktion gewesen sein: »Die Steinchen wurden mir allmählich lästig. Ich versuchte sie loszuwerden. Mochte in Zukunft die Verantwortung für sie tragen, wem Verantwortung zukam. Das Reichswirtschaftsministerium. Doch die Herren waren anderer Meinung.« In einer Besprechung mit Funk, Hayler und Ohlendorf wurde beschlossen: »Behalten Sie die Diamanten! Für den Neuanfang werden Sie sie bestimmt brauchen können. Es kann ja nicht alles zu Ende sein...«

Die Geschichte mit den Diamanten war aber noch lange nicht zu Ende. Am 15. April wurden 3 036 Karat über das Hamburger Bankhaus Marwitz, Delacamp & Co. verkauft. Vom Erlös ging auf dem Berliner Konto der ZLG eine Zahlung von 2 325 798 Reichsmark ein. Gleichzeitig nahm Josef Neckermann den Rest der Diamanten, mehr als 9 000 Karat, wieder in seine Obhut. Wenn das Geschäft tatsächlich so abgelaufen sein sollte, hätte Neckermann die Hälfte des von ihm gezahlten Geldes zurückbekommen und wäre noch immer im Besitz von mehr als drei Vierteln des Diamantenschatzes gewesen.

Ruhe vor dem Sturm

Der Einfluss Josef Neckermanns reichte aus, um die Kohlenhandlung als ein für die Kriegswirtschaft unentbehrliches Energieunternehmen einstufen zu lassen. Mitarbeiter erhielten in ihren Personalpapieren den Stempel »u.k.« – unabkömmlich. Einer fühlt Josef Neckermann gegenüber bis heute besondere Dankbarkeit: Karlheinz Klug, der Sohn des Firmenprokuristen Guido Klug. Er erzählt: »Mein Vater konnte es sich nicht verkneifen, Witze über den Führer zu erzählen. Die Gestapo hatte ihn verhaftet. Die Strafe für Hitler-Witze war KZ oder sogar Hinrichtung. Da schaltete sich Herr Neckermann sofort ein. Mein Vater wurde freigelassen, er hatte ihm damit das Leben gerettet.«

Walter Neckermann, zu diesem Zeitpunkt Oberleutnant der Wehrmacht, erhielt im September 1943 zum zweiten Mal Urlaub von der Ostfront. Zu Walters Fronturlaub gehörte auch ein Gutschein für ein Sporthotel in den Berchtesgadener Alpen, in der Nähe des Führerhauptquartiers am Obersalzberg. Neben seiner Frau Elsa war auch deren Freundin Lotte Döring samt Mann, ebenfalls ein Offizier der Wehrmacht, mit von der Partie. »Er brachte eine Flasche Champagner mit. Die haben wir im Zug nach Berchtesgaden fröhlich geleert. Die Fahrt war sehr lustig«, erinnerte sich die Freundin.

War nach dem ersten Heimaturlaub Sohn Peter zur Welt gekommen, wurde neun Monate nach dem Ausflug nach Berchtesgaden, am 22. Mai 1944, die Tochter Marlene geboren. Das Thema Krieg spielte keine Rolle. »Im Urlaub wollten wir lustig sein und haben als dafür getan, um die düsteren Gedanken fernzuhalten. Walter hatte nur einmal erzählt, wie er an der Front im offenen Kübelwagen fuhr, als plötzlich ein Tiefflieger auftauchte. Die Schüsse hatten seinen Wagen voll getroffen. Sein Fahrer war auf der Stelle tot. Walter trug nicht mal eine Schramme davon«, berichtete Lotte Döring. Was die Familie jemals über die Kampfeinsätze des Vaters erfuhr, drückte sich bei ihm in einem einzigen Dankesstoß aus: »Madonna hat geholfen!« Marlene erzählt heute: »Mein Vater trug bei sich in seinem Portemonnaie immer ein kleines Bild von der Madonna unter Glas im roten Rahmen. Er war fest davon überzeugt, sie hatte ihn beschützt. Mit diesem Heiligenbild fühlte er sich unverwundbar. Er überstand sechs Jahre Krieg in härtesten Frontkämpfen ohne eine einzige Verletzung.«

Lotte Döring erinnert sich, wie sie mit ihrer Freundin Elsa die Kriegszeit in Würzburg verbrachte: »Wir gingen fast jeden Tag ins Café Charlotte. Es lag in der Nähe vom Bahnhof. Da kamen junge Offiziere vom Fronturlaub immer rein. Es wurde Tanzmusik gespielt. Zum Trinken gab es nur Kaffeeersatz oder Tee. Aber für uns hatte der Besitzer heimlich in die Kaffeekännchen Wein abgefüllt. Zum Teil waren es ganz schön wilde Feste. Unser Motto war damals: ›Wir feiern den Krieg, der Frieden wird fürchterlich.‹«

Besonders gern erinnert sich Lotte an Rosita Serrano, eine Chansonsängerin mit einem unverwechselbaren Sopran. Ihr bekanntestes Lied hieß »Roter Mohn«, ihr Markenzeichen war ihre unglaubliche Wespentaille. Zu ihren Auftritten trug sie ein raffiniertes Satinkleid, purpurrot glänzend mit einem gewagten Ausschnitt. Der obere Rockteil lag eng um ihre Hüfte und Schenkel und sprang am Knie in großen Fächerfalten auf. Aufgrund ihrer Herkunft nannte man die Diva »chilenische Nachtigall«.

Nach einem Gastspiel von Rosita Serrano in Würzburg ging die Feier im »Café Charlotte« weiter. Rosita, für ihre Großzügigkeit bekannt, hielt die Gäste frei. Es ging ausgelassen zu: Elsa und Lotte, die beiden Flotten, tanzten auf den Tischen mit. »Im Morgengrauen brachten wir Rosita zum Zug. Es war eine unvergessliche Nacht. Es war eine schöne Zeit.«

Lotte Döring war am Fliegerhorst in Markt Heidenfeld bei Würzburg dienstverpflichtet. Weil sie Englisch sprach, hörte sie den feindlichen Funkverkehr ab. Doch in Würzburg gab es weniger zu befürchten als im Rest des Reiches. Als Lazarettstadt war Würzburg durch die Genfer Konventionen geschützt. Es gab einige wenige Luftangriffe auf den Bahnhof, die Rangiergleise und das Gewerbegebiet entlang des Mains. Die Einwohner wiegten sich in der trügerischen Sicherheit, dass der Krieg an diesem Ort mit seinen vielen Heiligen vorbeiziehen würde, ohne großen Schaden anzurichten. In dieser Illusion lebten die Würzburger bis zum März 1945.

Bomben auf Würzburg

Der 16. März 1945 war ein wolkenloser, sonniger Tag mit für diese Jahreszeit ungewöhnlich warmen Temperaturen. Das schöne Wetter verbreitete fast sorglose Stimmung. Am frühen Vormittag klingelte in Neckermanns Berliner Büro das Telefon. Was der anonyme Anrufer hastig mitzuteilen hatte, ließ Neckermann noch jahrelang rätseln. »Ich wurde von einer Männerstimme mit starkem ausländischen Akzent gewarnt, dass Würzburg noch an diesem Tag zerstört wird.«

Solche geheimnisvollen Mitteilungen waren keine Seltenheit. Erst vor kurzem stellte sich heraus, dass vor dem 13. Februar, dem Tag der Zerstörung Dresdens, sogar an Hitler persönlich eine Warnung ging. Experten des Militärhistorischen Forschungsamtes in Potsdam fanden den Brief eines Günther Brückner, der am Kampfgeschwader-Flugplatz Eggebek bei Flensburg stationiert war. Wusste dieser einfache Soldat mehr als die Reichsführung? Woher stammten solche Informationen? Oder verheimlichte die infame Hitler-Clique die drohenden Gefahren?

Josef Neckermann jedenfalls nahm die Warnung ernst. Er rief in

Würzburg an und alarmierte seine Schwester Mady, seine Mutter Jula, die Schwägerin Elsa und die Angestellten der Kohlenhandlung J.C. Neckermann.

Die Würzburger Neckermanns verfügten über den Luxus eines eigenen Luftschutzbunkers. Der Kommerzienrat Franz Josef Lang, Schwiegervater mütterlicherseits, besaß einen Winzerbetrieb mit einem geräumigen Wein- und Sektkeller am Adolf-Hitler-Ring 6. Dieser Keller befand sich auf dem Grundstück des rund 5 000 Quadratmeter großen landwirtschaftlichen Anwesens und führte tief in den Hang hinein.

In der Sterngasse 3 wurde fieberhaft die Evakuierung vorbereitet. Vorräte von Lebensmitteln, Kleidern, Bettzeug, sogar einige Stühle und das mächtige Allmarium (so bezeichnete man früher Schränke für das Vorzimmer, in denen man von Porzellan, Tafelsilber, Bücher verstaute), ein Erbstück des Großvaters Peter Neckermann, wurden auf einen Leiterwagen verladen. Danach verließ die Familie das Zentrum zwischen 17 und 18 Uhr.

Zur gleichen Zeit starteten in England die Bomber Groups Number 1, 5 und 8 der Royal Air Force. Die Bomber Group Number 5 galt als das erfahrenste und präziseste Geschwader im Luftkrieg gegen Deutschland. Die Piloten hatten bereits Heilbronn, Darmstadt, Königsberg, Braunschweig, München und Kassel bombardiert. Am 13. Februar wurden sie als Helden für den Luftangriff auf Dresden ausgezeichnet. Mehr als 500 Flugzeuge formierten sich in einer Himmelsschleife über Reading, östlich von London. Gegen 18 Uhr nahm der geschlossene Bomberverband Kurs auf Deutschland. Lotte Döring konnte die Funksprüche bereits mithören, doch sie dachte, die Staffel würde vorüberziehen, wie immer. Kurz nach 19 Uhr wurde in Würzburg ein »Kleinalarm« ausgelöst. Um 20 Uhr heulten die Sirenen mit aller Macht los. Jetzt erst eilten die Einwohner in panischer Angst in die Schutzräume.

Die Plätze waren genau zugeteilt, jeder hatte seine Nummer. Die Eingänge wurden von bewaffneten SS-Männern bewacht, die alle streng kontrollierten und Fremde ohne »Platzkarte« gnadenlos zurückwiesen. Da es für einen Alarm dieser Größenordnung in Würzburg nicht ausreichend Schutzräume gab, verbreitete sich eine hilfreiche Nachricht wie ein Lauffeuer: »Bei den Neckermanns gibt es noch freie Plätze im Weinkeller. Jeder darf rein!« Dorthin strömten sofort mehr als 2 000 Menschen, in der Hoffnung sich zu retten. Sie erreichten den Eingang im letzten Moment. Sieben Minuten nach 21 Uhr meldete schon das Funk-Horch-Regiment West in Limburg an der Lahn: »Größte Gefahr für Würzburg.«

Über Crailsheim trennte sich der Bomberverband der Briten: 280 Maschinen flogen in Richtung Nürnberg, 236 in Richtung Würzburg. Um 21.25 Uhr hörte man das pfeifende Kreisen eines Flugzeugs im Sturzflug über der Stadt. Diesen Aufklärungsflieger nannten die leidgeprüften Deutschen sarkastisch den »Zeremonienmeister«. Er markierte die Angriffsziele mit »Christbäumen« – so hießen die Phosphorbomben, die nach dem Einschlag etwa 15 Minuten lang einen Feuerwerkschweif in den Himmel sprühten. Fünf Minuten später erfolgte der Bombenangriff. In drei Wellen wurden 380 000 Stabbrandbomben, 180 bis 220 Sprengbomben zu je 500 Kilogramm und eine unbekannte Menge Petrol-Gelee-Kanister abgeworfen. Punkt 21.42 Uhr drehte die »Präzisionsstaffel« ab. In knapp zwölf Minuten wurde die Stadt zu 82 Prozent zerstört. Noch aus 200 Kilometern Entfernung konnte man am Himmel die Glut des Flammeninfernos in Würzburg sehen.

Um Mitternacht erreichte die Brandhitze in der Innenstadt unvorstellbare 1 000 Grad. Was der Bombenhagel verfehlte, vernichtete ein glühend heißer Luftsog, der wie bei einem Vulkanausbruch durch die Straßen fegte. Etwa 5 000 Menschen, davon 3 000 Frauen und 700 Kinder, starben von Bombenexplosionen zerfetzt, von Trümmern erschlagen, vom Feuer verbrannt, vom Rauch in den Kellern erstickt. Nur der Ringpark, wo auch der Weinkeller der Neckermanns lag, blieb wie durch ein Wunder vom Inferno verschont. Wer dort war, nannte fortan den Namen Neckermann in einem Atemzug mit den Heiligen Kilian, Kolonat und Totnan – den Schutzpatronen von Würzburg.

»Das Volk soll büßen«

Walter Neckermanns Tochter Marlene, die beim Luftangriff zehn Monate alt war, bekam diese Geschichte unzählige Mal zu hören, bis sie sie selbst erzählen konnte: »Den Stuhl mit der hohen Lehne, auf dem meine Mutter mit einem Paravent von den anderen Leuten getrennt saß, bewahrten wir noch lange nach dem Krieg in unserer Wohnung auf. Der hässliche alte Schrank des Großvaters stand später auf unserem Gang. Ich habe dieses schwere, nutzlose Monstrum als Kind gehasst.« Aber gleich ergänzt sie: »Immerhin hat dieses Stück Würzburgs Bombenangriff unversehrt überstanden und wurde deshalb von meiner Mutter schon aus Aberglaube wie ein Heiligtum geschätzt.«

Am Tag nach dem vernichtenden Angriff eilte Josef Neckermann nach Würzburg, in Begleitung von Reichshandelschefs Franz Hayler und SS-Obergruppenführer Otto Ohlendorf. Auch dies war ein Beweis, in welcher Machtposition er sich befand und welchen Einfluss er hatte: »Falls ich es für nötig hielt, konnte ich mich jederzeit an den Minister Albert Speer wenden«, vermerkte er selbst. Aus der Reihe der schwer betroffenen Städte erhielt nur Würzburg wegen Überprüfung der Versorgungslage mit Bekleidung nach einem Bombenangriff ministerialen Besuch, weil Josef Neckermann hier seine Lagerbestände hatte. So konnte er den Schaden seines Unternehmens in Würzburg sofort inspizieren.

Sein Kaufhaus in der Schönbornstraße war ausgebrannt, die Filiale für das Billigwarensortiment in der Eichhornstraße in einen Schutthaufen zusammengesackt. Vom Elternhaus in der Sterngasse war nur ein Ruinenfeld übrig. Weniger beschädigt stand dagegen das Modehaus Vetter, ebenfalls ein Neckermann-Betrieb. Hier waren auch Büros für die ZLG untergebracht, die zur weiteren Nutzung noch halbwegs geeignet waren. Von Glück sprach Neckermann, als er die Lastkähne auf dem Main besichtigte: »Alles unversehrt.«

Die hier eingelagerten Textilien wollte Josef Neckermann sofort an die Bevölkerung verteilen. Für diese Hilfsaktion benötigte er allerdings die Genehmigung des zuständigen Gauleiters Dr. Otto Hellmuth. Der ehemalige Zahnarzt, seit 1925 überzeugtes NSDAP-Mitglied und Angehöriger des Nationalsozialistischen Kraftfahrerkorps, Rechnungspreller bei Neckermanns Schwiegervater, besaß den Ruf, »noch katholischer als der Papst« zu sein. Neckermann war schon während der Übernahme des Kaufhauses Ruschkewitz mit ihm aneinandergeraten. Nach dem Bombenangriff auf Würzburg merkte Josef Neckermann, welche Fanatiker die NS-Diktatur hervorgebracht hatte. Nur kam seine Ernüchterung zu spät. Gauleiter Hellmuth soll Neckermann nach der Zerstörung Würzburgs zynisch mit einem Hitler-Zitat empfangen haben: »Das Volk soll dafür büßen, dass das Dritte Reich unaufhaltsam seinem Untergang entgegentrudelt. Das Volk verdient wegen seinem Verrat keine Hilfe mehr.«

Auch die beiden hohen NS-Funktionäre konnten nicht verhindern, dass Hellmuth die Lastkähne versenken ließ, die randvoll mit Textilien der ZLG gefüllt waren. Der Gauleiter berief sich auf die Anordnung des Führers: Er wolle verhindern, dass die Kleidung dem Feind in die Hände fällt.

In jener Bombennacht des 16. März 1945 teilte Gustav Schickedanz das Schicksal von Josef Neckermann. Es war das gleiche Geschwader, das sich über Crailsheim in zwei Gruppen aufteilte. Die Staffel, die nach Nürnberg flog, vernichtete die Lagerhäuser von Quelle bei Fürth. Dabei verbrannte auch die Adresskartei. Das größte Versandimperium der damaligen Zeit war ausgelöscht.

Ein totes Land

Auf Neckermann hatte der Bombenhagel auf Berlin und Würzburg die von den Alliierten erwünschte Wirkung: Er zermürbte ihn. Das Bild, das sich aus dem Fenster seiner Suite im Adlon bot, war an Trostlosigkeit nicht mehr zu übertreffen. Die Durchfahrt zum Brandenburger Tor war mit Steinen zugeschüttet, der Pariser Platz verbarrikadiert. Nicht einmal das Hotel Adlon vermochte sein Niveau zu halten. Die Herren im Hause waren jetzt die SS. Ihre lauten Befehle hallten durchs Foyer. Frauen mit Luftschutzanzügen und Gasmasken, Russinnen und Ukrainerinnen, schoben Bereitschaftsdienst, um nach Luftangriffen die Toten und Schwerverletzte aus den Trümmern zu bergen. In der Eingangshalle wurden sie versorgt. Im Friseursalon wurde ein provisorischer Operationsraum eingerichtet, der Ballsaal zur Lazarettstation umfunktioniert. Nur die Ober im Frack bewahrten die Haltung und servierten den letzten Gästen schweigsam trockenen Feldkuchen.

Josef Neckermann spürte jetzt, dass es für ihn höchste Zeit wurde, die Reichshauptstadt zu verlassen. Mit seinen Beziehungen schaffte er es, schneller als die anderen zum Ausweichstab Süd des Wirtschaftsministeriums nach Bad Wiessee versetzt zu werden. Der Reichsmarschall Hermann Göring residierte schon in Berchtesgaden. Von dort aus bat er am 23. April 1945 um Hitlers Einverständnis, die Staatsgeschäfte übernehmen zu dürfen. Ein verhängnisvoller Fehler. Kaum lag das Gesuch auf Hitlers Schreibtisch, ließ der erzürnte Führer seinen einstigen Weggefährten und zweiten Mann im NS-Reich von der Waffen-SS verhaften. Im gleichen Zug wurde Göring aller Ämter enthoben und aus der NSDAP ausgeschlossen.

Josef Neckermann tuckerte derweil (seinen Memoiren zufolge muss es kurz nach dem 20. April gewesen sein) mit seinem DKW von Berlin in Richtung München. Der Bericht über die Fahrt gehört zu den abenteuerlichsten Passagen in seiner Autobiografie. Der Wind trug schon den Donner der amerikanischen Sherman-Panzer aus der Ferne heran. Die deutschen Panther und Tiger lagen ohne Sprit verlassen im Graben. Im vollen Kofferraum von Neckermanns DKW lag neben wichtigen Unterlagen noch eine Schachtel mit Präservativen. »Nicht für den Eigengebrauch«, vermerkte Neckermann in seinen Erinnerungen akribisch, »sondern für Tauschzwecke.« Und natürlich hatte er auch wieder jene zwei verschlossenen Diamantenkassetten im Gepäck. Für die Überführung hatte er alle nötigen Ausweise und Begleitpapiere dabei. Sollten ihn die Gestapo oder versprengte Patrouillen der Feldpolizei aufhalten, dürften ihm die Stempel und Unterschriften von höchsten Stellen die Freifahrt sichern.

Unterwegs zeigte der Krieg seine hässlichste Fratze. Das Land war zerschossen, zerbombt, verbrannt, kaputt. Wie schreckliche Mahnmale der Anklage ragten die schwarzen Ruinen der Städte in den Himmel. Auf den Straßen waren kaum Menschen zu sehen. Alle versteckten sich so gut es ging in Scheunen, Schuppen und Stallungen. »Ich fuhr durch ein totes Land,« schreibt Neckermann in seinen Memoiren. Nur die Kradmelder der Wehrmacht flitzten hin und wieder vorbei, verzweifelt bemüht, die beschädigten Telefonleitungen wieder zusammenzuflicken. Und immer wieder drang aus der Ferne das Heulen der Sirenen, das Jaulen der Jagdflieger, das hektische Stakkato der Explosionen und das scheppernde Echo nach den Granateneinschlägen an Neckermanns Ohren.

Der Motor von Neckermanns DKW keuchte zwar an jedem Hang, war dafür aber sparsam im Verbrauch. Mit vollem Tank und einem Reservekanister mit 25 Litern Sprit schaffte der leichte, frontgetriebene Wagen die Strecke bis nach München. Bis kurz vor Hof verlief die Fahrt ohne Zwischenfälle. Auf einmal zeichnete sich auf dem Weg ein gespenstisches Bild ab. Graue Lastwagen der Wehrmacht, eine ganze Kolonne, verlassen, von Kugeln durchsiebt, teils ausgebrannt. Es handelte sich um einen Transport, der von US-Kampffliegern angegriffen und zerstört worden war. Die Ladung, unter anderem hunderte Kommissbrote, lag verstreut auf der Straße. Josef Neckermann hielt an und packte ein Dutzend davon in seinen Wagen. Einige Kilometer weiter geriet er in eine Straßensperre. Ein Blick des Kontrollpostens in den Wagen und schon wurde Neckermann verhaftet. Der Grund waren die Kommissbrote auf der Rückbank. »Sie sind ein Verbrecher!«, schrie der Streifenführer. »Das ist Raub von Wehrmachtsgut. Sofort abführen!«

Das Schicksal von Josef Neckermann befand sich nach der Verhaftung in den Händen des Dienstleiters der Gestapo in Hof. Hätte der entschieden, ihn an eine der SS-Todesschwadronen auszuliefern, hätte Neckermann die sofortige Erschießung gedroht. Berlins Ministerien waren schon zu weit weg. Die Lawine des Untergangs rollte unaufhörlich und konnte jeden Moment jeden erfassen. Die Totenkopfträger in den schwarzen Uniformen übten Vergeltung an den eigenen Landsleuten, gemäß dem letzten Führerbefehl: »Alle Verräter sind zu bestrafen. Jeder, der bereit ist, vor dem Feind zu kapitulieren oder zu fliehen, hat seine Daseinsberechtigung als Deutscher verwirkt.«

Für jeden Feldpolizisten oder die Gestapo lag der Verdacht nahe, dass Josef Neckermann auf der Flucht war. Doch er hatte Glück. Nach einigen Stunden des Verhörs ließ der Gestapodienstleiter ihn laufen. Seine Dokumente bestätigten, dass er für den »Endsieg« unterwegs war. »Ich durfte sogar die Kommissbrote behalten.«

Kurz hinter Bamberg geriet Neckermann in die nächste brenzlige Situation. Jagdbomber der Alliierten tauchten im Tiefflug auf. Neckermann trat auf die Bremse, sprang aus dem Wagen, rannte aufs

Feld, warf sich in eine Furche und drückte seinen Kopf tief in die matschige Erde. Der Lärm des Höllenfeuers aus den Maschinengewehren der Flieger betäubte seine Sinne. Als sich das Fliegergeheul entfernte, hob er langsam den Kopf und sah die zerschossenen Reifen seines Wagens. Mehrere Einschüsse hatten die Motorhaube durchlöchert. Unten tropfte Öl und Kühlwasser auf die Straße. An eine Weiterfahrt war nicht zu denken.

Josef Neckermann ließ den Wagen samt Gepäck am Straßenrand zurück. Den Kofferraum unverschlossen, die Türe sperrangelweit offen. Damit dachte er, Diebe abzuhalten, »weil sie annehmen mussten, der Fahrer wäre nicht weit weg von dem Fahrzeug«. Um Hilfe zu suchen, begab er sich dann zu Fuß zum örtlichen Wehrmachtskommando nach Bamberg. Dort gelang es ihm tatsächlich, noch einen Ersatzwagen aufzutreiben. Die Glückssträhne riss nicht ab. Als er zurückkam, fand er das Wrack seines DKW unberührt vor. Alle Schätze waren noch da: Brot, Diamanten, Dokumente und Präservative. Wohlbehalten traf er einige Stunden später in München ein.

Der Henker von München

Neckermann schreibt, er sei in den nächsten Tagen vor allem darum bemüht gewesen, die noch existierenden Bekleidungsbestände des ZLG in Bayern ausfindig zu machen, um sie an die Bevölkerung zu verteilen. Er beklagt sich bitter darüber, dass er von der Seite des NS-Apparats daran gehindert worden sei. Die Beamten hätten auf die Einhaltung der Reichsvorschriften bis zum »Endsieg« beharrt. Die Angst vor der allgegenwärtigen Waffen-SS ließ ihn jedoch auch vorsichtiger werden. Denn inzwischen genoss er keinen Schutz mehr: Sein bisheriger »Pate« Otto Ohlendorf war nicht mehr erreichbar, Franz Hayler war nach Görings Verhaftung auf Weisung Bormanns aus dem Amt entfernt worden. Neckermann musste auf eigene Faust zurechtkommen. Recht überzeugend vermittelt er den Eindruck, dass er im Gegensatz zu der NS-Führung das Leid der Menschen sah und helfen wollte. Dabei geriet er selbst in Gefahr.

Am 2. Mai fand sich Josef Neckermann in dem Bunker der Gauleitung an der Ludwigstraße zu einem Termin ein. Doch gleich am Eingang schnappten ihn zwei SS-Soldaten. »Sie sind verhaftet!«, brüllten sie. Seine Papiere wurden auf der Stelle entwertet. Neckermann wurde in den Hof geführt und musste sich mit erhobenen Händen neben etwa 40 weiteren Gefangenen hinstellen. Die SS-Männer rannten lärmend hin und her. Die Eisenbeschläge an ihren Stiefeln hämmerten auf den Steinplatten. Immer wieder hörte man Schüsse fallen und Schreie gellen: »Du Vaterlandsverräter.«

Die Vergeltungsaktion galt dem Aufstand »Freiheitsaktion Bayern«, die der Hauptmann Rupprecht Gerngroß im Rundfunk ausgerufen hatte. Es war ihm gelungen, mit einer Truppe den Sender in Freimann und Erding zu besetzten. Doch der Putsch wurde innerhalb eines Tages niedergeschlagen. Der Anführer Gerngroß schaffte die Flucht in die Berge. Dort versteckte er sich bis zum Kriegsende in einer Alpenhütte. Die Mitverschwörer wurden verhaftet, teils nach Dachau ins KZ verschleppt und ermordet. Bei der Razzia in der Gauleitung wurden Listen der Mitwisser der Putschaktion vorgefunden. »Jemand hatte auch den Namen Josef Neckermann draufgesetzt«, vermutete Neckermann. War es nur ein hinterhältiger Denunziant oder hatte es etwas mit der Verhaftung Görings zu tun? Neckermann hatte in diesen letzten Kriegstagen viel Glück. Durch Zufall erfuhr Gauleiter Paul Giesler, den er hatte aufsuchen wollen, von seiner Verhaftung.

Giesler war durch seine brutalen Terrormethoden bekannt geworden. In München hatte er im Frühjahr 1943 die kleine Widerstandsgruppe »Weiße Rose« zerschlagen und die Geschwister Scholl und ihre Freunde ermorden lassen. Im April 1945 wurde er noch zum federführenden Reichsverteidigungskommissar im süddeutschen Raum befördert. In Hitlers politischem Testament vom 29. April 1945 wurde Giesler für seine Verdienste mit dem Amt des neuen Reichsinnenministers bedacht. Seine letzte Amtshandlung war die blutige Niederschlagung der »Freiheitsaktion Bayern«.

Gieslers Ende war unrühmlich. Am 8. Mai, dem Tag der Kapitulation, starb er auf der Flucht vor den US-Truppen in Berchtesgaden. Gemeinsam mit seiner Frau versuchte er sich mit Gift das Leben zu nehmen. Da die Mischung zu schwach war, verätzte er sich die Atem-

und Speisewege. Sein Tod war qualvoll. Die Ironie des Schicksals wollte es, dass Josef Neckermann ausgerechnet diesem NS-Schergen sein Leben verdankte.

Kapitel 13

»Freiwillige für Unternehmen ›Rabenhügel‹ gesucht«

Die Kriegserlebnisse von Walter Neckermann

Ardennen. Aus dem stickigen Talkessel der alten, dichtbesiedelten wallonischen Industriegebiete hinaufgelangt, duftet es hier nach Birken, Buchen, Fichten und feuchtem Sumpfgras. Das Aroma der Kamillensträucher wabert über Moor, Heide und Wald. Das sanfte Mittelgebirge verläuft von der deutschen Grenze quer durch Südbelgien über das westliche Luxemburg bis nach Nordfrankreich. Die Landschaft bietet viele schöne Aussichtspunkte mit Kirchen, Burgen und Schlössern in landestypischer Spätgotik. In den pittoresken Altstädten wölben sich romanische Kuppeln.

Auf der Hauptverkehrsstraße zwischen Aachen und Lüttich brausen Reisebusse. Darunter auch die gelben Bussen mit der rotschwarzen Aufschrift NUR der Gruppe Neckermann Belgique und Neckermann Nederland. Die Reiseführer kommentieren das Panorama: »Hier entlang führte 1940 der erste deutsche Vormarsch gegen Frankreich, die ›Operation Sichelschnitt‹. Vier Jahre später, im Winter 1944/45, erfolgte an der gleichen Stelle die letzte deutsche Offensive, das ›Unternehmen Herbstnebel‹. Was von Hitlers Armee noch übrig war, wurde an diesem Ort zermürbt. Der letzte Rest des deutschen Kriegsmaterials vernichtet.«

Dass an der legendären Ardennenoffensive auch ein Mitglied der Familie Neckermann teilnahm, würden die Reiseleiter bestimmt erwähnen, wenn sie es wüssten. Dieses historische Detail dürfte bei der Popularität dieses Namens in Belgien und Holland fast brisant klingen. Doch selbst die Familie hatte über 50 Jahre lang keine Ahnung davon. Für die Enthüllung sorgte der Zufall.

Am 10. Juni 2002 lief eine Dokumentation über Josef Neckermann in der ARD-Reihe »Lebensträume«. Trotz des ungünstigen Sendeplatzes gegen 23 Uhr sahen etwa 3,6 Millionen Zuschauer zu. Das ergab einen beachtlichen Marktanteil von 12,7 Prozent, was durchaus der Zuschauerquote eines Bundesligaspiels entspricht. Einer der Zuschauer rief gleich nach der Sendung bei der Telefonauskunft an und fragte nach einem Neckermann in Würzburg. Er erhielt die Nummer der Firma J.C. Neckermann, Brennstofflager-Kohlengroßhandlung-Biodiesel-Auslandsvertrieb GmbH & Co. KG, Südliche Hafenstraße 9. Am nächsten Tag rief er beim stellvertretenden Geschäftsführer Dieter Heisig an und stellte sich als Hermann Koch aus Ellerhoop vor. Er fragte vorsichtig, ob Walter Neckermann noch am Leben sei. Er sei »ein alter Frontkamerad«.

Dieser unerwartete Anruf weckte bei der »Würzburger Linie« der Neckermanns ein reges Interesse an der Vergangenheit. Hermann Koch schrieb der Familie einen langen Brief, und was er zu erzählen hatte, sorgte für einige Überraschung.

Hermann Koch, Jahrgang 1923 und im Jahre 1942 zur Wehrmacht eingezogen, schrieb, er sei Walter Neckermann Anfang September 1944 im militärischen Manöverlager der Wehrmacht in Grafenwöhr in der Oberpfalz zum ersten Mal begegnet. Der Obergefreite Koch war nach der Landung der Alliierten in der Normandie stationiert gewesen und am 18. August bei der Kesselschlacht von Falaise verwundet worden. Nach der ärztlichen Versorgung war er zu einem neuen Sammelplatz für Einsatztruppen nach Wuppertal abkommandiert worden. Hermann Koch verfasste für die Familie Neckermann einen schriftlichen Bericht, in dem er festhielt: »Neben der Kompanie-Schreibstube stand auf der schwarzen Tafel in großen Lettern: Freiwillige für Unternehmen ›Rabenhügel‹ gesucht. Mit drei Kumpels habe ich mich gemeldet. Wir dachten, es könnte ja vielleicht etwas ganz Neues sein. Wir tippten auf den Einsatz der V-Waffen – die V1 oder V2. Danach sind wir nach Grafenwöhr versetzt und gleich von der Außenwelt abgeschlossen worden. Es herrschte ab sofort Schreibverbot. Auf Rausschmuggeln der Post stand die Todesstrafe.

Wir wurden an englischen und amerikanischen Waffen ausgebildet, von der Wehrmacht bei den Schlachten an der Westfront erbeutet. Unsere Fahrzeuge waren alle englischer beziehungsweise amerikanischer Herkunft. Die Uniformen, die wir dort verpasst bekamen, vom Schuhzeug bis zum Stahlhelm war alles amerikanisch. Dienstsprache, Kommandos, sogar die Unterhaltung unter den Kameraden, alles verlief in englischer Sprache. Wir hatten in unserer Einheit Kumpels, welche irgendwo auf der Welt in britischen Kolonien als Söldner gedient haben. Die gaben uns Unterricht. Hier in Grafenwöhr entstand zwischen mir und Walter Neckermann ein ganz kameradschaftliches Verhältnis.«

Kämpfen und Schweigen

Walter Neckermann war wie Hermann Koch ein kampferprobter »Fronthase«. Seit dem Überfall auf Polen am 1. September 1939 war er an vorderster Linie an verschiedensten Kriegsschauplätzen zum Einsatz gekommen. Ab dem 22. Juni 1941 hatte er am Unternehmen Barbarossa, Hitlers Russland-Feldzug teilgenommen. Während Stalin in dieser Nacht noch friedlich im Bett schlummerte, vernichtete die deutsche Luftwaffe mit nur 2 110 Flugzeugen glatt die Hälfte der russischen Luftstreitkräfte von rund 6 000 Flugzeugen, ohne dass diese überhaupt vom Boden abheben konnten. Ein Aufgebot von 600 000 deutschen Motorfahrzeugen, 3 580 Panzern und 7 481 Geschützen stieß in Keilformation vor und schloss Hunderttausende russischer Soldaten ein.

Mit seiner Einheit schlug Walter Neckermann vermutlich einige der großen Schlachten bei Białystok, Smolensk oder Roslawl. Der Familie erzählte er wenig. Seine Tochter Marlene erinnert sich, dass er immer wieder erklärte: »Wir hatten keine andere Wahl. Wir mussten kämpfen, um nicht selbst erschossen zu werden.«

Aus den Unterlagen der Wehrmacht ist nur unvollständig rekonstruierbar, wo Walter Neckermann eingesetzt wurde. Im Sommer 1942 leitete er Kampfeinsätze am Don, dem legendären Fluss der Kosaken. Offenbar bestand seine Aufgabe in der Sicherung der Stalingrad-Front Süd. Mit 2 000 Kilometern war es die längste Schlachtlinie der Geschichte. Am 19. November geriet die deutschen Offensive ins Stoppen, am 22. November wurden 250 000 deutsche Soldaten von den Russen eingekesselt.

In der Ukraine erkrankte Walter Neckermann an Typhus. Nachdem er sich wieder erholt hatte, wurde er nach Frankreich verlegt. Den Marschbefehl gen West verdankt er dem wachsenden Widerstand in Frankreich. Die Partisanen setzten mit der Sabotage der deutschen Besetzung schwere Schäden zu. In Paris häuften sich bei der Gestapo die denunzierenden Meldungen der Kollaborateure, dass im Untergrund ein Aufstand gärte. Walter Neckermann sollte mit seiner Einheit zur »Beruhigung der Bevölkerung« beitragen. Trotz der widrigen Umstände galt die Westfront im Vergleich zu den Kämpfen im Osten »als die reinste Erholung«. Walter Neckermann schwärmte oft von seiner »Champagner-Zeit«. Er scheint dort eine charmante Französin kennengerlernt zu haben. Seine Tochter Marlene berichtete, dass das Wort Paris schon ausreichte, ihre Mutter in Rage zu versetzen: »Du hast dich dort mit einer Spionin eingelassen!«

Unter dem Kommando des »Narbengesichts«

Am 18. August 1944 entflammten die Befreiungskämpfe um Paris. Was sich dort abspielte, schilderte Walter Neckermann seiner Familie bei einem Besuch Mitte der 60er Jahre. Marlene erzählt: »Mein Vater blieb in der Rue de Rivoli stehen, wo im Zweiten Weltkrieg das Wehrmachtskommando residierte, und erzählte: Ich wollte nach der deutschen Kapitulation unter keinen Umständen in Kriegsgefangenschaft geraten. Ich überließ die Wahl jedem einzelnen meiner Soldaten, mit mir zu gehen oder sich zu ergeben. Nur wenige entschieden sich gegen mich. Von denen habe ich nie mehr etwas gehört. Als wir im Konvoi durch Paris fuhren, waren die Straßen dicht von Menschen gesäumt. Meine Männer standen auf der Ladefläche der Laster mit ihren Gewehren im Anschlag. Blanker Hass und Drohungen schlugen uns entgegen. Es waren nervenzerfetzende Momente. Wäre nur ein einziger Schuss auf uns gefallen, hätten auch meine Männer das Feuer erwidert. Es hätte bei der Menge ein fürchterliches Blutbad gegeben.«

Am 25. August 1944 kapitulierten die Deutschen in Paris. Einen Tag später marschierte Charles de Gaulle, der fast zwei Meter große General der Resistance, als gefeierter Held ein. Gleichzeitig rollten die GIs über den Champs-Élysées. Walter Neckermann gelang es, seine Einheit unversehrt nach Deutschland zu bringen.

»In diesem Kriegschaos hatte mein Vater nur einen Gedanken: Nicht nochmal an die Ostfront zurückgeschickt zu werden«, wusste Tochter Marlene noch zu berichten. In einem der Sammellager für versprengte Wehrmachtseinheiten zwischen Wuppertal und Frankfurt muss er von der Suche nach Freiwilligen für das Unternehmen »Rabenhügel« erfahren haben. Die Bekanntmachung hing in allen Lazaretten zwischen Heidelberg und Würzburg am schwarzen Brett. Händeringend suchte die Führung der Wehrmacht nach Soldaten, die wenigstens ein paar Brocken Englisch sprachen. Walter muss die Sache schon allein deshalb interessiert haben, weil sie nichts mit den Russen zu tun hatte.

Walter Neckermann hatte ähnlich wie sein Bruder Josef ein Praktikum in England absolviert. Als er sich für das Unternehmen »Rabenhügel« meldete, hatte er nicht die geringste Ahnung, worum es gehen könnte. Die Vorbereitungen liefen unter strengster Geheimhaltung. Mit der Durchführung wurde Hitlers »Wundermann« beauftragt. Allein dessen Name klang schon als Garant für Glück und gutes Gelingen – Otto Skorzeny, das »Narbengesicht«.

Dieser Spitzename des verwegenen Wiener Abenteurers ging auf die markanten Blessuren aus der schlagenden Studentenverbindung Markomannia zurück. Seit 1930 war er überzeugtes NSDAP-Mitglied und wurde durch ein Husarenstück am Gran Sasso d'Italia in 2 914 Metern Höhe berühmt. Dort oben, im Hotel »Campo Imperatore« war Benito Mussolini nach einem Misstrauensvotums des Faschistischen Großrates inhaftiert worden. Otto Skorzeny befreite den »Duce« mit einer Fallschirmspringereinheit und brachte ihn unversehrt nach Salò am Gardasee, die neue Hauptstadt des faschistischen Norditaliens. Seitdem galt Skorzeny als Spezialist für »unlösbare Aufgaben«, die Alliierten stuften ihn gar als den »gefährlichsten Mann Europas« ein. In der Spezialeinheit dieses Mannes nahm Walter Neckermann an der Ardennenoffensive der

Wehrmacht teil, und zwar im Rahmen der geheimnisvollen »Operation Greif«.

Die letzte Chance

Am Abend des 15. Dezember 1944 begann der Einsatz. In der Nacht fiel der erste Schnee. Feucht pappte er an den Bäumen und bedeckte matschig die schmalen Landstraßen. Im Schlosspark, in der Nähe von Bastogne in der belgischen Provinz Luxemburg stieß eine Routinepatrouille der US-Armee auf verdächtige Fußspuren: »Es sind Nagelstiefel, die tragen wir nicht.«

Die Verfolger stießen innerhalb einer knappen halben Stunde auf drei schemenhafte Figuren, die sich wie Geister durch das verschneite Gehölz bewegten. An der weißen Tarnkleidung waren sie als deutsche Fallschirmspringer zu erkennen. Der Aufforderung, sich sofort kampflos zu ergeben, leisteten die drei Flüchtenden keine Folge. Es fielen Schüsse. Danach lagen die drei Männer im Schnee. Bei ihrer Durchsuchung der Toten entdeckten die GIs unter der weißen Fallschirmspringermontur die Uniformen von US-Militärpolizisten. Bei näherer Leibesvisitation wurden drei Feuerzeuge des gleichen Typs gefunden. Sie stanken nicht nach Benzin, sondern süß-säuerlich. Dieser Geruch führte auf die Spur, der leichte Schaum um den Mund der Leichen ergab schließlich den Hinweis auf die Todesursache: Zyankali. Die zerbissene Giftkapsel klemmte den Opfern zwischen den Zähnen.

Die GIs erstatteten sofort Meldung über diese seltsame Feindberührung. Doch die diensthabenden Offiziere maßen dem Ereignis keine allzu große Bedeutung bei. Dies half der Operation ebenso wie das Wetter. Unter dem Schutz von Nebel, Nieselregen und Schnee griff die 150. Panzerbrigade an. Sie drang bis Stavelot und Francorchamps vor, unmittelbar bis zu dem Hauptquartier der 1. US-Armee, wo sich ein riesiges Kraftstoffdepot befand. Die verkleideten deutschen Kommandos operierten effizient: Sie erschossen Melder im Gelände, spannten Signalbänder als Warnung vor nicht existierenden Minenfeldern, drehten Straßenschilder in falsche Richtungen. Selbst die Telefonleitungen zu den Hauptquartieren der Generäle Bradley, Hodges und Eisenhower wurden zerschnitten.

In der Vorhut dieser Aktion agierte laut Hermann Koch auch Oberleutnant Walter Neckermann. Er gehörte zu einem Kern von etwa 200 Freiwilligen, die sich hinter den feindlichen Linien in US-Uniformen bewegten. Sie redeten sich mit Namen wie Frank, Bill, Harry oder Jim an. In Wirklichkeit hießen sie Fritz, Ernst, Josef, Hermann oder eben Walter. Sie waren angewiesen, bei einer Begegnung mit echten Amis nur »Yes« oder »No« zu sagen und so rasch wie möglich zu verschwinden.

Für den Fall, dass man sie entdecken sollte, wurden sie angewiesen, von der Gift-Ampulle Gebrauch zu machen, die jeder Teilnehmer dieser Aktion erhielt. Denn indem sie zur Täuschung die Uniformen des Gegners trugen, galten sie nicht als reguläre Kriegsgefangene und hatten keinerlei Rechte. Noch am ersten Tag der Offensive wurden acht verdächtige Personen im Raum Malmedy aufgegriffen. Als man unter den US-Uniformen die feldgrauen Wehrmachtsjacken entdeckte, folgte sofort der Befehl zur standesrechtlichen Erschießung. Es waren enttarnte »Krauts«.

Der deutsche Angriff, den Hermann Koch als »Geisterfront« bezeichnet, erfolgte, nachdem die getarnten Einheiten den Weg hinter die Linien der Alliierten durch gezielte Sabotage vorbereitet hatten. »Wir waren in amerikanischen Klamotten unterwegs, da merkten wir, wie die Erde bebte. Die Offensive begann genau um 5.30 Uhr morgens. Hunderte von Panzern griffen an. Im gleichen Moment, als wir sie gesehen haben, zogen auch wir die amerikanischen Uniformen aus. Wir kämpften in den Uniformen der Wehrmacht«, schrieb Koch.

Das »Trojanische Pferd«

In den nächsten Tagen nach dem deutschen Angriff vom 16. Dezember 1944 sahen die US-Einheiten in jeder Jeep-Besatzung, die zu schnell fuhr, verkleidete Deutsche. Die so genannten »Boots«-Räuber, amerikanische Soldaten, die in den begehrten Winterstiefeln der

Wehrmacht erwischt wurden, setzten ihr Leben aufs Spiel. Selbst ranghohe US-Offiziere mussten sich bei den Kontrollen mehrmals ausweisen. Sie wurden durch Fangfragen überprüft: »Wie heißt die Hauptstadt von Illinois? Wie lautet der Vorname von Sinatra? Wie ist die Aufstellung des Footballteams von Detroit? Und ganz verfänglich – wer ist der gegenwärtige Hausfreund der Schauspielerin Betty Gable?« So schilderte Janusz Piekalkiewicz das fast komische Chaos hinter der Westfront in seinem Roman *Spione, Agenten, Soldaten.*

Nach den ersten Erfolgen sorgte das Schicksal für die Entscheidung der Ardennen-Offensive. Am sechsten Tag riss die bisher geschlossene Wolkendecke in 400 Metern Höhe auf. Die US-Flugzeuge konnten starten und zerschlugen die deutschen Bereitstellungen. Der Nachschub der Bodentruppen blieb im Stau stecken. In den engen Tälern und schmalen Straßen geriet die deutsche Fahrzeugmasse heillos durcheinander. Panzer über Panzer, Laster und Geländewagen, viele auch wegen Pannen und Treibstoffmangel liegen geblieben, versperrten sich gegenseitig den Weg, bis schließlich nichts mehr ging.

Bis zu diesem Zeitpunkt betrugen die deutschen Verluste aus der Ardennenoffensive rund 100 000 Mann. Reserven standen nicht mehr zur Verfügung. Die deutschen Truppen im Westen waren endgültig verloren. Über den Ausgang der Operation berichtet Hermann Koch: »Anfang Januar wurde unsere gesamte Einheit aus den Ardennen wieder nach Köln, Wahnheide, zurückgeführt. Ich sollte der 21. Panzerdivision zugeteilt werden, aber Oberleutnant Neckermann meinte in kameradschaftlichem Ton: ›Du, Obergefreiter Koch, Dich nehme ich mit zu meinem Einsatzgruppenteil nach Ried‹. Mir fiel ein Stein vom Herzen.«

Den Sinn der Ardennenoffensive analysierten die Militärexperten noch weitere 20 Jahre lang. Im Laufe der Zeit änderte sich das Urteil: Von 1945 bis 1960 wurde das letzte Aufbäumen der Wehrmacht als ein »unsinniges Vorhaben Hitlers« bezeichnet. Danach stufte der britische Militärschriftsteller Basil Liddell Hart die Aktion als »brillant konzipiert« ein. Der Münchner Historiker Klaus-Dietmar Henke schrieb: »Es war die einzige Chance, die noch geblieben war, einen glimpflichen Kriegsausgang zu erreichen, das heißt, dass die Integrität des Reichsgebietes gewahrt und eine Besetzung durch fremde Truppen vielleicht vermieden werden konnte.«

Die Suche nach den Teilnehmern der »Operation Greif«-Aktion nahm viele Jahre in Anspruch. Die Anklage in allen Fällen lautete auf Kriegsverbrechen, Missbrauch der Uniformen und hinterhältige Täuschung des Feindes. Grundlage war die IV. Haager Konvention, Artikel 23 von 1907. Viele Teilnehmer der Operation mussten befürchten, irgendwann doch noch als Kriegsverbrecher vor Gericht gestellt zu werden. Damit erklärt sich auch das hartnäckige Schweigen Walter Neckermanns über seinen Ardennen-Einsatz. Basil Liddell Hart entschuldigt Skorzeny als »Kommandant dieser tödlichen Verwechslungskomödie« und sagt, dieser habe auf die älteste List in der Kriegsführung zurückgegriffen: »Das Trojanische Pferd«. Skorzeny wurde vom US-Militärgericht freigesprochen.

Die Schäferhündin Senta

Die verbliebenen Truppen der Ardennenoffensive wurden nach Oberösterreich verlegt, um dort Nachschubwege zu sichern. »In Ried am Inn wurden wir nicht als die erste oder zweite Batterie bezeichnet. Hier hieß es nur noch ›Einheit Neckermann‹«, berichtete Koch. »Nach einer Woche in Ried kam ein Führerbefehl aus dem Hauptquartier an alle Soldaten der Ardennen-Offensive. Acht Tage Sonderurlaub in der Heimat, zusätzlich zwei Reisetage. Auf allen Urlaubsscheinen stand der Stempel FHQu (Führerhauptquartier) mit der persönlichen Unterschrift von Adolf Hitler.«

Diesen Urlaub konnte Hermann Koch erst mit Verspätung antreten. Denn zuerst fuhr Walter Neckermann nach Würzburg und übertrug ihm die Verantwortung über die Akten seiner Einheit – »eine ganze Kiste mit Wehrpässen und Wehrsold«. Der Grund, warum er es so eilig hatte, war eine Schäferhündin. Sie war ihm halb verhungert in den verschneiten Bergen der Ardennen zugelaufen und hatte sich nicht mehr fortjagen lassen. Da bekam Walter Neckermann eine Idee: »Mein Vater kam plötzlich aus dem Krieg nach Hause, um mir ein Geschenk zu meinem dritten Geburtstag zu bringen«, berichtete

Marlene. »Es war die Schäferhündin. Mein Vater taufte sie auf Senta, die Heilige, als meine Beschützerin. Sie setzte sich auch sofort zu meinem Kinderwagen. Seitdem wich sie zehn Jahre lang nicht von meiner Seite.«

Diese »außerordentlich kluge Schäferhündin« begleitete Marlenes frühe Kindheit. »Wir waren unzertrennlich. Aber wehe, ich musste mal alleine weg. Da grub sich Senta unter dem Zwinger durch, sprang über eine zwei Meter hohe Mauer auf unserem Grundstück und suchte mich in der ganzen Stadt. Sie fand mich immer. Sogar in der Kirche. Ich stand neben der Orgel, sah unten wie Senta zum Altar läuft und bekam einen hochroten Kopf. Irgendwann hatte sich aber die Gemeinde daran gewöhnt, dass Senta mir auch in die Kirche folgt.«

»Jeder für sich – und Gott für alle«

Nach der Rückkehr zu seiner Einheit ärgerte sich Walter Neckermann über die neuen Kisten, die inzwischen in Ried eingetroffen waren: Neue Geschütze, Zwei-Zentimeter-Vierlinge, von den Skoda-Werken in Pilsen, Tschechien. Durch Sabotage war keine der Waffen einsatzbereit, und Walter tobte: »Wie sollen wir uns damit verteidigen?!«

Jetzt durfte Hermann Koch seinen Heimaturlaub antreten. Dabei sollte er einen wichtigen Auftrag erledigen: »Walter hatte mir eine Kiste mit österreichischen Weinen anvertraut. Die sollte ich unterwegs bei seiner Frau in Würzburg abliefern.«

Auf die Nachricht über die Kapitulation Deutschlands wartete die »Einheit Neckermann« in Ried vergeblich. Stattdessen kam am 19. März 1945 Hitlers berühmter »Nero-Befehl«, der mit den Worten begann: »Wenn der Krieg verloren ist, wird auch das deutsche Volk verloren sein.« Die weiteren Instruktionen folgten: »Alle militärischen, Verkehrs-, Nachrichten-, Industrie- sowie Versorgungsanlagen und Sachwerte innerhalb des Reichsgebietes, die sich der Feind für die Fortsetzung seines Kampfes irgendwie zunutze machen kann, sind zu zerstören.«

Die »Einheit Neckermann« setzte sich unmittelbar danach mit

einem Marschbefehl in Richtung ungarisch-slowakische Grenze in Bewegung. Unterwegs sollte Otto Skorzeny mit seiner Truppe aufschließen und diese allerletzte Operation leiten. Am 24. März eröffnete die Rote Armee die Offensive auf Wien. Für ein neues Kommandounternehmen der »Einheit Neckermann« reichte die Zeit nicht mehr.

Die weiteren Ereignisse überschlugen sich dramatisch. Am 12. April starb der US-Präsident Franklin D. Roosevelt plötzlich an Gehirnblutung. Zwei Wochen später, am Nachmittag des 30. April sickerte die für manche schockierende, für andere erleichternde Nachricht durch: »Hitler ist tot!« Am nächsten Tag spielte das Radio die 7. Sinfonie von Anton Bruckner, ein Lieblingswerk des Führers. Der von ihm ernannte Nachfolger, Großadmiral Dönitz, sprach zur Nation: »Haltet Ordnung und Disziplin in Stadt und Land aufrecht, tue jeder an seiner Stelle seine Pflicht.« Auch Walter Neckermann ließ seine Mannen antreten und sagte kurz: »Der Führer ist tot. Es lebe Deutschland!« – berichtete Hermann Koch.

Die »Einheit Neckermann« wurde der Division »Feldherrnhalle« unterstellt. Die Wehrmacht zog sich über Zisterdorf, Hollabrunn, Nicolsburg und Znaim, die berühmte Stadt der delikaten süß-saueren Gurken, zurück. Koch berichtete: »Noch war man darum bemüht, geordnet in zugeteilten Abschnitten zu operieren, Telefonleitungen zu kappen, Wege für den Abtransport zu sichern. Am 8. Mai erfolgte der Großangriff der Roten Armee. In der Nacht kam aus dem deutschen Kommandostab an alle Soldaten der Befehl, sich auf der Hauptstraße von Wien nach Brünn (Brno) zu sammeln und in Richtung Sudetenland zu versuchen, den Westen zu erreichen. Für die meisten Fahrzeuge gab es kein Benzin mehr. Sie wurden zusammen mit den Geschützen vorschriftsmäßig gesprengt.

Am 9. Mai ließ uns Walter Neckermann zum letzten Mal antreten. Es waren nicht mehr viele von uns übrig. Als letzter Akt wurden die Soldatenbücher gegen Wehrpässe eingetauscht. Aus der Batterie-Geldkiste wurden alle Reichsmarkscheine entnommen und brüderlich ohne Rangunterschied aufgeteilt. Mit drei leeren Munitionsfeldwägen ›Steyer-Puch‹ ging's in Richtung Westen. Nach zwanzig Kilometern wurden wir von den Amerikanern gestoppt, aber nach der Durchsuchung ließen sie uns großzügig weiterfahren. Wir durften sogar unsere Pistolen behalten. Später bemerkten wir, dass dies weniger aus Großzügigkeit geschah, sondern als eine Gnadengeste gemeint war. In der Gegend wimmelte es von tschechischen Partisanen, Widerständlern und Plünderern. Jeder deutsche Soldat, der ihnen in die Hände fiel, wurde sofort erschossen. In den Wäldern lagen verstreut die Leichen unser Kameraden, einige hingen aufgeknüpft in den Bäumen.

In der Nähe von Budweis (Ceské Budejovice) stießen wir auf eine Moldau-Brücke. Die Amerikaner hielten sie besetzt. Wir kehrten um und schlugen uns in die Büsche. Am nächsten Morgen ging es in aller Herrgottsfrühe zu Fuß durch die eiskalte Moldau, um keine Spuren zu hinterlassen. Wir mieden alle Orte und Straßen, denn wir hatten Angst, dass die Amerikaner uns schnappen und den Russen übergeben würden – wie unser Kommandant Walter befürchtete. Die Fluchtparole lautete: ›Jeder sorgt für sich – und Gott für alle.‹ In der folgenden Nacht bin ich von Walter abgekommen. Wir haben uns leider nie wieder gesehen.«

Walter Neckermann gelang es, sich zurück nach Würzburg durchzuschlagen. Die Stadt lag vollständig in Trümmern. Bei den Verhören durch das US-Militärgericht ergab sich nichts Belastendes, die Ardennenoffensive kam nicht auf den Tisch. In einem anschließenden Verfahren wurde er entnazifiziert. »Es muss Zeugen gegeben haben, die bestätigen konnten, dass Walter Neckermann einige Fahnenflüchtige öfter zu seiner Einheit zurückholte und keine Meldung erstattete«, meint Hermann Koch.

Marlene Neckermann hätte Hermann Koch gern persönlich besucht, ein Treffen war für den Frühsommer 2003 verabredet. Doch kurz zuvor erhielt sie die Nachricht, Koch sei verstorben.

Johannes Neckermann, der über seine Cousine Marlene von Kochs Bericht erfuhr, konnte sich plötzlich an eine Begebenheit aus seiner Kindheit erinnern, die ihn damals zum Nachdenken anregte: »Was Onkel Walter so drauf hat, merkten wir als Kinder bei einem Besuch in Würzburg. Nachts schlichen wir uns heimlich aus dem Haus. Wir spielten Indianer und bewegten uns so leise wir nur konnten. Als wir das Gartentor öffneten, blendete uns jemand eine Handlampe in die

Augen. Er herrschte uns an: ›Kein Widerstand. Ergebt euch sofort!‹ Wir konnten nicht sehen, wer das ist. Doch an der Stimme hatten wir den Onkel Walter erkannt. Wir waren ganz schön erschrocken, weil er uns in der völligen Dunkelheit gefolgt war, ohne dass wir es bemerkt hatten. Seitdem hatten wir vor Onkel Walter als Indianer großen Respekt.«

Der Respekt ging auch auf einen Orden zurück, der immer noch in einer versteckten Ecke an der Wand in dem Neckermann-Haus in Markt Einersheim hängt. Das Eiserne Kreuz. Diese Auszeichnung erhielten alle Teilnehmer der Ardennenoffensive unverzüglich nach der Beendigung. Doch so hatte es der Kriegsheld, Walter Neckermann, seiner Familie nie erklärt. Sie fragte auch nie nach, für welche Taten genau er diese Auszeichnung erhalten hatte.

Kapitel 14

»Ich wusste wirklich nicht, was man mir vorwarf«

Neckermann nimmt die Fäden wieder auf

Josef Neckermann erlebte das Kriegsende am Tegernsee. In den späten Nachmittagsstunden des 5. Mai rückte die amerikanische 7. Armee von München kommend kampflos in Rottach ein. Auf den tarnfarbenen Panzertürmen klebten Pin-up-Girls oder eine Mickymaus. Eine neue Zeit brach an.

Der erste GI, der ins Haus Hungaria stürmte, »nahm meinem Vater sofort seine goldene Uhr ab,« erinnert sich die Tochter Eva-Maria, damals acht Jahre alt. »Meine Mutter geriet richtig in Rage, als ein Soldat auf den Deckel ihres geliebten Flügels stieg, um eine US-Fahne aus dem Fenster zu hängen. Sie brüllte ihn an: ›Stiefel ausziehen oder sofort runter! Sie zerkratzen mir den Lack!‹« Der gemaßregelte GI zog ohne einen Mucks davon. Hätte er die Neckermanns härter angefasst, wäre ihm vielleicht eine ganz große Beute in die Hände gefallen.

Im Garten hinter dem Haus waren nämlich Görings Diamanten vergraben. Die mussten schon bald woanders versteckt werden. Denn beim nächsten Besuch der Besatzer wurde das Grundstück vermessen, um Zelte für den zu erwartenden Flüchtlingsstrom aufzustellen. Noch in der gleichen Nacht schlichen sich Josef Neckermann und sein Schwiegervater in den Garten, um die beiden Stahlkassetten auszubuddeln. Dabei gerieten sie mächtig ins Schwitzen: »Ich hätte Stein und Bein schwören können, dass ich die Stelle, wo die Diamanten vergraben waren, blind finden würde, weil ich sie mit einem Pflasterquader markierte. Doch wir gruben und gruben. Alles umsonst. Die Kassetten waren buchstäblich wie vom Erdboden verschwunden.«

Panisch suchten die beiden nach der Stelle, während draußen die US-Patrouillen ihre Runden drehten. Irgendwann klirrte es unterm Spaten: Die Stahlkassetten. Nachdem er sie aus der Erde geholt und grob gereinigt hatte, hüllte er sie in wasserdichtes Pergamentpapier ein und versenkte sie mit einer 13 Meter langen Leine in einem Brunnen auf der Wiese. Ruhig schlafen konnten er und sein Mitwisser Richard Brückner trotzdem nicht. »Jedes Mal, wenn ein US-Jeep an unserem Haus vorbeifuhr, zitterte ich wie Espenlaub und dachte: Jetzt werden sie mich wegen den Diamanten zum Verhör abholen«, berichtete Neckermann.

Am 8. Mai 1945 ergab sich Deutschland bedingungslos. Das Ende der Kampfhandlungen wurde sogar auf die Minute genau festgelegt: 23.01 Uhr. Den Kapitulationsvertrag unterschrieb Großadmiral Karl Dönitz, Hitlers protokollarischer Nachfolger. Neckermann schreibt: »Wir saßen vor dem Radio. Die Kinder schliefen bereits, als wir diese Nachricht hörten.« Nach diesem Satz folgte die Bilanz: »Was wir hinter uns hatten, wussten wir. Was vor uns lag nicht. Ich empfand eine sonderbare Mischung aus Erleichterung, Niedergeschlagenheit und grenzenloser Leere. Es dauerte, bis wir das Wichtigste begriffen: Wir hatten überlebt.«

Neuer Minister, altes Spiel

Am 25. Mai bekam Josef Neckermann Besuch von den beiden US-Offizieren Colonel Wilson und Griffon. Zunächst befürchtete er, sie könnten ihn zu den Diamanten befragen. Doch es ging um Textilien. Die Alliierten hatten inzwischen erstaunlich viele Unterlagen aus dem Münchner Reichsministerium gesichtet. So waren sie über die Tätigkeit des ZLG gut informiert. Da Josef Neckermann aus seinen Praktikantenjahren in New Castle und London noch ein passables Englisch sprach, wandelte sich das Verhör im Wohnzimmer des Hauses Hungaria bald in ein freundliches Gespräch.

Bei dieser Gelegenheit wurden die letzten zwei Flaschen Wein aus dem Hotel Adlon geleert, die Neckermann als Reiseproviant mitgebracht hatte. Der letzte Tropfen des edlen Burgunders aus dem

Adlon-Keller verschafft ihm ein wichtiges Entre. Wie er in seinen Memoiren vermerkt, hielten sich die beiden Colonels an das, was sie in Weinlaune versprochen hatten. Bald brachte ein amerikanischer Militärjeep den Kleiderspezialisten Neckermann zu seiner neuen Dienststelle – dem Bayerischen Wirtschaftministerium in der Münchner Prinzregentenstraße.

Einen Tag nach seinem 33. Geburtstag, am 6. Juni 1945, saß er im Büro des jovialen, ehemaligen Brauereidirektors Dr. Karl Arthur Lange, den die Amerikaner als neuen bayerischen Wirtschaftsminister eingesetzt hatten. Die Reichsstrukturen waren dem Fliegenträger und Katholiken Lange vertraut. Er wusste wohl, welche Rolle Neckermann vormals gespielt hatte. Lange selbst war seit 1918 im Vorstand der Brauerei Löwenbräu tätig gewesen und hatte 1941 den Vorsitz der weißblauen Traditionsmarke übernommen. Weil der studierte Betriebswirt Lange kein NSDAP-Mitglied war, konnte er 1945 sofort in der neuen bayerischen Staatsverwaltung eingesetzt werden.

Im Gespräch der beiden ging es nur um einen Punkt: Wo ist der Rest der bereits fertiggestellten Wehrmachtsuniformen abgeblieben? »Das müssen wir noch herausfinden. Irgendwo müssen gut mehrere hunderttausend Einzelteile rumvagabundieren«, antwortete Neckermann

Das Gespräch mit dem Wirtschaftsminister wurde bald so vertraulich, dass Neckermann dabei sein Geheimnis anvertraute: »Ich bin im Besitz von Diamanten. Eine größere Menge. Sie stammen aus dem Reichswirtschaftsministerium. Die Zertifikate sind absolut in Ordnung«. Der bayerische Wirtschaftsminister muss etwas irritiert reagiert haben, denn im Gegensatz zu Gold hatten die Alliierten für die Diamanten keine Anmeldepflicht erlassen. So riet er Neckermann: »Behalten Sie die Diamanten, bis sich die Zeiten normalisieren. Dann sehen wir weiter. Wenn ich jetzt den Ministerpräsidenten, Herrn Fritz Schäffer, informiere, dann fragt er die Amerikaner. Damit ist keinem gedient.«

Auf Männer wie Karl Arthur Lange konnte Neckermann beim Neuanfang zählen. Und so wie ihm einst durch seine Beziehungen die Suite im Adlon bereitgestellt wurde, ließ der Minister seinem neuen Mitarbeiter gleich eine freie Dienstwohnung in München zuweisen: »Ein geräumiges Haus im Münchner Stadtteil Lochham, bewohnt nur von einer Frau mit ihrer Tochter. Ihr Mann, eine höhere Charge bei der SS, befand sich in Kriegsgefangenschaft«, schwärmte Neckermann.

Auch die Diamanten zogen vom Tegernsee in die Mathildenstraße in Lochham um. In einer Kiste landeten sie auf dem Dachboden. Auf dem Deckel stand zur Tarnung: »Wichtige Akten«.

Neckermanns Aufgaben ähnelten den alten: Er sollte die Textilversorgung der Bevölkerung sichern. Statt Reichsbeauftragter für Bekleidung lautete Neckermanns Titel nun Leiter der Bayerischen Landesstelle für Textilwirtschaft. Es klang irgendwie ähnlich, nur die Rahmenbedingungen hatten sich geändert. Der Wirtschaftsminister erwartete von Neckermann, dass er die eingebunkerten Kleidervorräte des ZLG herbeischaffen würde. Doch die Lage war schwieriger als gedacht: Wie sich schnell herausstellte, war ein großer Teil der alten Bestände längst geplündert, zerbombt, zerstört oder wie im Falle der ZLG-Kähne in Würzburg von den Nazis selbst vernichtet worden. Doch Neckermann wäre nicht Neckermann gewesen, wenn er plötzlich rat- und tatenlos dagestanden hätte.

Um Neckermann die Arbeit zu erleichtern, organisierte Minister Lange bald ein Dienstzimmer in der Nähe des Ministeriums. An der Schwabinger Leopoldstraße konnte Neckermann übernachten und sich die damals umständliche Fahrerei nach Lochham sparen. Im August 1945 konnte er das Ergebnis seiner Bemühungen präsentieren: Das erste Treffen der Textilbranche Bayerns. Neckermann rief und alle Bosse für Garn, Knopf und Zwirn kamen. Die Anwesenheitsliste überraschte sogar Neckermann: »Sie waren alle, alle da!«

Branchenkenner horchen bei den Namen auf: Erich Schlüter von der Allgäuer Baumwollweberei Blaichach, Hans Stössel als Chef des KBC-Koechlin, Baumgarten & Cie., Hugo Wilkens, Besitzer der Augsburger Buntweberei Riedinger, Albert Flaitz, dem die Dierig AG unterstellt war, Karl Schurr, Direktor der Baumwollweberei Erlangen-Bamberg und Dr. Helmut Winkler, vormals Mitglied des Aufsichtsrates der ZLG. Die anwesenden Herren hatten während der ganzen Zeit im Dritten Reich mit Neckermann zusammengearbeitet. Doch beim Treffen in Augsburg war die Stimmung, wie Neckermann vermerkte, »eisig«.

Die Branchenvertreter waren misstrauisch: Wie kam es, dass Josef Neckermann, der eben noch für die Nationalsozialisten gearbeitet hatte, mit einem Mal im Namen des Bayerischen Wirtschaftsministers und damit der Alliierten auftreten konnte? Neckermann berichtet, er habe die Kollegen mit einer flammenden Rede auf seine Seite gebracht: »Ich hatte die ganzen Jahre hindurch die gelenkte Wirtschaft vertreten, verbunden mit Vorschriften und Gängeleien. Da wollte ich jetzt nicht wieder als ein Ministeriumsbeauftragter auftreten. Ich sprach zu meinen Kollegen im Namen von Millionen von Ausgebombten, Flüchtlingen, Vertriebenen, damit sie mit dem Allernötigsten versorgt werden.« Und damit brach er das Eis.

So sollte er auch in Zukunft mit der Vergangenheit umgehen. Den NS-Sklavenstaat hakte er als »gelenkte Wirtschaft« ab, NS-Diktatur und Terror verdrängte er einfach. Nach seiner Devise dachte er »ein Stück weiter«.

Mit der Wiederbelebung des alten Netzwerkes und der wohlwollenden Unterstützung des Wirtschaftministers Lange versuchte Josef Neckermann schon im September 1945, seine vorübergehend geschlossenen Textilbetriebe in Unterfranken in Betrieb zu nehmen. Neckermanns einstiger Steuerberater Wilhelm Oestreicher, der sich in der Nähe von Würzburg niedergelassen hatte, sollte dabei helfen. Mit einer Vollmacht ausgestattet sollte er die alten Firmen gegebenenfalls liquidieren und neu gründen. Doch die Alliierten tüftelten an Regelungen für ehemals jüdischen Besitz. Noch war nicht klar, wie die früheren Eigentümer entschädigt werden sollten oder inwieweit Nachbesitzer die Firmen behalten durften. Solange diese Regelung nicht getroffen war, durfte keiner der ehemaligen »Arisierer« unternehmerisch tätig werden.

Ein Schuss geht nach hinten los

Mit Wilhelm Oestreicher als Strohmann wollte Josef Neckermann die juristischen Bestimmungen der US-Verwaltung umgehen. Es ging um die beiden »arisierten« Firmen Ruschkewitz und Joel. Doch der Würzburger Oberbürgermeister Gustav Pinkenburg stellte sich gegen eine schnelle Lösung.

Die Angelegenheit genauer zu prüfen, dafür hatte Pinkenburg keine Zeit. In der zu 82 Prozent zerstörten Stadt wurden gerade die Straßen provisorisch freigeschaufelt. Mit bloßen Händen räumten die »Trümmerfrauen« Tag und Nacht den Schutt weg. Sie kratzen die Ziegel sauber ab, schichteten sie auf und karrten sie zu Sammelstellen. Zwischendurch mussten sie ihre Kinder versorgen. Sie waren die wahren Heldinnen dieser trostlosen, verzweifelten Lage, und an sie richtete sich der Aufruf des Oberbürgermeisters: »Würzburg ist nicht tot, Würzburg muss leben, Würzburg muss wie Phoenix aus der Asche auferstehen.«

Zuvor hatte der US-Gouverneur, Murray van Wagoner, die Mainmetropole besucht. Die Faszination eines Endzeitbildes erfasste den Spross niederländisch-methodistischer Auswanderer. Er glaubte, das neuzeitliche Sodom und Gomorrha vor sich zu sehen, den biblischen Sündenfall der Genesis. Der religiöse Gouverneur wollte in den Ruinen der 35 Kirchen gar den Finger Gottes erkennen. Er begann einen Plan für Würzburg als »Freiluftmuseum für Kriegsverwüstungen« zu entwickeln. Das Zentrum sollte im Ruinenzustand bleiben. Damit stieß Wagoner auf heftigen Protest bei den Würzburgern. Dennoch blockierte er zwei endlos lange Jahre die Sanierungsarbeiten. Erst am 2. April 1947 konnte das Stadtoberhaupt einen offiziellen Auftrag für die Beseitigung des Schutts erteilen.

Was es bedeutete, Pinkenburg in dieser schwierigen Situation mit der Freigabe einer arisierten Firma zu bedrängen, darüber schienen weder Neckermann noch sein Bevollmächtigter Wilhelm Oestreicher im Bilde gewesen zu sein. Offenbar war Neckermann noch daran gewöhnt, wie in den NS-Jahren seine Angelegenheiten mit einem Anruf bei Speer, Funk, Himmler, Ohlendorf und Konsorten zu erledigen. Er glaubte offensichtlich, die Gunst Karl Arthur Langes würde ihm weiterhelfen, unternehmerisch flott wieder auf die Beine zu kommen. Doch am 20. September 1945 klickten die Handschellen. Josef Neckermann wurde verhaftet und in das Polizeipräsidium in der Münchner Ettstraße eingeliefert.

»Ich wusste wirklich nicht, was man mir vorwarf«, führt Neckermann in seinen Memoiren aus. Doch der Grund für seine Verhaftung lag klar auf der Hand: Verstoß gegen das Kontrollratsgesetz Nummer

52 der US-Militärregierung. Danach wurde jegliche weitere »Weisung, Verwaltung, Aufsicht oder sonstige Kontrolle von Vermögen, das unter Zwang oder Drohung übertragen oder rechtswidrig dem Eigentümer entzogen oder erbeutet worden ist«, verboten. Es ging also um Neckermanns Betriebe aus der »Arisierungsmasse«, die Kleiderfabrik Joel, die er aus Berlin nach Ochsenfurt und Goßmannsdorf bei Würzburg ausgelagert hatte.

Nach der ersten Nacht in der Ettstraße wurde Josef Neckermann nach Dachau gebracht. Der Schock muss groß gewesen sein, denn die Gefangenen wurden ins ehemalige KZ verfrachtet. Wo die Nationalsozialisten ihre schrecklichen Gräueltaten begangen hatten, wurden nun NS-Täter, alte Weggefährten Hitlers, Belastete und Mitläufer verhört. In seinen Memoiren fällt Neckermann dazu nur ein: »Die Amerikaner, die mich vernahmen, sprachen besser Deutsch als Englisch.« Als wolle er von seiner eigenen Schuld ablenken, indem er mit dem Finger auf Deutsche zeigt, die den US-Besatzern Hilfe leisteten. Dies entsprach vielerorts der Stimmung in der Bevölkerung. Nicht überall wurde die US-Armee als Befreier angesehen, wer sie unterstützte, galt als Denunziant, Kollaborateur, Spitzel oder Verräter.

Nach zwei Tagen in Dachau wurde Josef Neckermann wieder in die Ettstraße zurückgebracht. Nach einem weiteren Verhör wurde er überraschend freigelassen. »Ich erhielt die strenge Auflage, mich keinesfalls in irgendeiner Form beruflich zu betätigen. Mit dem Berufsverbot war auch die regelmäßige Meldepflicht bei der Polizei verbunden. Damit endete auch mein Beschäftigungsverhältnis für das Bayerische Staatsministerium.« Sein Vorgesetzter, der Wirtschaftsminister Lange, soll die Nachricht über Neckermanns plötzlichen Konflikt mit dem Gesetz nur achselzuckend zur Kenntnis genommen haben. Er ließ ihm mitteilen: »Gegen die Verordnungen der Militärregierung komme ich nicht an.«

Der Flirt mit der SPD

Am 28. September 1945 setzte die US-Militärverwaltung den bayerischen Ministerpräsidenten Fritz Schäffer zusammen mit seinem

Kollegen Karl Arthur Lange ab. Nach Ansicht der Amerikaner hatten die beiden den öffentlichen Dienst und die Verwaltung nicht rigoros genug von ehemaligen Parteimitgliedern der NSDAP gesäubert. Josef Neckermann war nicht der einzige NS-Günstling gewesen, den die beiden angeheuert hatten.

Das bayerische Wirtschaftsministerium sollte nun ein weit kompetenterer Mann übernehmen: Dr. Ludwig Erhard. Ein rastloser Workaholic und Genussmensch, dessen Markenzeichen die dicke Zigarre war. Sein Stammlokal damals in München waren die Torggelstuben. Die Wirtin, Anna Vaitl, die dieses Südtiroler Weinlokal neben dem legendären Hofbräuhaus mitten im Krieg übernommen hatte, hatte vorher den Würzburger Ratskeller geführt, wo Josef Neckermann einst gerne verkehrte. Daher kannte er die Wirtin, was in der Münchner Tradition schon immer ein wichtiger Faktor für gute geschäftliche Kontakte war. Bei Südtiroler Speck, Winschgauer und Wein konnte Josef Neckermann leicht Bekanntschaft mit Erhard machen. Der Funke sprang sofort über.

Die Torggelstuben waren damals ein beliebter Treffpunkt. Zum einen, weil die Wirtin wahre Zauberkünste vollführte, um ihre Stammgäste in diesen kargen Zeiten mit Speis und Trank zu versorgen. Zum anderen aber auch, weil es tatsächlich mehrere Hinterstuben gab, in die man sich zu vertraulichen Sitzungen zurückziehen konnte. Hinter verschlossenen Türen tagten die verschiedenen Parteien, in einem Raum die »Schwarzen«, im anderen die »Roten«. Dort lernte Josef Neckermann zufällig einen Mann kennen, der wegen seiner Position gleich sein Interesse erweckte: Dr. Rudolf Zorn. Von den Nationalsozialisten war der Anwalt kaltgestellt worden, erhielt Berufsverbot und wurde von seinen kommunalen Funktionen entbunden. Nach dem Krieg gehörte er zur Parteispitze der SPD. Nun sollte Zorn das neue Landesamt für Vermögensverwaltung und Wiedergutmachung leiten. Obwohl Neckermann, Katholik und ehemaliges NSDAP-Mitglied, bisher mit den »Sozis« nichts am Hut gehabt hatte, nahm er sofort Kontakt zu Rudolf Zorn auf. Der frühere Arisierer ahnte, was ihm wohl blühen würde, wenn er seine braunen Altlasten nicht geschickt entsorgte. Und wer hätte ihm dabei besser helfen können, als ein ehrenwerter Sozialdemokrat.

Der Netzwerker Neckermann lag mit seinem Instinkt wieder einmal richtig. Nach Hjalmar Schacht, Walther Funk, Fritz Todt, Albert Speer, Karl Arthur Lange, und Ludwig Erhard und reihte sich jetzt auch Rudolf Zorn unter seine Förderer ein. Doch diesmal lief es nicht so glatt. Von Ungeduld getrieben, machte Neckermann einen weiteren folgenschweren Fehler.

Antrag auf Eröffnung eines Ladens

Am 29. Oktober 1945 wandte sich der ehrgeizige Textilhändler Neckermann erneut an den Oberbürgermeister der Stadt Würzburg: »Ich beantragte, die Genehmigung zur Eröffnung einer Notverkaufsstelle in meinem ehemaligen Billigkaufhaus Merkur endlich zu erteilen.« Zur Begründung führte er die »elende Versorgungslage« an.

Es war mehr als offensichtlich, woher Neckermann die Textilien nehmen würde, die er in seinem Laden in Würzburg verkaufen wollte: Aus den Beständen der ZLG. Woher denn sonst! Die Produktion lag am Boden, der Industrie fehlten die Rohstoffe. Die Energieversorgung durch Kohle kam erst ein Jahr später wieder in Gang. Das wichtigste Hindernis für Handel und Produktion war jedoch, dass bei Kriegsende mehr als 90 Prozent des Streckennetzes nicht befahrbar waren. Selbst die Binnenwasserstraßen waren durch Brückentrümmer und Schiffswracks blockiert.

So mussten sich auch für Würzburgs Oberbürgermeister Pinkenburg die Anzeichen verdichten, dass Neckermann über Kleiderbestände verfügte, mit denen er nun ins Geschäft einsteigen wollte. Angeblich, und so hatte Josef Neckermann es verstanden, drängten die Amerikaner auf die Normalisierung der Verhältnisse. Die oberste Priorität bestand darin, den Schwarzmarkt und den illegalen Handel zu unterbinden. Soweit auch richtig. Deshalb benötigte auch jeder, der kaufmännische Aktivitäten zu entfalten beabsichtigte, eine Genehmigung. Weil die Amerikaner dafür kaum eigenes Personal einsetzen konnten, wurde die Verantwortung an die Stadtverwaltungen übertragen. Das Stadtsiegel des Oberbürgermeisters galt wie ein Staatssiegel. Mit dieser Lösung sollten die langen bürokratischen Wege verkürzt werden.

Neckermann hatte jedoch übersehen, dass in den kommunalen Verwaltungen nicht mehr die nationalsozialistischen Seilschaftsträger saßen, sondern vorwiegend deren Opfer. Er hatte offenbar auch vergessen, dass ihn Oberbürgermeister Pinkenburg schon wenige Wochen zuvor als ehemaligen »Arisierer« hatte abblitzten lassen. Dem neuen Stadtoberhaupt schienen die Ambitionen Josef Neckermanns, dessen NS-Vergangenheit jedermann in der Stadt bekannt war, schlichtweg eine Frechheit. Und so kam die Lawine ins Rollen.

Schon 48 Stunden nach Neckermanns erneutem Gesuch an das Würzburger Rathaus läutete an seiner Wohnungstür in Lochham die US-Militärpolizei. Sie machte es kurz: »You're under arrest!« Die Zelle im Polizeipräsidium in der Ettstraße hatte Josef Neckermann wieder. Nach drei Wochen, Mitte November, wurde er im offenen Jeep abtransportiert. Mit Handschellen gefesselt, kauerte er bei eisigem Fahrtwind auf der Rückbank des Jeeps und grübelte. Wohin sollte die Reise gehen?

Von München aus ging es auf die Autobahn Richtung Nürnberg. Dort begannen an diesen Tagen die Prozesse gegen die 24 Hauptkriegsverbrecher. Als ranghöchster Nationalsozialist wurde Hermann Göring angeklagt. Auch Speers Clique, bestehend aus Otto Ohlendorf, Franz Hayler und Hans Kehrl saß im Gefängnis. Neckermanns Angst, auch er könnte als Mittäter unter die Anklage fallen, war nicht unbegründet. Schließlich befand er sich noch immer im Besitz von Görings Diamanten. Außerdem zitterte er: »Hoffentlich werde ich nicht an die Russen oder an die Polen ausgeliefert.« Das war der schlimmste Gedanke. Er dachte natürlich an seine Rolle in den Ghettos von Białystok und Lodz.

Bei der Abzweigung hinter Fürth konnte sich Josef Neckermann etwas beruhigen: Es ging nach Würzburg. Die GIs schienen etwas freundlicher zu werden. Sie gaben ihm eine Lucky Strike. »Beim Aussteigen vor dem Würzburger Gefängnis haben sie mir den Rest in der Schachtel zugesteckt. Ich freute mich über dieses Zeichen der Menschlichkeit«, erinnerte sich Neckermann. Es war eine Falle. Bei der Leibesvisitation wurden die Zigaretten beschlagnahmt. Zu seiner Akte fügten die Aufseher einen Hinweis hinzu: »Im Besitz amerikanischer Ware«. Das war für Deutsche streng verboten.

»Skrupellose Zielstrebigkeit«

Die ersten Schläge. Beim Verhör traf der Schlüsselbund des Untersuchungsoffiziers Josef Neckermann voll ins Gesicht. Abführen! Als sich die Zelle öffnete, schlug dem Gefangenen Neckermann übler Gestank und feuchte Kälte entgegen. Mit einem Fußtritt wurde er hineingestoßen. Aus der Nase blutend, sackte er auf der Pritsche zusammen. Dort zermarterte er sich das Gehirn mit einem einzigen quälenden Wort: »Warum?« Vier Wochen lang dröhnte dieses »warum« immer lauter in seinem Kopf. Er hatte keine Möglichkeit sich abzulenken: kein Buch, keine Zeitung, keine Nachricht. In der Nacht keinen Schlaf. Morgens wurde er wieder in Handschellen vorgeführt.

Das nächste Verhör. Das Schlimmste war die Rückkehr in die Zelle. In dieselbe Zelle mit einem modernden Strohsack als Matratze, ständig dieselben rostigen Gitterstäbe vor demselben kleinen Fenster, dieselbe verkotete Kloschüssel in der schimmeligen Ecke, dasselbe dreckige Waschbecken vor derselben Wand vollgekritzelt mit denselben vulgären Sprüchen. Das alles musste ein verwöhnter Herrenreiter über sich ergehen lassen, der sogar während des Krieges jeden Tag ein frisches Hemd anzuziehen hatte. Nachdem er sechs Jahre lang dem Kriegsdienst entgangen war und den Bombenhagel auf den Plüschsesseln des Hotels Adlon überstanden hatte, kauerte er machtlos in einer dreckigen Zelle, statt wie geplant Strippen zu ziehen und wieder ins Geschäft einzusteigen. Er verstand die Welt nicht mehr.

Noch schlimmer: Er musste mit seiner Situation allein fertig werden. Am 1. Dezember 1945 wurde ihm die Anklageschrift in seine Einzelzelle zugestellt. Josef Neckermann wurde der Verstoß gegen die Vermögenskontrolle der US-Verwaltung zur Last gelegt. Das Hauptvergehen bestand in der eigenmächtigen Bestellung eines neuen Geschäftsführers für die ZLG und Erteilung einer Vollmacht für die Führung der Firmen in Goßmannsdorf und Ochsenfurt. Obwohl Josef Neckermann selbst nicht in Erscheinung getreten war, überführten ihn seine Anweisungen eindeutig als Drahtzieher von »rechtswidrigen Kontrollversuchen des beschlagnahmten Vermögens«. Er betonte zwar mit Nachdruck: »Ich wollte helfen, die Bevölkerung mit den notwendigsten Sachen zu versorgen«, doch die Amerikaner, die den Schwarzmarkt mit allen Mitteln bekämpfen wollten, stuften solche Ambitionen als »skrupellose Zielstrebigkeit« ein.

Noch im Würzburger Justizgefängnis erhielt Josef Neckermann einen zweiten Bescheid. Die Besatzer wussten um seine Mitgliedschaft in der NSDAP. Nun bekam Josef Neckermann schwarz auf weiß die Antwort auf sein quälendes »warum«. Die Schuld, der er sich angeblich »absolut nicht bewusst« war, drückte sich unbestreitbar in diesen fünf Buchstaben aus. Für die Amerikaner war Josef Neckermann damit ein überzeugter Nationalsozialist. Mit sofortiger Wirkung wurde er aus allen Tätigkeiten entfernt, sein gesamter Besitz und alle Konten fielen unter Vermögenssperre, und ihm wurde untersagt, seine früheren Geschäftsräume zu betreten.

In seinem Groll konnte sich Josef Neckermann auch 45 Jahre später kaum zügeln: »Die Verhörmethoden waren voreingenommen, gehässig, von Objektivität meilenweit entfernt, ein Anwalt wurde mir verweigert, meine Worte im Mund umgedreht, mein Steuerberater als wichtigster Entlastungszeuge nicht zugelassen«, beschwerte er sich und klagte wehleidig: »Die Ermittler sprachen auch noch einen amerikanischen Slang, den ich kaum verstand.«

Das Urteil überraschte ihn schließlich nicht mehr: »Schuldig!« Das Strafmaß, ein Jahr Arbeitslager, nahm Josef Neckermann nach der Tortur der Untersuchungshaft fast mit Erleichterung auf. »Auf dem Weg zurück in die Zelle habe ich mich fast gefreut: Auf das Mäusepärchen, das mir dort Gesellschaft leistete, für das ich immer einen Krümel von meiner Brotration aufhob, aber die Steckrüben aus dem Blechnapf mittags schmeckten ihnen auch nicht besser als mir«.

Was sich Josef Neckermann damals mit vielen anderen NS-Weggefährten noch fragte: Wie konnten die Amerikaner die NSDAP-Zugehörigkeit entdecken, wo jeder Betroffene nach der Kapitulation als Erstes seinen Parteiausweis verbrannte? Die Nazis hatten zum Schluss eine Kartei mit fast 7 Millionen Parteimitgliedern geführt. Kurz vor Kriegsende hatten sie die Unterlagen samt weiteren brisanten Dokumenten zur Vernichtung zu einer Papiermühle bei Berlin geschafft. Der Inhaber hatte den Befehl allerdings wegen Arbeitsüberlastung nicht sofort ausgeführt, sondern die NSDAP-Kartei bei sich eingelagert. Nach der Kapitulation hatte er sie vollständig an die Amerikaner ausgehändigt. Im Berliner Document-Center aufgearbeitet, war dieses Material die Grundlage für die Entnazifizierungsmaßnahmen. Auch dieser Prozess stand Josef Neckermann noch bevor. Die Ungewissheiten über seine Zukunft begann seine Händlerseele schwer zu beuteln.

Der mittelalterliche Pranger erfuhr in Würzburg sowie allen Städten Deutschlands eine zeitgemäße Neuauflage. Das Bürgermeisteramt veröffentlichte in diesen Nachkriegsmonaten umfangreiche Listen mit Namen aller Personen, die einer »gerechten Bestrafung zugeführt worden sind«. Auf dem »Wurfzettel Nr. 209« stand unter der Nummer 490: Neckermann, Josef. Grund der Verurteilung: »Betreiben eines Geschäftes ohne Erlaubnis«. Das löste bei dem Schuldigen »eine Mischung aus Schamgefühl und Wut aus, anderseits auch Erleichterung, dass die Verfolgung vorbei ist«. Da täuschte er sich allerdings. Wobei das Wort »Verfolgung« Neckermanns falsche Einschätzung seiner Lage darstellt: Es ging um Raub des jüdischen Vermögens und um Wiedergutmachung für die Opfer. Es ging um die Einführung einer neuen Sittenordnung.

Kapitel 15

»Häftling Nummer 561«

Payback-Time bei Neckermann

»Bring dad home« – die großen Protestaktionen und Massendemonstrationen auf den Straßen aller amerikanischen Großstädte, die 100 000fach unterschriebenen Petitionen an das Weiße Haus erreichten ihre Wirkung. Der Abzug der GIs rollte auf vollen Touren. Gab es zum Zeitpunkt der Kapitulation im Mai 1945 rund 1,6 Millionen amerikanische Soldaten in Deutschland, so sank bis Ende 1946 die Zahl auf 200 000 in ganz Europa.

Die Bestrebungen, Deutschland bald in die neue Selbstständigkeit zu entlassen, waren groß. In den Gefängnissen waren die Deutschen schon ihre eigenen Herren. Die Masse der Verurteilten wuchs täglich. Die Zellen füllten sich, bis sie aus allen Nähten platzten. Die Neuzugänge trafen auf »Alt-Knackis«, die noch von den Nazi-Gerichten verurteilt worden waren. Darunter waren auch viele Unschuldige: Für Homosexualität zum Beispiel als schwerwiegendes Delikt hatte die NS-Justiz »einmal lebenslänglich« ohne Begnadigung verhängt.

Auch die allgemeinen Verhältnisse in den Haftanstalten waren katastrophal. Das Zisterzienserkloster Ebrach bei Bamberg, in dem Neckermann landete, galt als eine der schlimmsten und war ein fast mittelalterlicher Kerker. Wegen seiner wertvollen Bausubstanz steht das Kloster heute sogar unter Denkmalschutz, doch für den architektonischen Reiz der Renaissance konnte sich damals keiner der Insassen erwärmen. Das erste, was in dem alten Gemäuer fehlte, war die Heizung. Durch die Ritzen zwischen den Brettern, mit denen man die kaputten Fenster vernagelte, fegte ein eisiger Wind in die feuchten Zellen. Mit dem Luftzug kam auch ein würgender Fäulnisgestank vom Hof hinein. Dort klaffte offen die Jauchegrube. Neben den Fäkalien schimmelten gefroren auf einer Halde die Steckrüben, aus denen die Küche täglich eine widerliche Pampe zusammenrührte.

Die meisten ehemaligen KZ-Aufseher waren nunmehr selbst Häftlinge. Mit ihrer Erfahrung verstanden sie es, sich in der Gefängnishierarchie die besten Plätze zu verschaffen. Die genaue Kenntnis der Haftregeln war ihr Vorteil, der Sadismus ihr Handwerk. Prügel stand auf der Tagesordnung: Knüppelstöße unter die Rippen, Schläge auf die Fußsohlen. Die Verrohung der Menschen aus den brutalen Kriegsjahren setzte sich hinter den Gittern fort. Die Mischung der Insassen konnte nicht krasser sein: Kriegsverbrecher, Gewalttäter, Diebe, Plünderer, Raubmörder, Schmuggler, Vergewaltiger und daneben bisher unbescholtene Bürger, die nach der Sperrstunde auf der Straße aufgegriffen worden waren. Wer unrichtige Angaben auf den Fragebögen der Besetzungsbehörden machte und erwischt wurde, musste mit mindestens sechs Monaten Haft rechnen. Unterschiede in der Behandlung kannte man nicht. Und mittendrin Josef Neckermann mit der Häftlingsnummer 561.

»Aufstehen! Richtet die Betten! Antreten zum Abzählen! Den Kübel mit Kot ausleeren!« Punkt 6 Uhr begann der Tag mit dem Wecken. Die Kommandos hallten durch die überfüllten Räumlichkeiten. Für 30 Mann, zusammengepfercht unter dem abbröckelnden Klostergewölbe in einem Zimmer, stand nur ein Abortkübel bereit. Der Gestank, der sich aus dieser Ecke hinter einem Stoffvorhang ausbreitete, war bestialisch. Josef Neckermann »kaufte« sich von einigen Drangsalierungen frei. Für Bettenmachen vergab er sein Frühstücksbrot. Den widerwärtigen Steckrübenbrei im Holznapf überließ er einem Mitgefangen, der ihm dafür den »Klodienst« abnahm.

»Was sind sie von Beruf?« – »Textilkaufmann!« Das reichte als Qualifikationsnachweis, um Josef Neckermann in die Näherei zu stecken. In seinen Memoiren erinnert er sich, wie geschockt er war: »Ich hatte zwar in meinem Leben viele Nähmaschinen gesehen, aber noch niemals eine bedient. Jetzt musste ich Bettlaken, Kissen, Handtücher säumen. Die Arbeit wurde für mich zum Nahkampf mit der Technik. Sobald man das Antriebspedal der Nähmaschine falsch bediente, setzte sie ruckartig zurück und die Nadel brach. Als Mangelware war sie eine unersetzbare Kostbarkeit. Die Strafe für den Schaden betrug zwei Tage Einzelhaft in der Dunkelzelle, nur bei Wasser ohne Brot.«

Den nächsten Schock erlebte Josef Neckermann, als er auf dem Laufzettel den Firmennamen des Auftraggebers entdeckte, für den er jetzt schuften musste: Wäsche- und Kleiderfabrik Josef Neckermann. »Da war ich dem Herzinfarkt nahe: Meine Firma lief unter den neuen Verwaltern, noch dazu von mir bestellt, weiter. Nur sie gehörte mir nicht mehr. Mein Lohn für die Arbeit betrug genau 30 Pfennig pro Stunde, 2,40 Reichsmark am Tag«, erinnerte er sich und setzte nach: »In dem Kragen meines Häftlingsanzugs war das Etikett der ZLG eingenäht. Jetzt trug ich selbst eine Montur aus meinen eigenen Beständen.«

»Hast du eine Zigarette?« – Eine pro Tag, das war die heimliche Ration. Ein Mitgefangener schmuggelte sie in seiner Beinprothese aus der Wäscherei heraus. Feierlich angezündet, machte der Glimmstängel unter den Männern die Runde. Der erste Zug gehörte Josef Neckermann. Warum? Das konnte er sich zuerst selbst nicht erklären. Aber bald merkte er, dass ihn so etwas wie eine schützende Aura umgab. Rauchen war strengstens verboten, doch solange er dabei war, wurde die Rauchergemeinschaft nicht erwischt. Dennoch konnte er die dauernden Übergriffe nicht verhindern und schon gar nicht für bessere Zustände sorgen. Dass er von dem ekligen Fraß trotz Selbsterhaltungstrieb nicht einmal einen halben Löffel herunterwürgen konnte, zeigte bald Wirkung. Der unfreiwillige Hungerstreik zehrte stark an seinen Kräften.

Die einzige Möglichkeit aus dem schrecklichen Gefängnis herauszukommen, sah Josef Neckermann in der Verlegung in ein bürgerliches Hospital. Dazu musste er krank werden, sehr krank sogar. Dieses Risiko ging er bewusst ein. In seinem Unvermögen, die verfaulte Nahrung zu essen, sah er eine Prüfung: »Wenn ich es durchstehe, werde ich gerettet sein.« Bei diesem Kampf mit dem Hunger half ihm die Bibel mit einem Zitat: »Gott lässt die seinen nicht sinken, wie alle anderen, die unten weggerafft werden.« – Davon nährte sich die Zuversicht, dass ein Neckermann nicht auf die Welt gekommen ist, um irgendwo als Häftling elendig zu Grunde zu gehen. »Ich lernte in dieser schweren Zeit, um mich einen Schutzpanzer zu bilden. Hämmerte mir unentwegt ein, du darfst nicht aufgeben.«

Mitte Februar 1947 durfte Josef Neckermann nach seinen hartnäckigen Bitten, einen Brief schreiben zu dürfen, plötzlich in die Schreibstube. Papier und Tinte lagen schon auf dem Tisch bereit. »Schreiben Sie! Aber nur einen Brief!« Der Empfänger war Wilhelm Oestreicher, sein Steuerberater, den er mit allen Vollmachten ausgestattet hatte. Es ging um die Diamanten. Die lagen inzwischen auf dem Dachboden in Gräfelfing, Ottilostraße 1, wohin die Familie Neckermann von der US-Verwaltung zwangsumgesiedelt wurde. Die Kiste war dieselbe geblieben, mit der Aufschrift »Wichtige Akten«. So schöpfte die Gefängnisleitung bei der Zensur des Briefes keinen Verdacht. Doch Neckermann plagten weiterhin Alpträume: »Jedes Mal wenn die Zellentür sich öffnete, fürchtete ich: Jetzt werden sie mich zum Vortreten ausrufen! Jetzt muss ich zum Verhör! Und in meinen Ohren dröhnte schon die Frage und wie sie mich dabei vielleicht auch noch foltern werden, um zu erfahren, wo ich die Diamanten versteckte.«

Doch er hatte Glück. Sein Brief aus der Haftanstalt Ebrach erreichte unversehrt den Adressaten Wilhelm Oestreicher. Der veranlasste den Umzug der Kiste von München nach Goßmannsdorf. Ohne ein einziges Mal hineingesehen zu haben, stellte er sie in der Dorfwirtschaft unter einer Sitzbank ab. Dort stand sie niemandem im Weg. So saßen die nichtsahnenden Stammgäste auf dem Göring-Schatz. Erst nach einem halben Jahr, als die Kiste beim Großreinemachen hin und hergeschoben wurde, fiel es Oestreicher ein hineinzuschauen. Dabei entdeckte er die Stahlkassetten. Zur Öffnung wurde der Dorfschmied gerufen. Was sich danach abspielte, erzählte man sich über Generationen. Ein Berg von Diamanten lag auf dem Wirtshaustisch. Kurzweilig dachte der eine oder andere daran, sich davon einige Steinchen zu schnappen, aber die Angst vertrieb die räuberischen Gedanken. Und was passiert, wenn die Amerikaner es erfahren? So wurden die Steinchen gezählt und wieder in der Stahlschatulle versiegelt. Allerdings schlummerte der Schatz fortan nicht mehr in Pergament unter der Gästebank, sondern wurde sachgerecht im Tresor der Kreissparkasse in Ochsenfurt eingelagert – für ein weiteres Jahr in Ruhe. Obwohl es inzwischen einen ziemlich breiten Mitwisserkreis gab, hielten alle dicht.

Wiedersehen im Gefängnis

»Und wie geht es dir?« – »Gut! Alles in Ordnung. Wir schaffen es.« – Mehr nicht. So knapp beschrieb Josef Neckermann das Wiedersehen mit seiner Frau Annemi in Ebrach. Das Ehepaar war beim Gespräch durch eine Gitterwand getrennt. Ein Wächter hörte jedes Wort mit. Trotzdem begann der Kontakt mit der Außenwelt zu funktionieren. Annemi war nicht untätig. Sie klapperte alle Instanzen unermüdlich ab und fand in den Behörden unter den Mitarbeiterinnen, die mangels Männern die Amtsdienste verrichteten, wichtige Verbündete. Die Frauen waren eher bereit einander zu helfen als die Männer. Wenn der Ernährer, wie bei den Neckermanns, im Gefängnis sitzen musste, bemühten sie sich um die Familienzusammenführung.

Zunächst wurde die Besuchsgenehmigung auf die Schwester Maria-Barbara erweitert. In deren Begleitung durfte auch die Mutter Jula mitkommen, die jetzt bei ihr in Oberursel bei Frankfurt wohnte. Es gab auch ein Wiedersehen mit dem jüngeren Bruder »Walti«. Der hatte für seinen Bruder Josef einige Schachteln Zigaretten organisiert. Es war seine Lieblingsmarke »Eckstein 6« – »die in der grünen Packung«, erinnerte sich auch Tochter Eva-Maria. Der damalige Tauschwert stand bei 100 Stück gegen einen gebrauchten, schwarzen Sonntagsanzug.

In dem Wort »organisieren« vereinten sich die Begriffe des Schwarz- und Tauschhandels, des Schmuggelwesens und der Bestechung. Es war die Beschaffungsformel schlechthin. Man musste alles »organisieren«. Von einem Stück Seife bis zu ein paar Schuhen, für die man zwei kaputte Radios als Gegenleistung erbringen musste. Daraus wurde ein wieder funktionierendes Gerät zusammengebastelt und gegen eine Ladung Kohle für den Winter weitergetauscht. Jeden Tag aufs Neue musste man die Frage nach der Kleidung klären. Da konnte man wenig »organisieren«, da musste man improvisieren.

Aus einer Wolldecke nähten die geschickten Mütter einen Mantel. Ausgebeulte Pullis wurden aufgetrennt und die Wolle neu verstrickt. Manche Kinder trugen statt eines Pullovers einen alten Zuckersack. Viele Buben mussten im Winter in kurzen Hosen zur Schule, weil sie nichts anderes hatten.

»Einen Handkarren zu besitzen, war äußerst nützlich«, erinnerte sich Neckermann. »Damit konnte man auf nächtliche Streifzüge gehen, um vom Acker oder dem Nachbarskeller Kartoffeln zu ›organisieren‹. Für ein Kilo Kartoffeln erhielt man ein Messer. Damit konnte man die Kartoffeln schälen und die Schalen mit Brennnessel und Sauerampfer durch den Wolf für einen schleimigen Eintopf drehen.« Und so funktionierte es auch bei den Neckermanns. Der Mann mit dem Handkarren hieß Ilie Popescu, ein Rumäne, der die Neckermanns begleitete, seit sie Berlin verlassen hatten. Die Bekanntschaft ging auf den rumänischen Handelsattache zurück, der für Josef Neckermanns nützliche Kontakte für die Textilienbeschaffung aus Transsylvanien und Siebenbürgen, den traditionellen Weberorten, während des Krieges hergestellt hatte.

Der Clan

»Während Papi noch im Gefängnis saß, verstärkte sich unser Clan«, erzählte Tochter Eva-Maria. Zu den stark ausgeprägten Fähigkeiten sämtlicher Neckermanns, auch Annemis, gehörte eben das mitreißende Organisations- und Führungstalent. Der jüngste Spross Johannes verglich es später mit einer Festung: »Wir lebten wie in einer Burg und hatten ständig Leute, die uns treu ergeben waren. Sie standen uns in allen Lebenslagen bei, halfen beim Aufbau und bei der Verteidigung.«

Ohne diesen bedingungslosen Zusammenhalt hätte Josef Neckermann den Aufbau seines neuen Handelsimperiums wohl kaum geschafft. Es waren immer Leute da, die anpackten, ankurbelten, anschoben. Neckermanns Führungsprinzip stützte sich auf die archaische Idee vom Familienoberhaupt, das Gehorsam verlangt.

Die Rolle des »Burgmeisters« übernahm ein weiterer Rumäne, den sein Landsmann Ilie Popescu der Familie Neckermann zuführte. Ion »Nico« Hariton, ein junger Bergbaustudent, der ursprünglich in die Schweiz wollte, blieb im Oktober 1945 in München hängen. Sein Talent als Schwarzmarktkünstler machte ihn bald für die Neckermann-Sippschaft unentbehrlich. Mit seinem Faible für Astrologie verbreitete er Zuversicht erblickte in den Sternen eine glänzende Zukunft für Josef Neckermann. Er selbst zählte zu der Sorte Alleskönner. Für das erste Versandhaus Neckermanns sollte Nico Hariton in den 50er Jahren die gesamte Logistikabteilung konstruieren. Von der Sortiermaschine für die Ware über die Förderbändern für die Postpakete entstammte alles bis zur letzten Schraube seinem eigenen Erfindergeist.

In der Münchner Zeit hatte sich die besagte »Burggemeinschaft« noch um ein Pflegekind erweitert, die neunjährige Siegrid, die Nichte von Annemis Schwester Lilo. Sie hatte in den letzten Kriegstagen ihren Vater verloren. Ihre Mutter lebte als Flüchtling mit fünf weiteren Kindern in einem Zimmer. Annemarie Neckermann half sofort. Sie liebte die Großfamilie. Siegrid wuchs gleichberechtigt neben den Jungs auf, obwohl diese Jungs – Peter und Johannes – ihre neue »Schwester« als zickig und »keine typische Neckermann« empfanden.

Sterbenskrank auf Schmuggelpfaden

Anfang Juni 1946 brach in der Strafanstalt Ebrach ein Häftling beim Hofgang zusammen. Der 1,83 Meter große Mann wog nur noch 43 Kilo. Es war Josef Neckermann. Er befand sich in akuter Lebensgefahr. Trotzdem vergingen mehrere Tage, bis der Anstaltsarzt, Doktor Mihály von Radochay, ebenfalls ein Häftling, die Verlegung des schwerkranken Patienten in ein ordentliches Krankenhaus durchsetzen konnte.

Als Josef Neckermann dort bei den Barmherzigen Schwestern in Bamberg aus seiner Agonie erwachte, glaubte er plötzlich im Paradies zu sein. »Weißbezogenes Bett, peinliche Sauberkeit, freundliches Pflegepersonal«, berichtete er in seinen Memoiren. Nur die ärztliche Diagnose klang betrüblich: Tuberkulose der Bauchspeicheldrüse. Dadurch konnte Josef Neckermann keine Nahrung bei sich behalten. Der Magentrakt galt von jeher als Neckermanns Schwachpunkt. Walter Neckermann befürchtete deshalb, sein Bruder würde die Gefangenschaft nicht überstehen. Er war kein »guter Futterverwerter«, wie es im Häftlingsjargon hieß. Josef Neckermanns Zustand blieb lange kritisch. Er wurde bereits als »Sterbefall« in ein Einzelzimmer verlegt. Das war die Wende. »Hier normalisierten sich für mich die Verhältnisse. Ich durfte Besuche empfangen. Meine ganze Familie, meine Frau Annemi und manchmal auch die Kinder, meine Mutter und meine Schwester, mein Bruder und seine Frau Elsa kamen, so oft es nur ging, zu mir.«

Ab Mitte August befand sich Josef Neckermann wieder auf dem Wege der Besserung. Seine alte Wendigkeit meldete sich in neuer Form: Er brach nächtens zu Schmuggelaktionen auf. Der eben noch todkranke Mann schlich sich mit einem anderen Patienten, Heinz Sickert, einem Redakteur und späteren Verleger aus Bamberg, aus dem Hospital, um neue Vorräte an Lebensmitteln zu »organisieren«. Versteckt wurden die Schätze an dem einzigen Ort im Krankenhaus, der nicht kontrolliert wurde: Im Zimmer der Mutter Oberin. Das Diebesgut stapelte sich in einer Schachtel auf ihrem Spind. »Ich unterhielt mich mit meinem Weggefährten später gerne darüber, ob sie es wusste und uns deckte«, erinnerte sich Neckermann in seinen Memoiren.

Weihnachten 1946 wollte Josef Neckermann unbedingt zu Hause verbringen. Aus der Bamberger Krankenpflege entlassen, ereilte ihn allerdings ein baldiger Rückfall. In eine Ausweichstelle des Städtischen Krankenhauses München nach Schlehdorf am Kochelsee eingeliefert, musste er erneut monatelang das Bett hüten. Erst im Frühjahr wurde er, halbwegs genesen, erneut entlassen. Die Krankheitsmonate wurden ihm zur Haftzeit angerechnet. Das Berufsverbot behielt seine Gültigkeit. Wieder in der Freiheit, rettete ihn ein ärztliches Attest vor der allgemein verordneten Arbeitspflicht, die er beim Straßenbau antreten sollte. »100 Prozent arbeitsunfähig und ich fühlte mich wie ein Greis, krank, elend, unnütz«, beschrieb Josef Neckermann seinen Zustand im 35. Lebensjahr. Doch er ließ sich nicht unterkriegen.

Körperlich geschwächt, blieb er im Geiste stark. An neuer Energie und neuen Ideen sollte es ihm noch lange nicht mangeln.

Der Stammtisch in den »Torggelstuben«

Die Situation im Lande besserte sich nur sehr langsam. Noch im Jahre 1947 galten 3,5 Millionen Menschen als vermisst. Rund 4 Millionen Kriegsschwerbeschädigte bestimmten das Straßenbild der zerstörten Städte, und 2,5 Millionen junger Kriegswitwen um die 30 rückten täglich zum Kampf um die blanke Existenz in die Trümmer aus. Wie konnte man in dieser Zeit überhaupt überleben?

Josef Neckermann verbrachte seine Zeit mit der Planung. Er träumte unaufhörlich von seinem neuen Unternehmen mit farbigen Katalogseiten – und das Leben ging für ihn auch weiter. Den Hürdenlauf, den Neckermann vor sich hatte, bezeichneten die Amerikaner allgemein als »payback time«. Wann der Zahltag für Neckermann kommen sollte, war ungewiss.

Im Juni 1947 ging Neckermanns Diamanten-Affäre in die vorletzte Runde. Nach einem Hinweis von Neckermanns Steuerberater Oestreicher stürmten GIs die Sparkasse in Ochsenfurt, um den Schatz in die Hände der Militärverwaltung zu überführen. Josef Neckermann brauchte knapp ein halbes Jahr, um die Richtigkeit der Zertifikate sowie die genauen Angaben der Mengen nachzuweisen und zu erklären, wo die fehlenden Diamanten geblieben waren. Bis zum 12. November 1947 hatte er seine Unterlagen beisammen und wurde entlastet. Im Juni 1948 sollte sich die Diamanten-Akte mit der offiziellen Rückgabe der Steine an Holland endgültig schließen.

Für Neckermann wendete sich das Blatt allmählich. Zwei Tage zuvor, also am 10. November, hatte das US-Militärgericht in Würzburg das Urteil wegen Verstoßes gegen das Kontrollratsgesetz Nr. 52 vom 1945 aufgehoben. Der Eintrag im Strafregister wurde gelöscht. Nun strahlte die weiße Weste Neckermanns wie neu. Ansprüche auf Haftentschädigung konnte er allerdings nicht geltend machen. Diese Klausel war in den damaligen Satzungen der US-Verwaltung für die Opfer der Justizirrtümer nicht vorgesehen. Anderseits verdankte

Josef Neckermann seine Rehabilitation wiederum vorwiegend den guten Beziehungen.

Weihnachten 1947 schrieb er, »mit großer Freude für meine Familie sorgen zu können«. Die Wirtin der »Torggelstuben«, Anna Vaitl, unterstützte ihn mit bemerkenswerter Selbstlosigkeit. Nicht nur mit Naturalien, sondern vor allem mit Kontakten: Im berühmten Hinterzimmer der »Torggelstuben« kam es in den nächsten Monaten des Öfteren zu Begegnungen mit Ludwig Erhard.

Der weitsichtige Nationalökonom hatte von Oktober 1945 bis Dezember 1946 den Posten des bayerischen Wirtschaftsministers inne. Nach der Freistellung verbrachte Erhard einige Zeit als Honorarprofessor an der Universität München, bis er sich den großen Staatsaufgaben zuwandte. Im September 1949 schaffte Erhard als »Vater der sozialen Marktwirtschaft« den Einzug ins Bundesministerium für Wirtschaft in Bonn.

Der alte Kohlenhandel, die neue Goldgrube

Unmittelbar nach dem Kriegsende nahm die Firma J.C. Neckermann, Kohlen- und Brennstoffhandlung ihre Aktivitäten wieder auf. Den schnellen Neustart verdankte man einem scheinbar belanglosen Umstand. Die Führerwitze, die der Firmenprokurist Guido Klug gerne während des Krieges erzählt hatte, wurden von der US-Militärverwaltung bei Klugs Vernehmung als Widerstand gegen die Nazis bewertet. Die Administration ernannte ihn daraufhin zum Energy-Controller, der für die Kohleverteilung für ganz Bayern zuständig war.

»Er wäre ein schlechter Geschäftsmann gewesen, wenn er nicht in erster Linie an die Firma gedacht hätte, für die er arbeitete«, meinte Karlheinz Klug, sein Sohn. Die Zeiten waren für den Kohlenhandel nicht einfach. Die Anlagen waren zerstört, doch nun drohte durch neue Bestimmungen der Untergang. Die Binnenschifffahrt sollte nicht in deutschen Händen liegen. Verbote für den Neubau einer deutschen Kohlenflotte und Beschränkungen im Lizenzbereich zwangen viele alteingesessene Kohlehändler zur Geschäftsaufgabe, ehe sie überhaupt neu anfangen konnten. Für die Deponie J.C. Neckermann dagegen schifften die US-Kähne Brennstoff heran, sobald der Main wieder befahrbar war. Das »schwarze Gold« kam in der ersten Zeit aus den Bergwerken in England. Als Walter Neckermann die Firmenleitung wieder übernahm, »lief das Geschäft schon von alleine«, so Karlheinz Klug. Auch Marlene Neckermann erinnerte sich: »Wir hatten gleich nach dem Krieg sehr viel Geld verdient.«

Aus dieser »Goldgrube« stammte auch das Kapital für Josef Neckermanns zweiten Start. Sein Bruder Walter hatte als ehemaliger Artillerieoffizier formale Schwierigkeiten, wieder in die Firmenleitung einzusteigen. Er musste eine Zeit lang als normaler Angestellter im Büro sitzen. Sogar seine energische Mutter konnte als Firmeninhaberin erst Ende 1947 wieder zusammen mit Guido Klug die Geschäfte führen. Rechtzeitig, um ihrem »Necko« kurzerhand 100 000 Mark vom Firmenkonto zu überweisen, damit dieser sein neues Unternehmen gründen konnte. Bei den Würzburger Neckermanns stieß diese Finanzspritze nicht auf ungeteilte Zustimmung.

Vor allem Walters Frau Elsa wetterte, Josef sei nun zum zweiten Mal schon finanziell bevorzugt worden. Diese »doppelte Erbschaft« führte schließlich zu einer Abkühlung der Beziehungen zwischen den beiden Familien.

Tod auf der Autobahn

Während die Neckermanns in Gräfelfing wohnten, kam Tante Mady, Josefs Schwester Maria-Barbara, häufig zu Besuch. Eva-Maria erinnerte sich: »Wir schauten schon unruhig aus dem Fenster und rannten hinaus, kaum war das Auto vor dem Haus angekommen: ›Hast du Schmalz mit Grieben mitgebracht, Tantchen?‹, fragten wir ungeduldig.«

Tante Mady konnte mit ihrem Mann, Hans Lang, alles »organisieren«. Wieso? An dieser Frage scheiden sich in der Familie die Geister. Die Tochter Kristina führt an, »mein Vater hatte in Oberursel bei Frankfurt zwei Firmen gegründet: die Textil Union Bekleidungswerke und parallel dazu einen Versandhandel Co. KG.« Und Evi will sich erinnern, »dass da auch noch eine Apotheke war. Dort blühte ein schwunghafter Schwarzhandel, Arzneien und Medikamente wurden gegen Lebensmittel getauscht.« So konnte Mady helfen, die Familie ihres Bruders mitzuversorgen. Für den 18. Januar 1948 war wieder mal ihr Besuch in München-Gräfelfing angesagt.

»In der gleichen Nacht«, erzählte Eva-Maria, »hatte ich einen fürchterlichen Alptraum. Ich sah, wie sich ein Wagen auf dem Acker überschlug. Danach lagen Blut überströmt mehrere Tote in dem Wrack. Ich wachte auf und zitterte vor Angst. Da rannten auch schon alle in Panik durch das Haus. Meine Mutter hatte schrecklich verheulte Augen. Ich fragte gar nicht nach dem Grund, sondern sagte gleich: ›Gell, Tante Mady und Onkel Hans sind tot...?‹« – Die Mutter wurde kreidebleich: »Woher weißt du das?« – »Ich habe es geträumt, antwortete ich. Da nahm Mutti mich auf die Seite und sagte sehr streng: ›So was darfst du nie wieder erzählen.‹«

In jener Nacht hatte sich auf der Autobahn Augsburg-München tatsächlich ein Unfall ereignet. In der Nähe von Zusmarshausen blieb ein PKW wegen einer Panne liegen. In der Dunkelheit wurde er auf dem Seitenstreifen geparkt, von einem schweren Laster von hinten in voller Fahrt erfasst und überrollt. Es gab keine Bremsspuren. Alle drei Personen, die im Auto saßen, waren auf der Stelle tot: Es waren Neckermanns Schwester Mady, ihr Ehemann und deren Sohn Hans. Der Täter beging Fahrerflucht. Die Polizei fand bei der Untersuchung im Schneematsch noch Abdrücke von Doppelreifen, wie sie die US-Army benützte. Weitere Ermittlungen wurden daraufhin eingestellt.

In der Familie Lang blieben drei Waisen zurück: Maria-Barbara (15), July (9) und Eva-Kristine (5). »Meine Frau zögerte nicht einen Moment, um alle drei Mädchen sofort aufzunehmen und sie bei uns aufwachsen zu lassen«, schrieb Josef Neckermann in seinen Memoiren. Somit wuchs sich die »Burggemeinschaft« zu einer unternehmungslustigen »Rasselbande« mit sieben Kindern im Alter von fünf bis 15 Jahren aus.

Für das Jahr 1948 sah Hauswahrsager Ion »Nico« Hariton glänzende Dinge voraus – »die eins nach dem anderen auch in Erfüllung gingen«, bestätigte Josef Neckermann. Den 3. Mai 1948 konnte er tatsächlich für ein Datum mit guter Konstellation der Sterne halten.

Familie Neckermann mit Omi und Pflegetöchtern vor der Baracke in Oberursel. Hinten: Peter Neckermann, Jula Neckermann, Tini Lang, Annemarie Neckermann, Uschi Lang. Mitte: Johannes Neckermann, Sigrid Apitz. Vorn: Evi Neckermann, July Lang.

An diesem Tag endete sein Entnazifizierungsverfahren in München mit einem milden Urteil. Dieser Untersuchung musste sich im amerikanischen Sektor jeder Bürger stellen. Nach Beurteilung der nachgewiesen Aktivitäten erfolgte die Einteilung in vier Kategorien: Hauptschuldige, Belastete, Mitläufer und Entlastete. Josef Neckermann landete in der Kategorie III der NS-Mitläufer.

Dieses milde Urteil hatte Neckermann zu einem guten Teil dem Anwalt Rudolf Zorn zu verdanken. Bis September 1947 war dieser noch als »roter Wirtschaftsminister« Bayerns tätig. Danach konnte sich der SPD-Politiker seinem Klienten Neckermann intensiv widmen und eine umfassende Verteidigungsstrategie austüfteln. Aus den Unterlagen, die er beim Gericht einreichte, ergab sich das Bild eines Josef Neckermanns, der »gerade die ausländischen Arbeiter im Gegensatz zu den Ansichten Sauckels vorbildlich mit allem Erforderlichen versorgte und seine soziale Einstellung, korrektes Verhalten gegenüber jüdischen Partnern, seine hilfsbereite Verwendung für rassisch Verfolgte oder Bedrohte als beispielgebend und jeder Kritik standhaltend anzusehen war«. Mit immenser juristischer Raffinesse stellte Zorn eine derart überzeugende Dokumentation zusammen, dass der angeklagte »Arisierer« mit einer Bußgeldstrafe in Höhe von 2 000 Reichsmark glimpflich davonkam.

Neckermanns feste Burg

Die tödlich verunglückten Langs hatten in einer ehemaligen Arbeitsbaracke in Oberursel in der Nähe von Frankfurt gewohnt. Die stand nach dem tragischen Unfall nun frei. Die Familie von Josef Neckermann, inzwischen auf zwölf Mitglieder angewachsen, hatte in den engen Wohnverhältnissen in Gräfelfing kaum mehr Platz. Auch die wirtschaftlichen Perspektiven in München waren für Neckermanns Ambitionen nicht besonders günstig. An die Isar verlegte Siemens, nachdem das Unternehmen in Berlin völlig zerstört wurde, sein neues Hauptquartier. Für München stellten sich damit die Weichen als künftiges Zentrum der Elektronik. Doch vorerst blieb Bayern das Bundesland mit der höchsten Arbeitslosenquote. Frankfurt strebte die kapitale Position im deutschen Bank- und Handelswesen an. Dort konnten Neckermanns Träume am ehesten Wirklichkeit werden. Zu diesem Standortwechsel riet Neckermann auch Ludwig Erhard mit der Ermutigung: »Solche Unternehmer wie Sie werden für den Wiederaufbau dringend gebraucht.«

Der Umzug nach Frankfurt war auf den 8. Mai 1948 angesetzt, den dritten Jahrestag der Kapitulation. Vorher fand noch eine wichtige Familienfeier in Gräfelfing statt: die Kommunion der elfjährigen Tochter Eva-Maria. Ihr Vater konnte eine Überraschung »organisieren«. Mit einem geliehenen Gespann aus dem Wirtshaus »Das weiße Rössl« fuhr er vors Haus. Nach der Zeremonie in der Kirche geschah bei strahlendem Sonnenschein etwas, was Evis Leben bestimmen sollte: »Mein Vater setzte mich aufs Pferd. Da es nicht gewohnt war, einen Reiter zu tragen, begann es wild zu toben, um mich abzuwerfen. Aber ich hatte überhaupt keine Angst. Ich hielt mich am Nackenriemen fest. Mein Vater hatte die größte Mühe mich von ihm runterzuholen. Ich fand's herrlich!«

Die D-Mark kommt

Am Sonntag, den 20. Juni 1948, kam die neue Währung. 40 D-Mark für jeden Bürger. Der Umtauschkurs bei Guthaben war mit 1:10 angesetzt, lag aber tatsächlich bei 100 Reichsmark für 6,50 D-Mark. Die politischen Konsequenzen waren unvermeidlich. Durch die Währungsreform wurde die Spaltung Deutschlands ökonomisch endgültig besiegelt. Die in den USA gedruckten neuen D-Markscheine gab es nur in der Besatzungszone West.

In endlosen Schlangen holten sich die Westdeutschen das neue Zahlungsmittel ab. Schon am Nachmittag waren alle Schaufenster mit den bisher zurückgehaltenen Waren gefüllt: Alkohol, Schokolade, Wurst, Zigaretten. Der Direktor des Wirtschaftsamtes, Ludwig Erhard, optisch noch nicht das fleischgewordene Sinnbild der fetten Jahre, hatte bereits den ersten erforderlichen Schritt dazu getan: Er erklärte das Rationierungsgesetz für aufgehoben. Schlagartig gelangten 4 000 Artikel in den Handel. Freilich zu steigenden Preisen, deren Freigabe der »Wundermacher« Erhard ebenfalls durchsetzte.

Am 6. September 1948 gründete Neckermann seine neue Textilgesellschaft Neckermann KG. Das Startkapital streckte Neckermanns Mutter mit 100 000 Mark vor. Der Eintrag im Handelsregister lautete auf den Namen von Neckermanns Frau Annemarie – sicher war sicher. Neckermann war zurück im Geschäft.

Für die Fachkompetenz bestellte er einen alten Bekannten in die Firma. Albin Burkel, ehemaliger Stoffexperte vom Textilversand Witt Weiden, war schon während der NS-Zeit für Neckermanns ZLG in Italien tätig gewesen. Daher kannte Neckermann auch seine Vorzüge genau: »Ein Genie im Kopfrechnen«. Und was er als Chef noch mehr schätzte: »Burkel konnte manchmal um Bruchteile eines Pfennigs nächtelang feilschen«. Der Schachermeister Burkel blieb bis zu seinem Tod 1966 als Einkaufschef bei Neckermann.

Für die Geschäftsleitung gewann Josef Neckermann einen früheren Spitzenbeamten bei der Reichsgruppe Handel, Dr. Theodor Betzen. Die Logistik übernahm der Ingenieur und Tüftler Ion »Nico« Hariton. Für die Disposition wurde Robert-Allen Stevenson angeheuert, für dessen Schwester »Li« einst Neckermann als Praktikant in Stettin geschwärmt hatte. Als Handlungsreisender stieg ein Jugendfreund ein: Toni Rommel. »Weiland trug er meiner Frau Annemi in Würzburg mit großer Freude die Tasche zur Schule«, berichtete Josef Neckermann.

Ohne offizielle Funktion hielt er sich als Drahtzieher im Hintergrund. Die Faszination, die er dabei auf seine Partner ausübte, verglichen die Zeitzeugen mit dem Phänomen »Kaninchen vor der Schlange«. Auch Marlene Neckermann beschrieb ihren Onkel Josef als großen Zampano: »Sobald er redete, hörten alle anderen gebannt zu.« Als geborener, genialer Dilettant trumpfte Neckermann mit Inspiration, Fantasie und Unbefangenheit auf. Nunmehr besaß er auch eine große Organisationserfahrung, gewonnen und erprobt in der Kriegswirtschaft unter härtesten Bedingungen. Und er tat gleich das, was er am besten konnte: Der Konkurrenz den Kampf anzusagen.

Nur lautete damals die Formel noch umgekehrt: Nicht, wohin mit den Produkten, sondern woher sie nehmen? Man musste zuerst Hersteller und Lieferanten finden, die überhaupt im Stande waren, Produkte anzubieten. Da erfüllte sich Neckermanns Vision von seinen Tegernseer Tagen, mit den Amerikanern ins Geschäft zu kommen. Der Rücktransport der Einheiten – »Bring dad home« – war zum größten Teil abgeschlossen. Die Armeeausrüstung in die Staaten zurückzutransportieren, lohnte sich nicht. Alles, was die US-Army zurückließ, von Hemden, Socken, Unterhosen über Uniform bis zu Zahnbürsten, wurde in so genannten Steg-Shops verkauft, die Neckermann »organisierte«. Die zentrale Lage in Frankfurt half seiner Firma, an diese Ware heranzukommen.

Frankfurt am Main sollte Neckermanns goldene Stadt werden. 1948 war die Stadt noch zerstört und gerade von den gröbsten Trümmern freigeräumt. Überall klafften Lücken, und waren schwarze Spuren von Feuer und Rauch zu sehen. Doch auf der Straße begann das Leben zu pulsieren. An vielen Ecken harrten Kriegsversehrte der Dinge, mit Bauchläden, die oft primitiv aus einer alten Schublade gezimmert waren. Das Angebot bestand meist aus Schnürsenkeln, Streichhölzern, Seife, Schlüsselanhängern, mitunter einer Zahnbürste. Auch die galt als eine Rarität. Der Fotograf Tony Vaccaro hat diese Zeit einzigartig dokumentiert. Auf einem Foto ist eine Verkaufskiste zu sehen, die neben einer Laterne auf dem Boden liegt. Dahinter ragt brusthoch ein Mann mit der Schiebermütze hervor. Es sieht aus, als ob er in einer Grube stecken würde, doch beim näheren Betrachten entdeckt man, dass ihm die

Beine fehlen. Ein weiteres Foto zeigt einen buckligen, roten Lieferwagen. Die Aufschrift auf der Seite verkündet in Weiß: »Drink Coca Cola«. Kinder rennen lachend hinterher. Ihr Ausdruck verrät, alles wird gut!

Aktenordner und Handtücher

Das erste Büro von Neckermann in Frankfurt hatte gleich zwei Etagen und war eine gute Adresse. Es war das ehemalige Nestlé-Haus in der Mainzer Landstraße 139.

Doch bald platzte das Büro aus allen Nähten. Dass der neue Sprung ins Geschäft auf Anhieb klappte, verdankte Josef Neckermann einem früheren Lieferanten der ZLG. Der hatte versteckt noch einen Restposten von Handtüchern gehortet. Die gingen weg wie warme Semmeln. »Das war das Geniale an Neckermann«, erinnerte sich später sein Mitarbeiter Albin Burkel, »immer die Dinge zu finden, die gerade am meisten gebraucht wurden.« Und Handtücher trafen den Nagel auf den Kopf: Für die Deutschen kündigte sich ihr besseres Lebensgefühl mit dem Wunsch nach der Sauberkeit an. Seife und Handtuch wurden zum Symbol für einen geordneten Haushalt. Ab Herbst 1948 bekamen die Kinder in guten Familien, bevor sie sich zum Tisch setzen durften, die Frage oft zu hören: »Hast du dir schon die Hände gewaschen?« – Glück hatte, wer sich schon ein neues Handtuch von Neckermann leisten konnte.

Werbeplakat für die Textilgroßhandlung Neckermann in der Mainzer Landstraße 193, Frankfurt, 1950.

Doch allmählich wurde Neckermann von seiner Geschichte eingeholt. Er musste zwei Sammelordner anlegen, die schnell an Umfang zunahmen: Einer gehörte der »Akte Ruschkewitz«, die andere ergab die »Akte Joel«. Beide Fälle wurden im Rahmen der Wiedergutmachungsgesetze ganz von vorn wieder aufgerollt.

Mit Hans und Fritz Ruschkewitz, den Söhnen des inzwischen verstorbenen Inhabers des Kaufhauses Ruschkewitz in Würzburg wurde ziemlich zügig ein Vergleich geschlossen. Der gegnerische Anwalt, Karl Rosenthal, war einst Anwalt der Familie Neckermann und Josefs Vormund gewesen. 1938 hatte er Deutschland verlassen und kehrte nun nach Würzburg zurück, um in zahlreichen Wiedergutmachungsprozessen die Opfer zu vertreten. Obwohl selbst ein Jude, trat er im Prozess wohlwollend gegenüber seinem früheren Mandanten auf. Nach zweijähriger Verhandlungsdauer gab er sich mit einer Entschädigung von 50 000 D-Mark und der Rückgabe des Trümmergrundstücks im Würzburger Zentrum zufrieden. Das Grundstück ging für 300 000 D-Mark an Karstadt.

Bei der realen Bewertung dieses Preises muss man die damalige Kaufkraft der neuen D-Mark berücksichtigen. Ein Niedriglohn lag bei 250 D-Mark, die Facharbeiter verdienten knapp 500 D-Mark im Monat. Ein Bier im Wirtshaus kostete 50 Pfennige, eine Semmel 5 Pfennige, und ein VW-Käfer war für 5 150 D-Mark zu haben.

Mit seinem Anteil konnte Hans Rush in Johannesburg einen Juwelierladen eröffnen. Als Hans Rush in den 80ern nach Deutschland kam, wurde er gefragt, was er für seine alten Heimatstadt empfinde. Seine Antwort: »Ich vermisse an unserem Haus die schöne Jugendstilfassade.« An dessen Stelle stand ein schmuckloser Kasten des Kaufhofs. Über Neckermann verlor er kein Wort mehr. 1989 verstarb Hans Rush im Alter von 82 Jahren als Ehrenmitglied der südafrikanischen Progressive Federal Party, die für die Abschaffung der Apartheid plädierte. Fritz Ruschkewitz starb 1967 friedlich in Tel Aviv, ohne Deutschland nochmals sehen zu wollen.

Der Vergleich mit den Ruschkewitz-Söhnen wurde 1950 geschlossen, als Neckermann bereits 88 Mitarbeiter beschäftigte und einen Jahresumsatz von 8,7 Millionen D-Mark brutto machte. Die Auseinandersetzung mit Karl Amson Joel sollte länger dauern.

Kapitel 16

»Ich war damals so jung, so ungestüm und auch ein bisschen verwirrt«

Die Vergangenheit holt Neckermann ein

Oberursel Weißkirchen, 873 Kilohertz. Das kannte man. Das war der Standort von American Forces Network (AFN). Es gab flotte Musik mit einer Moderation, für die es noch lange in Deutschland nichts Vergleichbares gab. Manche Zeitzeugen meinten überspitzt: »Wenn die Amerikaner damals in den ersten Besetzungsjahren etwas wirklich richtig machten, dann war es ihr Radioprogramm. Es lieferte neue Impulse, das Signal für ein neues Leben.« Doch damit kein falsches Bild entsteht: Der Jazz, die Synkopen von Duke Ellington, der Swing von Glen Miller und Benny Goodman, der völlig neuartige Bebop mit Charlie Parker waren nur die Garnierung. Im Mittelpunkt standen die Radiospots als Propaganda für die Truppenmoral. Da hieß es zum Beispiel: »Die Deutschen müssen lernen, dass sich Kriegführen nicht lohnt. Sie müssen dies auf die harte Tour lernen. Wenn du freundlich mit ihnen umgehst, werden sie dich für weich halten.« In einem lange Zeit gesendeten Spot war die AFN-Botschaft noch unmissverständlicher: »Im Herzen, Körper und Geist ist jeder Deutsche Hitler. Hitler ist der einzige Mann, der für die Glaubenssätze der Deutschen steht. Schließe keine Freundschaft mit Hitler. Fraternisiere nicht mit den Deutschen!«

Unweit der AFN-Station mit dem hohen Sendemast befand sich das neue Domizil der Familie Neckermann. Die lange Baracke mit einem schmalen Gang, auf den sich die Zimmer öffneten, glich einem Eisenbahnwagon. »Die Kinder fühlen sich in ihren Zimmern mit den Betten übereinander wie in einem Schlafwagen«, beschrieb Josef Neckermann das neue Heim. »Es war aufregend, romantisch, im Garten hatten wir Gänse, Enten und zwei Schäferhunde. Für die Kinderschar war es ein kleines Eldorado.«

Von neuem Elan gepackt, wurde der Aufbau eines neuen Versandhauses fieberhaft vorbereitet. Tag und Nacht. Aus dieser Zeit stammte auch Neckermanns Leitsatz: »Ich kenne keine schönere Freizeitbeschäftigung als die Arbeit.« Entscheidend, wann man mit dem Versand beginnen konnte, war die Erstellung einer Kundenkartei. Das Problem der Adressenbeschaffung war größer als man sich vorgestellt hatte. Das hing nicht nur damit zusammen, dass in deutschen Städten kaum mehr ein Stein auf dem anderen stand, sondern auch mit den Flüchtlingen, die ins Land kamen. Schon in den letzten Tagen hatte die größte Völkerwanderung in der Geschichte Europas eingesetzt. 4,5 Millionen Menschen kamen aus Schlesien, 3,5 Millionen aus dem Sudetenland, 2,4 Millionen aus Ostpreußen, 2,4 Millionen aus Pommern, 2,5 Millionen aus Polen, 300 000 aus dem Baltikum, 250 000 aus dem Balkan, 200 000 aus Ungarn und 50 000 aus Rumänien. Insgesamt waren es 16,1 Millionen Zuwanderer.

Für Neckermann galt es, diese Menschen für sein Versandunternehmen zu gewinnen. Der Anfang war Sisyphos-Arbeit. Neckermann tat sich mit den Kaffeeversendern zusammen, die in den Textilern keine Konkurrenz sahen und zum Adressentausch bereit waren. Er zapfte die Arbeits- und Flüchtlingsämter an, Gewerkschaften und Bauernverbände, um an deren Mitgliederkarteien heranzukommen. In Köln etablierte sich eine der ersten professionellen Agenturen für Anschriften. In Zusammenarbeit mit den Standesämtern sammelte sie die Anschriften der Frischvermählten. Diese Daten konnte man gegen eine Gebühr erwerben. Gerda Singer erinnerte sich: »Wir hatte bei allen unseren Mitarbeitern angeregt, meist Flüchtlinge aus dem Osten, uns über Bekannte und deren Freunde Personen zu nennen, die wir als künftige Kunden anschreiben könnten. Dabei waren wir überrascht, wie lange es dauerte bis man hundert Adressen zusammen bekam. Zehn-, Hunderttausende wurden gebraucht. Eine Million war unser Ziel.«

Der Prozess Joel, erster Akt

Es war kein Blitz aus heiterem Himmel. Die dunklen Wolken seiner Vergangenheit holten Josef Neckermann wie ein Gewitter unaufhaltsam ein, um schließlich juristisch über ihm niederzugehen. Am 4. Mai 1949 erhielt Neckermann die Klageschrift von Carl Amson Joel. Seine Forderung für die Wiedergutmachung belief sich auf rund 8 Millionen D-Mark. In seiner eidesstattlichen Erklärung hatte Joel angeführt: »Ich habe am 11.7.1938 zwangsweise mit Neckermann einen Kaufpreis von 3 660 074,20 Reichsmark vereinbart. Er hatte jedoch bereits damals die Absicht, mir überhaupt nichts zu geben... Brückner und Neckermann übernahmen das Geschäft, ohne einen einzigen Pfennig dafür zu bezahlen.«

In einem persönlichen Brief informierte Joel Neckermann und dessen Schwiegervater: »An der Sache sind amerikanische Anwälte beteiligt. Sie haben es daher nicht alleine mit mir zu tun«. An dieser Stelle seiner Memoiren vergaß Josef Neckermann nicht zu vermerken, dass sich sein Kontrahent »seitdem er in New York lebte, mit ›C‹ schrieb.« Daran ließ er erkennen, wie sich die Lage verändert hatte. Jetzt hatte er es nicht mit einem von Nazis verfolgten, deutschen Juden namens »Karl« zu tun, sondern mit einem selbstbewussten US-Bürger. In die USA war er auf abenteuerlichen Wegen über die Schweiz, Südfrankreich, Großbritannien und Kuba gelangt. Doch dort hatte er als Textilhändler nicht mehr Fuß fassen können. In New York hatte er sich mit dem Verkauf von Haarteilen, Perücken, Toupets und Zöpfchen über Wasser gehalten. Doch seit 1941 hatte er durch den amerikanischen Entwurf für die späteren Wiedergutmachungsgesetze seine alten Besitzrechte in Deutschland verbrieft in der Tasche. Dies verunsicherte den ansonsten so souveränen Neckermann über alle Maßen. Plötzlich fühlte er sich als ein Opfer der jüdischen Verschwörung. Eine andere Erklärung fand er nicht.

Mit solchen Empfindungen stand er nicht alleine da. In den Jahren 1945 bis etwa Ende 1947 überwog in der deutschen Öffentlichkeit die Einsicht, man müsse sich den Folgen der Hetzjagd auf die Juden stellen. Die Entnazifizierung wurde als eine »ideologische Säuberung« verstanden, die nach einem willkürlichen Ermessen der Siegermächte durchgeführt wurde. Die eigenen Schuldgefühle versuchte man so gut es ging zu verdrängen. Spätestens ab 1948 machte sich großer Unmut gegen die Entschädigungszahlungen breit.

Die politischen »Aufräumarbeiten« gerieten angesichts der schwierigen wirtschaftlichen Lage Deutschlands bei einer Mehrheit der Bevölkerung in die Kritik. Von unten begann sich der Druck auf die jeweiligen Landesregierungen zu verstärken, »in erster Linie wieder an die Deutschen zu denken«. Auf der Straße keimte ein neuer Antisemitismus. Neckermanns Fall war typisch für die Stimmung der Nation in Westdeutschland. Man fragte sich: »Wie sollen wir jemals wieder auf die Beine kommen, wenn wir schon wieder durch den Aderlass der Reparationen ausbluten?« Allein in Bayern wurden rund 175 000 zivile Wiedergutmachungsansprüche bearbeitet, als Josef Neckermann vor dem amerikanischen District-Court in Würzburg erscheinen musste.

Das Gericht

Jede Besatzungsmacht behandelte die Frage der Wiedergutmachung unterschiedlich. In der Sowjetischen Zone wurden zivile Ansprüche gar nicht erst zugelassen. Das gesamte Vermögen der Nationalsozialisten, darunter auch sämtliche arisierten Objekte fielen als Kriegsbeute in die Hände des Militärkommandos. Die Briten und Franzosen hielten sich an die Regelung, »man muss das ›Dritte Reich‹ für jede Art der Enteignung und des Raubes verantwortlich machen« und wiesen in dieser allgemein gehaltenen Formulierung nicht speziell auf die jüdischen Vermögen hin. Die Engländer konzentrierten sich in der ersten Phase darauf, alle Industrie- und Produktionsanlagen von ihrem deutschen Besatzungsgebiet zu demontieren und auf die Insel zu verfrachten. Bei den Amerikanern herrschten dagegen strikte Gesetze für das Entschädigungsprozedere. Die Ansprüche wurden teils schon durch die Gründung der »Conference of Jewish Material Claims against Germany« seit 1939 erfasst. Die Exekutive war durch mehrere Zusammenkünfte in New York und London ausgearbeitet und in den nachfolgenden Jahren konkret festgelegt worden.

Die ehemalige Kleiderfabrik und der Textilversand Joel befanden sich in Berlin-Wedding. Dieser Sektor stand unter der französischen Militärverwaltung. Daher bemühte sich Neckermann darum, seinen Prozess unter französische Gerichtsbarkeit verlegen zu lassen. Er hatte noch gut in Erinnerung, wie er aus Frankreich Rohstoffe für das Reichswirtschaftministerium beschaffte und hoffte, mit seinem Charme bei den Franzosen leichter durchzukommen als bei den Amerikanern. Doch Joel war gut beraten, für diesen Fall neben seinen Anwälten noch eine Zwischeninstanz einzuschalten: das bayerische Landesentschädigungssamt (LEA) in München unter der Leitung von Philipp Auerbach. Dessen starke Position machte die Reihe seiner Titel deutlich: Staatskommissar für die rassisch, religiös und politisch Verfolgten, Generalanwalt und schließlich Präsident der LEA. Durch seinen radikalen Auftritt erwarb er sich das Prädikat »Cäsar der Wiedergutmachung«.

Im Falle Joel bestand seine Aufgabe darin, mit aller Macht zu verhindern, dass Neckermann bei der Anklage den Amerikanern entschlüpfte. Die Akte Joel knüpfte sich als Nachfolge an die »Akte Ruschkewitz« an, begründet auch damit, dass Josef Neckermann das Joel-Unternehmen noch vor 1943 weitgehend nach Würzburg und Ochsenfurt ausgelagert hatte. Auch die von ihm voreilig betriebene Liquidation dieser Firmen nach 1945 erfolgte aus Goßmannsdorf in Unterfranken. Damit war der Gerichtsstand Würzburg zuständig. Die erste Runde ging somit an Joel.

Die Wertfeststellung

Bei der Eröffnung der Verhandlung hatten Joels amerikanische Anwälte als Schadenersatz die Summe von 8 Millionen D-Mark angemeldet. Neckermann glaubte, der Nachweis über die vollständige Zerstörung der Textilfabrik und der Versandanlage bei der Bombardierung Berlins 1943 würde als Argument ausreichen, um die Forderung auf den Zeitwert des Grundstücks zu drücken. Er stellte der Forderung eine Schätzung von etwa 2 Millionen D-Mark gegenüber. Doch er rechnete nicht mit der amerikanischen Praxis, wie die US-Anwälte sie anwendeten. Diese legten ihrem Anspruch den subjektiven Marktwert von Joels Kundenkartei zugrunde. Diese hatte Josef Neckermann durch die vorzeitige Auslagerung nach Würzburg und weiter nach Ochsenfurt tatsächlich vor der Zerstörung durch den Bombenhagel retten können. Sie existierte also und fiel nach der Beschlagnahme seines Vermögens durch die US-Militärverwaltung in die Obhut eines Treuhänders. Dieser hatte sie später im Rahmen der Liquidation an Neckermanns Rivalen Gustav Schickedanz von Quelle verkauft.

Der Fürther Versandkaufmann, dessen Berufsverbot 1949 aufgehoben wurde, rieb sich bereits die Hände: Mit der alten Joel-Neckermann-Kartei glaubte er, die Marktführung schnell an sich reißen zu können. Doch schon bald stellte er fest, dass sie nur noch Altpapierwert besaß. Die Mehrheit von Neckermanns Kunden stammte nämlich aus den deutschen Ostgebieten, die nach 1945 unter sowjetischer Kontrolle waren. Der Rest der Kunden war entweder unbekannt verzogen oder fand im Krieg den Tod, zudem unter Joels Stammkunden auch viele Juden gewesen waren. Schickedanz ärgerte sich noch lange über diesen Reinfall. Spätestens ab diesem Zeitpunkt war er Spinnefeind mit Neckermann.

Das US-Militärgericht, an die amerikanischen Verhältnissen gewöhnt, folgte der Argumentation der amerikanischen Anwälte. Die schraubten Joels Forderungen weiter in die Höhe und machten Prognosen geltend, die den Wertzuwachs des neuen Neckermann-Unternehmens einrechneten, dessen erfolgreiche Neugründung und Entwicklungsperspektiven nach ihrer Argumentation ebenfalls auf der Marke und Kartei Joel fußten. »Die Entschädigungssumme wuchs auf 11, 15 und schließlich bis auf 26 Millionen D-Mark an«, erinnerte sich Neckermanns Sekretärin Gerda Singer.

Die Anwaltsvertretung

Josef Neckermann baute seine Verteidigung generalstabsmäßig auf. Der Frankfurter Wirtschaftsanwalt Dr. Günter Rosener, hatte den allerbesten Ruf. Außerdem holte er sich Christel Lammers aus München als Rechtsbeistand. Sie hatte nach Neckermanns erster Verurteilung wegen Verstoß gegen das Kontrollratsgesetz Nr. 52 erfolgreich die Revision und Rehabilitierung durchgefochten. Nach seinen Erfahrungen mit der US-Justiz nahm Josef Neckermann auch eine eigene Dolmetscherin zur Verhandlung mit.

Zusätzlich verpflichtete er eine Sekretärin, die jedes Wort stenografierte und danach bis spät in die Nacht als Protokoll auf der Schreibmaschine abtippte. Diese tüchtige Kraft hatte er sich von einer Frankfurter Anwaltskanzlei ausgeliehen. Nach der Feuerprobe zögerte er nicht, sie als Sekretärin in seiner neuen Firma anzustellen. Ihre Gehaltsvorstellungen waren selbstbewusst: 350 D-Mark im Monat. Es war Gerda Singer, für die kommenden 42 Jahre Neckermanns rechte Hand.

Der Ankläger

Über den US-Staatsanwalt Jim Phelps äußerte sich Josef Neckermann in seinen Memoiren: »Er hatte mich während des Prozesses öfter privat besucht. Wir saßen bei meinem Bruder Walter unter der großen Kastanie in seinem Würzburger Garten. Wir tranken den guten fränkischen Wein und mein Prozessgegner erwies sich als charmanter Plauderer, der ein ums andere Mal geradezu erstaunliche Trinkfestigkeit an den Tag legte.«

»Es war eine chaotische und zugleich verrückte Zeit«, meinte Neckermann weiter und illustrierte sie noch mit der Episode, wie der Ankläger Phelps ihm am nächsten Tag im Gerichtssaal auf die Brust tippte und versprach: »Heute mache ich dich fertig« – somit schwenkte er als Amtsvertreter auf die Linie des AFN-Slogans ein: »Fraternisiere nicht!«

Die Zeugen

Der Prozess zog sich fast zwei Monate lang hin. Es wurden 43 Zeugen gehört. Schwiegervater Brückner musste der Ladung keine Folge mehr leisten. Er litt bereits unter einer Demenz, die wenige Jahre später zu seinem Tod führte. Der Hauptbelastungszeuge und zugleich Kläger Carl Amson Joel reiste überraschend vor dem Prozess wieder aus Deutschland ab und überließ seinen Part dem »Cäsar der Wiedergutmachung«, Philipp Auerbach. Ein Mann mit dem Ruf wie ein Donnerhall.

Seine polternden Auftritte trugen zur späteren Legendenbildung bei: »Voller triebhafter Leidenschaft. Sein Tatendrang war hektisch, sein Temperament ungezügelt«, beschrieb ihn sein Freund Erich Lüth in dem Buch *Von Juden in München*. Doch auch Lüth musste einräumen: »Sein gefährlichster Feind war er selbst. Er sah die Dinge, so wie sie er sehen wollte und nicht immer so, wie sie in Wirklichkeit waren.« Was das für Neckermann bedeutete, kann man in seinen Memoiren nachlesen: »Er ließ nichts unversucht, um mich bei der Militärregierung in Deutschland anzuschwärzen. Er brachte vor, ich hätte mich schwerer krimineller Verbrechen schuldig gemacht und seit dem Zusammenbruch illegal Millionenwerte beiseite geschafft. Ich war fassungslos über so viel Hass.«

Auerbach hatte eigene Gründe, so massiv gegen Neckermann vorzugehen. Er selbst war von den Nationalsozialisten ins Konzentrationslager Auschwitz verschleppt worden und hatte überlebt. Als leidenschaftlicher Anwalt der jüdischen Opfer wollte er innerhalb kürzester Zeit eine möglichst große Summe zusammenbekommen. In Neckermann sah er einen »dicken Fisch« und erwartete von der Entschädigung an Joel eine ordentliche Beteiligung für seine Behörde. Deshalb legte er großen Eifer an den Tag, um Neckermann dingfest zu machen. Die US-Verwaltung hatte auch keinen Grund, Auerbachs Ausführungen nicht zu glauben. Immerhin hatte schon früher Indizien gegeben, die Neckermanns Wendigkeit im NS-Staat belegten.

Dazu gehörte auch seine Diamanten-Affäre. Zwar galt der Fall mit der Rückgabe der Edelsteine im Juni 1948 an Holland als abgeschlossen, aktenkundig blieben die Klunker allemal. Das Gericht war bemüht, die tatsächlichen Vermögensverhältnisse Neckermanns zu ermitteln. Derweil stand der Staatskommissar Philipp Auerbach unter strenger Beobachtung des bayerischen CSU-Justizministers Josef Müller, genannt »Ochsensepp«, ein Würzburger wie Josef Neckermann. Der Grund war die eigenwillige Amtsführung Auerbachs, die schließlich in den ersten großen Polit-Skandal der frühen Bundesrepublik ausartete. Dies sollte Neckermann noch zugute kommen.

Das Urteil

Am 12. August 1949, an einem Freitag, verkündete das Gericht der US-Militärregierung das Urteil. Neben der Tür des Gerichtssaals standen zwei Militärpolizisten in weißen Helmen, mit weißen Gürteln und weißen Handschuhen, Gewehr bei Fuß. Diese martialische Pose unterstrich den Ernst des Augenblicks. Das Strafmaß für Josef Neckermann wurde auf einen Freiheitsentzug von vier Jahren sowie eine Geldbuße von 30 000 D-Mark festgesetzt, oder, falls die Summe nicht bezahlt werden kann, ersatzweise zwei Jahre Haft. Für Strafantritt wurde eine Frist bis zum 15. Dezember 1949 anberaumt. Als Auflage bestimmte das Gericht, in dieser Zeit einen Vergleich mit Carl Amson Joel zu treffen. Neckermanns Anwälte legten auf der Stelle Widerspruch gegen das Urteil ein.

Josef Neckermann vermerkte in seinen Memoiren: »Strahlend kam Jim Phelps auf mich zu und klopfte mir auf die Schulter: ›You've won the case.‹« Zwar konterte Neckermann sofort, dass er unter dem Begriff »einen Prozess zu gewinnen« etwas anderes verstehe, doch Phelps hatte Recht: Carl Amson Joel ging bei diesem Urteil gegen Neckermann nur mit einer schwammigen Feststellung seiner Ansprüche heraus – wenn dieses Urteil in der nächsten Instanz überhaupt bestätigt werden sollte. Der Sinn seiner Klage war nicht, Neckermann ins Gefängnis zu bringen. Das hatte er auch zu Prozessbeginn an Neckermann geschrieben: »Ich bin der allerletzte, der irgendwelche Rachegefühle hegt.« Joel wollte schlicht sein Geld bekommen, das ihm Josef Neckermann angeblich schon 1938 überwiesen hatte.

Nach elf Jahren eine berechtigte Forderung. Joel beschuldigte Neckermann keiner Kriegsverbrechen. Das Gericht sollte lediglich feststellen, ob Neckermann den Kaufvertrag von damals eingehalten und gezahlt hatte. Josef Neckermann erklärte, er habe den Kaufpreis ordnungsgemäß an die Hardybank überwiesen. Doch wo war das

Geld abgeblieben? Steckte es immer noch bei der Bank oder wieder in Neckermanns Tasche?

Für Neckermann ging es um alles oder nichts. Nach dem Urteil vom August 1949 fühlte sich Josef Neckermann in einer Zwickmühle. Die bange Frage lautete: Würde das Urteil aus der ersten Instanz aufgehoben oder musste er tatsächlich einen Vergleich mit Joel zustande bringen und zahlen. Josef Neckermann erschien diese Situation äußerst ungerecht. Er beklagte sich in seinen Memoiren: »Falls das Urteil in der nächsten Instanz nicht für null und nichtig erklärt werden sollte, würde mir nichts anderes übrig bleiben als zu zahlen – oder für vier bis sechs Jahre ins Gefängnis zu gehen.«

Der Prozess Joel, zweiter Akt

Die nächste Instanz in der Causa Joel gegen Neckermann ließ über ein halbes Jahr auf sich warten. Die Zeit arbeitete für Neckermann. Die Wiederaufnahme der mündlichen Verhandlungen sollte schon unter deutlich veränderten Umständen stattfinden. Die ersten Wolken des Kalten Krieges zogen heran. Der im August 1949 gewählte Bundeskanzler Konrad Adenauer plädierte für die deutsche Wiederbewaffnung. Die Frage der Aufrüstung und der Beitritt zu einem westeuropäischen Verteidigungsbündnis wurden hitzig diskutiert. Am 6. Februar 1950 hielt General John McCloy, der Hohe Kommissar für Deutschland, eine vielbeachtete Rede: Man könne angesichts der sich international verschärfenden Gegensätze auf eine starke Bundesrepublik nicht länger verzichten.

Am gleichen Tag begann Neckermanns Berufungsprozess am Obersten Appellationsgericht der US-Militärregierung in Nürnberg. Philipp Auerbach, der schärfste Ankläger Neckermanns, war von der Bildfläche verschwunden. Die Münchner Staatsanwaltschaft ermittelte gegen ihn wegen Bestechung, Untreue, Amtsunterschlagung, versuchten Meineids und unberechtigten Führens eines Doktortitels. Die zweijährigen Ermittlungen endeten schließlich mit Auerbachs Verhaftung und einem Aufsehen erregenden Prozess. Auerbach sollte 1952 in allen Punkten schuldig gesprochen und zu zweieinhalb Jahren Haft verurteilt werden. Die Schande sollte ihn zerbrechen: Drei Tage nach dem Urteil nahm er sich in seiner Zelle das Leben.

Die Richter, die Josef Neckermann in Würzburg verurteilt hatten, waren derweil in die USA zurückbeordert und dort suspendiert worden. Auch gegen sie wurde ermittelt: wegen Provisionen bei den Wiedergutmachungsurteilen. Der Sumpf der Korruption schwappte bis in die höchsten Stellen hinauf. In Stuttgart zum Beispiel flog ein Bestechungsskandal auf, der einen schwunghaften Handel bei der Entnazifizierung aufdeckte. Gegen hohe Geldbeträge hatten sich die führenden Herren der schwäbischen Industrie »Persilscheine« besorgt.

Im Juni brach der Krieg in Korea aus. Amerika setzt seine Luftstreitkräfte ein. Deutschland erfasste Panik. Man glaubte an einen unmittelbar bevorstehenden Angriff aus dem Osten. Benzinvorräte wurden gehortet und sogar Segelboote für die Flucht gekauft. Für Neckermann zeichnete sich am Horizont ein Silberstreifen ab. Die US-Gerichte erhielten Anweisung aus Washington, nunmehr Milde walten zu lassen: An Neckermann ergingen keine weiteren Vorladungen zu Verhandlungen in Nürnberg. Am 1. November 1950 durfte er schließlich aufatmen – Freispruch in allen Punkten der Anklage. Neckermann jubelte in seinen Memoiren: »Von nun an war ich wieder frei, mich mit Joel über seine Wiedergutmachungsansprüche zu einigen, ohne Gefahr zu laufen, ins Gefängnis zu müssen, wenn ich nicht auf alle seine Forderungen einginge.«

Doch Neckermann hatte Wichtigeres zu tun. Er ließ die »Akte Joel« in den Keller tragen. Doch er hatte sich zu früh gefreut. Das Nachspiel ließ noch ein wenig auf sich warten, doch dann meldete sich Joel erneut, um, wie Neckermann es formuliert, »mir das Leben wieder zur Hölle zu machen«. Doch mit Anbruch der 50er verwandelte sich der Silberstreifen am Horizont in den ersten Goldregen. Der künftige Versandfürst Neckermann konnte mit voller Kraft loslegen. Es begann ein Aufstieg, der zum »Mythos Neckermann« werden sollte.

Kapitel 17

»Besser leben ein Leben lang, am besten gleich durch Neckermann«

Wirtschaftswunder für jedermann

Der erste neue Neckermann-Katalog nach dem Zweiten Weltkrieg erschien am 15. März 1950. Neckermann war kein Neuling im Geschäft. Der Name war in Deutschland ein Begriff. Die Wolldecken für die Arbeiter am Westwall, die Winteruniformen der Wehrmacht, die Büstenhalter für die Frauen 1943 – alles Meilensteine, an die sich so mancher Konsument erinnerte. So fing auch Josef Neckermann im Grußwort mit einer behutsamen Formulierung an: »Geraume Zeit ist verstrichen – viel hat sich währenddessen ereignet – aber nicht umsonst habe ich so lange gewartet...«

Allein die letzte Phase seit der Gründung der neuen Textilgesellschaft Neckermann im September 1948 hatte anderthalb Jahre harter Vorbereitung gekostet. So lange hatte es gedauert, bis man eine neue Kartei mit 100 000 Adressen aufgebaut und die Logistik auf die Beine gestellt hatte. Aber jetzt war es soweit. In der letzten Nacht vor der Drucklegung des Katalogs brütete Josef Neckermann zur vorgerückten Stunde noch lange über dem letzten Satz des Geleitwortes. Mit welchen Worten treffend abschließen? Die letzte Zeile ist immer die wichtigste. Dutzende von Entwürfen flatterten in den Papierkorb, bis diese Eingebung Neckermanns Stirn aufhellte: »Sollte eine Sendung nicht entsprechen, so schicken Sie dieselbe an mich zurück und Sie bekommen Ihre Auslagen in voller Höhe ersetzt. Das ist meine Garantie! Waren Sie aber zufrieden, dann empfehlen Sie mich bitte weiter. Mit freundlichen Grüßen.« Der zufriedene Kunde war schon immer die beste Werbung.

Der erste bundesdeutsche Neckermann-Katalog erhielt die Nummer 119, um den Anschein der langen Tradition zu erwecken. Dies war wichtig. Denn im gleichen Zeitraum waren schon etwa 4 000 Versandunternehmen in Deutschland registriert und auch tätig. Der Kampf um die Gunst der Kunden war von der ersten Minute an beinhart. So erschien bereits nach 14 Tagen die nächste Ausgabe, zeitgleich mit der offiziellen Gründung der heutigen Neckermann Versand KG am 1. April 1950. Josef Neckermann trat als Komplementär auf, seine Frau Annemarie und Albin Burkel wurden als Kommanditisten mit aufgenommen. Der Name Josef Neckermann durfte allerdings erst im Handelsregister stehen, nachdem am 1. November 1950 das erste Urteil im Prozess Joel vom Berufungsgericht in allen Punkten aufgehoben worden war. Aus dem nominalen Wert des Freispruchs ergab sich das Startkapital für das Versandunternehmen: rund 450 000 D-Mark aus dem Vermögen der Würzburger Geschäfte Neckermanns, die von den Alliierten wieder freigegeben worden waren. In dieser Summe spiegelte sich Neckermanns Geschäftsbilanz aus den NS-Jahren zwischen 1936 bis 1941. Danach waren die kommerziellen Geschäfte zum Erliegen gekommen.

Das zwölfseitige Heftchen, Ausgabe Nr. 120/1950, flatterte in rund 100 000 Briefkästen der schon bei Neckermann registrierten Bundesbürger. Unter dem hochtrabenden Titel *Neckermann-Illustrierte* wurden rund 133 Artikel angeboten, ausschließlich Textilien. Die Beschreibungen der Produkte dichtete Josef Neckermann größtenteils selbst. Um die Frauensprache zu treffen, ließ er sich von seiner Frau Annemi und seiner Sekretärin Gerda Singer beraten. Da musste man gewisse Regeln beachten. Beim Modell Evi wurde zum Beispiel die »besonders gute Passform und moderne Länge« betont und die Materialien Zellwoll-Mousseline und Mattkrepp als »schick« angepriesen. Die Prädikate teilten sich in »jugendlich« für die Linie, »apart« für die Ausführung und »flott« stand bei dem Muster als Empfehlung. Die Steigerung ergab sich aus der Kombination dieser Begriffe: »aparte Streutupfen-Musterung und sehr flotte Machart bei dem sehr beliebten Modell ›Marianne‹«.

Die plissierte Georgetterüsche war der »Schlager für die vollschlanke Dame jeden Alters«. Für die reifere Dame versprach das Modell »Agnes«, durch »vollweit geschnittenen Rock« gewisse Pölsterchen zu kaschieren. »Gerti« machte dagegen die jüngere Generation »gertenschlank«. Der Vorteil beim Modell »Anni« in den Grundfarben Erika, Blue und Tinte lag in der »hübschen Silhouette« und in schwarz war es auch »für Halbtrauer passend«. Wer sich für »Gundula« entschließen sollte, dem wurde versichert, »wie eine Dame modisch fesch« zu erscheinen. Wer »Kunigunde« wählte, schritt laut der Werbung mit einer »Priese Folklore gut angezogen in den Sonntag«. Schürzen waren »hübsch verziert« und »tadellos verarbeitet« und natürlich »bestens für Haus und im Beruf geeignet«.

Josef Neckermann fühlte sich in seinem Element. Als Werbetexter ließ er mit untrüglichem Instinkt für die neue Zeit neue Begriffe wie »Charmeuse-Damenschlüpfer« einfließen. Das schlüpfrig klingende Umgangswort »Strapse« ersetzte er anstandshalber durch die Bezeichnung »Strumpfhaltergürtel«. Davon bot er in seinem Katalog zwei Sorten an: »sportlich« oder »elegant«. Obgleich das Neckermann-Angebot dem der Konkurrenz glich, gab es einen entscheidenden Unterschied: die Preisgestaltung. Darin drückte sich der Wettbewerb aus. Was zählte, waren die Stellen hinter dem Komma. Da kalkulierte Neckermann sportlicher als die Mitbewerber.

Außerdem gab es immer Lockangebote, die schon vor dem Komma die Konkurrenz unterboten. Immerhin übertraf Neckermann auch mit dem Massenstart seines Katalogs die Konkurrenz: Werner Otto in Hamburg zum Beispiel legte am 17. August 1949 bescheiden mit 28 Paar verschiedener Schuhmodelle los. Die wurden auf 14 Seiten abgebildet und als Schnellhefter in einer Auflage von 300 Stück per Hand in die Briefkästen gesteckt, mit der Bitte, diese Werbung nach der »freundlichen Beachtung weiterzuleiten«. Dennoch gelang es dem stillen, introvertierten Berliner, der ursprünglich Schriftsteller werden wollte, den Norden zu erobern und die Auflage seiner Kataloge eines Tages bis auf 70 Millionen gedruckte Exemplare zu steigern. In dieser ersten Liga mit Versandmannschaften wie Quelle, Neckermann, Otto, Schöpflin und Witt Weiden gab es keine Newcomer. Alle Teilnehmer bauten auf ihr altes Image aus der Vorkriegszeit den Neustart auf.

Deutschlands neuer Schürzenkönig

Bei allen Wettbewerbern war der Name und die Person dahinter das Erfolgsgeheimnis: Quelle wurde durch Grete Schickedanz verkörpert, die elegante Gattin des Chefs und Vorbild für die aufstrebende Frau. Der Geheimrat Witt im niederbayerischen Weiden war Inbegriff für Aussteuer und den Wäschegrundstock für die neue Familie. Otto diente sich durch die eigene Schuhfabrik als Qualitätslieferant an. Bei der Herrenbekleidung setzte er mit Seemannsstil Maßstäbe: Die hellen Hosen mit Matrosenschlag und dazu der dunkelblaue Zweireiher sahen weltmännisch aus.

Neckermann hatte die breiteste Palette: Handtücher, Stoffe, Bett- und Tischwäsche, Arbeitskittel, Unterwäsche, Miederwaren und Schürzen, Schürzen, Schürzen. Im ersten Versandjahr stieg Neckermann zum ungekrönten Schürzenkönig Deutschlands auf. Es gelang ihm, die Haushalte zu erobern, was nicht zuletzt an seiner neuen Versandkartei lag. Die tausenden und abertausenden Adressen vom Flüchtlingsamt waren ein Volltreffer. Für viele Vertriebene war es überhaupt die erste Post, die sie in der Bundesrepublik bekamen. Fast mit Tränen in den Augen holten sie die ersten Kataloge aus den Briefkästen. Endlich war man wieder Mensch. Dafür verspürten sie Dankbarkeit, wie Neckermann mit einem Kundenbrief in seinen Memoiren belegte: »Sehr geehrter Herr Neckermann, wir sind nach dem Kriegsende aus Oberschlesien nach Hanau gekommen und es war zum ersten Mal, dass jemand an uns gedacht hat...«

Neckermann dachte nicht nur aus humanen Gründen an die Vertriebenen, Flüchtlinge, Kriegswitwen. Ihm fiel ein, dass diese Zielgruppen inzwischen wieder angefangen hatten, Geld zu verdienen. Die Situation von damals schildert Kurt Pritzkoleit in seinem Buch *Die neuen Herren*: »Die Frauen arbeiteten als Hilfskräfte, die Männer schufteten in den Fabriken, im Berg- und Straßenbau. Überall im Lande zerstreut, wo man gerade starke Hände benötigte. Der Lohn wurde nach Hause geschickt. Die Frauen in den Dörfern oder in den hölzernen, provisorischen Stadtrandsiedlungen drehten die Pfennige um. In die Stadt fahren, um einzukaufen? Das kostete Fahr- und

Zehrgeld und möglicherweise einen Verdienstausfall. Das konnten und wollten sie sich nicht leisten.«

Es kam noch ein wichtiger sozialer Aspekt hinzu: »Zerschlissen, gestopft, verhärmt wie sie waren, den gepflegten Mädchen hinter der Theke gegenüber zu stehen, nach den billigsten Angeboten zu fragen, diese hin und her zu drehen, zu überlegen und doch vielleicht unverrichteter Dinge heimzukehren, das Elend ihrer Situation noch eindringlicher zu sehen, diese Erniedrigung wollte man sich ebenfalls sparen«, so Pritzkoleit. Deshalb betrachtete man es als Segen, wenn die bunten Heftchen mit der wunderbaren Warenwelt ins Haus flatterten. Man blätterte selig in den Seiten und träumte: »Ist dieses Kleid nicht schick? Da würde mein Mann Augen machen, wenn er heimkommt und ich habe es an…«

Die Frauen in den Städten, die solche Kleider schon trugen, kamen den Menschen in den Flüchtlingsbaracken ohnehin vor wie überirdische Wesen. Man wollte unbedingt mitziehen – und bestellte deshalb das erste Kleidchen aus dem Katalog. Es kam pünktlich! Genauso wie die zweite und die dritte Sendung. Die Firma hielt, was der Katalog versprach: Das waren die Wurzeln, aus denen eine mächtige und bis heute umsatzstarke Branche der Versandhändler entstand. Bei Neckermann kam hinzu, dass sein Name schon in der Kriegszeit zur Legende geworden war. Das war der Grundstein seines Erfolgs.

In weiser Voraussicht auf das zu bewältigende Pensum mietete Neckermann schon 1950 neue Büro- und Lagerräume an: 1 000 Quadratmeter in einer Baracke in Kelsterbach bei Frankfurt.

Eine Reihe von Helfern meldete sich, meist Freunde aus den »alten Zeiten«. Die Zentralfigur war Dr. Helmut Winkler, einst Mitglied des Verwaltungsrates der 1941 gegründeten ZLG. Das ehemalige NSDAP-Mitglied Winkler verstand es, in neuer Konstellation innerhalb kürzester Zeit einige Besitzer von wichtigen Textilbetrieben, wie Baumwollwebereien, die Spinnerei Lauffenmühle und die Taschentuchfabrik Aalen für Neckermann zu akquirieren. Für die Greifwerke Bamberg zum Beispiel, Spezialist für Berufsbekleidung, war es kein Problem, gleich 20 000 »Blaumänner« zu liefern. Auf die alten Frankenbeziehungen war Verlass. Seilschaften, die im Krieg gewachsen waren, trugen zu Friedenszeiten ihre Früchte.

Neckermanns neue Räume in Frankfurt-Kelsterbach, 1950.

Der erste große Renner war ein Kleid zu 5,90 Mark. Innerhalb eines Monats wurden davon 57 000 Stück verkauft. Der Umsatz für das erste Geschäftsjahr rundete sich bei 10 Millionen Mark ab. Mit manuellem Postversand wurde jedes Paket einzeln erledigt. Und während Josef Neckermann sich darauf konzentrierte »so schnell wie möglich auf allen Klavieren des Textilversandes zu spielen«, organisierte seine Frau Annemi den Haushalt. Ebenfalls generalstabsmäßig und wie sich noch zeigen wird, mit spitzfindiger Menschenkenntnis.

Das »Klärchen« vom Lande

In April 1951 hörte Klara Rupp von der Tante ihrer Schwägerin, die in Würzburg bei der Kohlenhandlung J.C. Neckermann als Sekretärin arbeitete, dass die Neckermanns in Frankfurt eine zuverlässige Hausangestellte suchten. Sie redete Klara gut zu, sich unverzüglich zu bewerben und arrangierte gleich einen Vorstellungstermin. »Ich fuhr nach Frankfurt. Es war die erste Bahnfahrt in meinem Leben. Als die Frau Neckermann mich in der Tür sah, bedauerte sie gleich:

Es tut mir leid, die Stelle ist bereits vergeben. Die Absage überraschte mich nicht: Ich sah aus, wie die Bauersleut' halt so aussehen. Das Gesicht von der Sonne rot gebrannt, die Hände grob und schwielig«, erinnerte sich Klara Rupp am Vorabend ihres 85. Geburtstags. Und sie erzählte, wie es weiterging: »Am Montag klingelte dann im Lebensmittelladen, wo ich hinter der Theke stand, das Telefon. Frau Neckermann war dran: ›Wir können Sie doch gebrauchen, aber Sie müssen schon morgen anfangen.‹«

Viel zu packen hatte Klara Rupp nicht. Sie war die einzige Tochter eines Bauern aus dem unterfränkischen Nest Morlesau. Ihr Vater war tragisch ums Leben gekommen. Das Pferd im Stall hatte ausgetreten und ihn am Knie getroffen. Der Beinbruch war im Krankenhaus offenbar falsch eingegipst worden, und acht Tage später war der Verletzte an Blutvergiftung gestorben. Klara hatte noch vier Brüder und eine unglückliche Liebe – ihren Otto. Hier stand einer Heirat die Religion im Wege: Sie war katholisch, er evangelisch. »Es war eine andere Zeit«, erinnerte sich Klara, »der Wille der Eltern war das Evangelium. Undenkbar, noch dazu als Tochter, sich zu widersetzen.«

Was sie als Hausangestellte bei den feinen Herrschaften erwartete, davon hatte Klara Rupp nicht die geringste Ahnung. »Doch selbst, wenn ich irgendwelche Befürchtungen gehabt hätte, es kam noch viel schlimmer: Am liebsten wäre ich schon nach einer Woche weggelaufen, aber ich hatte mir geschworen, egal was passiert, zwei Jahre musst du durchhalten. Das war ich schon der Tante meiner Schwägerin schuldig, weil sie mich empfohlen hatte.«

Der Dienst bei den Neckermanns begann unter einem schlechten Vorzeichen: Es gab schon jemanden mit dem Namen im Personal. Die andere Klara war eine Hamburgerin, die schroffe Köchin. »Sie führte unter den Dienstboten das Kommando und es passte ihr wahrscheinlich nicht, dass sie zu meiner Anstellung überhaupt nicht gefragt wurde. Aber sie hätte mich ja auch niemals eingestellt. Ich wusste nicht mal, was ein Salatteller ist, wie man aufdeckt oder mit der Kelle aus dem großen Suppentopf schöpft. Als ich die Köchin fragte, antwortete sie: ›Wenn Sie hier Dienstmädchen spielen wollen, dann müssen Sie das wissen.‹«

Um die beiden Klaras nicht zu verwechseln, erhielt die neue den

Kosenamen »Klärchen«. Noch heute denkt die ehemalige Hausangestellte dankbar daran, wie »die Chefin« die schwierige Situation löste: »Sie nahm mich zum Einkaufen nach Frankfurt mit. Ich wollte mich zwar drücken, weil ich Angst vor der Großstadt hatte, aber da half nichts. Die Chefin war energisch. Sie duldete keine Widerrede.«

Unterwegs sprach man von Frau zu Frau und »Klärchen« war plötzlich erleichtert: »Die Chefin war sehr nett. Sie lachte nur, dass ich vom Servieren keine Ahnung hatte und meinte: ›Kommen Sie mit allen Ihren Fragen immer zu mir.‹« – Und damit das Leben leichter wurde, nannte Frau Neckermann das unbedarfte Mädchen vom Lande ab sofort »Klärchen«. Sie begann sich zu mausern. Bald fragte »Klärchen« die Chefin, nachdem es die feine Perlonwäsche im Schlafzimmer auf dem Bett liegen sah: »Trauen Sie sich das Zeug auch zu waschen?«

Annemi lachte herzlich: »Na klar! Du kannst die Sachen gleich Einweichen – auf meine Verantwortung.« Der Ton machte die Musik und »Klärchen« weiß es heute noch zu schätzen: »Die Chefin war nie launisch. Sie war immer ausgeglichen, freundlich. Nie gab es ein böses Wort. Sie konnte sich unglaublich beherrschen. Deshalb fiel es mir nie schwer, bei den Neckermanns zu arbeiten.«

Einweihung mit Wasserbomben

Warme Sommerluft wehte über dem Platz am Ostbahnhof in Frankfurt, auf dem sich die Menschen schon am Morgen zu versammeln begonnen hatten. Der blaue Himmel strahlte wie in der Karibik. Die 450 Bauarbeiter mussten Nacht- und Sonntagsschichten einlegen, um den Termin zu schaffen. Die Monteure in der Halle schraubten noch die letzten Deckenlampen an. Der 11. Juni 1951, für den Josef Neckermann die Eröffnungsfeier seines neuen Kaufhauses angesetzt hatte, war ein Montag: »Damit die Woche gut beginnt.«

Der fünfstöckige Bau mit einem Seitenflügel war ganz im Stil der funktionellen Zweckarchitektur der 50er Jahre gehalten. Was man heute als eintönig, schablonenhaft oder gar öde empfindet, war damals Ausdruck der Moderne. Eine Zeitlang überlegte man

Die Neckermann-Zentrale am Frankfurter Ostbahnhof. Der ursprüngliche Bau von 1951 wurde 1954 um ein elfstöckiges Hochhaus ergänzt.

ernsthaft, die ausgebombten Innenstädte mit den Ruinen der früheren verschnörkelten Fassaden, der schlossartigen Säulenpracht, romantischen Erkern und üppig verzierten Simsen nicht mehr zu restaurieren, sondern komplett abzureißen und mit diesen quadratisch-praktischen Zweckbauten zu ersetzen. Irgendwann jedoch siegte das Traditionsbewusstsein über die rationelle Vernunft und Deutschlands Innenstädte wurden ihrer Architektur doch nicht komplett beraubt.

Direkt an der Ecke des neuen Neckermann-Kaufhauses hielt die gelbe Tram. Ein Schienenpaar führte hinter dem Block zum Betriebshof. Mit dem Eisenbahnanschluss kehrten die Gleise in Neckermanns Leben wieder zurück. Auf ihnen war einst das »schwarze Gold« in die väterliche Kohlenhandlung gerattert. Jetzt sollte darauf der Paketversand in alle Himmelsrichtungen rollen.

Das Gedränge wuchs. Mindestens 10 000 Leute warteten vor der verschlossenen Tür. Ein Pressefoto gab Rätsel auf: Wer waren die drei Personen an den offenen Balkontüren im vierten Stock des Gebäudes? »Das bin ich mit meinem Bruder Peter und unserer Cousine

Die Tram brachte die konsumverzückten Kunden der 50er Jahre direkt zu Neckermanns Kaufhaus am Frankfurter Ostbahnhof.

Tini. Hätte mein Vater gewusst, was wir dort getrieben haben, dann hätten wir die Prügel unseres Lebens bekommen«, erklärte Neckermanns jüngster Sohn Johannes.

Die zwei kleinen Neckermänner und eine kleine Lang spielten bei wolkenlosem Himmel »Regenmacher« und warfen mit Wasser gefüllte Luftballons herunter. Die Knoten lösten sich bereits im Fall auf, sodass diese »Wasserbomben« unmittelbar über den Köpfen der draußen wartenden Kunden in der Luft zerplatzen. »Es hat richtig geduscht«, amüsierte sich Johannes.

Punkt 14.37 Uhr öffneten sich die Flügeltüren des neuen Neckermann-Paradieses. Einige Glasscheiben gingen gleich zur Bruch. Inzwischen legte drinnen auf einer Empore ein Streichertrio des Hessischen Rundfunks mit einer Beethoven-Sonate los. Die andächtigen Töne zeigten kurzfristig eine beruhigende Wirkung. Bis draußen die nächsten »Wasserbomben« platzen und einige Leute duschten. Da drängte die Masse noch stärker hinein. Einige Pulte und Vitrinen wurden umgestoßen. Über das Klirren der zerbrochenen Glases freute sich Josef Neckermann und schmunzelte bei seiner Festrede: »Scherben bringen Glück...« Danach las er stolz das Telegram des

Josef Neckermann und Frankfurts Oberbürgermeister Walter Kolb bei der Eröffnung von Neckermanns Zentrale am Ostbahnhof, 1951.

Wirtschaftsministers Dr. Ludwig Erhard vor: »...möge sich, lieber Herr Neckermann, ihre Firma der übernommenen Aufgaben mit Erfolg widmen und auch die weniger zahlungskräftigen Kreise der Bevölkerung mit guten Waren versorgen.«

Es folgte die Ansprache des Oberbürgermeisters, Dr. Walter Kolb. »Der Dicke«, so sein Spitzname, hatte sich um Neckermanns Ansiedlung in Frankfurt stark verdient gemacht. Als populärer SPD-Kommunalpolitiker war er 1933 wegen seiner Kritik am Nationalsozialismus zeitweilig inhaftiert worden. Seit 1946 stand er wieder in seinem Spitzenamt und kämpfte für die Ernennung Frankfurts zur neuen Bundeshauptstadt. Künftige Prestigefirmen wie die Neckermann Versand KG sollten der Mainmetropole ein gutes Image und massenhaft Arbeitsplätze verschaffen. Deshalb trat die Stadt großzügig in Vorlage: Sie verpachtete dem Versandhauschef und seinen Erben 6 500 Quadratmeter Grund auf 99 Jahre zu einem Pachtzins von jährlich nur 1 Mark pro Quadratmeter.

Zu diesen optimalen Konditionen gewährte die Stadt Neckermann eine Bürgschaft in Höhe der geplanten Baukosten von 1,2 Millionen D-Mark. Damit waren andere Städte wie Calw und Ulm, mit denen Neckermann ebenfalls als künftigen Standort geliebäugelt hatte, aus dem Rennen. So schäumte Walter Kolb förmlich vor Freude, als er bei der Kaufhauseröffnung mit beschwörenden Worten Josef Neckermann noch ans Herz legte, »vor allem Kriegswitwen und Flüchtlingsfrauen aus der Ostzone bei der Arbeitsplatzvergabe zu berücksichtigen«. In der Replik gelobte Josef Neckermann, »noch mehr Menschen Arbeit und Kleidung zu verschaffen und die Kunde von Frankfurts Gewerbefleiß in die Welt zu tragen«.

Mit großer Geste übergab Hausarchitekt Hans Hach den »Goldenen Schlüssel« an Josef Neckermann. Als letzter Laudator wurde »unser Jüngster, der Johannes« angekündigt. Völlig außer Puste stürmte dieser aufs Podium. Fast hatte der kleine »Wasserbomben-Werfer« seinen Auftritt verpasst. Als er die Treppen vom vierten Stock heruntersauste, rutschten ihm die weißen Kniestrümpfe bis auf die Schuhe herunter. Außerdem war sein Hemd nass. Doch seinen Sohn dafür zu rügen, schaffte der strenge Vater nicht mehr, weil der kleine Johannes sofort mit dem Gedicht lossprudelte. Zugleich erstrahlte Mutters Gesicht. Die vorgetragenen Zeilen stammten aus ihrer Feder. Schreiben gehörte neben der Musik zu ihren Lieblingsbeschäftigungen. Als sich anschließend aus dem Publikum ein rauschender Applaus löste, spürte der kleine

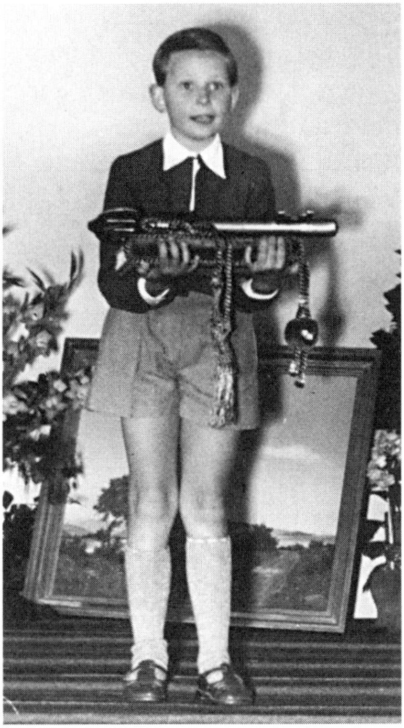

Johannes Neckermann bei der Schlüsselübergabe für das neue Neckermann-Kaufhaus am Frankfurter Ostbahnhof, 1951.

Johannes einen heftigen Stoß in seinem Rücken. Er kam von seinem Vater, der wütend zischte: »Wie siehst du denn aus! Zieh sofort deine Kniestrümpfe hoch.«

Mit dem Rückenwind der Politik

Der Kundenansturm hielt bis Donnerstag an. Der Verkehr rund um den Ostbahnhof und den Danziger Platz brach zeitweilig zusammen, obwohl die Verhältnisse mit den heutigen Maßstäben überhaupt nicht vergleichbar sind. Täglich kamen gut 10 000 Neugierige. In den Nachmittagsstunden musste man wegen Überfüllung vorübergehend die Türen schließen. Nicht nur Frankfurt, sondern ganz Deutschland, hatte nur ein Thema: »Wir müssen zu Neckermann.« Der Zuspruch war erstaunlich, da es auch andere Kaufhäuser gab, die gerade ihre Pforten öffneten: Hertie, Horn, Horten, Karstadt, Kepa, Kaufhof, Kaufring, Wertheim. Doch der Name Neckermann besaß von Anfang an eine besondere Magie, weil es in seinen Kaufhäusern immer etwas Neues zu entdecken gab, was die Konkurrenz nicht hatte. Neu war vor allem, dass Neckermann als Versandunternehmen auch auf direkte Verkaufsstellen setzte. Das Vorbild für diese Idee war Sears, Roebuck & Co. in den USA, seinerzeit das größte Versandhaus der Welt. Doch im Gegensatz zu diesen Unternehmen war Neckermanns Ware im Kaufhaus genauso billig wie im Versand. Die Faszination bestand darin, die Angebote aus dem Katalog auch mal anfassen zu können. Durch diese »Tuchfühlung« sollte eine engere Kundenbindung entstehen.

Einige Tage nach der Eröffnungsfeier am Ostbahnhof wurde Frankfurts kommunale Regierung, eine Stadtratkoalition aus CDU und SPD, mit einem heftigen Einspruch konfrontiert. Die Stadtverordneten der FDP protestierten gegen die kommunale Bürgschaft für Neckermann, die nach geheimen Unterredungen im Handumdrehen verabschiedet worden war. Es ging um 650 000 D-Mark für die Finanzierung des zweiten Bauabschnitts des Versandkomplexes. Der FDP-Mann Dr. Georg Mayer, wetterte in einer Sitzung: »Die Öffentlichkeit hat einen Anspruch, die Einzelheiten der Darlehensaufnahme zu erfahren.« Der Stadtkämmerer Georg Klingler von der SPD musste in den nächsten Wochen immer wieder die Verdächtigungen zurückweisen, »hier sei etwas nicht mit richtigen Dingen zugegangen«.

»Für die Stadt besteht kein Risiko«, entkräftete der zweite Bürgermeister, Walter Leiske von der CDU. Die FDP konnte von der Oppositionsbank trotzdem von ihren »schweren Bedenken« nicht lassen. Doch ihr Versuch, Neckermanns felsenfesten Stand bei OB Kolb zu torpedieren, war gescheitert. Es war offensichtlich, dass Neckermann unter den Liberalen keine Freunde hatte, aber er brauchte sie auch nicht. Die Koalition aus SPD und CDU konnte sich damals auf den dickes Polster von 65,3 Prozent der Wählerstimmen stützen. Zudem war ihm die Gunst des CDU-Wirtschaftministers Ludwig Erhard sicher. Das zählte. Erhard pflasterte ihm politisch den Weg, auf dem er marschieren konnte. Erhard mit seiner dicken Zigarre und der Wirbelwind Neckermann traten an, »den Konsum zu demokratisieren«.

Um dieses Ziel zu erreichen, zog sich Neckermann förmlich die Sieben-Meilen-Stiefel an. In einem einzigen Jahr eröffnete er weitere direkte Verkaufsstellen in Trier, Kassel, Hanau und Rosenheim. Eigentlich waren es Abholstellen für die aus dem Katalog bestellte Ware für Kunden, die sich das Porto sparen wollten. Sie tappten dabei in eine verlockende Konsumfalle, weil Neckermann in diesen Räumen seine »Blocktische« mit Sonderangeboten aufstellte. Der Triumph war schließlich Würzburg, die Wiedereröffnung einer Neckermann-Filiale im Erdgeschoss des ehemaligen Ruschkewitz-Kaufhauses. Darüber ragte noch die Ruine des zerbombten Anwesens. Der Akt wurde wie die Rückkehr des »verlorenen Sohnes« gefeiert.

Arbeitskraft gleich Kaufkraft

Bereits nach kurzer Zeit mussten die Verkaufsräume im Frankfurter Stammhaus umgebaut werden. Um noch mehr Platz für die Wühltische zu gewinnen – das Neckermann-Eldorado schlechthin. Schon nach einem Jahr wurde 1952 die Versandzentrale am Ostbahnhof im zweiten Bauabschnitt fertig. Weitere 14 000 Quadratmeter Nutzfläche kamen zu dem bestehenden Areal hinzu. Die Faszination der Abläufe in den großen Hallen schilderte *Der Spiegel* im Herbst 1955 ausführlich: »Gearbeitet wird Tag und Nacht in drei Schichten. Die eingegangene Post wird zuerst gewogen, um Schätzungen über den Bestellungseingang zu bekommen. Täglich treffen bis zu dreißigtausend Briefe ein. Im Hollerith-Saal wird mit Hilfe von Lochkarten für jeden Artikel die Zahl der bestellten Artikel ermittelt. Diese Elektronen-Maschine, die in Sekunden bis zu neun verschiedene Einzelrechnungen über Preise, Stückzahl oder Kleidergrößen ausführt, addiert die verschiedenen Posten und locht die Resultate mit einer Geschwindigkeit von sechstausend Karten pro Stunde in die Pappkarten ein.

Briefliche Anfragen werden im Saal der Auto-Typer beantwortet. Dort stehen Schreibmaschinen, auf denen – mit Hilfe von Lochungen auf einer Walze – Formbriefe über häufig wiederkehrende Geschäftsvorfälle ohne menschliches Zutun geschrieben werden können. Ein Druck auf einen roten Knopf bewirkt, dass der Brief automatisch heruntergetippt wird. Die Stenotypisten schreiben nur noch den Namen und die Adresse. Die Neckermann Versand KG beantwortet zwei Drittel aller Anfragen auf diese Weise mit einem maschinengeschriebenen, persönlich wirkenden Brief. Das restliche Drittel der Post, das kompliziertere Anfragen enthält, wird in einem Diktiersaal erledigt. Hier sprechen ständig 20 Damen Brieftexte in ihre Handmikrophone. Im nächsten glasverschalten Raum sitzen die Schreibkräfte und tippen die diktierten Texte von Tonbandgeräten ab.«

Frauen, überall sah man bei der Arbeit nur Frauen. Bei Neckermann machten sie über 80 Prozent der Belegschaft aus. Die Frauenschicksale waren zu dieser Zeit typisch für Westdeutschland. Die Generation der 50-Jährigen hatten fast durchgängig ihren Mann, den Ernährer und Familienvorstand verloren, lebten mit ihrer alten Mutter, ebenfalls Witwe, und Kindern zusammen. 30 Mark betrug die Miete für eine schräge Dachkammer. Anfangs verdiente man vielleicht 100 Mark durch Gelegenheitsarbeit.

Doch man war guten Mutes. Man glaubte an die Verheißung

Bestellannahme bei Neckermann, frühe 50er Jahre.

einer glücklichen Zukunft. Alles wurde ordentlich und blitzsauber gehalten, damit sich das Leben allmählich normalisierte. Wer endlich eine Festanstellung ergatterte, hatte das Schlimmste überstanden. Nun konnte man mit 280 Mark brutto rechnen – so viel zahlte auch Neckermann für die Arbeit an den Drahtkörben, die an einer 460 Meter langen Seilbahn durch die Halle ratterten. Der Arbeitsplatz glich einem Ameisenhaufen. Bis zu 1 000 Frauen arbeiteten im Versandraum.

Es waren ungelernte, billige Hilfskräfte, die jeweils einen Korb auf seiner Fahrt begleiteten und laut Bestellzetteln die angestrichene Ware aus den Regalfächern holten. Am Ende einer Schicht hatten sie einen Fünf-Kilometer-Marsch hinter sich.

Nicht nur ihre Arbeitskraft zählte. Der Unternehmer Josef Neckermann kalkulierte auch die Kaufkraft seiner Beschäftigten ein. Zu den ohnehin niedrigen Preisen gab es noch Personalrabatt, damit ein möglichst großer Teil der Gehälter gleich wieder in die Firma zurückfloss. Und für die Frauen war mit pingeligem Einteilen und korrekter Führung eines Haushaltsbüchleins auch mal eine außerge-

Versandbetrieb bei Neckermann, 1954.

wöhnliche Anschaffung drin. Welcher Verkaufsstrategie er folgte, erklärte Josef Neckermann öffentlich in einer Pressekonferenz: »Mir geht es darum, gerade den weniger Wohlsituierten ein neues Selbstbewusstsein zu geben. Warum sollte die Millionärsgattin eigentlich besser gekleidet sein als die kleine Sekretärin?«

Vater unser im Himmel

Die andere Welt, zu der nur der engste Kreis der Neckermanns – die so genannten Mitglieder der »Ritterburg« – Zutritt hatte, verbarg sich hinter den matten Glastüren zum vierten Stock. Zum privaten Refugium gehörte auch der fünfte Stock. Von außen hätte man die großzügigen Dimensionen der Zimmerfluchten, zu denen ein breiter Treppenaufgang und auch ein Lift führte, gar nicht vermutet. Doch hinter den zweckmäßigen, quadratisch-praktischen Fenstern erstreckten sich wahre Raumwunder. Von einer geräumigen Halle verzweigte sich der Gang. Nach rechts zum Privattrakt »des Chefs und der Chefin« bestehend aus zwei separaten Schlafzimmern, zwei Bädern und zwei Ankleidezimmern.

Die andere Seite des Korridors führte in den Tageswohntrakt mit Speisezimmer, Anrichte und Küche. Ein Raum auf dieser Etage wurde nur gelegentlich benützt. Es war der berühmte Musiksalon der Annemarie Neckermann. Ihr geliebter schwarzer »Blüthner«-Flügel, vor dem Bombenhagel in Berlin gerettet, am Tegernsee gegen GI-Stiefel verteidigt, stand in der Mitte des Salons, abgedeckt mit einer weißen Häkeldecke. Die Hausherrin selbst spielte passabel Klavier. Ihre Fingerfertigkeit reichte gar für Chopins flinke Etüden und wirbelnde Polonaisen. Aber dafür fand sich kaum Zeit. Zu sehr häuften sich die Repräsentations- und Geschäftstermine. Annemi war mit ihrem »Necko« anfangs immer und überall dabei. Nur der Sonntag blieb privat, meist mit dem Kirchengang in der Früh verbunden.

Die Privatwohnung wurde von der renommierten Kunstschreinerei Bender in Kelkheim mit Maßanfertigungen möbliert. Die Entwürfe lieferte Annemi, angelehnt an historische Einzelstücke. Ein bisschen Versailles-Pomp, ein Stück gotische Strenge. Im Speisesaal stand eine klassizistische Glasvitrine mit ornamentaler Verzierung. Der Tisch und die Stühle glänzten aus Mahagoni. Die runden, verglasten Schränke erinnerten an Möbelstücke der Zarin Katharina der Großen in Sankt Petersburg, die Annemi in einem Buch entdeckt hatte. Wo man auch hinschaute, stapelte sich teueres Porzellan, poliertes Tafelsilber und edles Kristallglas.

Der fünfte Stock mit insgesamt sieben Zimmern war für die Kinder reserviert. Die übrigen Räume bezog das Hauspersonal, bestehend aus einem Chauffeur, einer Köchin und zwei Zimmermädchen. Eines davon war »Klärchen«. Dic Disziplin war auch in der Haushaltsführung streng. Nach katholischen Regeln wurde der Speiseplan jeweils für acht Tage im voraus erstellt. Ein besonderes Ritual entstand um die Mittagsmahlzeit. Auf dem runden, ausziehbaren Esstisch für zwölf Personen prangte ein chinesischer Gong aus Messing. Mit einem Schlag, der durch die ganze Wohnung hallte, kündigte sich die Ankunft des Hausherren an. Ein Signal für die hungrige Kinderschar aus ihren Zimmern herauszustürmen.

»Und wer spricht heute das Tischgebet?«, fragte Josef Neckermann in die Runde hinein, während das Essen schon auf dem Tisch dampfte. Die Kinder mussten warten, bis ihr Vater einen Vorbeter bestimmte. Jeden Tag war ein anderer dran und der fromme Reim lautete: »Gott segne für uns Speis' und Trank, lass uns nie hungrig sein. Dann woll'n wir unser Leben lang, Dir immer dankbar sein.« War der »Chef« mal in Eile, durfte es auch etwas kürzer sein: »Für Speis' und Trank, Gott, Dir sei Dank. Amen.«

Diese Rituale funktionierten derart reibungslos, dass »Klärchen« bis heute noch staunt: »Es kam niemals vor, dass eines der Kinder murrte. Oder wie heute üblich, jemand keine Lust gehabt hätte.« Die Gebete und Gedichte, die bei den Neckermanns rezitiert wurden, kamen sogar in Umlauf. Ein Büchlein *Für mein Kind*, von Annemarie Neckermann zusammengestellt, war bis 1969 über den Versandkatalog erhältlich. Es enthielt auch Erziehungshilfe in gereimter Form: »Jedes Menschen Kummer, tröstend milder Schlummer, kommt von Gott.«

Die Neckermanns und die Langs

Die »Burgidylle« am Ostbahnhof bekam alsbald die ersten Risse. Josef Neckermanns Mutter Jula fühlte sich im Großstadttrubel und Wand an Wand mit dem Betrieb nicht wohl. Nicht zuletzt machten ihr und ihrer Enkelin July die schlechte Frankfurter Luft zu schaffen. Deshalb beschloss sie in ihrem 73. Lebensjahr, nach Würzburg zurückzukehren.

Dort, auf dem Weingut der Familie, wohnte Josefs Bruder Walter mit seiner Familie. Das Anwesen war von einer zwei Meter hohen Mauer umgeben. Die feinen Kieswege im Obstgarten waren gepflegt wie in einem Schlosspark. Im hinteren Trakt gab es Platz genug, nicht nur für die Großmutter, sondern auch für July und Kristina, die Kinder der tödlich verunglückten Schwester Mady.

Die »Wiedervereinigung« mit den »Würzburger« Neckermanns entwickelte sich etwas problematisch. Die achtjährige Kristina entwickelte eine große Anhänglichkeit, großen Liebesbedarf, und versuchte, Peter und Marlene in der Gunst der Großmutter auszustechen. Vor allem interessierte sich Kristina für ihre verstorbenen Eltern: »Ich wollte es genau wissen, was für ein Mensch mein Vater war, und habe meine Großmutter ständig nach ihm ausgefragt.«

Offenbar durch die Erzählungen der Großmutter genährt, entwickelte Kristina im Laufe der Jahre ein verklärtes Traumbild. Der ehemalige Rechtsanwalt Hans Lang wuchs in der Fantasie der verwaisten Tochter zu einem »Übervater« heran. Noch heute erzählt Kristina mit großer Begeisterung, wie sich ihr Vater nach dem Krieg wie »Necko« in die Textilbranche stürzte und ein Zukunftsmodell für eine Produktion entwickelte: »Von der Schafzucht über Spinnerei und Weberei bis zur Näherei alles in einem Betrieb. Damit wollte mein Vater unabhängig von den Rohstoffmärkten sein und die Versorgungskrise bei der Bekleidung lösen.«

Marlene, Walters Tochter, hingegen erzählt, wie sie wegen Kristina in Würzburg als junges Mädchen aus der Klosterschule flog. »Sie hat mich verpetzt, obwohl ich sie auf Knien gebeten hatte, unser Geheimnis für sich zu behalten. Wir hatten unter uns Mädchen unsere ersten Erlebnisse mit den Jungs erzählt. Mich hatte noch keiner geküsst. Damit ich nicht so dumm dastand, habe ich mir Doktorspiele ausgedacht. Tini steckte es gleich der Schwester Oberlehrerin. Ich habe meine Cousine dafür gehasst, weil ich danach nicht mehr in Würzburg, sondern auf eine ganz miese Schule aufs Land gehen musste.«

Neckermann baut eigene Radios

Am 25. Dezember 1952 begann das Fernsehzeitalter. Die erste Übertragung brachte mit dem Sendetitel »Grüße aus aller Welt« fröhliche Weihnachtslieder in die gute Stube. Rund 4 000 Haushalte konnten dieses Programm empfangen. Am zweiten Weihnachtsfeiertag kam zum ersten Mal die Tagesschau, die ab jetzt drei Mal wöchentlich ausgestrahlt wurde. In den Schaufenstern standen die ersten radioähnlichen Kästchen mit einer abgerundeten Mattscheibe in der Mitte. Der Preis schreckte allerdings noch gewaltig ab: Er lag bei 1 150 D-Mark. Daran lag auch die anfängliche Skepsis gegenüber der Verbreitung des Fernsehens. Josef Neckermann zweifelte nicht: »Es wird ein Riesenmarkt«, prostete er im Familienkreis am Silvesterabend der neuen Erfolgsperspektive zu und nahm sich fest vor: »Wir müssen ein Modell herausbringen, das nur etwa die Hälfte kosten darf.«

Doch im Moment verlangten noch mehr Kunden nach einem Radio. Wegen der wachsenden Nachfrage wollte Josef Neckermann unverzüglich mit einem eigenen Produkt den Mark erobern – natürlich als Preisbrecher. Mit dieser Offensive wollte er vom Textil- hin zum Universalversand.

Als Versuchsballon nahm er eine Eckbank für die Küche in den Neckermann-Katalog auf. Nachdem er auf Anhieb 25 000 Stück verkaufen konnte, wähnte er sich auf der richtigen Fährte.

Und wie immer schickte ihm das Schicksal den geeigneten Spezialisten ins Haus, der sich mit Leib und Seele in sein Konzept fügte. Arthur Plathen, ein ehemaliger Hotelausstatter aus der Ostzone, der im Westen wieder bei null angefangen hatte, übernahm bei Neckermann den Möbelsektor. Innerhalb eines Jahres entwickelte er ein ganzes Programm für praktisches Wohnen: Tische, Stühle, Polstergarnituren, Flurgarderoben. Es kam alles zerlegt per Post. Der Kunde konnte die Teile ohne Spezialwerkzeug und Fachkenntnisse selbst zusammenschrauben.

Vom Erfolg beflügelt, spann Neckermann weitere Visionen, mit denen er seine Konkurrenz zuerst ärgern, dann schlagen wollte. 1952 lag Neckermann noch abgeschlagen zurück. Quelle erzielte schon 1950 einen Jahresumsatz von 12 Millionen Mark, im folgenden Jahr 40,6 Millionen. Josef Neckermann gab noch keine Zahlen bekannt. Man munkelte, dass er finanziell auf wackligen Füssen stehe und bald aufgeben müsse. In der Tat bewegte sich Neckermann auf dünnem Eis. Die Kapitaldecke drohte stets einzubrechen, sollte er sich mal mit seiner Disposition verrechnen. Die Situation machte Neckermann auch sichtlich nervös, wofür es einen untrügliches Anzeichen gab: Er kaute unentwegt an Taschentüchern und an seinen Krawattenspitzen.

Die schwierigste aller Fragen aber war: Wer sollte das erste Neckermann-Radio bauen? Die großen Hersteller wie Blaupunkt, Loewe-Opta, Nordmende, Philips, Schaub-Lorenz, Siemens, Telefunken lehnten eine Zusammenarbeit mit der Neckermann Versand KG grundsätzlich ab. Die Firma Grundig in Nürnberg war aus eigener Kraft auf dem besten Wege, bald schon der größte Rundfunk- und ab 1954 Fernsehgerätehersteller Europas zu werden.

Der Radiopionier Max Grundig, aus dem gleichen Holz wie der störrische Einzelgänger Neckermann geschnitzt, hätte sich niemals Preisvorstellungen diktieren lassen – und dies war Neckermanns wichtigste Bedingung zur Kooperation. Da blieb ihm nichts anders übrig, als sich wie einst in den 30ern ins Auto zu setzten und vor Ort die Hersteller abzuklappern. Die Adressen, bei denen er anklopfen sollte, holte sich der erfahrene Stratege Neckermann wie einst zwischen 1935 und 1938 bei den Banken. Wer war klamm? Wer suchte nach dem rettenden Strohhalm? Wer hatte keine andere Wahl als mit Neckermann zusammenzuarbeiten?

Einer der Bankdirektoren der Bayerischen Landesbank, der ein alter Verbündeter war und dessen Namen Neckermann nie verraten hat, konnte Josef Neckermann wertvolle Tipps geben. So ging die Reise nach Dachau bei München. Eigentlich war die ihm genannte Fabrik viel zu klein für einen Großauftrag. Doch das Apparate-Werk Bayern (AWG) hatte schon allerhand pfiffige Empfangsgeräte in Kleinserie produziert. Darin steckte auch das Problem. Dem Werk drohte die Pleite. Als Josef Neckermann unangemeldet hereinschneite, hatte er leichtes Spiel: Er versprach großzügige finanzielle Entwicklungs- und Produktionshilfe. Die Werksleiter willigten sofort in seine Vorschläge ein, ohne genau zu wissen, was sie eigentlich bedeuteten. Schon zwei Tage später hatte Neckermann im Dachauer Radiowerk das Sagen.

Wer von den hauseigenen Ingenieuren widersprach, musste schnell kapitulieren. Neckermanns Expertenteam schrieb praktisch bis zur letzten Schraube alles vor. Welches Material zu verwenden, welche technischen Parameter zu erfüllen waren, bis man tatsächlich bei einem Verkaufspreis unter 200 Mark angelangt war. Alles lag komplett in einem dicken Aktenordner fertig ausgetüftelt. Auf dem Deckel der Agenda prangte der Stempel »Streng geheim«. Ein wichtiger

Hinweis, denn zwischen den Plänen und Montagevorschriften lag auch der gefasste Beschluss: »Das bisherige AWG-Logo muss durch den Namenszug Neckermann ersetzt werden.« Die Dachauer waren tief in ihrem Firmenstolz verletzt, doch ihre Arbeitsplätze waren für die nächsten Jahre gesichert.

Keine Kommunisten wählen

Am Sonntag, den 6. September 1953 ging es nach der Kirche direkt zum Wahllokal in Frankfurt Ost. »Du kommst mit uns, Klärchen«, erklärte der »Chef« und belehrte sie: »Aber du darfst nicht die Kommunisten wählen. Weißt du auch warum? Weil die sagen: ›Was deines ist, gehört auch mir‹ – und das willst du sicherlich nicht.«

»Klärchen« hatte verstanden. Und mit ihr über 5 Millionen Wähler, die die Unionsparteien für sich gewinnen konnten. Die blutige Niederschlagung der Unruhen am 17. Juni 1953 in der DDR und die schlechte Versorgung in der »Ostzone« weckte auch im Westen Antipathien gegen sozialistisches Gedankengut. Der Koreakrieg schürte die Angst vor einer neuen Konfrontation mit der Sowjetmacht. So fiel der Sieg der Union unerwartet hoch aus: Adenauer erhielt 45,2 Prozent der Stimmen und damit die absolute Mehrheit der Sitze. Nebenbei wurde noch ein Ergebnis aus einer Umfrage veröffentlicht, nach der rund 44 Prozent der Westdeutschen immer noch der Meinung waren, dass der Nationalsozialismus »mehr Gutes als Schlechtes« gebracht hätte. Konrad Adenauer, zu diesem Phänomen befragt, wunderte sich lediglich, »welchem Zwecken denn überhaupt solche Umfragen dienlich sein sollten«.

Noch voller Freude über den Unionssieg und im Glauben, bald auch »den Leuten in der Ostzone helfen zu können«, präsentierte Josef Neckermann am 15. Oktober 1953 sein erstes Eigenprodukt bei einer Pressekonferenz: das Radio. »Das ist ein Gerät, das sich jeder leisten kann«, so knapp fiel seine Ansprache aus. Den Rest erledigten zwei etwas betreten dreinblickende Herren aus Dachau. Sie erklärten die Parameter und klatschen bei der feierlichen Enthüllung der neuen Marke: »Neckermann-Super«. Der Name war links in der gleichen Ecke platziert, in der einst das AWG-Logo geklebt hatte.

Das Fabrikat, rein nach Marketingvorgaben gebaut, verfügte über einen UKW-Empfang, Mittel- und Langewelle und hatte zwei eingebaute Antennen. Zu bedienen war es über eine »Klaviertastatur«, wie man damals die Druckknöpfe aus elfenbeinfarbenem Plastik nannte. Die wahre Sensation war der Preis: 187 Mark. »Unlauterer Wettbewerb!«, protestierte der Einzelhandel noch am Tage der Premiere. Die Konkurrenz kochte vor Wut. Neckermann strahlte zufrieden. Endlich hatte er die Branche an den Hörnern gepackt. Das hochglanzpolierte Edelgehäuse des Empfängers mit dem grünen »magischen Auge« zierte auch die Vorderseite des Katalogs Herbst/Winter 1953/54. Die Unterzeile suggerierte das Verkaufsziel: »Meine Weihnachtsüberraschung«.

Neckermann konnte Trends auslösen, weil er die Wünsche der Masse spürte und dabei stets »ein Stück weiter dachte«. Um seine Warenpalette auszubauen, sah er nach Hollywood: Für welche Produkte war die Sehnsucht schon geweckt? Das konnte man im Kino sehen. Danach führte Neckermann auch seine Marktuntersuchungen mit Direktumfragen bei den Kunden durch.

In den Filmen Hollywoods waren immer öfter Kühlschränke zu sehen, doch in Deutschland hatten erst 5,3 Prozent aller Haushalte ein solches Gerät. Damit hatte Neckermann ein weiteres Produkt gefunden, mit dem er das Herz seiner Konsumenten erwärmen konnte. Auch weitere Entwicklungspläne entsprangen der Marktforschung: Nur 3,5 Prozent der Haushalte besaßen eine Waschmaschine und 9,8 Prozent einen Elektroherd. Auf diese Zahlen ließ sich in Zukunft bauen. Auch einen Küchenmixer hatte in Deutschland noch so gut wie niemand, der »Shaker« quirlte nur in Hollywood. Neckermann nahm als Erster die Produktion auf. Damit bot er die breiteste Palette der Elektrogeräte in Deutschland an: Vom Bügeleisen über das Radio bis zum Kühlschrank und dem Staubsauber – alles »made in Neckermann«. Damit setzte er zum Sprung an, um endlich seinen Rivalen Quelle zu überrunden. Im Jahre 1955 ging er mit rund 200 Millionen D-Mark Jahresumsatz in Führung, dank seiner Kühlschränke, Waschmaschinen und sonstigen Küchengeräte. Der absolute Knüller war, wie nicht anders zu erwarten, der Mixer.

Das »Kältewunder von Lüneburg«

Neckermanns »Kältewunder von Lüneburg« kam am 1. März 1954 auf den Markt. Auch er landete auf der Titelseite des Katalogs, und die Überschrift lautete: »Gestern Luxus – heute Gebrauchsgegenstand«. Es gab zwei Versionen: 55 und 92 Liter zum Preis von 295 oder 574 Mark. Die Kunden jubelten. Die Branche reagierte dagegen panisch, wie schon bei der Einführung der Neckermann-Radios ein halbes Jahr zuvor. In erster Linie bemängelte die Konkurrenz die fehlende fachmännische Beratung. In einer offiziellen Verlautbarung des Fachhandels hieß es wörtlich: »Hochspezialisierte technische Geräte durch einen Katalog verkaufen zu wollen, ist völlig unsinnig... Der Verbraucher will nach Aufstellung des Gerätes jederzeit einen zuverlässigen Partner zur Verfügung haben.«

»Lasst den Kunden selbst entscheiden, wo und was er kaufen will«, trumpfte Neckermann auf und verwies auf die USA. Dort verkaufte man millionenfach Kühlschränke per Katalog. Der direkte Weg von der Fabrik zu den Endverbrauchern, ohne Zwischenstopp in den Läden, war überhaupt die Voraussetzung, um die große Nachfrage zu bewältigen. Sie hielt an, denn ein Haushalt ohne Kühlschrank galt plötzlich als vorsintflutlich. Der Kühlschrank bildete die entscheidende Stufe für den sozialen Aufstieg – in Deutschland genauso wie in den USA. Doch während sich in Übersee die Industrie gleich auf den Versandhandel einstellte, rief der deutsche Fachhandel zum Boykott auf und drohte desgleichen auch der Industrie an. Die Werkstätten verweigerten die Reparaturen von Neckermann-Apparaten jeglicher Art, ob Radio oder Kühlschrank, Herd oder Bügeleisen. Die entscheidende Frage lautete aber: Woher nahm Neckermann überhaupt seine Kühlschränke?

Die Technik für das 92-Liter-Modell stammte von der britischen Firma Prestcold Ltd. in Oxford. Der Hersteller war ein Spezialist auf diesem Gebiet, seine Erzeugnisse galten als »tropentauglich«. Die Aggregate aus Oxford waren trotz hoher Zollbelastung immer noch preisgünstiger als vergleichbare deutsche Erzeugnisse. So stammte auch der kleinere Kühlschrank (55 Liter) aus Luxemburg. In Teilen nach Deutschland verschickt, erfolgte die Endmontage in einer alten Herdfabrik in der Lüneburger Heide. Daher der Spitzname »Kältewunder aus Lüneburg«.

Der »Volkskühlschrank« sollte nicht nur eine gigantische Konsumwelle auslösen, sondern als Politikum zusätzlich jede Menge Ärger bereiten. Die Einbeziehung des Auslands in die Massenproduktion wurde als Schädigung der deutschen Wirtschaft gewertet. »Neckermann gefährdet die Sicherheit unserer Arbeitsplätze«, protestierte die Gewerkschaft. Auch die Industrie blies ins gleiche Horn: »Die Verlagerung der Produktion ins Ausland bedroht unsere Wirtschaft.« Neckermann konterte: »Es ist irrig, anzunehmen, bei der internationalen wirtschaftlichen Verflechtung dürfte ein Land nur exportieren, ohne seinerseits zu importieren.« Das waren Adenauers Worte.

Über 1 Million Kühlschränke lieferte Neckermann innerhalb der nächsten zwei Jahre aus. Damit zementierte er den Grundstock seines Imperiums. Im Sommer 1952 wälzten über 300 000 Deutsche Neckermanns Kataloge, die im halbjährlichen Rhythmus erschienen. Täglich wurden es mehr. Die Popularität von Neckermann breitete sich aus wie ein Lauffeuer. Seinem Wachstum schienen keine Grenzen gesetzt zu sein. Im Jahre 1955 sollten in seinen zweimillionenfach gedruckten Katalogen rund 8 Millionen Menschen blättern.

Einmal Reiter, immer Reiter

Die Verbindung zum englischen Kühlschrankhersteller Prestcold hatten die Grafen Peter und Paul von Münster hergestellt, die in England ihren Zweitwohnsitz hatten. Die beiden sorgten aber nicht nur für den Kontakt, sondern stiegen auch mit einer Einlage von 1,85 Millionen Mark als Kommanditisten ein. Dieses Kapital machte die gewaltige Produktion überhaupt erst möglich.

Den Kontakt hatte Josef Neckermann während seines ersten

1952 begann Josef Neckermann wieder mit dem Reiten, zunächst als Springreiter, hier auf Morgenglanz.

Turniers nach dem Krieg in Hanau aufgenommen. Denn nach einer Pause von 24 Jahren hatte der einstige SA-Herrenreiter die Zügeln wieder in die Hand genommen, zum ersten Mal seit 1928. Er glaubte nach dieser langen Zeit, sein Versprechen seinem Vater gegenüber eingelöst zu haben: »Ich werde erst wieder reiten, wenn ich es zu etwas gebracht habe.«

Gleich zu Beginn der neuen Reiterkarriere kaufte er zwei Prachtpferde: Für sich selbst einen siebenjährigen Halbblut-Wallach namens Morgenglanz und für seine Frau Annemi die Holsteiner Schimmelstute Minka. Auf der durfte auch Eva-Maria ihre ersten Reitstunden nehmen.

»Mit dem Reiten ist es wie mit Fahrradfahren. Man vergisst es nie«, erklärte Josef Neckermann in seinen Memoiren. »Nach den anfänglichen Unsicherheiten hat man schon wieder ziemlich schnell alles im Griff und spürt nur den Muskelkater am nächsten Tag.«

Bei seinem ersten Turnier in Hanau lief Neckermann neben den Grafen von Münster ein Tausendsassa über den Weg. »Kann ich Ihnen helfen?«, fragte ein etwa 1,65 kleiner Mann den einen Kopf größeren Josef Neckermann und stellte sich gleich vor: »Hans Pracht aus Dillenburg.« Von diesem Tag an betreute »Hänschen« Pracht nicht nur Neckermanns Pferde, sondern verguckte sich auch in seine 15-jährige Tochter Evi. Hänschen zeigte Ausdauer: Es dauerte geschlagene acht Jahre, bis die verwöhnte Neckermann-Tochter seinen Heiratsantrag annahm. Diese Zeit nützte der umtriebige Speditionskaufmann Pracht, um bei Neckermanns Unternehmen in die Logistik einzusteigen. Mit einem Laster fing er an, die Versandpakete in der Umgebung auszufahren. Bald verfügte er über eine ganze LKW-Flotte, auf deren Planen die rote Aufschrift prangte: »Pracht für Neckermann«.

Neckermann gegen alle, alle gegen Neckermann

Die Grabenkämpfe mit dem Elektrofachhandel gingen weiter. Der Innungsverband Nordrhein-Westfalen mahnte am 11. Dezember 1953 Josef Neckermann persönlich an: »Wir nehmen an, dass Sie selbst über die Unzulänglichkeit Ihres Verhaltens unterrichtet sind.« Als Antwort fragte Neckermann im pluralis majestatis: »...wir wären Ihnen äußerst verbunden, wenn Sie uns mitteilen würden, gegen welche gesetzlichen Vorschriften wir nach Ihrer Meinung verstoßen haben.«

Die Lawine sollte ihre Urheber erfassen. Am 17. Februar 1954 verschickte die Innung ein Rundschreiben an alle Elektrohändler in der Bundesrepublik, in dem es hieß: »Wir machen unsere Mitglieder darauf aufmerksam, sich in keinem Fall als Handlanger für das Versandhaus Neckermann herzugeben, wegen der Methoden, die mit unserer Berufsehre in keiner Weise in Einklang stehen.«

Das Rundschreiben geriet auch in Josef Neckermanns Hände und wurde zum Bumerang. Seine Juristen, in Wettbewerbsfragen zu Elitekämpfern gereift, legten es bei Gericht vor um zu beweisen, dass die Elektro-Innung ihre Mitglieder zu manipuliert versuchte. Daneben reichten sie ein Schreiben von einem »einfachen Elektrohändler« aus dem unterfränkischen Schweinfurt ein, das dieser an den Landesverband des Bayerischen Elektro-Handwerks geschickt hatte: »Ich bin Spätheimkehrer. Mein Geschäft war wegen meiner Einberufung zur Wehrmacht und danach russischen Gefangenschaft von 1939 bis 1949 geschlossen. Nach meiner Rückkehr musste ich von vorne beginnen. Jede Lüsterklemme, jede Schraube, alles war neu zu erstehen. Ich habe mit letzter Energie alles wieder aufgebaut. Es blieb mir also nichts erspart, und dennoch, ich kam vorwärts, aber nur auf Grund meiner Arbeit. Denunzierungen sind mir also fremd. Sie grundieren nur auf Neid, genau wie die Meldung bei Ihnen, man soll Josef Neckermann boykottieren.«

Vor Gericht vorgelesen, verfehlten diese Zeilen ihre Wirkung nicht. Das Landgericht Ellwangen verurteilte die Elektro-Innung zum öffentlichen Widerruf. Die Kosten von rund 40 000 Mark hatten die Beklagten zu tragen. Als Antwort auf die Boykottaufrufe der Branche zog Josef Neckermann innerhalb kürzester Zeit ein eigenes Servicenetz auf, das sich von anfangs 40 auf nahezu 200 technische Kundendienstellen flächendeckend in Westdeutschland ausbreitete. Dazu gehörten auch VW-Busse, die mit Reparatur-Geräten im Wert von insgesamt 75 000 Mark ausgestattet waren und von einem Elektromeister gefahren wurden. Ein Anruf genügte und schon war einer dieser guten Heimservice-Geister unterwegs. Da diese mobilen Stationen die ganze Palette der Elektrogeräte reparierten, war diese Investition zwar am Anfang sehr kostspielig, aber auf Dauer rentabel. Denn Neckermanns Absatz von Elektroartikeln wuchs ständig und war Ende der 50er Jahre neben den Textilien sein zweitwichtigster Umsatzfaktor.

Im Frühjahr 1954 hatte Neckermanns Versandunternehmen schon 2 200 Beschäftigte. Das Sortiment erweiterte sich auf alle erdenklichen Bereiche. Nach Kleidern, Schuhen und Haushaltsgeräten folgten Porzellan, Lederwaren, Uhren, nach Herbst 1953 Möbel und ab Frühjahr 1954 Schallplatten. Letzteres galt wiederum als Sensation, und auch hier gelang der Auftritt als Preiskiller. Eine Langspielplatte kostete 13,50 Mark und damit nicht mal die Hälfte des handelsüblichen Preises. Neben der leichten Kost gelangten Wagners *Ring der Nibelungen* und Mozarts *Kleine Nachtmusik* per Postorder auf den Versandmarkt. Nun wetterten die ehrwürdige Deutsche Grammophon, Decca und Teldec mit ihren Stardirigenten und Orchestern von Weltruf gegen Neckermann als »billigen Jakob«.

Annemarie Neckermann schloss sich derweil der erlesenen Gesellschaft der Freunde der Bayreuther Festspiele an. Es ging auch darum, modisch der Konkurrenz am »Grünen Hügel« Paroli zu bieten. Annemarie Neckermann gegen Grete Schickedanz, Charme gegen Schick. Durch Haarfestiger gestärkt wirkten die Frisuren der beiden Versandladys wie Gipsköpfe. Ein dankbares Objekt für die Pressefotografen.

Wettbewerb ist Krieg

General James Wood, Leiter des Versandunternehmens Sears, Roebuck & Co., der in den USA zum ersten Mal die Marke von 3 Milliarden Dollar Umsatz überschritt, war überrascht. Nach der Besichtigung der Versandzentrale am Ostbahnhof im Jahre 1954 bescheinigte der Zigarrenraucher Wood seinem deutschen Kollegen Josef Neckermann höchste Kompetenz.

Die Einschätzung des Warensortiments, die Disposition der verfügbaren Stückzahlen, die Steuerung der Katalogauflagen bis hin zur Gestaltung der Postgebühren, alles erfüllte US-Normen. Mehr noch: Eine Innovation jagte die andere. Was dabei dem Kopf Neckermanns entsprang und was er nur kopierte, war schwer zu unterscheiden. Aber darauf kam es auch nicht an. Die Flexibilität zählte.

Kaum saß Mr. Wood im Flieger zurück nach Hause, griff Necker-

General James Wood, Leiter des amerikanischen Versandhauses Sears, Roebuck & Co, besucht Neckermann in Frankfurt, 1954. Rechts: Theodor Betzen.

mann einen seiner Tipps auf. Das Stand-by-Prinzip: Produktionskapazitäten, die bereitstanden, um bei plötzlich auftretenden Lieferengpässen einzuspringen. Innerhalb eines Monats entstanden zwei eigene Neckermann-Textilfabriken mit insgesamt 700 Beschäftigten. Sie arbeiteten die Bestellungslawinen bei besonders erfolgreichen Kleidermodellen ab. Bei unvorhergesehenen Stoßgeschäften ratterten die Nähmaschinen rund um die Uhr, an Sonn- und Feiertagen, solange die Auftragslage es erforderlich machte.

So war man gut vorbereitet, als zum Beispiel die Blumenröcke 1955 zum Hit der Saison wurden. Binnen zwei Tagen nach der Katalogerscheinung trafen 65 000 Bestellungen ein. Innerhalb von einer Woche wurden sie alle geliefert. Josef Neckermann musste sich an seine Zeiten als Hersteller der Wehrmachtsuniformen erinnert fühlen. Gemäß dem damaligen Werbespruch handelte er auch: »Die Leistungsfähigkeit in Kriegszeiten auf höchste gesteigert, die Erfahrung in Friedenszeiten zum Nutzen der Kunden eingesetzt.«

Was darunter zu verstehen ist, erklärte *Der Spiegel* im Herbst 1955:

»Die Zusammenarbeit mit Neckermann bedeutet oft nicht mehr und nicht weniger, als dass die Chefbüros der Lieferfirmen in das Haus Neckermann verlegt werden. Die Labors und Werkstätten zerlegen jedes Gerät, jede Faser in ihre Bestandteile. Der Fabrikant muss auf Fragebögen erklären, wie das Metall, das er verwendet, legiert ist, was die Baumwolle gekostet hat, wie hoch die Spinnmarge liegt und wie sich der Kostenanteil der Löhne am einzelnen Produkt staffelt. Mogeln hilft nichts. Neckermanns Rohstoffexperten sind stets genau über die Preisentwicklung auf dem Weltmarkt informiert. Die Lieferfirmen müssen ein sogenanntes Pflichtenblatt unterschreiben.«

Solche Methoden hatte Neckermann in der Schule des Chefplaners des Reichswirtschaftsministeriums, Hans Kehrl, gelernt. Nach diesem System machte er allein auf dem Bekleidungssektor rund 38 Firmen vollständig von sich abhängig. Auf dem Gebiet der Elektrogeräte sollten es zehn Unternehmen werden. Sein Konzept perfektionierte sich in atemberaubendem Tempo. Bei ihm konnten später auch die Japaner ihre Methoden studieren, um anschließend die westliche Konkurrenz in die Knie zu zwingen. Josef Neckermann war der erste deutsche Samurai der Wirtschaft. Seine Parole lautete unmissverständlich: Wettbewerb ist Krieg!

»Die Firma Neckermann scheute sich auch nicht, Verträge zu arrangieren, die den Einheitsbedingungen der westdeutschen Textilwirtschaft zuwiderliefen. So mussten sich beispielsweise die Fabriken für den Fall, dass ein Artikel besonders gut abgesetzt wurde, ausdrücklich verpflichten, Neckermann auch in den Saison-Monaten bevorzugt zu beliefern, selbst wenn das für sie einen Verdienstausfall bedeutete«, berichtete *Der Spiegel* weiter. Die Schlussfolgerung lautete: »Diese Methoden, nach der ein Händler dem Fabrikanten erklärt, wie er seine Ware zu produzieren habe, trägt viel zu Neckermanns Isolierung bei. Manchmal wird es einem Fabrikanten zu viel, sodass er selbst die impulsgeberische Ader zu Neckermann durchschneidet.«

Der Enthüllungsbericht im *Spiegel* führte übrigens zu einer noch nie da gewesenen Flut von Leserbriefen. Die Redaktion tat sich allerdings schwer, darin kritische Zuschriften zu finden, die Neckermanns umstrittene Methoden und Praktiken verstärkt angeprangert hätten. Stellvertretend für die Mehrheit formulierte ein Leser aus Landau: »Bis jetzt geht Neckermann den einzig richtigen und verbraucherfreundlichen Weg, manchen kurzsichtigen Verbänden und feisten Erbkaufleuten zum Trotz, im Sinne des Werbespruches: Besser leben ein Leben lang, am besten gleich durch Neckermann.«

Kapitel 18

»Der Glücksmacher der kleinen Leute«

Der Einstieg ins Fernsehzeitalter

»Tor, Tor, Tor!« Im Juli 1954 wurde Deutschland in Bern, der Hauptstadt der Schweiz, Fußballweltmeister. Die euphorische Rundfunkreportage von Herbert Zimmermann kannte jeder: »...aus, aus, aus! Das Spiel ist aus!« Der unerwartete 3:2-Sieg gegen Ungarns hochfavorisierte »Goldene Mannschaft« richtete das lädierte Nationalbewusstsein der Deutschen auf. Nun war man wieder wer!

Neckermanns Wunsch, noch vor der Fußball-Weltmeisterschaft einen eigenen Fernsehempfänger auszuliefern, erwies sich als Utopie. Dennoch ging das damals noch nicht ganz so große Geschäft mit der WM nicht an ihm vorbei: das Radio. Jeder wollte zumindest akustisch dabei sein und bei den Spielen der deutschen Nationalmannschaft mitfiebern. Im Frühsommer 1954 setzte ein Ansturm auf die Rundfunkgeräte ein, und schon Mitte Juni waren Neckermanns Lager bis zum letzten Stück leergeräumt.

Neckermanns Einstieg ins Fernsehgeschäft löste erneut einen Boom aus. Die neue Marke trug den hochtrabenden Namen »Neckermann Weltblick«. Wieder war der Preis der Trumpf: nur 648 Mark, ein unteres Monatsgehalt. Damit war Neckermann fast um 300 Mark günstiger als die Konkurrenz. Und die Qualität? »Selbst die wildesten Gegner Neckermanns mussten kapitulieren. Mängel wären auch schwer verständlich«, urteilte das *Handelsblatt*, »weil der Hersteller bis vor kurzem zu der Telefunken-Gruppe gehörte.«

Es waren die Körting-Werke im bayerischen Grassau am Chiemsee. Das in Schwierigkeiten geratene Unternehmen griff sprichwörtlich nach dem Strohhalm, als sich die Leitung freiwillig unter

Neckermanns Knute beugte. Das obligatorisch zu unterzeichnende Regelblatt für die Kooperation mit Neckermann enthielt 27 detaillierte Anweisungen, nach denen das Fernsehgerät zu fertigen war. Die Firma Körting fuhr unter der neuen Neckermann-Flagge nicht schlecht. Der einst von der Schließung bedrohte Betrieb erholte sich schnell und wuchs zu einem der Hauptlieferanten im Elektrosyndikat des Frankfurter Versandimperiums. Bis 1972 sollte die ganze Region mit der malerischen Landschaft des Chiemgaus vom Arbeitgeber Josef Neckermann profitieren.

Die erste Fernsehfamilie

Am 29. September 1954 begann das deutsche Fernsehen mit der Ausstrahlung einer Sendung, die als Straßenfeger in die Geschichte einging und die Nachfrage nach Fernsehgeräten in die Höhe schnellen ließ: *Die Familie Schölermann.* Sie war mal heiter, mal problematisch und wurde kontrovers diskutiert. Gezeigt wurde der »ganz normale« Alltag.

Auch die Familie Neckermann richtete ihre Fernsehgewohnheiten nach dieser Serie, wie gewöhnlich mit strengen Regeln. »Die Kinder durften im großen Wohnzimmer nur mittwochs und sonntags fernsehen. Jeweils von 19 bis 21 Uhr. Keine Minute länger«, berichtet »Klärchen«. Mittwoch war dann eben der »Schölermanns-Tag«.

Kaum war das deutsche Fernsehen den Kinderschuhen entwachsen, entwickelte sich eine hitzige Diskussion um einen zweiten Kanal. Neckermann gehörte zu den Befürwortern: »Damit würden wir auch mehr Fernsehgeräte verkaufen, so wie in Amerika«, lautete sein Hauptargument. Selbst im engsten Familienkreis stieß er damit jedoch auf Skepsis: »Du kannst Deutschland nicht mit Amerika vergleichen, Necko«, meinte sogar seine Frau, die ihm sonst immer zustimmte. Doch »Necko« ließ sich nicht beirren. Voller Leidenschaft steigerte er sich in seine neuen Visionen. Bis es eines Tages beim Frühstück aus ihm herausplatzte: »Das ist ein Politikum. Ich muss versuchen, über die Zukunft des Fernsehens mit unserem Kanzler zu sprechen!«

Der Wunsch ließ sich leicht erfüllen. Auch dafür hatte Neckermann den richtigen Mann an der Hand: Ludwig Erhard. Der Kontakt zwischen den beiden früheren Stammgästen aus den Münchner »Torggelstuben« hatte sich seit 1946 intensiviert, Neckermanns war fast so etwas wie ein inoffizieller Berater des Wirtschaftsministers. Als 1954 zum »Jahr der Forderung der Wirtschaft« erklärt wurde, avancierte Neckermann zu Erhards Galionsfigur für dessen ökonomisches Kursziel. Dahinter steckte nichts anderes als eine ausgeklügelte Wahlkampfstrategie.

1954 standen vier Landtagswahlen im Kalender. Im Juni verlor die CDU in Nordrhein-Westfalen einige Sitze. Im August erschütterte die Flucht des CDU-Bundestagsabgeordneten, Karlfranz Schmidt-Wittmack, die Glaubwürdigkeit der Union. Der Dissident sprach in einer DDR-Pressekonferenz über seine Beweggründe zu diesem Schritt: »Adenauer informiert die westdeutsche Öffentlichkeit über die Ziele seiner Politik nicht richtig. Heimlich plant er die Aufstellung einer Armee mit 800 000 Mann unter Waffen.« Diese Erklärung sorgte für einen empfindlichen Rückschlag in den Wiedervereinigungsverhandlungen, die auf der Genfer Indochinakonferenz zwischen den USA und der Sowjetunion in Gang gekommen waren.

In diesem Zusammenhang stand auch Erhards Programm, mit dem er die Westdeutschen bei guter Laune halten wollte. Sein Slogan lautete, »den Luxus von gestern zum Konsumgut von heute zu machen.« Für die Umsetzung durfte Josef Neckermann im Wirtschaftsministerium in Bonn Vorschläge einreichen. Er kam nicht allein, sondern brachte gleich einige seiner Modelle mit. Nachdem Neckermann den Ministerialbeamten Nachhilfeunterricht in Sachen Preiskalkulation und Herstellungskosten erteilt hatte, fand eine Sondervorstellung statt: »Eine Art mobiler Katalog. Wir führten dem Wirtschaftsminister unsere Modelle vor. Es war die erste – und vermutlich auch einzige – Modenschau in den Räumen des Wirtschaftsministeriums«, berichtete Neckermann in seinen Memoiren. Besonders stolz war er darauf, dass »Erhard dankend mein Geschenk annahm – einen ›Neckermann-Super‹«.

Am 2. Oktober 1954 trat die Bundesrepublik der NATO und dem Brüsseler Pakt bei. Die Regelung für die Wiederbewaffnung Westdeutschlands war gefunden, der Besatzungsstatus beendet und die

Illusion von der Wiedervereinigung ausgeträumt. Am 31. Oktober erschien der neue Neckermann Herbst/Winter 1954/55 – »mit festen Preisen für die nächsten sechs Monate zum großen Gefallen Ludwig Erhards«. Auf der Titelseite war der »Neckermann-Super« zu sehen, in den Rahns goldener Torschuss zum 3:2 für Deutschland montiert worden war. Das »Wunder von Bern« sollte die Nachfrage für die Fernsehgeräte im Weihnachtsgeschäft ankurbeln. Deutschland war im Fernsehzeitalter angekommen.

Adenauers Sorgenfalten

Als Gegengewicht zum »wohlstandsfördernden Konsumglück und militärischer Blockbildung« legten die Sozialdemokraten ihr »Deutsches Manifest« vor. In der Frankfurter Paulskirche unterzeichneten am 29. Januar 1955 die Politiker Gustav Heinemann und Erich Ollenhauer sowie der Theologe Helmut Gollwitzer die Erklärung: »Rettet Einheit, Freiheit, Frieden. Gegen Kommunismus und Nationalismus.«

Doch die von Ludwig Erhard angezettelte »Neckermannisierung Deutschlands« hatte mehr Zugkraft. Mit einer noch nie da gewesenen Konsumwelle steuerte die Ära Adenauer 1955 auf ihren Höhepunkt zu. Der erste Kanzler der Bundesrepublik schaffte eine Konsolidierung der freiheitlichen Demokratie. Das geächtete Deutschland kehrte zurück in die Gemeinschaft der europäischen Völker. Die moralisch und finanziell völlig am Boden zerstörten Deutschen im Westen waren in erstaunlich kurzer Zeit voll neuem Lebensmut und Hoffnung. Der »Alte von Rhöndorf« war nicht ganz unumstritten, was mit seinem eigenwilligen und autoritären Regierungsstil zusammenhing. Mit einem seiner berühmtesten Sprüche erklärte er nicht ohne Augenzwinkern sein Politikverständnis: »Mer kenne uns, mer helfe uns.« Dieses System ging als »Kölscher Klüngel« in die Geschichte ein. Neckermanns Erfolgsrezept hieß ganz ähnlich: »Frankfurter Komplott«.

Auch wenn Konrad Adenauer kein Freund des Fernsehens war, trug er zur Gründung des »Zweiten Deutschen Fernsehens« bei.

Auch Josef Neckermann durfte ihm dabei Mut zusprechen. Anfang des Jahres 1955 arrangierte Ludwig Erhard ein Treffen im Bonner Kanzleramt. »Adenauer war ein Nachtmensch. Für ihn konnte es auch nie spät genug werden. Gegen drei Uhr in der Früh glaubte ich, endlich den Grund von Adenauers Abneigung gegen das Fernsehen herausgefunden zu haben«, berichtete Neckermann in seinen Erinnerungen.

»Wer will denn alle meine Falten sehen?«, habe Adenauer plötzlich geseufzt. Josef Neckermann hatte vorher versucht, ihm die Vorteile des Fernsehens als Agitationsplattform für politische Ziele schmackhaft zu machen. Damit berührte er Adenauers wunden Punkt: »Da fand sich der Kanzler nicht telegen genug, um vor die Kameras zu treten. Ich versicherte ihm: Jede Frau im Land wird ihre Falten, Herr Bundeskanzler, für Sorgenfalten halten. Sorgen, die Sie sich um das Volk machen – im Kampf für seine Interessen.« – Wie Adenauer darauf reagierte, wurde von Josef Neckermann gerne im vertrauten Kreise erzählt: »Der Kanzler schmunzelte und meinte zu mir: ›An Ihnen ist ein Jesuit verlorengegangen.‹«

Die Mär vom »guten Kaufmann von Frankfurt«

Die Frankfurter Neckermann-Zentrale am Ostbahnhof bot ein imposantes Bild. Hinter dem ursprünglichen fünfstöckigen Bau ragte ein zweites, schlankes Gebäude mit zwölf Stockwerken empor. Im Parterre war das eigene Postamt. In den darüber befindlichen Werkstätten, Büros, Laboratorien, dem Versand und den Logistikräumen waren mehr als 2 000 Menschen beschäftigt. Die Kette von direkten Verkaufstellen wuchs unaufhörlich. Je zwei gab es in Frankfurt, Berlin und Wiesbaden, je eine in Darmstadt, Düsseldorf, Hanau, Kassel, Rosenheim, Stuttgart, Trier und Würzburg. In insgesamt 14 Filialen konnte man die virtuelle Welt der Kataloge mit der Wirklichkeit vergleichen.

Die Preise waren im Versand und Direktverkauf gleich. Einige Wirtschaftsexperten sahen darin auch den Grund für die Verluste, die Neckermanns Kaufhäuser langsam anhäuften. Doch es ging ums

Prestige. Die Versandpreise im direkten Handel zu halten, war eigentlich unrealistisch. Die Kaufhäuser zehrten durch die hohen Mieten in den bevorzugten Innenstadtlagen kräftig von dem Gewinn, den der Versand erwirtschaftete.

Die Kunden hielten treu zu Neckermann und sobald an der Öffentlichkeit Kritik am »Paten des Konsumglücks« laut wurde, schlug eine Welle der Empörung hoch. Jede negative Schlagzeile, insbesondere die über den Wiedergutmachungsprozess, schien noch mehr Kunden zu mobilisieren, als ginge es darum, ihm gegen das vermeintliche Unrecht unter die Arme zu greifen. Als »Glücksmacher der kleinen Leute« genoss er hohes Ansehen. Er sonnte sich in einer Gunst, die ihn zu immer neuen Expansionen anregte. Mit dem Namen Neckermann konnte man alles verkaufen.

Der Ruf »alles billig bei Neckermann« war allerdings eine Mär, die geschickt verbreitet wurde. »Was er an einem Artikel nicht etwa zusetzt, sondern weniger verdient, holt er mindestens bei den Hunderten von anderen Artikeln wieder herein, die er keineswegs billiger als die Konkurrenz der Versand- und der Warenhäuser verkauft«, analysierte der Wirtschaftsautor Kurt Pritzkoleit. Der »gute Kaufmann von Frankfurt« war nach seiner Einschätzung gerade »das Gegenteil eines von karitativen Gefühlen beseelten Menschheitsbeglückers«.

Mit Luxus zum Prestige

Am 1.März 1955 war auf der Titelseite des Neckermann-Katalogs eine halbautomatische Waschmaschine abgebildet. Nach Radio, Kühlschrank und Fernsehgerät war dies der vierte Knüller in der bundesdeutschen Wohlstandsserie. Doch der Konsument war inzwischen verwöhnt, die Befriedigung der Grundbedürfnisse reichte längst nicht mehr.

Nachdem Josef Neckermann die Veränderungen im Kaufverhalten bemerkte, begann er der Erkenntnis der Werbung zu folgen, wonach der Mensch nichts stärker begehrt als die Steigerung seines Selbstbewusstseins. Ab 1955 richtete er auf der Titelseite daher eine

Luxusecke ein. Neben der Waschmaschine war die Luxusvariante des Fernsehgeräts abgebildet, ein Schrankwandapparat aus hochpoliertem Nussholz.

Das Neckermann-Sortiment hatte sich inzwischen auf 2 100 Artikel erweitert. Bei den Kühlschränken kündigten sich leistungsfähigere Modelle an. Das gute alte Bügeleisen wurde zum »Regler-Plätteisen« aufgepeppt, die Hausfrau konnte je nach Stoffart – Nylon, Seide oder Baumwolle – eine individuelle Temperatur einstellen. Teppiche gab es auch schon bei Neckermann zu erstehen, konkurrenzlos günstig versteht sich. Sie stammten aus der Fabrikation von Wilhelm Schaeffer in Herzogenaurach, einem alten Kriegsgefährten, mit dem Josef Neckermann einst seine Nähereien im Ghetto von Białystok eingerichtet hatte. Bei den Textilien erregten neue Materialmischungen die Aufmerksamkeit. Die neuartigen Perlonfasern werteten die Baumwolle mit elastischen Eigenschaften auf und sorgten für neuen Schick. Inzwischen standen rund 100 Kleidermodelle zur Auswahl.

Josef Neckermann ließ es sich nicht nehmen, den Katalog auf einer Pressekonferenz selbst vorzustellen. Besonders wichtig erschien es ihm, auf seine Rolle als Sparmeister hinzuweisen. Josef Neckermann, der zeitlebens nie mehr als 60 Kilo wog, holte mächtig Luft, um aus seiner schmalen Brust mit vollem Stimmvolumen zu verkünden: »Die Preise wurden im Vergleich zur Vorsaison zum Teil herabgesetzt, schreiben sie es, meine Damen und Herren. Und vergessen sie nicht zu erwähnen, dass wir 1,6 Millionen Adressen in unserer Kartei haben und unsere Kataloge mit einer Auflage von 2,3 Millionen Exemplaren einen Leserkreis von rund 8 Millionen Menschen erreichen.«

An Zahlen wie diesen konnte er sich förmlich berauschen. Mit erhobenem Zeigefinger, als wollte er die Ziffern aufspießen, konnte er jederzeit aus dem Kopf nennen, wie viele von einem Pullovermodell, mit 15 000 Stück disponiert, nach zwei Verkaufswochen noch vorrätig waren. Genau wie einst sein Vorbild, Hitlers Chefplaner Hans Kehrl. An den fühlte sich mancher Branchenkenner erinnert, wenn er Josef Neckermann agieren sah. Er war stolz, dass in seiner Disposition selten Pannen passierten. Die Fehler, die Neckermann trotzdem unterliefen, erwähnte er fast mit Freude, um den Journalisten bei den

Pressekonferenzen zu demonstrieren, »welches schwierige Geschäft in dem Versandhandel steckt«.

Der Prozess Joel, dritter Akt

1955 feierte die Neckermann Versand KG ihr fünftes Firmenjubiläum. Der Paukenschlag zum festlichen Auftakt kam allerdings von unerwarteter Seite. »Ansprüche gegen Neckermann – Amerikaner verlangt Wiedergutmachung«, titelte die *Frankfurter Rundschau* vom 15. Januar 1955. Knapp fünf Jahre nachdem Josef Neckermann von US-Militärgerichten freigesprochen worden war, erhob der 65-jährige Carl Amson Joel vor dem Landgericht Nürnberg-Fürth erneut Klage auf Entschädigung.

Offensichtlich hatte Neckermann die Richtermilde als Freibrief verstanden, um die Akte Joel vollständig einzumotten. In der Zeit von Ende 1950 bis Anfang Januar 1955 hatte Carl Amson Joel in New York vergeblich auf ein Vergleichsangebot gewartet. Nun sah er sich gezwungen, erneut mit einer Klage anzutreten. Seine Anwälte erwirkten eine einstweilige Verfügung, Neckermann musste unverzüglich eine Bürgschaft von 1 Million Mark als Sicherheit für Joels berechtigte Wiedergutmachungsansprüche stellen. Den zweiten Antrag Joels, einen Treuhänder in die Neckermann Versand KG mit sofortiger Wirkung einzusetzen, lehnte das Gericht ab. Doch Neckermann zitterte. Er erinnerte sich daran, wie er 1945 durch einen Beschluss des US-Militärgerichts ein Berufsverbot erhalten hatte und ihm der Zutritt zu seinen Betrieben verboten worden war. Nicht auszudenken, welche Konsequenzen es für ihn gehabt hätte, jetzt, in der Phase des großen Aufschwungs kalt gestellt zu werden. Allein die Vorstellung, man würde ihm per Gerichtsbeschluss verbieten, am nächsten Tag im Büro zu erscheinen, bereitete ihm schlaflose Nächte.

Ob er sich in diesem Moment in Joels Lage versetzen konnte, der 1938 durch die fanatische Rassenverfolgung des NS-Systems ungleich brutaler drangsaliert wurde, ist nicht bekannt. Neckermann beklagte sich in seinen Memoiren lediglich darüber, dass Joel ihm und seiner Familie auf »unerträgliche Weise« zusetzte. In einer offiziellen Stellungnahme an die Presse erklärte Josef Neckermann im Januar 1955, er sei sich keiner Schuld bewusst. Er hätte den Kaufpreis seinerzeit ordnungsgemäß an Joel überwiesen. Die Summe nannte er nicht. Warum das Geld nicht in Joels Hände gelangte, erklärte Neckermann so: »Es lag an den 1938 in Kraft getretenen Devisengesetzen der Nazis«. Und er fügte hinzu: »Dafür konnte ich ja nichts.«

Im Übrigen erklärte Josef Neckermann alle weiteren Forderungen Joels für gegenstandslos. In seiner Verlautbarung hieß es: »Nach dem Zweiten Weltkrieg fielen die Vermögenswerte der von Joel nach den damaligen Bestimmungen erworbenen Berliner Kleidermanufaktur und der Versandfirma automatisch unter die Beschlagnahme der US-Militärregierung. Nach der Freigabe wurden die ausgelagerten, ehemaligen Joel-Betriebe in Ochsenfurt mangels Masse von Amts wegen stillgelegt. Demzufolge steht der Neckermann Versand KG in keinerlei rechtlichem, wirtschaftlichem oder strukturellem Zusammenhang zu der Berliner Firma Joel, nachmals Ochsenfurt.« Diese Stellungnahme konnte man in allen Frankfurter Zeitungen lesen.

14 Tage später, also am 25. Januar 1955, drang eine Meldung über das vorläufige Prozessergebnis an die Öffentlichkeit: »Nach siebenstündigen geheimen Verhandlungen kam es in den späten Abendstunden des Montags im Fall Joel gegen Neckermann zu einem Vergleich. Danach verpflichtet sich die Neckermann KG zur Abdeckung aller Wiedergutmachungsansprüche Joels eine Abfindungssumme zu zahlen, deren Höhe nicht bekannt gegeben wurde. Wenn innerhalb von 14 Tagen von keinem der beiden Parteien ein Widerruf erfolgt, wird der Vergleich rechtsverbindlich.«

Der Einspruch erfolgte nicht. Die Höhe der Abfindung wurde trotz versuchter Geheimhaltung bekannt: 2 Millionen Mark. Diese Angaben machte Joel in einem Leserbrief an den *Spiegel*, nachdem das Nachrichtenmagazin in seiner Oktober-Ausgabe die Bilanzen der Neckermann Versand KG veröffentlicht hatte. Joel fühlte sich hereingelegt und schrieb: »Bei der Gerichtsverhandlung im Januar dieses Jahres habe ich mich schließlich mit einer Vergleichssumme von zwei Millionen Mark einverstanden erklärt, weil Herr Neckermann sein Gesamtvermögen mit wenigen Hunderttausend Mark bezifferte und belegte. Ich bin daher sehr überrascht, dass jetzt – nach knapp neun Monaten – das Privatvermögen auf ›einige Millionen Mark‹ geschätzt wird.«

Ein peinlicher Brief

Kurze Zeit später trat Carl Amson Joel zur nächsten Runde gegen Josef Neckermann an. Die 2 Millionen Mark, die er als Entschädigung erhalten hatte, erschienen ihm als ein schwacher Trost für die Lebensniederlage, die ihm Neckermann und die Nationalsozialisten zugefügt hatten. Das Geld kam für ihn viel zu spät. 1955 war Joel bereits 65 Jahre alt. Für einen geschäftlichen Neuanfang hatte er keine Kraft mehr. Das einzige, was er noch erreichen konnte und wollte, war Gerechtigkeit. Als Händler sah er die in der korrekten Begleichung aller noch offenen Rechnungen.

Konkret ging es um einen Restbetrag von 69 550 Mark. Die verlangte Joel nicht von Neckermann, sondern direkt vom Bankhaus Hardy & Co., das ebenfalls Nutznießer der »Arisierung« gewesen war. Dabei handelte es sich um Zinsen aus dem Konto, das 1938 für ihn eingerichtet worden war. Josef Neckermann hatte nach eigenen Aussagen 1 Million Reichsmark darauf deponiert. Um dies zu beweisen, nannte Joel als seinen Zeugen Neckermann selbst und ließ ihn zur Aussage vorladen.

Noch im Januar 1955 begann eine Reihe von gerichtlichen Vernehmungen. Die Ergebnisse ließen Zweifel an Joels Behauptungen aufkommen, die Klage wurde abgewiesen. Doch schon ein Jahr später musste Josef Neckermann wieder bei der zehnten Zivilkammer des Landgerichts Frankfurt erscheinen. Unter anderem ging es darum, unter welchem Namen er das Konto für Joel eingerichtet hatte. Neckermann sagte aus: »Welche Bezeichnung dieses Konto im Einzelnen hatte, weiß ich heute nicht mehr. Ich nehme aber an, es trug meinen Namen mit irgendeinem Zusatz, zum Beispiel ›Sonderrechnung Joel‹.«

Da schöpften die Ermittlungsrichter den Verdacht, dass Josef Neckermann das Konto doch nicht für Joel, sondern für sich selbst eingerichtet haben könnte. Sie bestanden auf einer genauen Formulierung. Der Zeuge Neckermann legte sich auf den folgenden Nachsatz fest: »Nach meiner Erinnerung hatte ich über dieses Konto nach dessen Errichtung keinerlei Verfügung mehr getroffen.«

Aufgrund dieser Aussage wies das Frankfurter Gericht Joels Klage gegen die Hardybank zurück. Doch mit dem Urteil und Neckermanns Zeugenaussage konnte der geschädigte Joel den mit Neckermann geschlossenen Vergleich vom 24. Januar 1955 sofort anfechten. Denn in der Begründung des Gerichts hieß es, Neckermann hätte Joel bei der vertraulichen, außergerichtlichen Verhandlung »arglistig getäuscht«. Gegen Josef Neckermann erging eine Anzeige wegen Prozessbetrugs.

Im November 1957 wurde Neckermann erneut vorgeladen. Joels Angriffsstrategie beruhte unter anderem auch auf der Tatsache, dass die Nürnberger US-Militärrichter 1950 die Frage nach der Einrichtung des Kontos ausgespart hatten. Auf diesen Punkt richtete sich nun Joels Hoffnung.

»Der Zeuge muss sich berichtigen«

Der Fall landete beim Münchner Oberlandesgericht. Die Richter konzentrierten sich auf zwei entscheidende Punkte: Welche Bezeichnung trug das Konto, auf das Josef Neckermann 1938 die 1 Million Reichsmark für Joel überwiesen haben wollte, und wer hatte darüber die Verfügungsgewalt?

Neckermann, noch bestimmend im Auftritt, beharrte auf seiner Aussage, vor dem Frankfurter Gericht zu Protokoll gegeben: »Ich nehme an, dass das Konto auf den Namen Joel lautete. Nach meiner Erinnerung habe ich über dieses Konto nach dessen Errichtung keine Verfügung mehr getroffen...«

Die Richter ließen sich diese Aussage mehrmals von Neckermann bestätigen. Danach schritt Joels Anwalt, Reinhard Freiherr von Godin, zum Vorsitzenden der Kammer und legte ihm einen Brief vor. Das Schriftstück wurde als Beweis in die Prozessordnung eingefügt. Danach durfte Joels Anwalt laut vorlesen, was Josef Neckermann am 15. September 1938 an das Bankhaus Hardy & Co. schrieb:

»Neben meinem laufenden Konto bitte ich Sie – wie bereits persönlich besprochen – ein zweites Konto für mich einzurichten, und zwar unter der Bezeichnung ›Sonderkonto Joel‹. Über das Konto bleibe ich verfügungsberechtigt, so lange ich Ihnen keine andere Anweisung zugehen lasse.«

Ein Presseberichterstatter schrieb, »vor Schreck blieb sogar die Uhr im Gerichtssaal« stehen. Zeuge Neckermann musste sich mit hochrotem Kopf korrigieren: »Nachdem ich das Schreiben gesehen habe und meine Erinnerung aufgefrischt worden ist, muss ich meine Aussage dahin berichtigen, dass das Konto auf meinen Namen geführt wurde«, notierten die anwesenden Journalisten die verblüffende Wende in der Verhandlung.

Später versuchte Neckermann zu rechtfertigen, warum das Konto unter der Bezeichnung »Wäsche- und Kleiderfabrik Josef Neckermann, Sonderrechnung Joel« geführt wurde. »Diese Bezeichnung sollte das Geld vor einem Zugriff durch den NS-Staat schützen.« Diese Bedenken waren nicht ganz von der Hand zu weisen: Göring hatte schon am 8. Februar 1938 eine Verfügung erlassen, nach der alle Gelder für enteignetes jüdisches Vermögen von privaten Sperrkonten in die Staatskasse geflossen waren. Er hätte keine Genehmigung erhalten, das Geld auf ein ausländisches Konto eines »Devisenausländers« zu überweisen. Damit erklärt sich jedoch die Verfügungsklausel noch nicht. Es scheint, als habe er die Lage Joels geschickt für sich auszunutzen gewusst. In seinen Memoiren entschuldigt Neckermann sein Verhalten halbherzig: »Ich war damals so jung, so ungestüm und auch ein bisschen verwirrt.«

Im bisherigen Verlauf des Prozesses hatte Josef Neckermann in der Gewissheit argumentiert, dass die Geschäftsunterlagen der Hardybank im Berliner Bombenhagel vernichtet worden waren. Er hatte sich in Sicherheit gewähnt. Nicht im Traum hatte er damit gerechnet, dass einige Kisten mit der Bankkorrespondenz von Berlin in die Hamburger Filiale ausgelagert worden waren und dort sein Brief vom 1938 nach fast 20 Jahren aus dem Keller auftauchen würde.

Doch der lange Tag vor dem Oberlandesgericht München war noch nicht zu Ende. Auch Kontoauszüge waren aufgetaucht. Am 1. Januar 1939, ein gutes Vierteljahr nachdem Neckermann 1 Million Reichsmark auf das Konto »Sonderrechnung Joel« überwiesen hatte, betrug der Stand nur noch 415 614,60 Reichsmark. »Indes konnte sich der Zeuge Neckermann nicht erklären, wo der restliche Betrag von zirka 600 000 Reichsmark in der Zwischenzeit hingekommen ist«, rügten die Richter und zogen sich zu einer zweistündigen Beratung zurück.

Als sie ihren Beschluss verkündeten, brach für Neckermann seine Welt zusammen. Alle bisherigen Beschlüsse wurden aufgehoben. Die Wiedergutmachungskammer beim Landgericht München I erhielt die Auflage, sich mit Joels Ansprüchen nochmals zu beschäftigen. In Bezug auf Josef Neckermann führte der vorsitzende Richter wörtlich aus: »Es ist eine psychologische Erfahrung, dass Vorgänge umso stärker im Bewusstsein haften und durch das Erinnerungsvermögen in der Vorstellung reproduzierbar sind, je bedeutsamer sie für den Einzelnen aus irgendwelchen Gründen gewesen sind. Es entspricht der Lebenserfahrung, dass ein intelligenter Geschäftsmann, der in jungen Jahren durch ein Millionengeschäft seine Lebensexistenz aufgebaut und damit die Grundlage zu seinen weiteren geschäftlichen Erfolgen geschaffen hatte, in den besten Jahren seines Lebens noch genau weiß, ob er einen Restkaufpreis von rund einer Million Reichsmark auf ein Konto des Verkäufers zu dessen Verfügung oder auf ein Sonderkonto unter Vorbehalt seiner eigenen Verfügung gezahlt hat. Es war Sache des Josef Neckermann, darzutun, warum diese Erfahrungssätze für ihn im vorliegenden Fall nicht gelten.«

Aus der Sicht der Richter hatte Josef Neckermann also gelogen. Neckermann selbst fühlte sich erneut als Opfer einer Verschwörung und beklagte sich darüber in seinen Memoiren bitter: »...und bitte mitzulesen, dass sich diese Angelegenheit über einen Zeitraum von mehreren Jahren hinzog und dass sie meine Familie, die Neckermann-Versand KG und mich persönlich in einer Weise belastete und bedrängte, die näher zu schildern ich mir ersparen möchte.«

Die Akte Joel hatte insgesamt eine Umlaufzeit von 13 Jahren. Das Ergebnis aus dem Revisionsprozess erreichte den zwischenzeitlich bettlägerigen Josef Neckermann im März 1959. Der erste Herzinfarkt. Er kurierte die Folgen bei strengster Ruhe in Hauspflege. Und er schaffte es tatsächlich, das Rauchen aufzugeben – für die nächsten drei Jahre. Sein Anwalt, Dr. Günther Rosener, wurde nur deshalb zu ihm vorgelassen, weil er gute Nachrichten brachte. Der Dritte Senat des Obersten Rückerstattungsgerichts in Nürnberg hatte die Auflagen des Landesgerichts München, die Wiedergutmachungsklage von Joel nochmals aufzurollen, in vollem Umfang aufgehoben. Die Richter befanden Neckermanns Vergleich mit Joel in Höhe von 2 Millionen Mark aus dem Jahre 1955 als angemessen. Neckermanns Erinnerungslücken bei den wiederholten Zeugenaussagen und die falsche Angabe über die Kontobezeichnung wurden als nicht relevant bewertet. Damit war der Rechtsweg der Gegenpartei Carl Amson Joel und seiner Anwälte über alle Instanzen ausgeschöpft.

Mitte der 60er Jahre kehrte Joel mit seiner Meta nach Deutschland zurück, obwohl er die meisten seiner Angehörigen im KZ verloren hatte. Dennoch hoffte er, in Nürnberg zu seinen Wurzeln zurückzufinden. Nach dem Tod seiner Frau 1971 verbrachte er seine letzten zehn Jahre in einem Seniorenheim der Israelitischen Gemeinde. Er starb am 4. November 1982 im Abrahamsalter von 93 Jahren. Sein Sohn Helmuth, Jahrgang 1925, war ebenfalls mit seinen Eltern 1938 vor den Nazis nach Amerika geflüchtet. Dort änderte er seinen Namen auf Howard. Nach dem Krieg heiratete er, am 9. Mai 1949 kam sein erster Sohn William Joseph Martin, genannt »Billy«, in Hicksville, Long Island zur Welt. Sein Vater wäre gern Musiker geworden. Für Billy Joel ging dieser Wunsch in Erfüllung. 1974 debütierte Carl Amson Joels Enkel mit dem Album »Piano Man« – einer rebellisch zynischen Absage an das bürgerliche Amerika. Der Sänger und Songschreiber verkaufte über 100 Millionen Platten. Sein 1970 in Wien geborener Halbbruder Alexander verschrieb sich der Klassik. Als Dirigent trat er 1995 am Nürnberger Opernhaus auf – in der Stadt, aus der sein Großvater von dem blindwütigen Gauleiter und Judenhasser Julius Streicher vertrieben wurde.

Kapitel 19

»Schon wieder dieses Arschloch!«

Das Duell Neckermann gegen Quelle

Am 11. Juni 1955 flatterte Josef Neckermann eine Zustellung vom Landgericht Stuttgart III. ins Haus. Er tobte in seiner gefürchteten cholerischen Art: »Schon wieder dieses Arschloch!« Seine Mitarbeiter waren es gewöhnt, vom vornehmen Herr Neckermann ein Vokabular zu hören, das sonst nur Pferdekutscher benutzten. Das kam ihm in der Aufregung stets spontan über die schmalen Lippen. Diesmal schimpfte er auf seinen Erzrivalen Gustav Schickedanz.

Das Versandhaus Quelle erreichte bei der Stuttgarter Kammer für Handelssachen unter dem Aktenzeichen 3 KfH Q 18/1955 eine einstweilige Verfügung, die sich auf fünf Artikel im aktuellen Neckermann-Katalog bezog. Sie sollten künftig nicht mehr in den Verkauf gebracht werden dürfen, weil ihre Beschreibungen nicht der tatsächlichen Qualität entsprachen. Es betraf:

a) einen Schlafanzug, der auf Seite 71 unter der Artikel-Nr. 2565 als »dichtgewebte reine Baumwollbatistqualität« bezeichnet wird, dieser Qualitätsbezeichnung aber nicht entspricht;

b) ein Wandbild »Heide«, das auf Seite 111 unter der Artikel-Nr. 3664 als aus »Baumwollgewebe« bestehend beschrieben wird, dieser Qualitätsbezeichnung aber nicht entspricht;

c) Turnschuhe, die auf Seite 51 unter der Artikel-Nr. 314 als aus »Vollleder« bestehend beschrieben werden, dieser Qualitätsbezeichnung aber nicht entsprechen;

d) Damensandaletten, die auf Seite 48 unter der Artikel-Nr. 3978 als aus »dichte Oberflächenstruktur aus guter Wolle« bestehend beschrieben werden, dieser Qualitätsbezeichnung aber nicht entsprechen;

e) einen Teppich, dessen Material auf Seite 119 unter der Artikel-Nr. 3664 als aus »Baumwollgewebe« bestehend beschrieben wird, dieser Qualitätsbezeichnung aber tatsächlich nicht entspricht.

Die einstweilige Verfügung verbot der Neckermann Versand KG auch, die allgemeinen Geschäftsbedingungen auf der Seite 3 im Katalog mit diesem Wortlaut weiterhin zu drucken und zu verbreiten:

»...dass auf Grund der von Neckermann Versand KG vorgenommen Kontrollen, die Kunden immer Sicherheit und Garantie hätten, dass die in den Katalogangeboten genannten Qualitätsbezeichnungen wirklich zuträfen bzw. tatsächlich stimmten«, weil diese Behauptung den Tatsachen nicht entspricht.

Der im Urteil verfügte Pflichtabdruck der einstweiligen Verfügung beschränkte sich auf die elitäre *Frankfurter Allgemeine Zeitung* sowie die abgehobene *Deutsche Zeitung und Wirtschaftszeitung* in Stuttgart. Das konnte den wutentbrannten Josef Neckermann etwas trösten: Diese Blätter lasen seine Kunden ohnehin nie. Sie hielten sich wie ihr erklärter Konsumpapst an *Bild*: »Das war seine tägliche Morgenlektüre«, verriet sein Sohn Johannes. »Die *Bild*-Leser waren die typischen Neckermann-Kunden und so schaute mein Vater, dass er so oft wie möglich in die *Bild*-Zeitung reinkam. Und zwar redaktionell, das betrachtete er als die beste PR.«

Nur wenige Tage nach dieser juristischen Schlappe für Neckermann trafen sich die Anwälte beider Parteien wieder. Neckermann gegen Quelle. Die nächste Runde einer endlosen Prozessserie. Diesmal klagte Josef Neckermann gegen die Werbung in dem 2,3 Millionen auflagestarken Quelle-Katalog, in der verbreitet wurde: »Unsere sämtlichen Textilwaren unterliegen einer Qualitätsprüfung des Forschungsinstitutes Hohenstein. Das bietet unseren Kunden eine völlig neue Qualitätsgarantie, die ermöglicht, unsere Angebote mit blindem Vertrauen zu kaufen.«

Diese Behauptung wurde in 14 Punkten angezweifelt. Nach wochenlangem Tauziehen wurde ein komplizierter Vergleich und ein künftiger Waffenstillstand ausgehandelt. Diese Streitereien schadeten dem Geschäft nicht. Sie heizten nur den Ehrgeiz an. Der Wettbewerb der deutschen Versandbranche spitzte sich auf Quelle und Neckermann zu.

Den Norden beherrschte der Otto-Versand, der schon damals mit seiner Erkennungsmelodie warb. Das oberpfälzische Unternehmen Witt in Weiden, der vierte im Bunde der Versandmatadore, konzentrierte sich zunehmend auf Hochzeitskleider und Wäscheaussteuer. Im Duell zwischen Quelle und Neckermann ging es darum, wem es gelang, die Marktführung zu übernehmen.

Hexerei im Morgengrauen

Im Bad stand schon alles für ihn vorbereitet. In einem Schälchen dümpelte fertig aufgeschlagen der Rasierschaum. Am Waschbeckenrand reihten sich Pinsel, Rasierklinge und »Pitralon« zur Kühlung der Haut nach der Rasur. Im Ankleidezimmer lagen ein frisches Hemd, die passende Krawatte und der Anzug bereit, die Annemi Abend für Abend zurechtlegte. Für die Schuhe waren die Hausangestellten zuständig. »Jeden Abend putzen und aufziehen auf die Leisten«, erzählte »Klärchen«. Zu ihren Pflichten gehörte es auch, den »Chef« jeden Morgen mit Klopfzeichen an der Tür zu wecken. »Er hatte die Uhr nicht gekannt«, meinte »Klärchen« auf die Frage, warum Neckermann sich keinen Wecker stellte.

Das Tempo, mit dem Neckermann den Tag begann, war atemberaubend. Jede Minute zählte. »Wenn der Chef im Bad stand, war es zum Wasserkochen für den Tee schon zu spät. Der musste vorher fertig sein, um auf Trinktemperatur abzukühlen. Genau in fünf Minuten. So lange brauchte der Chef, um gewaschen, rasiert und angezogen zu sein. Wie er das schaffte, war die reinste Hexerei«, erinnerte sich »Klärchen« an ihre Dienstjahre. Sie müssen hart genug gewesen sein. »Es gab jeden Tag von fünf Uhr früh bis Mitternacht etwas zu tun. Das war ich aber vom Bauerhof seit meiner Kindheit her gewöhnt. Ich habe die Stunden nie gezählt. Zehn, zwölf, fünfzehn Stunden Arbeit machten mir nichts aus.«

Das Wort Urlaub kannte Josef Neckermann damals noch nicht, Entspannung war ihm ein Gräuel. Er kam mit drei bis fünf Stunden Schlaf aus. Seine Frau Annemi gönnte sich schon mehr Muße. Dank der getrennten Schlafzimmer konnte sie später aufstehen und den Tag gemütlich mit Kaffee und einer Zigarette angehen lassen.

Annemarie Neckermann übernahm eine Doppelrolle. Zum einen war sie treusorgende Mutter einer siebenköpfigen Familie, zum anderen Beraterin und geistiger Beistand des »Chefs«. Das ging nicht so weit wie bei Familie Schickedanz, wo die herrische Gattin Grete selbst aktiv in der Geschäftsleitung mitwirkte. Bei der Neckermann KG redete die Gemahlin des Firmenbesitzers nur in den ersten Jahren ein Wörtchen mit, als sie ihren Gatten in Mode- oder Personalfragen beriet. Gerne trat sie auch in Briefwechsel mit Kunden. Zu Weihnachten, Ostern und zu anderen Festtagen verschickte sie kartonweise selbstverfasste Gedichte und Noten für Lieder, die sie am Flügel komponierte. Ihre Reime und Verse richteten sich an alle möglichen Anlässe. Eine Kostprobe aus Annemis »Hochzeitsmarsch«:

Habt lieb euch, vertragt euch und kriegt viele Kinder,
und damit es geht ein bisschen geschwinder,
wünsch' ich euch Zwillinge am laufenden Band,
darauf freuen wir uns schon allesamt.

Turmtöpfe für den Chef

»Wann der Chef zum Essen kommt, wusste man nie genau. Die Mahlzeiten standen deshalb in den Turmtöpfen. Dort hielten sie sich stundenlang warm«, konnte »Klärchen« berichten. Meist rückten die Zeiger auf 22 Uhr, als Josef Neckermann gehetzt auftauchte. Nicht der Hunger trieb ihn hinauf, sondern die Arbeit, für die er zur Abwechslung eine heimische Ecke suchte. Er war ein ausgesprochen schlechter Esser. Lustlos stocherte er auf dem Teller herum, während er die Tagesbilanzen durchstöberte.

Bei Neckermanns kullerten die Kartoffeln auf feinstem Meissner Porzellan. Zu den wenigen Gästen bei Neckermanns zählte der Wirtschaftsminister Ludwig Erhard. In den Jahren 1955 und 1956 ließ dieser sich häufig blicken. In den Gesprächen ging es um das von der erhitzten Konjunktur hochgetriebene Preisniveau.

Ludwig Erhard besucht Neckermann in Frankfurt, 1956, und freut sich über dessen Politik der kleinen Preise.

Ludwig Erhard, der Wegbereiter der Sozialen Marktwirtschaft, war von Neckermanns fulminantem Aufstieg fasziniert. Die Methoden, mit denen sich der private Konzern organisierte und gegen Mitbewerber durchsetzte, erschienen allgemein effektiver, als es der Staat je sein konnte. Daher holte sich Erhard gerne Anregungen für seine Wirtschaftspolitik beim Versandhauschef. Der Preisdrücker Erhard und der Preismacher Neckermann schienen gut zu harmonieren, was auch in der Öffentlichkeit nicht unbemerkt blieb. Die kritischen Reporter des *Spiegel* wunderten sich, dass »ein hastender, hohlwangiger Mann aus Frankfurt beim pausbäckigen Wirtschaftsminister in Bonn immer vorgelassen wurde, egal wer sonst noch in seinem Vorzimmer wartete«. »Klärchen« erklärte sich das damit, »dass unsere Köchin bei Ludwig Erhards Besuchen immer bis zwei Uhr in der Nacht im Dienst sein musste«.

Daheim in Mainhattan

Der Duft der Bratwürste, Sauerkraut und Apfelwein kündigte schon von weitem Frankfurts berühmte »Fressgass« an. Sie steht für Frankfurt wie der Broadway für New York. Einen Hauch dieser Weltstadt wollte Neckermann mit seinem neuen Projekt auch in die Mainmetropole bringen. Als er die Pläne für sein neues Projekt betrachtete, war er begeistert von einem »großen Wurf, der Frankfurt amerikanischer aussehen lassen sollte«. Zum Spatenstich im März 1956 erschien die gesamte örtliche Prominenz aus Handel, Wirtschaft und Politik, inklusive Neckermanns Gönner, Ludwig Erhard.

Noch immer klafften in Frankfurts Stadtbild die Bombenlücken. Die Ruinen der Oper sollten bis in die 80er Jahre als Badesee erhalten bleiben. Jedes neu eröffnete Geschäft mit Neonreklame galt als eine Sensation. Die neuen schlichten Bauten, die viele deutsche Innenstädten heute so trist erscheinen lassen, wurden als fortschriftliche Architektur gefeiert. In diesem Stil wurde an der Konstablerwache das neue Kaufhaus Neckermann hochgezogen. Es war das modernste in der ganzen Bundesrepublik. Der Rohbau erfolgte in Rekordzeit: Nur zehn Tage brauchten die Arbeiter für jedes Stockwerk, zehn Monate nach Grundsteinlegung wurde Richtfest gefeiert – »zum Leid der Konkurrenz und Freude seiner Kunden« und, wie die *Frankfurter Rundschau* vom 24. Oktober 1956 betonte, »zur Freude des teuerungsfeindlichen Wirtschaftsministers Ludwig Erhard«.

Man konnte wirklich meinen, man sei in New York. An der Fassade waren Jalousien aus pastellfarbenen Aluminium-Lamellen zu bewundern, die bei eintretender Dunkelheit angestrahlt wurden. Innen rauschten zwei Paar Rolltreppen nebeneinander nach oben und unten. Eine Klimaanlage belüftete alle Räume. Auf dem Dach glitt ein Kran für die Fensterputzer. Die Gastronomie im vierten Stock wurde von zwei Brauereien beliefert, damit sich wenigstens an den Biersorten keine Geister schieden. Mag Josef Neckermann in der Branche noch so umstritten gewesen sein, als »Chef« im eigenen Hause war er beliebt. Er dachte an das Personal mindestens so aufmerksam wie an die Kunden und ließ für die Angestellten einen Dachgarten für die Pausen einrichten. Wenn man bei Neckermann schon nicht am besten verdiente, sollte man zumindest den schönsten Arbeitsplatz haben.

Ebenerdig verlief eine 220 Meter lange Schaufensterfront. Im Winter glühten unter dem Vordach über den Einkaufsbummlern die ersten Infrarot-Heizstrahler Frankfurts. Die Werbung lockte: »Kommen Sie zu uns! Sie werden warm angestrahlt, wenn Sie die Auslagen betrachten.« Und wie immer bei Neckermann, gab es noch ein Plus, das auch aus den USA importiert war: Automaten mit 450 Fächern für den Verkauf nach Ladenschluss. »Wie ein modernes Bienenhaus«, so lautete der Vergleich in der Presse. Von Schokolade über Wurstkonserven bis zu Damenstrümpfen – sich aus diesen Kästchen zu bedienen, war der letzte Schrei.

Die Welt der Pferde

Neckermann konnte delegieren. Leiter dieses großzügigen Konsumtempels wurde Kurt Singer. Der Ehemann von Neckermanns Sekretärin, Gerda Singer, gehörte längst zum Hofstaat, seit 1950 oblag ihm die Führung der Kaufhäuser.

So fand der Versandgründer trotz seines wachsenden Imperiums genügend Zeit für seine Leidenschaft: die Pferde. Die Lehrjahre waren vorbei, nun begannen die fetten Herrenjahre. Jeden Sonntag erschien die Familie Neckermann vollzählig auf dem Übungsplatz. Der Tross der Betreuer, Pfleger und Dressurlehrer wurde immer größer. Auch Evi, inzwischen 19, bekam ihr eigenes Pferd, einen rotbraunen Vollbluthengst, sechs Jahre alt, namens Graf XX. In den Augen des Vaters war seine Tochter ein geborener »Pferdemensch«. Die Ansprüche, denen sie gerecht werden sollte, lagen dementsprechend hoch. Als sie bei ihrem ersten Turnier den erwarteten Sieg verpasste, bekam sie es zu spüren: »So was Dämliches wie dich gibt's nur einmal, schimpfte mein Vater, weil mir ein Fehler unterlief und haute mir eine runter«, erzählte Eva-Maria. In seinem Buch *Im starken Trab* gestand Josef Neckermann freimütig: »Diese Ohrfeige war meinem Ruf als einfühlsamer Pädagoge nicht gerade zuträglich.«

»Die Welt der Pferde glich damals der heutigen Formel 1«, meint Johannes Neckermann im Rückblick. Die wilden Hengste auf der Bahn, die schnellen Autos der Reiter auf dem Parkplatz, abends rauschende Partys und Bälle.« Was man heute als »Boxen-Luder« bezeichnet, nannte Johannes damals die »Schaufensterpuppen«.

Johannes galt von den beiden flotten Neckermann-Söhnen als

der attraktivere, sein Bruder Peter als der klügere. Johannes fand schon mit 15 Jahren seine erste Liebe. Peter hatte mit 20 gerade die erste schwere Enttäuschung hinter sich. Die Hauptsorge der beiden war dennoch, stets eine gut aussehenden Begleiterin an der Seite zu haben. Immerhin standen die Neckermanns als Platzhirsche im Wettbewerb mit so klangvollen Rivalennamen wie Heinz von Opel, dem Sohn der millionenschweren Autofabrikerbin Irmgard von Opel.

Im August 1957 spielte Johannes für seinen Bruder Peter Schicksal. Auf der Suche nach einer passenden Ersatzbegleitung für den Abend durchstreifte er bei einem Turnier in Herborn die Tribüne. Dort fiel ihm »ein sehr hübsches, wohl behütetes Mädchen« auf. Überraschend nahm sie seine Einladung für den anschließenden Reiterball an. Als Johannes dann doch nicht frei war, weil seine »Dauerflamme« plötzlich auftauchte, reichte er die »neue Bekannte« kurzerhand an seinen Bruder Peter weiter. Der hatte bis dahin in einer Ecke gesessen und solo Trübsal geblasen.

»Es muss Liebe auf den ersten Blick gewesen sein«, bemerkte Johannes später. Denn schon nach einigen Wochen wurde die »Neue« in den Familienkreis eingeführt. Mit einem Familienessen bei den Neckermanns in der Residenz am Ostbahnhof pflegten die offiziellen Einführungen in die Familie zu beginnen: »Darf ich vorstellen, Jutta Völk aus Wetzlar.« Es war Peters Wahl fürs Leben. Der damals 22-Jährige studierte gerade Betriebswirtschaft an der Johann-Wolfgang-Goethe Universität in Frankfurt. In drei Jahren sollte er sein Diplom erwerben und heiraten.

Der alte Traum von Olympia

An dem Tag, als sich Peter Neckermann in seine Traumfrau Jutta verliebte, feierte auch sein Vater den ersten Triumph seiner neuen Dressurkarriere. Er gewann die Prüfung in der Klasse S auf dem Rücken von Douglas, einem braunen Hannoveraner, den er im Herbst 1952 auf einer Auktion in Verden erstanden hatte. Der Auktionspreis von 6 200 Mark galt damals als Spitzensumme, doch Neckermann zahlte sie ohne mit der Wimper zu zucken. Douglas war das erste Pferd, das er selbst bis zur Grand-Prix-Reife ausbildete.

Als Josef Neckermann in Herborn auf dem Siegerpodest stand, meldete sich ein alter Wunschtraum, den er seit 1936 hegte: Einmal bei den Olympischen Spielen dabei sein! Damals in Berlin, als er der Pferdedressur von der Tribüne aus zuschauen musste, hatte er sich heimlich geschworen: »Eines Tages will ich für Deutschland reiten.«

Du schaffst, was du willst. Nach diesem Motto begann er, sich für die Teilnahme bei der Olympiade 1960 in Rom vorzubereiten. Um sich zu qualifizieren, musste er bei diversen Pflichtturnieren Punkte sammeln. Fortan verlagerte sich Josef Neckermanns Arbeitsschwerpunkt. Das konnte man auch an der Presseberichtserstattung bemerken: Vom Wirtschaftsteil zog er auf die Sportseiten um. Wer bei Neckermann ab jetzt Karriere machen wollte, musste sich unbedingt auf dem Parcours blicken lassen. Für alle Veranstaltungen, an denen »der Chef« teilnahm, wurden Claqueure organisiert. Sie hatten sich mit einer starken Geräuschkulisse bemerkbar zu machen. Zu diesem Zweck beschaffte die Sekretärin, Gerda Singer, sogar Ratschen aus der Kirche, mit denen sonst der Pfarrer bei der Ostermesse klapperte.

Tod im Stall

Am Sonntag, dem 22. August 1957 rief Tierarzt Dr. Klöppel bei Neckermanns an. »Douglas fühlt sich unwohl«, teilte er kurzangebunden mit. Sofort wurden weitere Spezialisten von der tiermedizinischen Hochschule Gießen hinzugerufen. Verdacht auf Darmverschlingung. Bauchoperationen bei Pferden waren damals noch nicht möglich. Man versuchte, mit Spritzen und Einläufen die Darmkrämpfe zu lösen. Der Zustand von Douglas besserte sich nicht. Neckermann berichtete in seinem Buch *Im starken Trab* über den dramatischen Verlauf: »Wasser drückte aufs Herz. Unser Kampf dauerte 17 Stunden. Dann starb er. Mein Freund aus fünf Jahren gemeinsamer Arbeit war tot. Ich wollte nie wieder reiten.«

Den zweiten Abschied vom Reitsport vereitelten Neckermanns

Frauen. Annemi und Evi setzten sofort alles daran, ein neues Pferd zu finden. Josef Neckermann machte sich indes schwere Vorwürfe, dass er Douglas überfordert hätte: »Die unregelmäßigen Trainingszeiten, mal frühmorgens, mal spät in der Nacht, hatten seine Ruhe oft gestört. Er hatte Magengeschwüre bekommen, wie ein gestresster Mensch«, resümierte Neckermann. Die Todesursache bestätigte diese Theorie: Douglas hatte einen Magendurchbruch erlitten.

Im Oktober 1957 kam die gute Nachricht. Evi und ihr Dauerbegleiter Hans Pracht hatten unauffällig den Kauf eines neunjährigen, dunkelbraunen Wallach namens Asbach eingefädelt. Er hatte der Tochter schon 1954 sehr gut gefallen, doch damals hatte er noch nicht zum Verkauf gestanden. Als der Besitzer seine Meinung änderte, machte Evi einen Proberitt. Sie stieg hell begeistert vom Sattel und schwärmte: »herrlicher Charakter«. Der Vater Neckermann zögerte nicht und griff zu, ohne das Pferd selbst auszuprobieren. Er verließ sich auf die Fachkompetenz seiner Tochter. Als Preis blätterte er stolze 20 000 Mark hin.

Der Kauf wurde bei dem anschließenden Reiterball gebührend gefeiert. Nur wunderte sich Neckermann nach einer Weile, warum man ihm mit leichtem Spott zu seinem Neuerwerb gratulierte. Zu fortgeschrittener Stunde sickerte in Champagnerlaune der Grund durch: »Asbach sei nur wegen seines kurzen Halses verkauft worden. Damit fehle ihm die Voraussetzung, Spitzendressurpferd zu werden.« Neckermann nahm es nicht als fachliche Blamage auf. Nun machte er sich mit vollem Eifer daran, allen das Gegenteil zu beweisen. Einen Fehler wollte er aber nicht wiederholen: »Das Pferd nachts zu stören.« Ab jetzt ließ er sich von »Klärchen« schon um fünf Uhr wecken. Mal war es in der Früh noch fröstelnd kalt, gelegentlich diesig feucht, aber es ging oft auch die Sonne auf. In solchen Momenten pflegte Josef Neckermann zu sagen: »Jeder Tag, der für mich auf im Sattel beginnt, ist für mich ein schöner Tag.«

Kapitel 20

»Neckermann macht's möglich«

Der bekannteste Werbeslogan Deutschlands

»Geht's vielleicht noch billiger?« Als ob Josef Neckermann mit sich selbst feilschen würde, wälzte er während der Produktion die Seiten des neuen Katalogs hin und her. Er kannte alle Preise auswendig, weil die meisten Artikel nach seiner Kalkulation hergestellt waren. Aber nur so schaffte er es, dass die AEG-Konstrukta-Waschmaschine, die im Fachhandel 1 600 Mark kostete, bei ihm für 950 Mark versandt wurde. Natürlich mit einem anderen Logo, einem »N«, um das sich Sternchen drehten, Neckermanns Symbol für Elektrogeräte.

Das Frühjahrsangebot 1960 konzentrierte sich auf das 10. Firmenjubiläum. Die Preise purzelten in den Keller. Nicht nur im Katalog, sondern auch in den insgesamt 25 Kaufhäusern. An den Klappertischen tobte die große Kundenschlacht. Der Konsumrausch schlug sich in Rekordumsätzen nieder. Neckermann sollte sein Ziel tatsächlich erreichen und die Grenze von einer halben Milliarde Mark Umsatz zu überschreiten. Der Tagesumsatz lag jetzt schon bei 1,4 Millionen Mark.

Ein mutiger Mann

Zum 10. Firmenjubiläum der Neckermann Versand KG erschien eine Festbroschüre. Darin wurde auch der Brief eines achtjährigen Kunden abgedruckt. Er bestellte beim »Herrn Neckermann eine neue Mutti – weil meine jetzige zuviel schimpft.« Neckermann versorgte die Nation buchstäblich mit allem.

Was gab es nicht bei Neckermann?

Man teilte ihm in Hunderten, Tausenden von Zuschriften auch die Alltagssorgen mit und berichtete ihm über Familienereignisse, die mit »Geschenken von Neckermann« gefeiert wurden. Kein anderer deutscher Firmenchef hat sich je solcher Beliebtheit erfreut. Dass Josef Neckermann sich vormals der Flüchtlinge, Spätheimkehrer, Vertriebenen und Witwen werbewirksam angenommen hatte, trug jetzt für seine Popularität ungeahnte Zinsen.

Natürlich gratulierte auch Ludwig Erhard: »Mir selbst waren Sie in der Vergangenheit ein offener Gesprächspartner, mit dem ich gerne auch über das Tagesgeschehen hinaus wirtschaftliche Gespräche geführt habe. Sie haben Ihre Ansichten auch in der Öffentlichkeit vertreten, und das gehört eben auch zu einem mutigen Mann« – unterzeichnet der Bundesminister für Wirtschaft, Bonn, den 18. Mai 1960.

Den Meilenstein des zehnjährigen Firmenbestehens war die neue Versandzentrale in der Hanauer Landstraße. Die Bauarbeiten machten mit atemberaubendem Tempo Fortschritte, sodass man mit den Meldungen über die fertiggestellten Abschnitte und der Installierung der neuartigen Technik kaum nachkam. Die *Frankfurter Rundschau* entdeckte noch einen Aspekt: das Leben der Gastarbeiter in Deutschland. In dem Bericht über die größte Baustelle Europas »menschelte« es. Harte Arbeit und wenig Amore. Die Leser erfuhren, wie die Italiener am Wochenende Spaghetti kochen: »Da wird Parmesankäse über die Nudeln gerieben, und weil sie ihre heimatlichen Nahrungsmittel hier nur teuer einkaufen können, kommen oft Pakete aus Italien in die Barackenstadt.«

Rund um die »Goldgräberstadt unserer Tage« wurden auch »eine bestimmte Sorte von Frauen beobachtet, die um das Lager einherstreicht, wenn die Lohntüten verteilt werden. Solche Unruheherde muss sich die Bauleitung beizeiten vom Leibe halten. Daher das strikte Verbot, Frauen in die Baracken mitzubringen. Darin ist man konsequent. Wer dieses Verbot nicht befolgt, wird entlassen«, so die *Frankfurter Rundschau.*

Eine Flut von Leserbriefen löste allerdings die Notiz aus: »Die Italiener wollen mehr arbeiten«. Die Gewerkschaft hatte gerade die 42-Stunden-Woche mit dem arbeitsfreien Samstag durchgesetzt, die ab 1. Oktober 1959 in Kraft trat. Dennoch klagten die Leser darüber, dass im Baugewerbe noch die 45-Stunden-Woche üblich sei und die Gastarbeiter vom Fach aufgrund zwischenstaatlicher Abmachungen 10 Pfennig mehr Stundenlohn erhielten als die deutschen Kollegen – also 2,71 statt 2,61 Mark. Die Großbaustelle Neckermann wurde damit zum Pulverfass. Das Gewerbe- und Ordnungsamt wachte peinlich darüber, dass die neuen Arbeitszeiten auch eingehalten wurden. »Die Freizeit kostet nur Geld«, beschwerte sich Antonio aus Triest bei einem Reporter. Der fasste zusammen: »Am Montag braucht man wieder fünf Mark Vorschuss, weil der Verdienst auf der gefährlichen Strecke des Wochenendes geblieben ist.«

»Besser dran mit Neckermann«

So lautete der offizielle Slogan auf den Versandkatalogen. Es wäre wahrscheinlich auch dabei geblieben, hätte die Konkurrenz nicht anders entschieden. Mit einer Klage wegen »wettbewerbswidriger vergleichender Werbung« schlug Quelle in der langen Serie der einstweiligen Verfügungen Anfang 1960 erneut zu. Rund 900 000 Neckermann-Kataloge, bereits gedruckt und größtenteils ausgeliefert, sollten gestoppt werden. Die Sache war höchst umstritten.

Wider Erwarten gaben die Gerichte den Quelle-Anwälten recht: »Wer behauptet ›Besser dran mit Neckermann‹ verschmäht die Mitbewerber«, lautete das Urteil aus der ersten Instanz. Josef Neckermann reagierte mit einer Schadenersatzklage gegen das Unternehmen Quelle. Die Summe für den erzwungen Katalog-Stopp ging in die Millionen, worauf die Richter der zweiten Instanz beschlossen, lieber schlichtend in den Streit einzugreifen. In ihrem salomonischen Urteil erklärten sie: Was von der Katalogauflage ausgeliefert war, fällt außer Betracht. Das Verbot mit »Besser dran mit Neckermann« zu werben, galt ab sofort für die Zukunft.

Schickedanz legte nochmals nach. Er erreichte, dass auch die Unterzeile in Neckermanns Werbebotschaft »Das große deutsche Versandhaus«, als Unternehmensbezeichnung für rechtlich unzulässig erklärt und gestrichen wurde. Neckermann geriet unter Zugzwang. Ein Königreich für einen neuen Spruch, lautete sein Hilferuf. Ein Echo meldete sich aus den Pferdesportkreisen. Auf einem der Turniere, auf denen er wegen der Olympiaqualifikation nunmehr fast jedes Wochenende unterwegs war, sprach ihn Anfang Mai in Münchens Vorort Riem eine stattliche, blonde Reiterin an: Liselotte Linnebach. Eine bemerkenswerte Karrierefrau, die ab den 70er Jahren als erster weiblicher Honorarkonsul in die Münchner Schickeria aufstieg. Sie repräsentierte die grüne Insel Irland. Ihre alljährlichen rauschenden Feste zu Ehren des irischen Nationalheiligen St. Patrick bekamen in der bayerischen Landeshauptstadt einen hohen Stellenwert. Dort musste man gesehen werden, um »in« zu sein.

Im Mai 1960 fing Liselotte Linnebach gerade als Junior-Kundenberaterin bei der internationalen Agentur McCann an, dem größten Werbespezialisten Deutschlands mit Sitz in Frankfurt. Die Firma war 1902 in New York gegründet worden. Seit 1928 gab es eine deutsche Niederlassung in Berlin, die erfolgreiche Kampagnen für Persil und die Olympiade 1936 entwickelte und für den damaligen Quelle-Katalog den Leitspruch erfand: »Der Führer durch die Sorgen«.

Neckermann galt für die Werbeindustrie als »dicker Fisch«. Sein Werbeetat betrug Anfang der 60er Jahre rund 35 Millionen Mark im Jahr. Das bedeutete für die Agentur, die künftig Neckermann betreuen sollte, nach den damaligen Regeln ein Honorar von 15 Prozent, also eine Agenturprovision von knapp 5 Millionen Mark. Die Angestellten, die an solchen Aufträgen arbeiteten, kosteten das Unternehmen jedoch höchstens 500 000 Mark im Jahr. Ein Junior-Kundenberater verdiente gerade mal 750 Mark im Monat. So blieben für die Agentur etwa 4 Millionen Mark als Gewinn übrig. Das war damals die Formel für schnelles Geldverdienen.

Würstchen in der Nacht

Der Tag, an dem Deutschlands bekanntester Werbespruch geboren werden sollte, verschob sich trotz gebotener Eile bis Mitte Juli. Aufgrund der Vorbereitungen für die Olympiade musste die Slogansuche auf die allerletzte Minute gelegt werden. Die Zeit war mehr als knapp. Im September – und dazwischen lag noch die Olympiade – sollte schon die Inbetriebnahme der neuen Versandzentrale in der Hanauer Landstraße erfolgen, im Oktober der neue Katalog erscheinen und dafür zum ersten Mal in der Firmengeschichte auch TV-Werbung geschaltet werden. Alle Vorbereitungen liefen nach Plan – nur, wie gesagt, ein treffender Spruch fehlte noch, der Neckermanns Firmenphilosophie auf den Punkt bringen würde.

Als es endlich soweit war, wurde daraus ein langer Arbeitsmarathon. Im Konferenzzimmer verkündete der Auftraggeber Neckermann vor einem guten Dutzend versammelter Teilnehmer: »Wir verlassen diesen Raum erst, wenn wir einen neuen Slogan haben. Einen, wo sich die anderen vor Wut in den Arsch beißen!«

Die Köpfe rauchten. Die Luft im Konferenzraum wurde vom blauen Dunst immer dicker. Dutzende Vorschläge kamen auf den Tisch, wurden auf ihre Aussage abgeklopft, voreilig stürmisch bejubelt – »das ist es!« – und kurz danach zerpflückt und mit Bemerkungen wie »zu lang, zu kurz, zu anspruchsvoll, zu banal« verworfen. »Neckermann selbst mischte sich nur wenig ein«, erinnerte sich Peter

Calenberg, einer der Teilnehmer dieser Kreativrunde und seinerzeit einer jener Assistenten mit 750 Mark im Monat.

Die Uhr tickte unaufhörlich. Die Sitzung der Kreativen auf der Slogansuche dauerte schon länger als zehn Stunden. »Haben wir noch was auf der Pfanne?«, nölte Norbert Carl Scholter, einer der Kreativdirektoren bei McCann. Es ging überhaupt nichts voran. Neben den führenden Eierköpfen der Agentur saßen die hauseigenen Werbeleiter und Einkaufschefs von Neckermann in der Runde. »Manchmal entstand der Eindruck, dass man sich gegenseitig blockierte. Jeder versuchte den anderen zu übertrumpfen. Mit den Argumenten pro und contra schoss man sich gegenseitig ab«, erinnerte sich Calenberg. Bis lautes Magenknurren daran erinnerte, dass man den ganzen Tag kaum einen Bissen zwischen die Zähne bekommen hatte. Nur Kaffee, ein paar Kekse und Zigaretten in rauen Mengen. Jemand fragte laut: »Könnte man in diesem Laden ein paar belegte Brötchen bekommen? Wäre wenigstens das bei Neckermann möglich?«

Daraufhin sprang ein junger Mann auf und verschwand in der Tür. Als er wieder auftauchte, trug er ein Tablett voll mit heißen Würstchen und jubelte: »Hier! Neckermann macht's möglich!«

»Das ist es!«, rief Josef Neckermann spontan aus. Er strahlte und griff in seine Tasche. Diese Gewohnheit kannten alle seine Mitarbeiter im Hause. Josef Neckermann pflegte alle gute Ideen sofort mit einem Markstück zu belohnen. Dafür war auch sein Portemonnaie mit Münzen stets prall gefüllt. Die Mark für den berühmtesten Werbeslogan Deutschlands ging an Horst Joachim Wilke, den Würstchenboten.

Doch entgegen Neckermanns Erwartung brach nach seiner Entscheidung in der Runde kein allgemeiner Jubel aus. Vor allem die McCann-Experten fühlten sich düpiert. Denn Wilke gehörte nicht zu ihrem Team. Er war eigentlich nur stiller Beobachter in der Sitzung. Die Kontroverse um den Slogan hielt noch bis lange nach Mitternacht an und drohte sich bis in das Morgengrauen hinzuziehen. Die McCann-Leute blieben reserviert: »Dies ist kein richtiges Deutsch. Das ist Slang. Das trifft die Zielgruppe nicht«, maulten sie. Am nächsten Tag warnte die Agentur schriftlich: »Mit dieser Aussage liegen sie völlig falsch, Herr Neckermann. Der Einsatz kann Sie Millionen kosten.«

Also sollte ein Test gemacht werden. Der neue Spruch wurde zunächst nur für ein neues Diktiergerät namens »Conferette« verwendet. Das Produkt floppte, doch der neue Slogan zündete sofort. »Er fiel den Kunden sofort auf und sie schrieben auch gleich Briefe, in dem sie ihre Begeisterung zum Ausdruck brachten«, erzählte Peter Calenberg. Die Agentur McCann verkniff sich alle weiteren Kommentare.

Urlaub an der Cote d'Azur

Bei den Würzburger Neckermanns wandte man sich den schönen Seiten des Lebens zu: Reisen nach Italien mit ausgedehnten Ferien am Meer zum Beispiel. Das Lieblingsziel war Viareggio an der toskanischen Riviera. In diesem belebten Yachthafen südlich von Genua mit einem breiten Sandstrand, den endlosen Reihen von Liegestühlen und Sonnenschirmen atmete man Anfang der 60er noch das mondäne Flair der 30er. Für die junge Generation der Jet-Setter erschien allerdings die Bilderbuchpromenade von Viareggio samt Schiffsparade und weißer Smokingpflicht an Bord bereits als zu eng, zu etabliert, zu langweilig. Man war gerade dabei, das Sommergefühl neu zu definieren und abseits der traditionellen Hochburgen neue Sonnenziele zu entdecken. Da schwärmte man plötzlich von einem Fischerdorf an der Cote d'Azur, wo es Strände wie in der Südsee geben sollte. Der klangvolle Name Plage du Tahiti berührte auch die Ohren der Neckermanns aus Würzburg. Die Rede war von Saint-Tropez. Man beschloss gleich hinzufahren.

Marlenes Vater Walter führte im Urlaub pingelig ein Fahrtenbuch, in dem er alle besuchten Orten und zurückgelegten Entfernungen verzeichnete. Er chauffierte einen dunkelgrünen Buick, Baujahr 1948, Super Sedanet, Typ 56 S. Für heutige Sammler das eindrucksvollste Modell, das je von diesem Fabrikat gebaut wurde. Die grimmig-charaktervolle Karosserieform protzte vorn durch eine massive, halbrunde Chromstrebe. Auf der breiten Stoßstange aufgesetzt, wirkte die Kühlermaske wie ein aufgerissenes Haifischmaul. Knapp zwei Tonnen wog das »grinsende« Ungetüm, war zwei Meter breit und fünf Meter lang. Und hinten dran hing der aerodynamisch abgerundete Wohnwagen aus glänzendem Edelstahl.

An eine abenteuerliche Familienfahrt erinnert sich Tochter Marlene noch heute mit Schrecken. Im Sommer 1960 ging es über den St. Gotthardpass. Bei der Abfahrt nach Norditalien konnte die Drei-Stufen-Automatik des Buick das schwere Gespann nicht mehr ausreichend drosseln. »Als die Bremsen plötzlich versagten, wurde mein Vater kreidebleich und schrie, macht die Tür auf, ihr müsst springen«, erinnert sich Marlene. Irgendwie gelang es, den rasenden Wagen zu stoppen. »Der heilige Christophorus hat uns geholfen«, erzählt Marlene. Das Bild des Schutzpatrons der Straßen klemmte hinter der Windschutzscheibe. Nach dieser Alpenfahrt wollte Walter Neckermann das Schicksal nicht noch einmal herausfordern. Er stieg vom Amischlitten um auf deutsche Wertarbeit. Fortan fuhr er Opel, immer das neueste Modell Kapitän, das er von den Klosterbrüdern an Würzburgs Wallfahrtsort Käppele segnen ließ.

Die Sirene von Saint-Tropez

Im Sommer 1960 pirschte in Saint-Tropez eine ganze Meute von Fotoreportern hinter der göttlichen »BB« her. Die blonde Brigitte Bardot war für diesen Ferienort der unbeschwerten Leichtigkeit die beste Werbung. Einer der Presseleute, Benno Wundshammer aus München, machte eine andere aufregende Entdeckung: Ein gertenschlankes 16-jähriges Mädchen im knappen Bikini. Der Fotograf, berühmt durch seine Bilder von Marilyn Monroe, knipste eine ganze Strandserie mit ihr in sexy Pose. Günter Prinz, der legendäre Chefredakteur der *Quick*, der ersten Illustrierten in Deutschland mit einer Wochenauflage von 1 Million Exemplaren, war anschließend nicht nur von den Kurven begeistert, sondern geriet beim Namen des blutjungen Modells ins Schwärmen: Es war Marlene Neckermann, und die junge Schönheit landete flugs auf dem Titel.

»Bei der Heimkehr nach Würzburg bin ich fast in Ohnmacht gefallen. Das Titelbild war auf allen Litfasssäulen plakatiert. Die *Quick* war in der ganzen Stadt ruckzuck ausverkauft«, so Marlene. In den

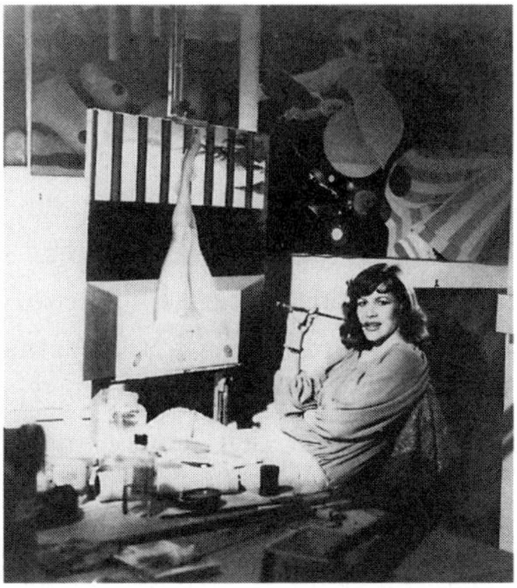

Marlene Neckermann, die Erotik-Malerin, in ihrem Münchner Atelier, etwa 1975.

Spinden der Bundeswehrsoldaten war sie eines der ersten germanischen Pin-up-Girls. Auch in der Frankfurter Versandzentrale liefen die Telefone heiß, denn an dem Text unter den Bildern schieden sich die Geister: »Die Sirenen von Saint-Tropez: Das Fischerdorf ist gerade aufgewacht. Ein Magnet für die Jugend. Der Küstenstreifen wird ›Strand der Versuchung‹ genannt, und das aus gutem Grund: Die Bikini-Mädchen kommen. Wirres, vom Wind zerzaustes Haar, ein lachender Mund, bronzefarbene Haut und ein spitzenbesetzter Bikini – dieses Mädchen ist wie ein Wahrzeichen von Saint-Tropez. Sie heißt übrigens Marlene Neckermann, ist die Nichte des deutschen Versandhaus-Königs und reiste mit Vater, Mutter und Bruder nach Saint-Tropez. Vier Wochen lang liefen ihr die Männer nach. Sie schmachteten umsonst. Zufrieden reiste Marlene ab – eine verlockende, unerreichbare Sirene.«

Marlene als Playmate? Wie sollte das ins Bild der religiös-braven Neckermanns passen? »Man hat sich über mich das Maul zerrissen. Ich galt plötzlich als das schwarze Schaf der Familie«, erzählte Marlene später gerne. Mit Marlenes *Quick*-Debüt warfen die Ereignisse ihren Schatten im Voraus: Die neue Neckermann-Generation sollte anders werden als die Eltern.

50 Rosen von »Hänschen«

In Juli 1960 machte der älteste Neckermann-Sohn Peter als Hospitant ein Schnupperpraktikum im Unternehmen seines Vaters. Als Erstes stellte er den firmeneigenen Spediteur Hans Pracht zur Rede:

»Hör' mal, wie soll es mit dir und meiner Schwester weitergehen? Ihr seid jetzt schon acht Jahre befreundet! Hast du ihr schon überhaupt einen Heiratsantrag gemacht?«

»Einen?!« brauste Pracht auf. »100-mal habe ich schon gefragt! Aber sie sagt: ›Reicht es nicht, dass wir schon verlobt sind?‹« – und er drehte sich verärgert aus der Tür.

Eine Stunde später klingelte im Büro von Hans Pracht das Telefon. Peter war dran: »Sie hat Ja gesagt. Bring ihr sofort 50 Rosen und besprich mit meinem Vater die Trauung.«

Pracht folgte den Anweisungen. Erst überreichte er Evi den riesigen Rosenstrauß, dann eilte er zu ihrem »Papi«. Die Reaktion war typisch Josef Neckermann: »Ich habe keine Zeit für so ein dummes Zeug.« Wer ihn ernsthaft sprechen wollte, musste auf den Reitplatz. Jeden Morgen hinter dem Union-Sportplatz in Frankfurt-Niederrad fing sein Tag mit Dressurübungen an. Dort erwischte ihn »Hänschen« zwischen Parcours und Stall. »Necko, ich will mit dir offiziell sprechen. Es ist ernst...« Neckermann ließ ihn nicht ausreden. Er grummelte im Laufschritt: »Steig mit ins Auto. Wir können uns auf dem Weg ins Geschäft unterhalten.«

Unterwegs stellte der Versandfürst an den langjährigen Familienbegleiter und Geschäftspartner Pracht nur eine Frage: »Bist du dir sicher, dass du meine Tochter auch ernähren kannst?« Nachdem dieser Punkt geklärt war, fackelte man nicht lange: »Wir heiraten am 16. August – das ist der Hochzeittag meiner Eltern«, beschloss Evi. Gedanken, wohin die Hochzeitsreise führen sollte, konnte sich »Hänschen« ebenfalls sparen. Es war von vornherein beschlossene Sache, dass man nach Rom fuhr. Es hätte ohnehin kein schöneres Ziel geben können als mit den Schwiegereltern, beiden Schwägern und einer frischgebackenen Schwägerin bei der Olympiade dabei zu sein, um »Necko« die Daumen zu drücken.

Kapitel 21

»Wenn jemand eine Medaille für unser Land holen konnte, dann war ich es!«

Die Olympischen Spiele in Rom

Rom, am Donnerstag, den 25. August 1960. Bei strahlendem Sonnenschein wurden die XVII. Olympischen Spiele in Rom eröffnet. Die Temperaturen kletterten auf 30 Grad. Die Neckermanns saßen auf der Tribüne im Schatten. Wegen eines Herzinfarktes, den er ein Jahr zuvor erlitten hatte, verzichtete der sonst eisenharte »Necko« darauf, beim Einzug der Nationen mitzumarschieren. Händchen haltend mit seiner Frau Annemi, wie einst 1936 in Berlin, freute er sich über das Eintreffen der lang ersehnten Chance. Um ihn herum saß seine ganze Familie. Die beiden Söhne Peter und Johannes, die neue Schwiegertochter Jutta und die frisch vermählten Prachts, Evi und »Hänschen«. Auch Josefs Bruder Walter war angereist.

Die Frauen im römischen Neckermann-Clan trugen alle seidene Kopftücher in damals trendig schicker Manier wie der Hollywood-Star Audrey Hepburn. Das heißt, die zwei Tuchenden unter dem Kinn geführt und hinten im Nacken zusammengebunden. Die Männer saßen in leichten Sommeranzügen und mit Krawatte auf der Bank. Johannes erzählte später gerne: »Gut, dass der Modetrend damals nicht aus lässigen T-Shirts, kurzen Hosen und Turnschuhen bestand. Das hätte mein Vater bei einer Olympiafeier niemals akzeptiert.« Johannes selbst war der einzige in der Familie damals, der als Nesthäkchen noch mit kurzärmeligem Hemd dasitzen durfte.

Die antiken Sportstädten von Rom lieferten eine großartige Kulisse für den »Kampf der Systeme«. Der politische Aspekt steckte in allen Disziplinen und weitete sich sogar auf das Begrüßungsprogramm aus. Der Segnung aller Mannschaften durch Papst Johannes XXIII. blieben die Sowjets ostentativ fern. Umso erstaunlicher, dass die Autorität des IOC es schaffte, das geteilte Deutschland nach der Olympiade 1956 in Melbourne nochmals als eine gesamtdeutsche Mannschaft antreten zu lassen. Es war genau ein Jahr vor der endgültigen Trennung durch den Mauerbau am 13. August 1961. Als Deutschlandfahne wehte über der gemeinsamen Mannschaft ein Banner mit fünf goldenen Olympiaringen auf schwarz-rot-goldenen Streifen. Für die Siegerehrungen sollte ein nationaler Klassiker herhalten: Beethovens »Neunte«, die so genannte Sinfonie mit dem Heiligenschein.

Das sportlich vereinte Deutschland trat mit einem starken Team auf. An der Spitze als Fahnenträger marschierte der schnellste Mann der Welt, Armin Hary. Er schaffte als erster Athlet in der Geschichte dieser Königsdisziplin den 100-Meter-Lauf in der sensationellen Zeit von 10,0 Sekunden. Die deutschen Ruderer, einst Lieblingsdisziplin des Führers, und die Reiter beherrschten die Konkurrenz souverän. Bei den Jagdspringern starteten legendäre Namen wie Fritz Thiedemann, Hans-Günther Winkler und Alwin Schockemöhle. In der Military-Disziplin dominierten die DDR-Reiter. Die Dressur überließen die Genossen den Westdeutschen, der »bourgeoisen Klasse«, vertreten durch Rosemarie Springer und Josef Neckermann, trainiert vom »General mit der Panzerfaust«, dem hochdekorierten Kriegshelden Horst Niemack.

Die Neckermanns wohnten nicht in den Unterkünften des Olympiadorfes, sondern quartierten sich im Hotel Victoria unweit der Via Veneto ein. Vor den Fenstern lag die herrliche Villa Borghese mit dem olympischen Parcours. Für Neckermann wären es zu Fuß nur zehn Minuten zum täglichen Training gewesen, doch er ließ sich mit seinem Mercedes Cabrio kutschieren. Das schwarze Adenauer-Modell weckte staatsmännischen Respekt. Irgendwann rief ein Zaungast: »Condottiere«. Neckermanns Chauffeur, Walter Bauer, schnappte den Spitznamen auf. Ohne genau zu wissen, was das Wort bedeutete, begann er seinen Chef so zu nennen. Es hörte sich einfach gut an, passend für einen Reiter mit einer starren, statuenhaften Haltung, wie Neckermann sich bei seinen Auftritten gab. Immer *majestoso* und *pico bello*.

Bis zu »Neckos« Start verbrachte die Familie einen erholsamen Urlaub. Zehn unbeschwerte Tage in der Ewigen Stadt, gefüllt mit einem prallen Besichtigungsprogramm. Vom Kolosseum über die Therme bis zum Vatikan, immer unterwegs im Cabrio und mit dem Zeitplan für die Wettbewerbe in der Tasche. Der Block mit den vorbestellten Olympiakarten war dick. Da saß dann die Familie Eis schleckend auf der Tribüne, während unten Armin Hary und Martin Lauer ihre sensationellen Rundenzeiten auf die Bahn klopften. Das »Silbermädchen«, Jutta Heine, neben der »schwarzen Gazelle« und späteren Goldmedaillengewinnerin Wilma Rudolph, zu erleben, blieb für lange Zeit unvergesslich. Von Nationalstolz erfüllt, drückte man beim Radfahren, Kanu, Schwimmen, modernen Fünfkampf, Rudern, Fechten, Boxen und Fußball den Deutschen die Daumen.

Am 5. September begann das Dressurreiten auf der Piazza di Siena, einem besonders romantischen Ort inmitten einer fabelhaften Parklandschaft im Herzen Roms. Hinter dem Dach der Reitanlage ragten die Zypressen in den Himmel. Seitlich flankierten Akazienbäume und Pinien die Bahn, umgeben von Farnkraut an den Teichufern.

Unter dem Panzergeneral

Der Traum war also tatsächlich wahr geworden: »Necko« war bei den Olympischen Spielen dabei. Nachdem er die Qualifikation souverän als Bester bewältigt hatte, war er im April zu einem Vorbereitungslehrgang nach Warendorf eingeladen worden. Der Teamchef der deutschen olympischen Dressurequipe war der Panzergeneralmajor a.D. Horst Niemack. Bei diesem Namen zucken die Kriegshistoriker noch heute zusammen: Er war der 69. Schwerterträger der Wehrmacht, »ein Kämpfer, der mit Todesverachtung immer als einer der ersten aus dem Graben stürmte und seine Männer immer zu neuen Leistungen anspornte«, so die Würdigung der Wehrmacht.

Als junger Mann hatte Josef Neckermann von einer ähnlichen Karriere als Kavallerieoffizier geträumt, wie sie der Bauernsohn Horst Niemack gemacht hatte. Geboren 1909 in Hannover, hatte der gleich nach dem Abitur seine Laufbahn als Rittmeister beim Militär angetreten. 1938 war er zum Leiter der Kavallerieschule in Hannover ernannt worden. Nach Kriegsausbruch war er Kommandeur einer berittenen

Aufklärungsabteilung, erst an der Westfront, dann in Russland. 1943 war er zu den Panzern gegangen und hatte nach der Wiederbewaffnung als Generalmajor der Bundeswehr die neuen Leoparden-Panzereinheiten aufgebaut. Im Jahre 1953 war Niemack eine zweifelhafte Ehre zuteil geworden: Der faschistische Generalissimus Franco hatte ihn wegen seiner Verdienste um deutsch-spanische Reiterbeziehungen mit dem Großkreuz, dem höchsten spanischen Militärverdienstorden, geehrt.

Eigentlich hätte sich Josef Neckermann um seinen neuen Werbespruch kümmern sollen, doch als er diesem Haudegen im Olympiacamp in Warendorf vor die Augen getreten war, hatte er sich gar nicht zu fragen getraut, ob er als Deutschlands Versandkönig zwischendurch noch einige wichtige Geschäftstermine wahrnehmen dürfte. Nach dem Aufenthalt im Trainingslager hatte ihm Niemack ein ganzes Heft mit Hausaufgaben für die Dressurübungen in die Hand gedrückt, die »Necko« ironisch als »Niemack-Erlass« bezeichnete. Neckermann sollte unbedingt noch die Gangarten von Asbach verbessern. Der Versandhauschef erinnerte sich, dass der Generalmajor a.D. die Anweisungen in einer Stimmlage vorgetragen habe, »die jedem Widerstand die Wurzel nahm«.

Für den »General« war die Olympiade in Rom nichts anders als eine große Schlacht. Der Kampf sollte dem ausgemachten Blockfeind gelten: Als großer Favorit auf eine Goldmedaille wurde nämlich ein Russe gehandelt, Sergej Filatow, Major der Roten Armee. Ihn zu besiegen, galt als eine Frage der »deutschen Ehre«. Es entsprach dem damaligen Zeitgeist, das olympische Kräftemessen als Fortsetzung des Kalten Krieges zu verstehen. Das »sportliche Wettrüsten« zwischen den USA und der Sowjetunion erfasste den Sport. Die Anzahl der eroberten Medaillen sollte auch den Beweis über die bessere Gesellschaftsform erbringen.

Reiten für Deutschland

Es war gegen elf Uhr, als »Necko« mit der Startnummer elf, für seine Olympiaprüfung schon im Sattel bereit, zum Himmel blickte und erstarrte. Gewaltige schwarze Wolken zogen auf. In der Ferne grollte der Donner. Die ersten Tropfen fielen schon, als das Signal »Avanti« ertönte. Im gleichen Moment begann es im ganzen Stadion laut zu rascheln. Die Zuschauer, von den Tropfen aufgeschreckt, spannten alle auf einmal ihre Regenschirme auf. »Jeder der Reiterfahrung besitzt, weiß sofort, was das für ein Pferd bedeutet«, schilderte Josef Neckermann später diese spannende Situation vor seinem Start. »Oft reicht schon ein einziger Regenschirm, um ein Pferd mit dem Geräusch des Öffnens aus dem Tritt zu bringen.«

Asbach, der dunkelbraune hannoversche Wallach, zeigte in diesem Moment seine Qualitäten. »Er wusste genauso wie ich, was für uns auf dem Spiel stand«, bestätigte Neckermann. Aber das war noch nicht alles. Kaum trabte Asbach in der ersten Wertungsrunde los, flatterte ihm ein weißes Ungeheuer entgehen. »Natürlich kann ein Pferd nicht gleich sehen, dass es eine Zeitung war«, erklärte Neckermann. Den Rest konnte man in den Presseberichten nachlesen: »Es war einmalig. Asbach tat seine Pflicht. Zuverlässig, wie von seinem Herrn erwartet. Es konnte aber doch nicht alle seine Zweifel zerstreuen, dass sich Himmel und Erde gegen ihn verschworen hätten. Der Druck war enorm, denn zu allem Überfluss patzte die deutsche Vorreiterin in der ersten Runde schwer. Rosemarie Springer hatte die Qualifikation ins Stechen verpasst. Josef Neckermann musste notgedrungen nicht nur an sich denken, sondern ›auch an Deutschland‹, wie er betonte: ›Wenn jemand noch in der Dressur eine Medaille für unser Land holen konnte, dann war ich es! Ich musste mich unbedingt qualifizieren‹«, berichtete der Korrespondent der *Frankfurter Rundschau* aus Rom.

»Necko« schaffte die Qualifikation, Asbach tänzelte in der Form seines Lebens. Am nächsten Tag, dem 6. September, ging es im Stechen um die höchsten Olympiaehren. Das Lampenfieber, das Josef Neckermann immer quälte, lähmte seinen Körper. Zum Frühstück trank er nur Tee mit Honig. Im Stall musste er sich übergeben. Er hasste sich dafür, weil es ihm regelmäßig passierte. Bei den meisten seiner Spitzenturniere, Weltmeisterschaften und Olympiaden fühlte er sich vorher wie ein Häufchen Elend.

Zwei Dinge halfen ihm, die Ruhe wieder zu erlangen. Sein Sohn

Johannes erinnerte sich: »Meine Mutter spuckte ihm auf die Stiefel. Das sollte Glück bringen.« Danach rannte Annemi aus dem Stall, um auf der Tribüne in der ersten Reihe Platz zu nehmen. Es war so verabredet. Sobald Josef Neckermann auf den Parcours hinausritt, suchte er Augenkontakt zu seiner Frau. Und wie von einem Zauberstab berührt, fiel die Nervosität von ihm ab. Die gleiche Wirkung schien Annemi auch auf Asbach auszuüben. Man bezeichnete es in der Familie als Fernhypnose.

Für das Finale qualifizierten sich fünf Reiter, darunter die beiden Favoriten, die praktisch schon mit der Medaille in der Tasche nach Rom angereist waren: Sergej Filatow, der sowjetische Major und Gustav Fischer in der tadellos gebügelten Offiziersuniform der Schweizer Armee. An ihren Leistungen konnte selbst der überkritische Josef Neckermann kaum Makel finden. Er war der einzige Zivilist unter den fünf Konkurrenten, denn auch der vierte Reiter war ein greiser Reitermajor der schwedischen Armee und der zweite Russe im »Stechen« gehörte dem Reiterkorps der Kosaken an.

Nach dem Stechen beriet sich die olympische Jury vier Tage lang. Die *Frankfurter Rundschau* kommentierte: »Die Akribie, mit der die Wertungsrichter das Ergebnis ermittelten, grenzte an Sadismus.« Zum ersten Mal wurden die Dressurwettbewerbe mit einer Kamera aufgezeichnet. Nicht auf Video, sondern auf Film. Allein die Entwicklung des Materials dauerte einen Tag. Danach wurden die einzelnen Sequenzen Bild für Bild in Zeitlupe gesichtet. Nicht nur Neckermann saß wie auf Kohlen und verspürte keine Lust zu weiteren Spaziergängen durch Rom. Die folgenden vier Tage saß er im Hotel Victoria wie im Käfig, um den Telefonanruf der Wettkampfleitung nicht zu verpassen.

Der Lorbeer von Rom

Am 10. September wurde Josef Neckermann von seinen Leiden erlöst. Mit Tränen in den Augen bestieg er als Letzter das olympische Treppchen, um sich Bronze zu holen. Mit 48 war er der älteste Teilnehmer der deutschen Olympiamannschaft. Er fühlte sich am Ziel all seiner Träume. Bei der zeremoniellen Übergabe riss die Medaillenkette. Josef Neckermann drückte sie mit der Hand auf seine Brust und sang bei der deutschen Ersatzhymne die erste Strophe mit: »Alle Menschen werden Brüder...«

Siegerehrung des Dressurreitens bei der Olympiade in Rom, 1960. Der drittplatzierte Josef Neckermann musste seine Medaille mit der Hand festhalten, weil die Kette gerissen war.

Das Gold holte sich 1960 in Rom erwartungsgemäß Sergej Filatow. Silber ging an Gustav Fischer, mit nur fünf Punkten Vorsprung zu Neckermann. Der Kampf der Systeme ging weiter. Als Ort der Revanche wurde Tokio bestimmt. Für den bronzenen Dressurchampion aus Frankfurt stand fest, dass er wieder »im Stechen« dabei sein musste.

Als Josef Neckermann am Montag, den 12. September aus Rom zurückkehrte, war ganz Frankfurt auf den Beinen. Oberbürgermeister Werner Bockelmann erschien mit einer Delegation aus Stadträten, Politikern, Journalisten auf dem Flughafen. Für den nächsten Tag war eine öffentliche Begrüßung am Römer angesetzt. Der »goldene« Armin Hary und der »bronzene« Josef Neckermann fuhren in einem offenen Käfer-Cabrio im Korso durch die jubelnde Menge.

Die Stimmung war überschwänglich: Die deutschen Athleten hatte alle Erwartungen übertroffen. Mit insgesamt zehn Goldmedaillen kamen sie in der Länderbewertung hinter dem Gastgeber Italien auf einen respektablen vierten Platz. Als Sieger triumphierte die Sowjetunion mit 43 Goldmedaillen, gefolgt von die USA, die mit 34 goldenen Auszeichnungen ziemlich enttäuscht waren.

Armin Hary, der schnellste Mann der Welt, konnte zwar seinen Weltrekord nicht wiederholen, aber 10,2 Sekunden reichten in Rom

Die Olympia-Helden von 1960, Josef Neckermann und Armin Hary, werden in Frankfurt jubelnd empfangen.

zum Gold. Für Josef Neckermann war die Bronzemedaille mehr als Gold wert. Mit diesem Olympialorbeer lieferte er den Beweis für den soeben gestarteten Werbeslogan nach: »Neckermann macht's möglich!«

Der Preiskrieg der Katalogfürsten

Was Neckermann alles möglich machte, belegte der neue Katalog für Winter/Frühjahr 1960/61. Das bewegte sogar Hans Magnus Enzensberger aus Kaufbeuren, einen Vertreter der neuen »kritischen Intelligenz«, zu einem Essay. Er besprach Neckermanns Katalog in der Wochenzeitung *Die Zeit*, als handele es sich um ein literarisches Werk. Um Neckermann begann sich ein Kult zu ranken, der bis nach Amerika überschwappte: Der Versandgigant Sears, Roebuck & Co. aus Chicago signalisierte Interesse, künftig mit Neckermann zusammenzuarbeiten. Die Amerikaner, in der Imagewerbung bereits fortgeschritten, erkannten sofort, welche Vorteile ein erfolgreicher Olympiareiter beim Marketing mitbringt: »Solange Josef Neckermann erfolgreich reitet, kann sein Unternehmen nicht untergehen!«

Der *Zeit*-Rezensent Hans Magnus Enzensberger war allerdings schlecht informiert. Er sprach von einer Knute, unter der die Werbetexte im Katalog entstünden. Doch Neckermann dichtete längst nicht mehr selbst, das übernahmen die hauseigenen Werbetexter. Worum er sich nach wie vor persönlich kümmerte, war die Preisgestaltung. Enzensberger hätte fragen sollen, warum die Preisangaben in dem bunten Farbkatalog schwarz ausgedruckt sind. Das erklärte Neckermann immer gern. Es war nicht allein sein Geheimnis, sondern gängige Praxis in der Konkurrenz: »Die Preisangaben wurden schwarz ausgezeichnet, damit man sie bis zur letzten Minute vor der Drucklegung des Katalogs ändern konnte. Noch im allerletzten Moment, bevor die Maschinen losrotierten, fummelte man an den Preisen herum, setzte bei den wichtigsten Saisonartikeln noch ein paar Pfennige runter.«

Dafür hatte man überall seine Spione. »Die Nacht, in der unser Katalog gedruckt wurde, glich einem Zustand wie im Krieg. Wir hingen am Telefon und versuchten zu erfahren, wie die Konkurrenz auf unsere Preiskorrekturen reagierte. Wir wussten genau, wie viel welcher Artikel bei Schickedanz kostete, aber er hatte auch immer erfahren, wie wir kalkuliert hatten«, verriet Josef Neckermann. Für diese Aufgabe hatte er ab 1967 einen besonders zuverlässigen »Läufer«, der stets in die Druckerei rannte und darauf achtete, dass die Korrekturen auch fehlerfrei durchgeführt wurden, notfalls selbst in den Setzkasten griff und die Ziffern tauschte. Es war Neckermanns Sohn Johannes.

Die Alhambra des »Condottiere«

Einen ähnlichen Triumph wie in Rom erlebte Josef Neckermann nochmals bei der feierlichen Eröffnung der neuen Versandzentrale in der Hanauer Landstraße. Da stand er ganz oben auf dem Siegerpo-

Josef Neckermann vor der Versandzentrale in der Hanauer Landstraße, Frankfurt, etwa 1963.

dest. Über 150 Journalisten aus ganz Deutschland waren angereist, um an der ersten Betriebsführung teilzunehmen. »Eine moderne Alhambra aus Beton«, schrieben sie danach verzückt, »ein Versailles des Handels«. Die Treppen, freiluftig an der Außenfassade geführt, wurden mit einem »Betonblitz« verglichen: »Viermal geknickt und in der Luft hängen geblieben, ohne den Boden zu berühren.« Die Diagonalen und Vertikalen »tanzten in einer Grazie der Schrägen und Schweren« und auf die kühle Ästhetik traf der englische Ausdruck »highly sophisticated« zu: »ein wenig versnobt«.

Das neue Ambiente passte zum Spitznamen, der Josef Neckermann vom römischen Publikum zugeflogen war, und den Geschäftspartner und Wirtschaftsjournalisten dankbar aufgriffen: »Condottiere«. Der Begriff passt tatsächlich zu Neckermanns Führungsstil. So nannte man die unabhängigen Ritter im Italien der Renaissance. Die vielen Kleinstaaten, das Herzogtum Mailand, die Republiken Venedig, Genua und Florenz, mal untereinander verbündet, mal verfeindet, heuerten sie als Anführer von Söldnerarmeen an. Einige

Arbeiter auf dem Frankfurter Flughafen verladen am 25. Juli 1960 einen Teil der neuen IBM-Großrechenanlage für Neckermann. Sie war damals die größte in Europa.

von ihnen begnügten sich nicht mit Dienerfunktionen. Nach ihren Erfolgen schmiedeten sie Intrigen auf eigene Faust, knüpften eigene Bündnisse. Die Wagemutigsten unter ihnen gründeten eigene Dynastien wie Francesco Sforza, der das Herzogtum Mailand an sich riss. Giovanni von Medici bemächtigte sich der Stadt Florenz und machte daraus ein eigenes Königreich. »Für diese Männer schien nichts unmöglich. Sie betrachteten ihren Weg nach oben wie ein Spiel. Aber sie waren nicht allein! Sie mussten mit dem Ehrgeiz der anderen Führer rechnen. Stark zu sein bedeutete nicht alles: Man war gezwungen, auch in der Diplomatie und Politik geschickt zu handeln, um eine Chance auf den Sieg zu haben!« – werteten die Historiker.

Auch Josef Neckermann sollten sich alsbald andere »Condottieri« in den Weg stellen. Sie hatten klangvolle Namen wie Flick, Horten, Schickedanz oder Karstadt. Von nun an ging es darum, das Imperium zu verteidigen und erfolgreich neue Handelskriege zu führen. Neckermann wollte weiter expandieren. Dafür benötigte er dringend Kapital – ein altes Problem. Doch zu Silvester 1960 konnte er vorerst auf eine beispiellose Bilanz zurückblicken.

Lediglich das Weihnachtsfest wurde Neckermann durch eine Panne gründlich verdorben. Sein Versandunternehmen schrammte knapp am Ruin vorbei. Das neue Versandzentrum arbeitete mit einem völlig neuartigen Rechenzentrum der Firma IBM, und das spielte verrückt.

Wer eine Hose bestellte, bekam 144 Paar Schuhe, wer ein Paar Schuhe orderte, erhielt ein Paket mit drei Hemden. Nur weil der Logistikspezialist Jon »Nico« Hariton dem »neumodischen Mist« nicht ganz vertraut hatte, waren seine alten, elektronischen Lochkartenmaschinen noch nicht ausrangiert worden. Im manuellen Betrieb und endlosen Überstunden bemühte sich die ganze Belegschaft, das Chaos zu regeln. Die aus den USA eingeflogenen IBM-Experten kämpften noch am Heiligen Abend gegen die Katastrophe an. 127 000 Aufträge lagen unerledigt auf dem Tisch. Doch angesichts des soeben abgeschlossenen Jubeljahres tröstete sich Josef Neckermann mit dem ältesten aller weisen Sprüche: »Keine Rosen ohne Dornen.«

Kapitel 22

»Betrüger, Halsabschneider und Gauner«

Friedrich Flick und der Börsengang

»Ein Kaufhaus in Teheran!« Von dieser spontanen Idee zeigten sich Josef Neckermann und sein alter Freund Franz Hayler, der ehemalige Chef der Reichsgruppe Handel, hellauf begeistert. Das Ölgeschäft am Persischen Golf boomte. Der Schah Resa Pahlewi befand sich auf dem Höhepunkt seiner Macht, man nannte ihn den »Sonnenherrscher auf dem Pfauenthron«. Mit seiner Gemahlin Königin Soraya feierte ihn die Klatschpresse wie ein Königspaar aus Tausend und einer Nacht.

Es gab noch einen Dritten im Bunde, der für Neckermanns orientalische Pläne Feuer und Flamme war: Dr. Theodor Betzen. Dieser war seit 1948 in der Geschäftsleitung der Neckermann KG. Auch Betzen kannte Neckermann noch aus der Reichsgruppe Handel in Berlin. Er hatte ein besonderes Faible für den Orient, hatte arabische Sprachen studiert, sein Examen in Persisch gemacht und den Koran neu ins Deutsche übersetzt. Mit ihm als Geschäftsführer eines Kaufhauses in Teheran hätte Neckermann keine Zweifel am Erfolg gehabt. Doch Betzen war bereits 73 Jahre alt und man wusste nicht, wie lange seine Kondition für so eine schwere Aufgabe ausreichen würde. »So scheiterte die Realisierung der Idee an einem geeigneten Geschäftsführer«, erinnerte sich die Sekretärin Gerda Singer.

Schwelgt man in Träumen, kommt man oft einer Lösung für reale Probleme näher. Neckermann und Hayler trafen sich seit 1952 immer wieder zu freundschaftlichen Gesprächen. Bis dahin hatte Hayler, der hohe NS-Wirtschaftsfunktionär, eine Strafe in der Haftanstalt Landsberg verbüßt. Nach seiner Entlassung gehörte der frühere

Reichshandelsexperte zu Neckermanns privaten Beratern. Ein wichtiges Thema der beiden waren Geldgeber. Neckermann hatte eine chronisch dünne Kapitaldecke und war ständig auf der Suche nach Mitteln für seine Expansion. 1955 kam in den Gesprächen mit Hayler zum ersten Mal der Name Friedrich Flick auf.

Hayler hatte Friedrich Flick beim Hofgang im Gefängnis in Landsberg kennen gelernt. Der größte Finanzjongleur der deutschen Wirtschaftsgeschichte hatte dort seine siebenjährige Strafe aus den Nürnberger Prozessen verbüßt. Er hatte persönliche Mitschuld an den unmenschlichen Bedingungen von Tausenden von Fremd- und Zwangsarbeitern und KZ-Insassen, die in seinen Bergwerken und Fabriken schufteten. Um genügend Arbeitskräfte zu haben, hatte er Bestechungsgelder an die SS gezahlt, was ihn als Angeklagten in Nürnberg zusätzlich belastet hatte. Flick hatte seine Verurteilung als großes Unrecht empfunden und Berufung eingelegt. Im Gefängnis von Landsberg hatte er sich vom vormaligen Reichsplaner Hans Kehrl beraten lassen, der ebenfalls dort einsaß und der sehr an Flick interessiert war, da er wusste, dass er aufgrund seiner Vergangenheit in der Politik keine Chance bekommen würde. Nach seiner Begnadigung und vorzeitigen Entlassung 1951 betätigte sich Hans Kehrl unter anderem als Flicks Investmentberater.

Auch für Neckermann war der Name Flick mehr als vertraut. Zum ersten Mal waren sich die beiden schon im »Dritten Reich« begegnet. Beide suchten die Nähe zur Macht, um gute Geschäfte zu machen, wobei Flick noch weit weniger Skrupel hatte. »Ihm war es ziemlich egal, ob die Gewinne aus Kanonen oder aus Gartenschläuchen fließen«, diagnostizierte Flick-Biograf Günter Ogger. Die Stärke des schrulligen Konzernherrn war, dass er Gerüchte über seine geschäftlichen Absichten schüren konnte, um damit die anderen in Zugzwang zu bringen. Aus diesen Situationen verstand er zu profitieren. »Er betrog den Staat, die Unternehmer und die Banken nach Strich und Faden«, schrieb Ogger. So war Flick schon gleich nach der Währungsreform 1948 flüssig und stand mit 250 Millionen Mark da. Wo immer er auftauchte, befürchtete man einen wirtschaftlichen Erdrutsch.

»Warum soll Flick nicht in Versandhausgeschäfte einsteigen?«, fragte Franz Hayler eines Tages in die Runde. Durch dessen Investmentberater Hans Kehrl wusste er, wie der frühere Stahlmagnat Flick darüber dachte. Schon in den früheren 50er Jahren, als der »alte Fritz« merkte, wie die ausgehärmten Deutschen nach Nylonstrümpfen, Seife und Schuhen lechzten und in welchen Fieberkurven die Umsätze bei den Konsumartikeln nach oben schnellten, hatte er unverzüglich nach einem Einstieg ins Kaufhausgeschäft gesucht. Selbstverständlich in großem Stil, das war sein Format. Bald hatte er aus Übersee eine beachtliche Offerte erhalten: 1954 bot ihm der New Yorker Warenhauskrösus Jakob Michael die Aktien der Emil-Köster-AG in Düsseldorf an, die eines der größten deutschen Warenhausunternehmen war. Der Preis von 40 Millionen Mark erschien dem misstrauischen Flick jedoch zu hoch.

Der Profit flog unerwartet über die Gartenhecke. Flick wohnte in Düsseldorf, das nicht umsonst als das »Dorf der Millionäre« bekannt ist. Empört ließ er sich bei seinem Nachbarn, dem Kaufhausmogul Helmut Horten darüber aus, wie man ihn in New York hatte hereinlegen wollen. Woraufhin sich Horten unverzüglich mit Jakob Michael in Verbindung setzte. Der erhöhte den Preis seiner Köster-Aktien gleich um die Hälfte auf 60 Millionen Mark. Horten schlug ohne zu zögern zu.

Der Bauernsohn Flick lernte daraus, welche Renditen in der Handelsbranche zu erwarten seien. Danach lauerte er auf seine Chance. Die ließ allerdings noch eine Weile auf sich warten. Erst 1955 signalisierte ihm das Bankhaus Berliner Handelsgesellschaft, dass ein Versandunternehmen in Frankfurt nach einer Finanzspritze suchte. Sein Finanzberater Hans Kehrl legte ihm die Anlage wärmstens ans Herz, und Flick griff zu. Mit 20 Millionen Mark kaufte sich der ausgebuffte Spekulant über eine undurchsichtige Finanzgesellschaft namens Investiha bei Josef Neckermann ein.

Das »Unternehmen Friedrichstraße«

Bei dem Treffen mit Josef Neckermann diktierte der damals 62-jährige »alte Fritz« seine Bedingungen für die Zusammenarbeit.

Erstens durfte kein Mensch erfahren, dass Flick hinter der Investiha steckte. Zweck dieses Stillschweigenabkommens war, »die Hunde vom Kartellamt und in dem Bundestag« nicht zu wecken. Flicks Beteiligung erhielt intern den Codenamen »Unternehmen Friedrichstraße«.

Zweitens sollte es keine weiteren Mitgesellschafter bei der Neckermann KG geben. Flick wollte über jeden Schritt im Unternehmen informiert sein, um ständige Kontrolle zu haben.

Drittens sollte sich Neckermann von der stillen Beteiligung des Frankfurter Industriellen Willy Kaus trennen. Auch Kaus war an jeder Art von Geschäft interessiert und hatte gute Beziehungen zu Hugo Stinnes, der ihm beim Finanzjonglieren half. Dieser »Mr. Goldfinger« machte bei der Trennung von Neckermann einen guten Schnitt. Mit seiner ursprünglichen Einlage von 4 Millionen Mark erhielt er nach vier Jahren eine Auszahlung von 11,2 Millionen Mark. Damit die finanziell schmalbrüstige Firma Neckermann diesen Kapitaltransfer überhaupt verkraftete, gewährte Willy Kaus dem angeschlagenen Versandunternehmen hinter Flicks Rücken ein neues Darlehen von 2 Millionen Mark. So kam Neckermann die 20-Millionen-Beteiligung von Flick ziemlich teuer zu stehen.

»Wenn er kam, mussten wir seine speziellen Zigarren besorgen, die für 30 Pfennig pro Stück. Andere, eine teurere Marke etwa, lehnte er ab«, erinnerte sich Gerda Singer. Die Besuche von Flick hatten es immer in sich. Im Grunde hatte er vom Versandgeschäft keine Ahnung, und es wurde immer deutlicher, dass ihm dieser Bereich als zu risikoreich erschien. Der Aufwand war ihm zu hoch, die Gewinnspannen zu niedrig. Deshalb belehrte er Neckermann öfter, er möge »bei den Kleidern einfach überall eine Mark draufschlagen«. Er rechnete die Stückzahl der verkauften Textilien mit einer D-Mark hoch und folgerte messerscharf: »Da haben Sie gleich eine Million Gewinn mehr.«

Über den Preiskampf mit der Konkurrenz wollte er nichts hören, schon gar nicht über die Erweiterung des stationären Verkaufs. Er hasste Kaufhäuser, hielt Neckermanns technisches Kundendienstnetz für zu kostenintensiv und überflüssig. Vollends auf die Palme brachten ihn die Pläne, auch in Berlin zu investieren und jahrelang blockierte er Neckermanns Lieblingsidee, ins Reisegeschäft einzusteigen: »Was wollen Sie schon dabei verdienen, wenn Sie 50 Mann nach Mallorca schicken?«, polterte der »Mephisto des Kapitalismus«. Er hatte zwar einen Goldfinger, aber keine Visionen.

Peter Neckermann, der starke Sohn

Im Herbst 1962 brach die Kuba-Krise aus. Das Spiel der Mächtigen trieb die Welt an den Rand eines Atomkrieges. Erst im Nachhinein stellte sich heraus, dass man damals wohl die gefährlichsten Tage der Menschheit erlebte, ohne es zu ahnen.

Auch bei Neckermann brach eine Krise aus. Friedrich Flick ließ Josef Neckermann über seine Mittelmänner Kehrl und Hayler ausrichten, dass er das »Unternehmen Friedrichsstraße« nicht mehr in der bestehenden Form weiterzuführen beabsichtige. Insider behaupteten, der schrullige Multi-Millionär habe nichts von Neckermanns Reiteraktivitäten gehalten, weil sie ihn von seiner eigentlichen Aufgabe als Versandhauschef ablenkten. Angeblich soll er sogar ein Ultimatum gestellt haben: »Entweder hören Sie mit dem Reiten auf oder ich steige aus Ihrem Geschäft aus.«

Die finanzielle Lage des Neckermann-Unternehmens gestaltete sich dramatisch: Ende 1961 beliefen sich die innerhalb eines Jahres zu erneuernden kurzfristigen Schulden auf sage und schreibe 117,7 Millionen Mark. Zum 31. Dezember 1962 erhöhten sich die Verbindlichkeiten auf 122 Millionen, am 2. Mai 1963 standen sie bereits bei 131 Millionen. Die Banken drohten, den Hahn zuzudrehen. Eine Fristverlängerung für die Kredite ergab sich nur aus dem stets steigenden Umsatzvolumen, dem zu verdanken war, dass das Unternehmen nicht in den roten Zahlen stand. Die Umsätze wuchsen kontinuierlich Jahr pro Jahr, daher verlängerten die Banken die Kreditfristen und die Hersteller lieferten weiter auf Kredit. Es bestand immer die Aussicht, dass Neckermann zahlen würde. Erst 1975 rutschte er zum ersten Mal in die roten Zahlen. Allerdings stand der Nettogewinn in keinerlei Verhältnis zum Warenumlauf. Im Jahre 1961 betrug er lediglich 4 Millionen Mark.

»Wie das Unternehmen es überhaupt fertig bringt, auf einer so kurzen Kapitaldecke und mit einer ungewöhnlich hohen Schuldenlast zu operieren, ist kaum zu begreifen«, wunderten sich Experten der *Frankfurter Allgemeinen Zeitung.* Das Geheimnis lautete: Lieferantenkredite. Die für Neckermann tätigen Unternehmen gewährten so genannte »Selbstfinanzierungshilfe« als Solidarpakt mit Neckermann und um die eigenen Arbeitsplätze zu sichern.

Die Bilanz sah bei Neckermann wie folgt aus: Allein die Werbekosten betrugen mehr als 7 Prozent des Gesamtumsatzes. Mit weiteren 6 Prozent schlugen die Kataloge zu Buche. Zwei Drittel des Umsatzes galten als durchlaufender Posten für den Wareneinsatz. Bei der Handelsspanne von rund einem Drittel ließen die Personalkosten, Steuern, Mieten und sonstigen Ausgaben wie Betriebsspesen, Instandhaltung und Zinslast das Nettoeinkommen auf nur 2 bis 3 Prozent schrumpfen.

Neckermann bezeichnete dieses Problem als »Wachstumsschwierigkeiten«. Um sie zu meistern, entwickelte er sich zu einem wahren Meister der Improvisation. Das nächste Rätsel, das er nun lösen musste, hieß: Wie zahlt man einen Milliardär wie Flick aus, ohne selbst dabei Pleite zu gehen? In dieser Bedrängnis fiel ihm ein anderer Kamerad aus der NS-Zeit ein, »mit dem ich schon damals in Berlin zusammengearbeitet habe«: der Kaufhauskönig Helmut Horten. Die Vorstellung, sich seiner Kette »Horten-Merkur« anzuschließen, ließ ihn vorerst Hoffnung schöpfen. Neckermann dachte an die Vorteile durch den gemeinsamen Einkauf, Disposition und Vertrieb. Doch in seinem Bauch rumorte es stürmisch: »Ob man Horten überhaupt über den Weg trauen kann?«

Gegen die Allianz sprachen von vornherein zwei Aspekte. Erstens hatte Flick sie favorisiert und zweitens war es dem Fuchs Horten sogar gelungen, Flick im Geschäft mit dem New Yorker Kaufhaus-Multi Jakob Michael auszutricksen. Zudem trat Horten mehr als herrisch auf. Kaum hatten die Verhandlungen begonnen, schickte er schon seine Prüfer zu Neckermann, um seinen Betrieb bis ins letzte Eck zu durchleuchten. »Komischerweise waren die ›Hortens‹ alle gleich gekleidet. Sie trugen die gerade modisch gewordenen Kamelhaarmäntel, was ihnen den Spitznamen ›Kamele‹ einbrachte«, berichtet Neckermann.

Die Verhandlungen liefen darauf hinaus, dass Neckermann sich nach der Fusion ins zweite Glied hätte zurückziehen müssen, und Horten ihm eine Geschäftsleitung seiner Wahl vor die Nase setzte. Das passte dem Versandgründer Neckermann, dessen Anteil auf 20 Prozent gesunken wäre, schon gar nicht. Aber er hatte durch den Umgang mit Flick dazugelernt, behielt ruhig Blut und verstand es, diplomatisch wie ein richtiger »Condottiere« zu agieren. Er forschte Hortens internationale Kontakte aus und begann, eigene Bündnisse zu schmieden.

Zunächst verhandelte er mit der in Paris vertretenen US-Finanzgruppe Jesup & Lamont. Angesicht des Kapitalbedarfs erwies sich diese Makler- und Investmentfirma für Neckermann als zu klein. Doch sie legte ihm eine direkte Schiene zur Morgan Trust Company. Der Zeitpunkt war äußerst günstig: Dieser US-Bankkonzern war bereits als Sanierer bei den Henschel-Werken in Kassel in Erscheinung getreten, hatte danach die Mehrheitsanteile des größten deutschen Mineralwasserversenders Quelle-Lehning übernommen und war an weiteren Investitionen in der Bundesrepublik interessiert.

Das Problem war nur Flick! Der durfte von Neckermanns neuen Anbandelungen in die USA keinen Wind bekommen. Er hätte seine Anteile sofort aus dem Neckermann-Unternehmen herausgezogen, was das vorzeitige Ende der Firma bedeutet hätte. In der Not schickte das Schicksal einen Helfer: Der älteste Sohn Peter war gerade in die Geschäftsleitung der Neckermann KG eingestiegen und verblüffte seinen Vater vom ersten Augenblick an mit seinem Überblick. Peter sollte gleich seine erste Chance bekommen, sich als Finanzstratege zu beweisen.

Der Werdegang von Peter Neckermann liest sich beeindruckend. Ähnlich wie einst sein Vater nahm er nach der Mittleren Reife eine kaufmännische Lehre beim exklusiven Privatbankhaus Alwin Stefan & Co. in Frankfurt auf. Danach schnupperte er in die Textilbranche und die Keksfabrik Bahlsen in Hannover, die wegen ihres Managements und ihrer Organisation als eines der fortschrittlichsten Unternehmen in Deutschland galt. Die Erfahrung weckte seinen Ehrgeiz eine akademische Ausbildung zu absolvieren. Die Zeiten der genialen Selfmademen, wie sein Vater einer war, gingen nämlich zu Ende.

Also holte Peter im Eiltempo das Abitur nach, büffelte Fachenglisch und schrieb sich an der Wolfgang-Goethe-Universität in Frankfurt als Student der Betriebswirtschaft ein. Nach dem Abschluss erwartete ihn gleich die Feuerprobe: Sein Vater schickte ihn nach New York, um allein bei der Morgan Guaranty Trust die Banker davon zu überzeugen, bei Neckermann zu investieren. Josef blieb derweil in Frankfurt, damit Flick und Horten keine Lunte rochen. Sollten nämlich die Verhandlungen in New York scheitern, wäre Neckermann nichts anders übrig geblieben, als ein Bündnis mit Horten einzugehen. Er hätte tatsächlich keine andere Wahl gehabt: Sein Unternehmen taumelte am Rande des Zusammenbruchs.

Die Bürde lastete auf Peter Neckermanns Schultern, doch Fortuna stand ihm bei. Die Chefs der Morgan-Gruppe waren schon nach zweitägigen Besprechungen bereit einzusteigen. Nicht nur finanziell: Die Experten des Hauses hatten auch ein maßgeschneidertes Konzept für die Umstrukturierung der Neckermann-Versand KG auf eine KGaA parat und bereiteten einen Börsengang vor. Diese Lösung entsprach in allen Punkten den Wünschen Josef Neckermanns: Er sollte persönlich haftender geschäftsführender Gesellschafter bleiben, das Unternehmen sollte aber in eine Kommanditgesellschaft mit börsennotiertem Aktienkapital umgewandelt werden. Die Rettung des Familienunternehmens nahte. Die letzte Hürde, die man noch nehmen musste, war eine Erhöhung des Stammkapitals von 55 auf 80 Millionen Mark, die Morgan forderte.

»Das Geld hatte ich nicht«, gestand Josef Neckermann in seinen Memoiren. Doch sein Sohn überraschte ihn erneut: »Er suchte noch in New York den Chairman der weltberühmten Chase Manhattan Bank mit dem Anliegen auf, der Familie Neckermann 25 Millionen Mark für drei Jahre vorzustrecken.«

Die Reaktion bezeichnete Josef Neckermann als typisch amerikanisch: »Der New Yorker Chairman griff zum Telefon und orderte den Chef der Frankfurter Niederlassung an, Herrn Neckermann unverzüglich einen Check über 25 Millionen Mark auszustellen – zu Konditionen, die bei jeder europäischen Großbank völlig undenkbar gewesen wären.«

Josef und Peter Neckermann.

Diese Großzügigkeit waren die Zinsen von Neckermanns Bronzemedaille aus Rom. Was die Bostoner Consulting-Experten vorausgesagt hatten, trat ein: »Für eine Marke gibt es keine bessere Werbung als einen erfolgreichen Olympiamatador.« In den USA begann man nämlich die olympischen Spiele nicht nur als einen Kampf der Systeme, sondern auch als einen Wettbewerb der Logos und Marken zu betrachten. Neckermann passte voll in diesen neuen Trend. Die deutsche Botschaft in Washington gab zeitgleich die Liste der zehn erfolgreichsten deutschen Wirtschaftskapitäne heraus – vorn dabei: Josef Neckermann.

Mit Peters Erfolg in New York konnte Josef Neckermann den »Mietvertrag in der Friedrichstraße« kündigen. Beim persönlichen Gespräch, zu dem er mit seinem Sohn Peter nach Düsseldorf fuhr, erlebte er einen der legendären Wutausbrüche des »alten Fritz«. Er galt weniger Neckermann, als viel mehr den Amerikanern – »diesen Betrügern, Halsabschneidern und Gaunern«. Helmut Horten, der geglaubt hatte, Neckermann bereits in der Tasche zu haben, tobte ebenfalls. Ihn wurmte allerdings hauptsächlich, dass er beim bevorstehenden Börsengang Neckermanns nicht dabei war.

Neckermanns Himmel auf Erden

Am 15. Februar 1963 kamen die ersten Neckermann-Anteile in den freien Handel. Der Frankfurter Börsenvorstand hatte den offiziellen Verkauf im Börsensaal untersagt und damit begründet, dass »die neue

Gesellschaft noch gar nicht im Handelsregister eingetragen sei«. Dieses Versäumnis war Absicht. Die Morgan-Gruppe hatte für die ersten Neckermann-Anteile in Höhe von 41 Millionen Mark einen ausgesuchten Anlegerkreis zusammengestellt. Die Angebote kamen überwiegend aus Zürich, Brüssel und aus Paris. Die deutschen Banken hatten sich prinzipiell am Telefonhandel nicht beteiligt. So gelangten die ersten Neckermann-Anteile erst über das Ausland in die Bundesrepublik. Sie waren bereits um 200 Prozent überzeichnet. Im eigentlichen Börsenverkehr sollten sie später nicht unter 300 Prozent gehandelt werden. Neckermann dämmerte, wer bei dieser Finanztransaktion das große Geschäft machen würde: die Morgan Guaranty Trust.

»Es war ein Börsengeschenk der Bank für ihre guten Kunden in Europa, wobei der übermächtige Finanzkonzern in New York daran auch nicht schlecht verdiente«, resümierte Neckermann. Die Transaktion glich einem Roulettespiel mit einem Einsatz auf den guten Namen Neckermann in Deutschland. Allerdings sollte diesmal auch Flick einen dicken Batzen Geld gewinnen. Um das Aktienpaket schnüren zu können, musste die Tochterfirma Morgan & Cie. die Flick-Anteile herauskaufen – zu einem Kurs von 205 Prozent auf 36 Millionen Mark Nominalkommanditanteil. Aber das erschien dem alten »Pfennigfuchser« nicht genug.

Neckermann musste ihm einen Differenzbetrag in einer Höhe von 4,95 Millionen Mark auszahlen, der sich aus der zwischenzeitlichen Wertsteigerung der Flick-Anteile ergab. Für diese Summe, die in der Firmenschatulle ebenfalls fehlte, nahm Neckermann bei Flicks Finanzinstitut Investiha einen Kredit mit 6 Prozent Zinsen auf eine Laufzeit von vier Jahren auf. Dazu verlangte Flick noch einen Gewinnanteil für das erste Quartal des Geschäftsjahres 1963 in Höhe von 2 Millionen Mark. Summa summarum hatte er mit seiner 1955 getätigten Anlage von 20 Millionen Mark in acht Jahren einen Gewinn von fast 70 Millionen Mark erzielt. Dieses Glück trug den Namen Neckermann – und es sollte Flick zusätzlich noch einen überaus wertvollen Tipp bescheren.

Bei den Unterredungen mit Neckermann schnappte Flick auf, dass Neckermann mit einem eigenen Kaufhaus in Teheran liebäugelte. Er folgte der Spur, und im Januar 1964 ging plötzlich das Gerücht um, der Schah von Persien wolle die Mehrheit der Daimler-Aktien übernehmen und sei sich mit Flick schon handelseinig. Daraufhin sah sich die aufgeschreckte Deutsche Bank zum raschen Handeln gezwungen, um die Stuttgarter Autoschmiede mit dem guten Stern für Deutschland zu retten, »damit sie nicht mohammedanisch wird«, wie die *Münchner Abendzeitung* schrieb.

Als Josef Neckermann schließlich einen Strich unter die Flick-Ära zog, resümierte er: »Insgesamt war Flick ein schwieriger Partner, aber während der acht Jahre, die unsere geschäftliche Verbindung dauerte, hatte ich von ihm so manches abgeguckt.« Umso mehr ärgerte sich Josef Neckermann später, dass er beim Einstieg ins Börsengeschäft, als sein Aktienkurs weit über das Doppelte des Nominalwertes kletterte, nicht den Rat seiner BHF-Bank befolgte: »Damals das Kapital um weitere fünf Millionen Mark zu erhöhen, um damit das Agio für die Gründungskosten zu decken.« Auch dieses Aufgeld zahlte Josef Neckermann aus seiner Tasche. In der Folgezeit war er oft gezwungen, eigene Aktienanteile zu verkaufen, um die hohen Kreditlasten tilgen zu können. Um sein Aktienpaket zu halten und nicht unter die Sperrminorität zu sinken, musste er mehrmals neue Darlehen aufnehmen. Schon bald befand er sich in einem neuen Teufelskreis.

Doch je mehr ihn die Kapitalsorgen bedrückten, desto mehr machte er den Eindruck eines glücklichen Menschen. Die *Frankfurter Allgemeine Zeitung* beschrieb dieses Phänomen treffend: »Gerade der ›Vollblut-Unternehmer‹ denkt weniger an Rückschläge. Er vertraut auf seine Aktivität, ein wenig vielleicht auf sein Glück, und er ist von Natur aus optimistisch. So kommt es, dass solchen Männern die Entscheidung nicht schwer fällt: Neckermann hat sich für die größere Freiheit, nicht für die Sicherheit entschieden. Die Zukunft wird zeigen, ob dieser Entschluss richtig gewesen ist.«

Das Glück abonniert

Im Moment war der Entschluss mehr als richtig. Neckermann hatte die erste große Zerreißprobe bestanden. Nun musste er zwar seinen

Aktionären die Bilanzen vorlegen, aber Rechenschaft war er niemandem schuldig. Er konnte nach Belieben schalten und walten.

Als einer der Ersten führte er das Leasing-System in Deutschland ein, verkaufte Eigenheime, Reisen, Versicherungen, Wertpapiere und schließlich sogar Benzin. Ein Liter Normal kostete 47, ein Liter Super 54 Pfennig und damit rund 10 Pfennig weniger als Markensprit. Damit konnten die freien Tankstellen, die Neckermann belieferte, konkurrenzlos günstig operieren. Zum Höhepunkt seines Umsatzbooms fiel für rund 20 000 Kleinaktionäre eine Dividende von 24,50 Mark pro Aktie ab.

Neckermanns Popularität wurde derweil sogar zum Politikum. In Ostdeutschland machte sich die Parole breit: »Der Sozialismus siegt, aber Neckermann macht's möglich.« Irgendwann landeten Luftballons mit Grußkarten in der DDR. Auf der Vorderseite war Ulbrichts Konterfei zu sehen, auf der Rückseite war zu lesen: »Dieser nicht.... aber Neckermann macht's möglich.« Neckermann protestierte gegen diese Art unerwünschter Werbung. Bei den Ermittlungen stellte sich heraus, dass es die Bundeswehr war, die mit dieser Kampagne die Volksarmisten und DDR-Bürger demoralisieren wollte. Der damalige Verteidigungsminister Franz-Josef Strauß dementierte, von der Aktion unterrichtet gewesen zu sein. Die SPD-Opposition im Bundestag allerdings meinte: »So was trägt eindeutig seine Handschrift. Das sieht doch jeder!«

Auch privat sollte ihm diese Zeit wie der »Himmel auf Erden« vorgekommen sein. Seit 1962 war er bereits zweifacher Großvater, weitere Enkel folgten. Sein jüngster Sohn Johannes befand sich auf dem Sprung nach New York, um dort eine erstklassige Ausbildung zu bekommen. Die Glanzserie der sportlichen Erfolge setzte sich fort: Auf seinem Lieblingspferd Asbach wurde Josef Neckermann Dressurweltmeister. Auch der Titel des Deutschen Meisters war ab 1962 auf den Namen Neckermann abonniert. Mit dieser Qualifikation hatte er im Frühjahr 1964 nur noch ein Ziel vor Augen: Die Olympiade in Tokio. Den Kopf dafür hatte er frei: Sein Sohn Peter war seit dem 15. Mai 1963 gleichberechtigter, persönlich haftender Mitgesellschafter und als ein hochbelastbares »Arbeitstier« Tag und Nacht im Büro erreichbar.

Mitten in dieser Erfolgssträhne legte die Trauer ihren Schleier auf die Familie: Am 17. September starb »Mutsch«, Neckermanns Mutter Jula, die ihre beiden Söhne mit allen Kräften gefördert und jahrzehntelang den Kohlenhandel ihres früh verstorbenen Mannes geführt hatte. Die letzten Jahre hatte sie schwer krank im Rollstuhl verbracht. Im Sommer hatte sie sich von ihren Enkeln durch den großen Familiengarten schieben lassen, der idyllisch in dem Parkviertel namens »Klein-Nizza« am Fuße der Weinberge ihrer Heimatstadt lag. Zu ihrem Begräbnis erschienen viele Würzburger, die sich daran erinnerten, wie die Neckermanns in jener Bombennacht am 16. März 1945 ihre Sektkellerei als Luftschutzbunker für die Anwohner geöffnet und damit gut 2 000 Menschen das Leben gerettet hatten.

Noch vor dem Flug nach Tokio vernahm Josef Neckermann die Meldung, dass der ewige Rivale Schickedanz das badische Großversandhaus Schöpflin geschluckt hatte. Mit diesen neuen Marktanteilen ging Quelle in Führung. Der Jahresumsatz betrug 1,2 Milliarden Mark, bei Neckermann waren es 720 Millionen. »Dass Schickedanz hierzulande die Spitze hält, ist aber kaum bekannt. Der Alleinherrscher von Quelle hängt tief im Popularitätsschatten seines Frankfurter Kollegen«, konnte man in der *Frankfurter Allgemeinen Zeitung* lesen.

Dieser Bericht lag auch bei einem Meeting in der Quelle-Zentrale in Fürth auf dem Tisch, und Grete Schickedanz fragte die versammelten Werbeleuten der Agentur McCann mürrisch: »Was können Sie, meine Herren, für uns tun?« Gustav Schickedanz fühlte sich offenbar persönlich angesprochen und reagierte fast den Tränen nah: »Ich hoffe, Ihr werdet von mir jetzt nicht verlangen, dass ich wie Neckermann anfange zu reiten.«

Kapitel 23

»Die Leute von Kaufhof sind auch schon da!«

Das Fest der Firmen in Tokio

»Er ließ nichts anbrennen«, »er hatte einen Schlag bei den Frauen«, »da war schon hin und wieder mal was«. Doch eine konkrete Affäre konnte niemand bestätigen. Alles nur Gerüchte und Klatsch. Bis auf einen Witz, der erklären sollte, wofür Josef Neckermann am meisten schwärmte. Der ging so: »Von vorn sieht sie aus wie Brigitte Bardot, sie hat einen Hintern wie Gina Lollobrigida und Beine wie Marlene Dietrich. Wer ist das?« Die Antwort ging fast beim Lachanfall der Reiter unter: »Das ist Neckermanns Antoinette.«

Rund 100 000 Mark bezahlte »Necko« im Sommer 1963 für diese Holsteiner Rappschimmelstute. »Eine Primadonna von den Ohren bis zu Schweifspitze, eine echte Diva«, hieß es über das Pferd. Der Vorbesitzer war Hans Dütting, Vorstandsvorsitzender der Gelsenkirchener Bergwerks-AG. Reitsport zu treiben, war schon immer ein teurer Spaß. Die Reiter entstammten vorwiegend dem Adel und deutschen Industriekreisen. Ihre Intrigen füllten die Sportseiten der Regionalblätter. Ein Spruch sagte alles: »Wenn vier, fünf Dressurreiter zusammenkommen, wird kein Wort mehr ohne Rechtsanwalt ausgetauscht.«

Josef Neckermanns Stallungen befanden sich an der Güntherstraße in Frankfurt-Niederrad, auf dem traditionsreichen Waldfriedgelände. Hierher wurden die Journalisten oft eingeladen und sie kamen gerne, weil Neckermann immer Überraschungen auf Lager hatte. Vor dem Aufbruch nach Tokio hinterließ er der Presse ein Rätsel: »Wird es diesmal Antoinette – oder nochmals Asbach sein?« – Beide Pferde flogen mit! Der Transport der Reiterequipe war auch diesmal der größte Einzelposten der deutschen Olympiamannschaft: Pro Pferdekopf zahlte das Nationale Olympische Komitee 30 000 Mark.

Mit Auto und dem Anhänger ging es zuerst nach Amsterdam. Von dort aus dauerte der Flug der Skandinavien Airlines nach Tokio mit Zwischenlandung in Anchorage geschlagene 27 Stunden. Der Pilot hatte eine Pistole dabei, für den Fall, dass eines der Pferde durchgehen würde und durch sein Toben die Maschine in Turbulenzen oder gar zum Absturz bringen könnte. Die Bedenken waren nicht ganz aus der Luft gegriffen. Drei Stunden lang weigerten sich die schwedischen Pferde hartnäckig, sich an Bord der Maschine hieven zu lassen. Die anderen 24 Gäule ließen sich nicht aus der Ruhe bringen. Josef Neckermann überwachte das Einsteigen von Antoinette und Asbach persönlich. Die Presse schrieb: »Für Pferde tut man alles!«

Ehrengast von Kioto bis Tokio

Die Eröffnung der XVIII. Olympischen Spiele in Tokio fiel auf den Samstag, den 10. September. Über den Straßenschluchten der Hauptstadt preschte eine moderne Hochbahn auf einem Monogleis. Auf dieser wurden die Gäste in Rekordzeit stau- und störungsfrei vom Flughafen ins Zentrum und weiter ins Stadion geschleust. Der Einzug der Nationen ins Olympiastadion führte an der Bandenwerbung der Firmen vorbei. Durch die Fernsehbilder erfuhr die Welt, dass es neben Tokio auch noch Toyota gab. Marken wie Sony, Hitachi, Panasonic oder Sharp brachten liebliche Töne an Neckermanns Ohren. Künftig sollte im Kleid von Neckermann die Technik von Sanyo spielen und wie ein Taifun gegen Grundig blasen.

Zwischen Sport und Geschäft gab es keinen Trennungsstrich mehr. Deshalb plante Neckermann rund vier Wochen Zeit ein, um neben der Olympiade noch gründlich die Produktion vor Ort zu studieren. Er war nicht allein. In langen Ferngesprächen teilte er seinem Sohn Peter in Frankfurt überrascht mit: »Stell' Dir vor, die Leute von Kaufhof sind auch schon da!« Grete Schickedanz weilte gerade in Hongkong. Dort legte zur gleichen Zeit Neckermanns Schwiegersohn Hans Pracht einen Zwischenstopp ein, um ein neues Transportzentrum zu organisieren: Künftig sollten alle preiswerten Textilien bei Neckermann aus Fernost stammen.

Ähnlich wie in Rom quartierte sich Josef Neckermann mit seiner Frau Annemi, der Tochter Evi und Schwiegersohn »Hänschen« außerhalb des Olympiadorfes ein. Er wählte das Ginza Hotel mitten im Zentrum von Tokio. Aus dem Fenster glitt der Blick auf ein unübersichtliches Häusermeer. Block für Block gleich, die Straßen in Quadrate aufgeteilt, im endlosen urbanen Netz aufgereiht. Trotz des prunkvollen Ambientes entsprachen die Zimmer nur japanischen Maßen. Die Decke war so niedrig, dass der lange Lulatsch Neckermann sich bücken musste.

»Von allen Olympiateilnehmern verbringt Josef Neckermann in Tokio die aufregendste Zeit«, berichtete der Sportredakteur der *Frankfurter Rundschau*, Erich Wick. »Er weiß nicht recht, wo ihm der Kopf steht. Am Montag besuchte er Kioto und Osaka. In Tokio besichtigte er Textil- und optische Betriebe, er musste über seine Eindrücke bei den ›Mitsui-Werken‹ referieren und beim Modekonzern ›Toyo Rayon‹ eine Rede halten. Am Abend nahm er an einer Dinner-Party mit Geishas teil.«

Die Arbeits- und Lebensbedingungen der Japaner schockierten Josef Neckermann. In den Fabriken, vielerorts nur ein Bretterverhau, waren auf kleinster Fläche Unmengen von Menschen zusammengepfercht, die bei schlechtem Licht, unzulänglichen hygienischen Einrichtungen und ohne Kantine wie die Sklaven schuften mussten. Das berührte zwar das soziale Empfinden des Versandkönigs, aber Einfluss auf eine Verbesserung konnte und wollte der künftige Auftraggeber nicht nehmen. Weder Neckermann, noch Karg von Hertie oder Schickedanz interessierten sich sonderlich dafür, unter welchen Bedingungen ihre Ware in Asien produziert wurde.

Es ging nur um eins: Billige Artikel zu bekommen, um den Wettbewerb weiter anzuheizen. Die Löhne stiegen, die Renten wurden erhöht. Die Kaufkraft der Deutschen wuchs. In Deutschland gab es 680 000 freie Stellen, doch nur noch 100 000 Arbeitslose. Überall im europäischen Ausland wurden Gastarbeiter angeworben: Italiener, Jugoslawen, Spanier, Portugiesen und Türken kamen in Scharen. Sie wohnten in Notquartieren, aber sie kauften wie verrückt: Kleider und Schuhe, Radios und Fernsehgeräte, Waschmaschinen und Kühlschränke.

Gold im Gewitter

Der finstere Horizont über Tokio färbte sich gelb. Blitze zuckten über den Himmel. Ein gewaltiges Unwetter zog auf. Das Wetterszenario der Olympischen Spiele in Rom wiederholte sich. Doch es kam noch drastischer. In dem Augenblick, als Josef Neckermann zu seiner Dressurprüfung losreiten wollte, lief ihm ein japanischer Funktionär entgegen und rief aufgeregt: »Earth quake!«

Erdbeben! Warnung! Stufe drei! Josef Neckermann erhielt Anweisung, sich im Notfall vom Stall und der Tribüne fernzuhalten. Horst Niemack, noch immer Chef der olympischen Reiterequipe, eilte zur Jury, um Protest gegen die wettbewerbswidrigen Bedingungen einzureichen. Zu spät. Josef Neckermann war bereits im Parcours unterwegs: Auf Antoinette! Neues Pferd, neues Glück.

Der Ritt wurde live in alle Welt übertragen. Zum ersten Mal sollte die Verbindung zwischen fünf Kontinenten via Satelliten aus dem Weltall funktionieren. Doch die Fernsehzuschauer, die in Deutschland gebannt vor dem Bildschirm saßen, konnten kaum etwas erkennen. In den Regengüssen waren Ross und Reiter nur schemenhaft zu erkennen. Wie die Juroren diesen Ritt überhaupt bewerten konnten, blieb ein Rätsel der olympischen Dressurgeschichte. Aber für Deutschland brachte die Entscheidung Gold in der Mannschaftswertung! Neckermann, in der Einzelwertung auf Rang fünf gerutscht, trabte sich mit seinem Gewitterritt erneut in die Herzen der Nation. Nach dem Triumph ging es auf Umwegen zurück in die Heimat. Erste Station war Taiwan, das damals noch Formosa (»wunderschön«) hieß. Auf dieser Insel knüpfte Neckermann Kontakt zu dem größten Hersteller von Schlauchbooten, ein neuer Schlagerartikel für seine Campingabteilung. Der Gastgeber, ein gewisser Mister Hsu, ließ bei der Betriebsführung Kinder mit Fähnchen winken: »Wir trauten unseren Augen nicht«, schilderte Neckermann in seinen Erinnerungen: »Auf einigen war noch das Hakenkreuz.« Der Militärdiktator Tschiang-Kai-Schek ließ ebenfalls zum Empfang bitten und tauschte als alter Kavalleriekämpfer mit Neckermann Reitererfahrungen aus.

Nächste Station war Korea, wo Neckermann weitere Weichen für seine künftigen Bezugsquellen stellte. Über Alaska flog er schließlich nach New York. Dort jagten sich die Termine erst recht. Ein Olympiasieger zum Anfassen war genau nach dem Gusto der US-Businesswelt. Inzwischen hatte er auch jede Menge Geschäftsfreunde hier: die Banker von Morgan Guaranty Trust, die Finanzmakler von Jesup & Lemont und den Chairman der Chase Manhattan Bank. Neuer Partner war der Versicherungskonzern Nationwide. Den ersten Kontakt hatte wieder der Sohn Peter bei einem Vortragsbesuch über den deutschen Handel in New York geknüpft. Aus der Verbindung entstand seinerzeit Deutschlands billigster Autoversicherer. Allerdings auch der mit den härtesten Konditionen: Schon nach dem ersten Unfall, und sei es nur ein Bagatellschaden, erfolgte die Kündigung. Neckermann berief sich auf die US-Regeln von Bonus und Malus (Strafzins). Wer einen Unfall baute, hatte eben Pech gehabt.

Liebe auf dem Traktor

Auch der zweite Neckermann-Filius Johannes fühlte sich inzwischen im Big Apple heimisch. Seit 1962 besuchte er die School of Commerce der renommierten New York University. Beim Besuch seiner Eltern stellte er seine Eroberung vor: »Inki«. Die Romanze hatte auf einem Traktor begonnen. Die Abiturientin und Musikstudentin aus Bischofswiesen war dem »armen Sohn« des Versandkönigs Neckermann bei einer Landparty der goldenen Junggesellen auf Long Island aufgefallen. Johannes bezeichnete sich tatsächlich als »arm«, weil »mein Vater mich ziemlich kurzgehalten hatte. Das Beste an meinem winzigen Appartement an der Ecke Lexington- und 50th Street, mit Fenster zum Innenhof, war der Liquor Store gleich nebenan«, erinnerte er sich später.

Ingrun »Inki« Möckel war von der Agentur »High Fashion Model« nach New York geholt worden. Sie war mit Krone, Schärpe und Zepter im Koffer gekommen und wurde als »Miss Germany 1960« und

»Miss Europa 1962« erfolgreich vermarktet. Johannes, in seiner abgewetzten Tweedjacke, hatte davon keine Ahnung. »Inki« wiederum sagte angeblich der Name Neckermann nichts. Deshalb funkte es – zumindest liebte Johannes diese Version zu erzählen. »Ich war für ›Inki‹ endlich einer, mit dem sie normal sein konnte.«

Der Vater, Josef Neckermann, hegte anfangs Vorurteile: »Kann eine schöne Frau auch klug und praktisch veranlagt sein?«, bekannte er in seinen Erinnerungen. Doch Johannes war nicht umsonst das Nesthäkchen der Familie. Was er sich wünschte, bekam er auch. So willigte sein Vater schließlich in die Verbindung ein: »Unserem Johannes, der etwas von einem Barockfürsten an sich hatte, stand eine Schönheitskönigin sehr gut zu Seite.«

Zur Hochzeit im Mai 1966 fuhr das Paar in Frankfurt standesgemäß in einem nelkengeschmückten Cadillac Fleetwood vor. »Es spricht für die Neckermanns, dass jeder zu der Trauung in den Frankfurter Dom durfte«, berichtete die Presse und vermerkte ironisch: »Die Kleider der Hochzeitsgäste dürften wohl kaum aus dem Neckermann-Katalog gewesen sein. Das auffälligste Kleid trug die Gattin Josef Neckermanns: zitronengelb und dazu einen Turban aus Schweizer Spitze von Toni Schiesser. Die Brautmutter erschien in einem unauffällig-eleganten, braunen Kleid.«

Die Braut fiel besonders durch ihren Schmuck auf. »Zuerst die Perlenkette sowie ein Platinarmband mit Smaragden in der Kirche, später beim Bankett im Hessischen Hof legte sie noch ein kostbares Smaragdhalsband an, das Hochzeitsgeschenk ihres Mannes.« Erwähnt wurde auch das Büfett: »Neun Meter lang, voll mit Stör, Kaviar, Lachs, Forellenfilets, Poularden, Wild und anderen Fleischsorten. Etwa 200 Gäste waren geladen – aber es fehlte die ganz große Prominenz.«

Die Unentwegten

Kaum war Josef Neckermann von seiner Olympiareise in Frankfurt zurück, trafen die ersten Kisten aus Japan ein. Die erste Ladung von Fernsehgeräten der Marke »Neckermann Universum«. Beim Auspacken gab es großen Ärger: Überall fehlten die Einschalttasten. Die Nachbesserung verteuerte das Gerät. Bei den haarscharf kalkulierten Preisen bedeutete es, dass jeder verkaufte Flimmerkasten Verluste einbrachte. Dies sollte Josef Neckermann nicht noch einmal passieren. Er ließ unverzüglich eigene Techniker nach Japan fliegen.

Neckermanns Expansion nahm geradezu olympisches Rekordtempo an. Im Jahre 1965 erweiterte er sein Filialnetz um ein neues Kaufhaus in der Berliner Kantstraße – ein Projekt, das Flick seinerzeit blockiert hatte. Die Neckermann Bekleidungswerke in Frankfurt, Darmstadt und Essen beschäftigten 14 297 Mitarbeiter. In der Frankfurter Versandzentrale wuchs die Zahl der Beschäftigten auf 3 811 Personen.

Beim Jahresfest erweiterte sich die Liste der »Unentwegten« auf 262. So wurden die Mitarbeiter genannt, die zehn Jahre und länger keinen einzigen Tag im Betrieb fehlten. Keinen einzigen Tag krank gewesen! Es muss damals wirklich eiserne, unverwüstliche Menschen gegeben haben: Es war durchaus üblich, bei einem Armbruch mit frischem Gips gleich wieder am Arbeitsplatz zu erscheinen. Man achtete peinlich darauf, ja keine Punkte in Neckermanns Treuebonussystem zu verlieren. Am Jahresende gab es bei der Betriebstombola dafür Wertsachen zu gewinnen. Der Hauptpreis bei der Verlosung unter den »Unentwegten« war ein VW-Käfer.

Drei Wochen Mallorca

Im Sommerkatalog 1967, der inzwischen in einer Auflage von 4,5 Millionen Stück verschickt wurde, bot Neckermann rund 10 000 Artikel an. Der Knüller war ein Reiseangebot: Drei Wochen Mallorca für 747 Mark. Im Preis waren Flug und Hotel mit Vollpension inbegriffen. Flick hatte einst über Neckermanns Reisepläne die Nase gerümpft, doch die Urlaubsbuchungen erreichten schnell Rekordzahlen.

Zum ersten Mal hatte Neckermann 1963 Reisen in einem sechsseitigen Faltblatt angeboten. Per Flug ging es an die spanische Costa del Sol, nach Mallorca, außerdem standen Jugoslawien, Rumänien und Tunesien zur Auswahl. Auf Anhieb hatten rund 18 000 Teilnehmer ihre Bilderbuchferien im Katalog bestellt, denn so günstige Preise mit »allem inbegriffen« bot sonst niemand. Ab 338 Mark für zwei Wochen nach Mallorca oder – das teuerste Angebot: für 425 Mark ein vierzehntägiger Vollpension-Urlaub im rumänischen Mamaia am Schwarzen Meer. Das Reisegeschäft bedeutete insgesamt einen Umsatz von 8 Millionen Mark zum Start.

Die Deutschen hatten einen riesigen Nachholbedarf. Erst durch die Hitler-Jahre bei Reisen ausgebremst, nach dem Krieg am Boden zerstört, eröffnete die Bundesregierung 1954 den grenzüberschreitenden Urlaubsverkehr. 1 500 Mark durfte man damals frei in ausländische Devisen umtauschen. Der Run auf »Bella Italia« begann. Die Deutschen sollten bald Reiseweltmeister werden. Nicht nur auf Rädern. Mit dem Schlagwort »wir fliegen in den Urlaub« setzten sich in den 60er Jahren ungeahnte Touristenmassen in Bewegung.

Um mit dem Zeitgeist Schritt zu halten, verband sich Neckermann 1963 mit der Lufthansa-Tochterfirma »Condor«. Die Passagiere, die fortan in Spanien, Tunis oder Kenia aus den britischen Maschinen Vickers Viscount kletterten, hatte den Spitznamen »Neckermänner« weg. Sie eroberten die Strände an der Costa del Sol und verwandelten die Küsten der Adria in einen »Teutonen-Grill«. An der sozialistischen Schwarzmeerküste fand eine vorgezogene Wiedervereinigung statt: Die Bundesbürger, die sich mit ihren Verwandten, alten Freunden und Bekannten aus der Ostzone treffen wollten, buchten einen Urlaub im rumänischen Badeparadies Mamaia oder in Varna an Bulgariens »Goldküste«.

Wegen des Riesenerfolges stellte sich die Reiseabteilung bei Neckermann auf eigene Füße. 1965 wurde die selbstständige Tochtergesellschaft Neckermann und Reisen GmbH & Co. KG gegründet. Überall breiteten sich damals die N-U-R-Flaggen aus. Libanon als die »Schweiz des Nahen Ostens« wurde zum nächsten Traumziel. Mit verschneiten Gipfeln des Baalbek-Massivs bis zu den Bauchtänzerinnen im schillernden Casino de Liban am Mittelmeer ein Märchenreich aus Tausend und einer Nacht. Nach der Einführung der legendären Boeing 720 erweiterte sich der Neckermann-Flugplan in Richtung Ägypten und Kenia. Dort nahm die Begrüßung der Touristen mitunter groteske Züge an. Auf den Schildern, die sich die

Josef Neckermann vor einem Presseflug nach Prag anlässlich der Vorstellung des Ostblock-Programms von Neckermann & Reisen, 1965.

Einheimischen zu ihren Souvenirständen malten, stand: »Billiger Jakob für kleinen Neckermann.« Spanische Supermercados warben mit dem Spruch: »Du nix gucken Neckermann – ich billiger!«

Die Reisewut der »Neckermänner« sorgte alsbald für Auswüchse, mit denen sich der Versandhauschef erst beim Schreiben seiner Memoiren beschäftigte: »Bangkok nur mit Sextourismus in Verbindung zu bringen, wäre geradezu unsinnig und diffamierend.« Doch der »Reisemarschall der Deutschen« musste zugeben, dass man anfangs Bangkok als ideales Ferienziel für »junge, reiselustige Junggesellen« angepriesen hatte. Der Impuls für diese Werbung kam von der Marketingabteilung, nachdem die Untersuchungen ergeben hatten, dass Bangkok zu 40 Prozent von Kegelclubs und ähnlichen Männervereinigungen kollektiv gebucht wurde. Josef Neckermann hob dagegen seine Verdienste um Bildungsreisen heraus: »Erst durch unsere günstigen Konditionen konnte jedermann die Kulturen von Indien, Nepal, Thailand, Hongkong, später noch Japan und Taiwan sowie das indonesische Inselreich Bali kennen lernen.«

Götter, Geister und Pagoden zum Schnäppchenpreis. Für 1 595 Mark konnte man wählen zwischen Plantschen in Ceylon (heute Sri Lanka) oder einer Tempeltour durch Südindien. Touristisches Neuland betrat Neckermann auch im Osten mit Zugreisen durch Russland oder Kuren im westböhmischen Karlsbad oder Marienbad.

»Do it yourself, sagt sich der Versandchef« – überschrieb *Bild* einen Artikel über die Ferien von Josef Neckermann. Mit seiner Frau Annemi flog er im Sommer 1966 mit der eigenen Reisegesellschaft nach Teneriffa. Im Kurzinterview gab er bekannt: »Das Pferd bleibt ganz bestimmt zu Hause, ich will keines sehen während meines Urlaubs. Ich nehme auch keine Kamera mit, will keine Kathedralen besichtigen, keine Ausflüge machen – nur schwimmen, ausruhen und mich meiner Frau widmen.«

Der Balkon von Brigitte Bardot

Johannes und »Inki« Neckermann brachen zur gleichen Zeit zu ihren Flitterwochen nach Paris auf. Sie sollten ein ganzes Jahr dauern. Im 16. Arrondissement, in der Avenue Paul Doumer 16 mieteten sie eine Mansardenwohnung an. Über mangelnden Besuch von Freunden und Bekannten konnte sich das junge Paar nicht beklagen. Das Interesse allerdings galt dem Blick aus dem Fenster: Er führte auf eine Dachterrasse, wo des Öfteren eine spärlich bekleidete Blondine auftauchte – die göttliche Bardot.

Neben den vielen Partys absolvierte Neckermann Junior Praktika bei der Champagner-Dynastie Taittinger und dem Kaufhaus Magazin du Louvre. Dort verdingte er sich als Hemdenverkäufer. Die auffälligsten Hemden mit Rüschen wie die der Beatles trug er selbst. Nach einem Jahr endete »la vie de Bohème«. 1967 stieg Johannes in der Firma seines Vaters ein, zuerst als dessen persönlicher Assistent, danach als Werbe- und Marketingleiter. Am 24. September 1967 kam Sohn Lukas zur Welt. Über die neue Rolle seiner Frau Ingrun war sich Vater Johannes sicher: »Sie war froh, nicht mehr den Rummel um ihre Person und Schönheit ertragen zu müssen und widmete sich voll und ganz der Familie.«

Hexerei mit Dividenden

Neckermanns Ältester übernahm die Aufgabe, die Bilanzen bei der Aktionärsversammlung bekannt zu geben. 1966 sorgten die Zahlen für Zufriedenheit: Das Umsatzvolumen war um 200 Millionen auf 1,3 Milliarden Mark gestiegen. Davon entfielen 807 Millionen auf die Kaufhäuser. Im Jahre 1967 gelang eine weitere Steigerung um 100 Millionen. »Es gehört zur Entwicklung des Hauses, dass man jedes Jahr mehr Umsatz erreicht«, betonte Peter Neckermann. In den neuen Sparten des Hauses sahen die Bilanzen im Vergleich noch bescheiden aus: 86,7 Millionen mit Neckermann-Reisen, die neu eingeführte Neckermann-Eigenheim GmbH startete mit 16,7 Millionen Umsatz und die Neckura-Versicherung verzeichnete eine Prämieneinnahme von 10,7 Millionen Mark.

Gleichzeitig erwähnte Peter Neckermann, dass »die fortschreitende Ausdehnung des Unternehmens eine Zuführung zusätzlicher Mittel benötigt«. Die Journalisten verstanden es richtig: Neckermann brauchte dringend eine weitere Kapitalerhöhung. Denn trotz Milliardenumsätzen wurde 1967 nur ein Jahresüberschuss von 16,4 Millionen Mark erwirtschaftet – 2,6 Millionen weniger als im Vorjahr. Die Ursachen lagen an der Kostensteigerung, den sinkenden Handelsspannen und den steigenden Postgebühren.

Dennoch zahlte Neckermann auf seine Aktien noch 12 Prozent Dividende aus – »es war reine Hexerei. Leidtragende der mageren Betriebsergebnisse waren nicht die Aktionäre, sondern das Unternehmen selbst«, vermerkten die Wirtschaftsjournalisten von der *Frankfurter Allgemeinen* bis zur *Zeit*. Bei der Mehrheit der Beobachter keimte der Verdacht, dass Josef Neckermann an Gewinnen gar nicht so stark interessiert sei. Im engsten Kreis der Geschäftsfreunde munkelte man, Neckermann habe nur ein Ziel: »Zu wachsen und die Konkurrenz zu ärgern.« Kaum wurde das Stammkapital von 85 Millionen um weitere 25 Millionen Mark erhöht, erweiterte er sein Imperium erneut: Seine Versandzentrale in der Hanauer Landstraße wurde aufgestockt, im Nordwest-Zentrum entstand mit 70 000 Quadratmetern Fläche ein zweites Neckermann-Kaufhaus für Frankfurt.

Und die Preise purzelten: Bei Neckermann gab es das billigste

Farbfernsehgerät Deutschlands und ab 4 750 Mark lieferte der Versand schon das billigste Ferienhaus »Hobby« für den Garten. Mit einer Fläche von 20 Quadratmetern hatte es einen kombinierten Wohn- und Schlafraum, eine Abstellkammer mit WC und es war sogar winterfest. »Neckermann dachte an alles und jeden«, schrieb die *Frankfurter Rundschau.* Er senkte die Preise beim Schweinefleisch-Versand von 2,39 auf 2,25 Mark pro Kilo. Bei ihm konnte man den billigsten Nerzmantel Deutschlands bestellten, für 4 000 statt wie sonst üblich für 8 000 Mark.

Renditen für Apotheker und Zahnärzte

Am 1. September 1967 stieg Neckermann auch noch mit einem eigenen Fonds in das Investmentgeschäft ein. Bei der neugegründeten Vertriebsorganisation Neckermann Anlageberatung liefen die Telefone heiß. Rudolf Lehmann aus Frankfurt erinnert sich: »Ich studierte damals Betriebswirtschaft und suchte nach einem Nebenverdienst. Da hieß es, Neckermann braucht Leute für den Telefonverkauf von Fonds und Zertifikaten. Mehr musste man nicht wissen: Wir hatten Listen von Zahnärzten und Apothekern bekommen. Die riefen wir an und sagten, Neckermann hat etwas Neues, sie können damit Geld verdienen. Das reichte. Die Kunden kauften die Papiere wie verrückt. Mit dem Namen Neckermann funktionierte damals einfach alles.«

Auch Ferienhäuser auf Ibiza waren zu verscherbeln. Als Rudolf Lehmann mit einer Gruppe von Ärzten und Anwälten für zwei Tage auf der Insel aufkreuzte, konnte er sich die Baustellenbesichtigung schenken. »Wir gingen in eine Bodega und bestellten reichlich Rotwein. Kaum hatten die Kunden die Pläne gesehen, schon ging der Verkauf unbesehen los. In zwei Tagen waren alle Ferienwohnungen und Bungalows der ganzen Anlage weg. Ich hatte in zwei Tagen 30 000 Mark Provision verdient. Ich kaufte mir als Student einen Porsche Super 90. Neckermann machte es möglich!«

Der Name Neckermann stand für die größte Handelsexpansion aller Zeiten. Nach der katastrophalen Niederlage im Zweiten Weltkrieg schien es so, als würde sich mit diesem Namen die große Wiedergutmachung an Deutschland einstellen. »Als hätte der Himmel uns Deutschen diesen Mann geschickt«, schrieb euphorisch Kurt Maier einen Leserbrief an die *Frankfurter Rundschau*. Es lag an Neckermanns Magie. Nachdem Peter Neckermann bei den Aktionärsversammlungen und Pressekonferenzen um die schwierige wirtschaftliche Lage des Unternehmens herumgeredet hatte, ergriff sein Vater das Wort, um stürmisch neue Perspektiven zu verkünden, bei denen es den Zuhörern schwindelig wurde.

Mancher der damaligen Zeitzeugen sah in der Person Neckermanns den neuen Führer der Nation, stärker und tatkräftiger als all die Politiker, die sich in endlosen Debatten erschöpften. Unvergesslich der Augenblick, als Josef Neckermann im Herbst 1967 bei einer Pressekonferenz verkündete: »Wir führen das größte Versandhaus-Angebot Europas. Noch nie in der Geschichte dieser Branche gab es in einem Katalog 14 128 Artikel und 53 245 Positionen auf 868 Seiten. Bei uns wird vom sprechenden Papagei bis zum Eigenheim alles geboten.«

Die »Neckermanie« hatte ihren Preis: Allein die Katalogherstellung schlug mit 8 Mark pro Heft zu Buche. Bei einer Auflage von 5 Millionen Stück waren das insgesamt rund 40 Millionen Mark pro Katalog, also satte 80 Millionen Mark pro Jahr. Mit diesem gigantischen Angebot kämpfte der einflussreichste aller Kaufmänner in einer wahnähnlichen Euphorie um die totale Marktherrschaft. Im Bewusstsein der Nation schwang er sich zum Wohlstandskanzler auf, der alles möglich machte. Stringent durchdacht und organisiert, auf alle Bereiche des Konsums ausgelegt, Randaktivitäten inbegriffen: vom Anlagegeschäft für Millionen bis zum Sextourismus für Männervereine. Es bedeutete den Sieg einer langjährigen Strategie, indem sich der Sohn eines Würzburger Kohlenhändlers schließlich ein ganzes Volk kaufte – durch sein Billigpreisangebot.

Kapitel 24

»Der richtige Ort für die Krönung meiner Reiterkarriere«

Neckermann holt die Olympischen Spiele nach Deutschland

Am 26. Mai 1967 wurde die Stiftung Deutsche Sporthilfe gegründet. Am 12. Juli wählte man in Frankfurt den ersten Chef. Es gab nur einen Kandidaten: Josef Neckermann. Als zweites Mitglied rückte Georg von Opel in den Vorstand. Vormals hatte er der Deutschen Olympischen Gesellschaft (DOG) angehört, deren Aufgaben nun die Sporthilfe voll zu übernehmen beabsichtigte.

Die Idee stammte von Willi Daume, IOC-Mitglied und seit 1961 Präsident des deutschen Nationalen Olympischen Komitees (NOK). Es ging ihm darum, aus Deutschland eine führende Sportnation zu formen. »Olympiaverdächtige« Talente sollten gefördert werden, mit Studienbeihilfen, Zuschüssen zu Fahrten zum Training und zu Wettkämpfen, Bereitstellungen von Sportgeräten und Übernahmen von Behandlungskosten bei Verletzungen sowie Zahlungen von Verdienstausfall.

Willi Daume, geboren 1913 im oberbergischen Hückeswagen, war ein Sportfunktionär aus Leidenschaft und aus dem gleichen Holz geschnitzt wie Josef Neckermann. 1936 spielte er in Berlin trotz seiner eher kleineren Statur in der deutschen Olympiamannschaft im Basketball. Sportlich war der Einsatz kein Erfolg, für Daume jedoch ging es aufwärts. Er meldete sich bei der NSDAP und wurde am 1. Mai 1937 unter der Nummer 6 098 980 aufgenommen. Während des Krieges war er für die reibungslose Fortsetzung jeglicher Art von Sportveranstaltungen zuständig. Er organisierte noch Wettbewerbe, als in deutschen Stadien schon kein Stein mehr auf dem anderen stand. Zu den dunklen Kapiteln gehörte ein Befehl, den Daume mit einigen anderen Reichssportfunktionären in den letzten Kriegstagen erließ: Die Verteidigung des Reichssportgebäudes in Berlin gegen die Rote Armee, bei der sich 16-jährige Nachwuchssportler der Hitlerjugend sinnlos opferten. Bei der Kapitulation gelang es Daume zu verschwinden, was manche Historiker sarkastisch für seine größte sportliche Leistung hielten.

1949 trat Daume als Präsident des Deutschen Handballbundes wieder in Erscheinung. 1950 gründete er den Deutschen Sportbund (DSB). Nebenher übernahm er als Industrieller eine Maschinenfabrik im Dortmunder Hafen, die ihm bald Millionengewinne bescherte. Mit seinem beispiellosen Ehrgeiz häufte er Ämter an, um eines Tages einer der mächtigsten Sportfunktionäre der Welt zu werden. Dafür brauchte er die Unterstützung der Industrie. Nach den Olympischen Spielen 1960 in Rom suchte er Josef Neckermann auf, um ihn für seine Ideen zu begeistern. Doch Josef Neckermann war auf den Pferdesport fixiert und mit seinem Unternehmen voll beschäftigt. Daume ließ nicht locker. »Er brauchte die persönlichen und geschäftlichen Kontakte Neckermanns für seine Pläne«, so die *Frankfurter Rundschau*.

Um Neckermann zu überreden, hatte der Netzwerker Daume, ein streng gläubiger Katholik, sogar den Kölner Kardinal Frings als Vermittler eingeschaltet. Doch schließlich wirkte ein »großer Wurf« Daumes als Zauberformel. Als er im Herbst 1965 zum ersten Mal mit Josef Neckermann darüber sprach, war der Olympiareiter sofort Feuer und Flamme: »Olympische Spiele in Deutschland.«

Von nun an verband die beiden Männer ein missionarischer Eifer, um unter anderen Vorzeichen den olympischen Triumph von Berlin zu wiederholen. Am 30. Dezember 1965 wurde dem Büro des IOC in Lausanne ein Bewerbungsschreiben zugestellt. Fünf Wochen später erhielten die 71 IOC-Mitglieder, die 122 Nationalen Olympischen Komitees und 40 internationalen Sportverbände die kompletten Bewerbungsunterlagen über den Standort München. Als weitere Kandidaten meldeten sich Detroit, Madrid und Montreal. Die entscheidende Sitzung fand in Rom statt, was Josef Neckermann von vornherein als ein gutes Omen betrachtete. Er versicherte Daume: »Sie werden sehen, wir gewinnen!« Am 26. April 1966 siegte München in einer Stichwahl gegen Montreal.

In Deutschland wurde die Nachricht nur bedingt bejubelt. Es erhoben sich auch warnende Stimmen: »Deutschland sollte kein Olympiaveranstalter mehr sein, die Erinnerungen der Welt sind noch zu stark mit Berlin 1936 verknüpft«, meinten die Kritiker. Mit ungeheuerem Elan machte sich Daume daran, alle führenden Persönlichkeiten zusammenzutrommeln, um für München gut Wetter zu machen. Josef Neckermann wurde zum Zugpferd der Kampagne. Für den gab es keinen Zweifel, »dass Deutschland bei diesem Gipfel als eine starke Nation antreten muss«. Dafür war er bereit, alle Hebel in Bewegung zu setzen. Willi Daume zog nach Feldafing bei München, um vor Ort zu agieren. Josef Neckermann wurde sein inoffizieller Olympiastatthalter in Frankfurt, »um Daume bei der Vollendung seines Lebenswerks zu unterstützen«.

Das war auch Neckermanns Motiv: Lebenswerke von nationaler Bedeutung für die Ewigkeit zu schaffen. Neckermann dachte in Wagnerschen Dimensionen: Gigantisch war die Grundeinheit, an der er Maß nahm. Deutschland sollte wie 1936 wieder eine führende olympische Macht werden. An den sportlichen Erfolgen sollte die deutsche Seele genesen. Für die Zöglinge der Deutschen Sporthilfe gab Josef Neckermann die Parole aus: »Um Weltklasseleistungen zu bringen, muss man hart arbeiten.«

Ohrfeigen und Kinnhaken

Die konstituierende Sitzung der Stiftung Deutsche Sporthilfe glich allerdings einer Verschwörung. Mit der neuen Organisation sollte die bisherige Deutsche Olympische Gesellschaft entmachtet werden. Welche Sportler nun eine Leistungsförderung verdienten, sollte Neckermann entscheiden, in Übereinstimmung mit Daume. Es ging um Verdienste für die Nation, Ehre und Ruhm – für Daume eine Frage »der Pflicht und Treue zum Vaterland«, notierte der Daume-Biograf Karl Adolf Scherer.

Mit der Wahl von Georg von Opels, eines herben Kritiker von Willi Daume, in den Vorstand der Sporthilfe, sollte aus der Sicht der anderen Sportfunktionäre die Kontrolle gesichert sein. Der Enkel des

Firmengründers Adam Opel, während seiner aktiven Zeit siebenfacher Meister im Rudern, Goldmedaillengewinner in Tokio, war von 1966 bis zu seinem Tod 1971 IOC-Mitglied. »Die entmachtete DOG wollte deshalb mit Georg von Opel unbedingt in dem Gremium einen Spion haben, um auch über die Vorgänge hinter der Tür der Sporthilfe auf dem Laufenden zu sein«, berichtete das Gründungsmitglied Manfred Germar, der einzige und letzte Sportfunktionär, der noch aus der Neckermann-Zeit im Sporthilfevorstand übrig ist.

Ab 1967 fiel Manfred Germar die schwere Aufgabe zu, Josef Neckermann im Gutachterausschuss zu beeinflussen: »Man wusste, dass er sehr großzügig war und die Reiter ihm besonders am Herzen lagen. Am liebsten hätte er ihnen das meiste Geld von den eingesammelten Spenden zukommen lassen. Es war schwierig, ihn zu bremsen, denn er war derjenige, der das Geld besorgte. Dennoch gab es keine bösen Worte. Er war zu uns wie ein sehr guter Vater. Wir waren ja auch nicht seine Angestellten, sondern ehrenamtliche Helfer. Das war ein Riesenunterschied.«

Neckermanns eigenwilliger Führungsstil sorgte jahrelang für viele Kontroversen. Er ging mit dem westdeutschen Sport hart ins Gericht. Bei öffentlichen Auftritten griff er eine ganze Reihe von Funktionären als »jämmerliche Versager« an. Sein Anliegen formulierte er im Klartext: »Den Anschluss an die großen Sportnationen der Welt nicht zu verlieren! Die Konkurrenz mit Ostdeutschland wieder aufzunehmen!«

Denn als in Tokio 1964 das olympische Feuer erloschen war, hatten die Sportler aus der Bundesrepublik und der DDR zum letzten Mal gemeinsam Beethovens Ode »An die Freude« gesungen. Mit insgesamt 50 Medaillen hatten sie den größten Erfolg der deutschen Olympiageschichte seit 1936 gefeiert. Doch vor der Teilnahme in Mexiko 1968 wurde die gemeinsame Olympiapolitik beendet. Josef Neckermann sah darin einen Ausbruch des »kalten Krieges« im Sport. Der Medaillenkampf wurde für ihn weltpolitisch. Er war nach wie vor ein Kommunistenhasser. Er bewunderte zwar die russischen Reiter, besuchte bei Moskau das legendäre Gestüt Orlovski, brachte Touristen ins Land der Sowjets, aber das System billigte er keineswegs. Er war ein Leben lang davon überzeugt, dass eines Tages auch im Osten die Marktwirtschaft siegen wird und glaubte an die Wiedervereinigung Deutschlands.

»Was lustig klang, wenn er sprach, war sein Ausdruck ›Sch-p-o-o-rt‹ fränkisch breit betont«, erinnerte sich Karlheinz Klug, der Sohn des langjährigen Prokuristen in der Kohlenhandlung Josef Carl Neckermann in Würzburg. Als Mitglied im Ruderverein, den Josef Carl Neckermann 1905 gegründet hatte, stieg Klug junior bis zum Präsidenten des Deutschen Ruderverbandes empor. Nach einer Sitzung der Deutschen Sporthilfe nahm ihn Josef Neckermann mal vertraulich auf die Seite und sagte energisch: »Du musst dringend etwas tun, es liegt einiges im Argen bei den Ruderern.« Karlheinz Klug wusste noch zu ergänzen: »Wenn es Josef Neckermann um seinen ›Sch-p-o-o-rt‹ ging, kannte er kein Pardon.«

Auch sonst war er im Übrigen nie zimperlich. Die Geschichten, die man sich über Josef Neckermanns Fahrstil erzählte, sprechen für sich: Er fuhr im Straßenverkehr wie ein Rennfahrer. Als er einmal von einem anderen Raser geschnitten wurde, verfolgte er ihn bis zu einer roten Ampel. Dort sprang er aus seinen Wagen, rannte zu dem anderen Auto vor, riss die Tür auf und verpasste dem Überhohler eine Ohrfeige.

Legendär war auch die Geschichte um einen Kinnhaken, den Neckermann einem seiner Pferdeknechte verpasste. Der Unglücksrabe nahm mit der teueren Stute Venetia nach einem Platzregen eine Abkürzung gegen die ausdrückliche Anweisung Neckermanns, sie nicht über eine Holzbrücke zu führen. Venetia rutschte auf den nassen Planken aus und verletzte sich am Knöchel. Die Abschürfungen gingen bis auf den Knochen. Josef Neckermann schimpfte nicht, sondern holte zu einem k.o.-Schlag aus. Der Pferdepfleger ging zu Boden, wurde aber nicht entlassen. Neckermann erklärte: »Der widersetzt sich meinen Anweisungen nie wieder.«

Pagodendächer für die Sportgötter

Am 13. Oktober 1967 saßen Bundesfinanzminister Franz-Josef Strauß, Münchens Oberbürgermeister Hans-Jochen Vogel und

Olympiaorganisator Willi Daume im Münchner Rathaus an einem langen Konferenztisch. Die Presse tummelte sich im Hintergrund. In der Mitte des Tisches stand ein Modell mit futuristischen Dächern, die an fliegende Drachen erinnerten. Sie waren um eine große Nadel formiert, den künftigen, 220 Meter hohen Olympiaturm Münchens. Die Präsentation der olympischen Makette, des Modells mit Stadion, Schwimmhalle, einem künstlichen See und weiteren Sportstädten, nahm Neckermanns Hausarchitekt vor. Egon Eiermann, der auch die Frankfurter Versandzentrale entworfen hatte, war Juryvorsitzender und hatte sich für das Projekt der Stuttgarter Architektengemeinschaft Günter Behnisch stark gemacht. Josef Neckermann gehörte zu den ersten begeisterten Bewunderern der tollkühnen Pläne. Er fühlte sich beim Anblick an Japan erinnert. »Diese Pagodendächer wirken wie Tempel der fernöstlichen Götter«, meinte er. »Das ist der richtige Ort für die Krönung meiner Reiterkarriere.«

Egon Eiermann gehörte derweil zu Neckermanns engsten Geschäftsfreunden. Bei der Gründung der Neckermann Eigenheim GmbH im Jahr 1963 lieferte der Architekturprofessor die Entwürfe für die ersten Fertighäuser. Danach wurde die Konstruktion Jahr für Jahr verbessert und die Montage perfektioniert. 1967 stellte man mit dem Modell »Komforthaus Parkring« den absoluten Rekord im Bautempo auf. Ein speziell trainierter Bau- und Handwerkertrupp schaffte es, ein 200 Quadratmeter großes Objekt innerhalb von acht Stunden unter Dach und Fach zu bringen. Im olympischen Jahr 1972 erreichte Neckermann den höchsten Absatz der Firmengeschichte: 5 500 Fertighäuser. Was Neckermann freute: »Natürlich kaufte man auch die Einrichtung, Küche, Bad, Bodenbeläge und die Möbel bei Neckermann.«

Im Höhenflug

Wenn Träume sich in Serie erfüllen, verliert man leicht den Blick für die Realität. Die Erfolge hoben Josef Neckermann in die Wolken. Im Alter von 55 Jahren konnte er auf mehr als 30 Jahre unentwegte Handelsaktivität zurückblicken – das prägt. Die vielen unkonventionellen Lösungen, die vielen Erfolge, zementierten sein autoritäres Denken. Seiner Ansicht nach konnte immer nur einer Recht haben: Josef Neckermann. Es ist fürwahr nicht leicht, täglich eine gigantische Versandhauszentrale zu betreten, die wie eine moderne Pyramide dem Pharao schon zu Lebzeiten unsterblichen Ruhm sichert und dabei auf Ratschläge anderer zu hören. Neckermann, Herr über einen Warenversand, Kaufhäuser und ein Konglomerat von Dienst-, Finanzierungs-, Versicherungs-, Hausbau- und Reiseunternehmen, hielt sich trotz anhaltender Finanzengpässe für unbesiegbar. Er hatte es aufgebaut, und nun lief es von selbst.

Was war da eigentlich noch zu tun? Neckermann wollte die sportliche Glorie der Nation mehren. Deutschland auf die Spitze des olympischen Siegerpodests zu hieven, war nochmals eine Steigerung. Das Nachrichtenmagazin *Der Spiegel* meinte später, der Reiter und Sporthilfechef Neckermann habe sich nicht mehr genügend Zeit für sein Unternehmen genommen: »Morgens fing der Konzernherr Neckermann mit Reiten an. Während des Tages vergrub er sich in Detailarbeiten und abends hielt er einen großen Mitarbeiterstab in Trab, der sein Hobby, die Deutsche Sporthilfe, verwalten musste.«

Gleich zum Auftakt gab es eine Mammutaufgabe zu bewältigen. Die neue Organisation brauchte ein Kuratorium, dessen Namen so gewichtig waren, dass die Millionen von allein in den Klingelbeutel fallen würden. »Ich putzte Klinken und ließ meine Verbindungen spielen«, berichtete Neckermann in seinen Memoiren. »Ich schrieb Briefe, führte stundenlange Telefongespräche, warb, überzeugte, und wenn alles nichts half, fing ich mit meiner Überredungskunst wieder von vorne an.«

Diese Ochsentour brachte schließlich das hochkarätigste Gremium der deutschen Benefizgeschichte zusammen. An der Spitze standen das Box-Idol Max Schmeling und Gottfried von Cramm, der legendäre »Tennisbaron« aus den 30er Jahren. Die Riege der Industriemanager wurde von Eberhard von Brauchitsch angeführt. Verleger Franz Burda stand neben *Stern*-Herausgeber Henri Nannen. Europas größter Radio- und Fernsehgigant Max Grundig half genauso wie der Versicherungsmogul Hans Gerling oder die Kaufhauskönige Helmut Horten und Hans-Georg Karg. Die Konzerninhaber Peter von

Siemens, Rudolf August Oetker und der Reifenmagnat Willy Kaus schlossen sich dem Versandhaus-Multi Werner Otto als Leistungsmäzene an. Sogar Neckermanns Erzrivalen Gustav und Grete Schickedanz traten dem Förderkreis für Sportler bei – damit war endlich auch der Firmenzwist begraben.

Die Vorstände von BMW, Daimler Benz, Volkswagen, Bayer, Hoechst, Lufthansa, der Reederei Hapag Lloyd und die Chefs von der Deutschen, Dresdner und Commerzbank machten genauso mit wie der Bundeskanzler Kurt Georg Kiesinger, Bundespräsident Heinrich Lübke, die Finanzminister Franz-Josef Strauß, Innenminister Paul Lücke und Verteidigungsminister Gerhard Schröder. Gewerkschaftsführer und Verbandsvorsitzende zogen einträchtig an einem Strang. Es war der erlesenste Club, den es je in Deutschland gab. Neckermann resümierte: »Dem Sport ist die Aufgabe der nationalen Repräsentation übertragen worden.«

Eines der ersten förderungswürdigen Sporttalente war ein junges Mädchen namens Heide Rosendahl, geboren in Willi Daumes Heimatort Hückeswagen. Sie studierte an der soeben gegründeten Sporthochschule in Köln. Wie die Sporthilfe damals funktionierte, erzählte sie in einem ZDF-Interview: »Mittags bekamen wir in einer Gaststätte neben der Schule ein regelmäßiges Essen und zum Frühstück und Abendessen ein Fresspaket. Das war alles. Aber für uns bedeutete es sehr viel mehr. Wir spürten, dass sich da jemand um uns kümmerte. Wir standen nicht allein.« Die als »olympiaverdächtig« geförderte Leichtathletin mit den langen Beinen sprang 1972 bei der Olympiade in München ein Stück weiter als alle anderen. Mit einem Riesensatz von 6,78 Meter holte sie sich die Goldmedaille. Acht Tage später rettete Heide Rosendahl als Schlussläuferin die bundesdeutsche 4x100-Meter-Staffel: Mit einem Vorsprung von 14 Hundertstelsekunden vor der DDR-Läuferin Renate Stecher ersprintete sie Gold in der olympischen Rekordzeit von 42,81 Sekunden. Es war die Krönung ihrer Karriere. Bei einem ZDF-Rückblick erzählte sie: »Bei den Spielen 1964 saß ich als Zuschauerin auf der Tribüne und war so begeistert von der Atmosphäre, dass ich damals als 17-Jährige gesagt habe: Da möchte ich auf jeden Fall mal mitmachen. In sportlicher Sicht hatte ich tolle Eltern: Mutter Bayer AG und Vater Neckermann...«

Kapitel 25

»Gegen Vietnam, Notstandsgesetze und Neckermann«

Die Kehrseite der Medaille

Auf dem Rückflug aus Mexiko Stadt musste man zwei olympische Pferde erschießen. Sie waren in der Luft nicht zu beruhigen gewesen und drohten, die anderen Tiere verrückt zu machen. Gott sei Dank gehörten diese zwei sündhaft teueren Rappen nicht Josef Neckermann. Mit 56 Jahren war er der älteste Teilnehmer des deutschen Teams und hatte gerade die dritte Olympiade seines Lebens hinter sich. In der Mannschaftswertung gelang es dem Dressurtrio Josef Neckermann, Liselott Linsenhoff und Reiner Klimke, die Russen zu besiegen und erneut Gold zu holen.

Bei der Einzelwertung unterlag Neckermann dem russischen Reiter Iwan Kisimow. Das Ärgerliche war, dass Josef Neckermann nach der ersten Runde mit satten 40 Zählern in Führung gelegen hatte. Im Stechen patzte jedoch sein Schimmelwallach Mariano.

Ungewöhnlich wortreich erklärte Neckermann den deutschen Journalisten die Hintergründe: »Die Stallungen lagen zu weit entfernt zum Wettkampfstadion Campo Marte. Beim Finale verzögerte sich der Transport aus unerklärlichen Gründen bis auf die letzte Minute. Uns blieb vor dem Start nicht genügend Zeit zum ›Abreiten‹ – wie man das Lockern des Pferdes in der Reitersprache nennt.«

Mariano hatte sich zudem während des Transports verkrampft: »Er konnte vor der Prüfung nicht misten.« So war es fast allzu menschlich, dass Mariano die von ihm erwarteten Leistungen nicht erbringen konnte. Josef Neckermann betonte: »Ich habe es im Sattel gespürt, als er beim Galoppwechsel patzte: Wir können nicht gewinnen.«

Josef Neckermann auf Mariano während des Dressurreitens der olympischen Spiele in Mexiko, 1968.

Neckermanns verpasster Sieg wurde zum internationalen Politikum. General a.D. Horst Niemack, der unverwüstliche Chef der deutschen Reiterequipe, äußerte seine Kritik in ungewöhnlich scharfer Form: »Wir sehen die Zukunft des edlen Sports von den mit Zirkusmethoden arbeitenden Sowjets bedroht.« Der blonde Olympiasieger Iwan Kisimow aus Leningrad reagierte entspannt auf die deutschen Einwände: »In der Sowjetunion gibt es keine Klassenunterschiede, also auch keine privilegierte Sportart. Jeder, der Talent hat, wird gefördert.« Diese Äußerung ärgerte Neckermann. Nun sah er die Sporthilfe vorrangig als Instrument für die Förderung des deutschen Reitersports. Ausschussmitglied Manfred Germar hatte nun die heikle Aufgabe, zu verhindern, dass »Neckermann nicht das meiste Geld an die Reiter vergibt«.

Bei jener Pressekonferenz in Mexiko Stadt wies das Frankfurter Reitertrio noch ausdrücklich darauf hin, dass »im Gegensatz zur

Sowjetunion bei uns in Deutschland Dressur individuell betrieben wird. Jeder Reiter besitzt sein eigenes Pferd, das er trainieren muss. Er bekommt von außerhalb keinerlei Unterstützung.« Auch dieses Argument war Wasser auf Neckermanns Mühlen. Er plante für die Talentförderung nunmehr auch gute Pferde zu kaufen – aus den Spenden für die Sporthilfe.

Kaffee und Kuchen im Olymp

Nach der Heimkehr forderte der sonst in der Öffentlichkeit zurückhaltende Josef Neckermann mit harten, leidenschaftlichen Worten eine bessere Betreuung der Sportler. Die Rede für den großen Empfang am Frankfurter Flughafen hatte er schon während des Heimfluges vorbereitet. Sie endete mit einer flammenden Erklärung: »Der Gründer der modernen Olympischen Spiele, Baron de Coubertin, sagte: ›Teilnehmen ist wichtiger als zu siegen‹. Aber er erklärte auch, dass ›die Athleten für die Ehre ihrer Länder, ihrer Rasse und ihrer Fahne kämpfen‹. Unter den fünf Ringen geht es jetzt um nationales Prestige, die Sportler sind die Repräsentanten ihrer Länder geworden. Die Gesellschaft will sich in den Olympiamedaillen bestätigt sehen.«

Vom Flughafen ging die Triumphfahrt im Autokonvoi durch ganz Frankfurt bis zur Firmenzentrale in der Hanauer Landstraße. Über 4 000 Mitarbeiter ließen ihren Chef hochleben. Sohn Peter hielt die Begrüßungsrede. Vater Josef salutierte nach Art der Offiziere. Er schlug die Hacken zusammen und verkündete: »Auftrag ausgeführt!« – doch er lächelte dabei sanft.

Bezeichnend war, dass der feierliche Empfang nicht mehr im Rathaus stattfand, sondern in der Neckermannzentrale. Oberbürgermeister Willi Brundert musste sich schon zum Versandkönig bemühen, um ihm zu gratulieren. »So saßen die allseits Verpflichteten am großen runden Tisch bei Kaffee und Kuchen«, wie die *Frankfurter Rundschau* schrieb. Sie sonnten sich in Neckermanns Glanz, der aus »Frankfurt die erfolgreichste Stadt der Bundesrepublik gemacht hat«, so die Laudatio des Stadtoberhauptes. Der bekam von Josef

Neckermann zur Erinnerung den olympischen Wimpel seines Pferdes geschenkt.

1968

Das so genannte APO-Jahr 1968 rüttelte mächtig an den althergebrachten Grundsätzen. Die Welt, von Völkermord in Biafra bis zum Einmarsch der Sowjettruppen in Prag aufgeschreckt, kam nicht zur Ruhe. Im Mai schrammte Frankreich bei studentischen Unruhen nur knapp am Bürgerkrieg vorbei. In Westdeutschland protestierten Studenten gegen den Vietnamkrieg und die Politik der großen Koalition. Die Proteste weiteten sich auf die Kritik der gesellschaftlichen Verhältnisse in der Bundesrepublik aus. Bei einer Kundgebung gegen Rechtsradikalismus in München gab es zwei Tote. In Berlin wurde Rudi Dutschke, Wortführer des Sozialistischen Studentenbundes niedergeschossen. Die Gewalt breitete sich aus. Andreas Baader und Gudrun Ensslin legten Feuer in zwei Frankfurter Kaufhäusern. Es waren nicht die von Neckermann, doch auch der sollte bald die Folgen des Umbruchs zu spüren bekommen.

Eine neue Kundengeneration wuchs heran. Die geburtenstarken Jahrgänge zwischen 1945 und 1948 schritten langsam an die Kassen. Ihnen sagte der Neckermann-Mythos nichts mehr. Überhaupt wollten sie mit der Generation ihrer Eltern, den »alten Nazis«, nichts mehr zu tun haben. Vorbei waren die sentimentalen Erinnerungen, dass Herr Neckermann die Arbeiter 1939 am Westwall mit grauen Wolldecken versorgt und die Wehrmacht 1942 mit Winteruniformen ausgestattet hatte. Wer mit der Zeit ging, kaufte keine Kühlschränke mehr bei Neckermann. Schon bald sollte Neckermann zum »Kaufhaus der armen Leute« degenerieren. Doch noch verzeichnete Neckermann Rekordumsätze, was ihn vorläufig angenehm einlullte.

Nach wie vor handelte er nach seiner alten Händlermaxime: »Die Masse macht's.« Alle Anstrengungen hatten nur ein Ziel: Umsatzsteigerung. Nur stand der Umsatz im krassen Gegensatz zum Ertrag. Die Kosten liefen aus dem Ruder. Der Konkurrenzkampf erhöhte den Investitionsdruck. Ein Beispiel: Als Quelle einmal als Innovator vorpreschte und als erstes Versandhaus in Deutschland ein umfangreiches Angebot an Tiefkühlkost einführte, zog Neckermann sofort mit einem eigenen Tiefkühlservice nach. Die Ware wurde mit Kühlwägen frei Haus geliefert. Das Ergebnis war mager: 5,6 Millionen Mark brutto Umsatz im ersten Jahr. Es ging nur ums Prestige. Aber Neckermann schien es unumgänglich, mit Quelle Schritt halten zu müssen. Denn die Kunden hegten weniger Treuegefühle zu Neckermann als früher. Man richtete die Bestellungen nach Saisonangeboten aus, verglich Preise oder verhielt sich imagegerechter. Ein schleichender Prozess des Untergangs setzte ein, den Neckermann vorerst jedoch nicht bemerkte. Der Olympiareiter hatte zu viele andere Dinge zu tun.

Gleich nach der Olympiade in Mexiko zog er in eine neue Residenz um. Die entsprach nun allen Klischees eines Kapitalistenpalastes. In Kirchborn hatte Neckermann einen weitläufigen Bungalow inmitten eines riesigen Gartens in einem grünen Villenvorort Frankfurts. Die Villa lag in unmittelbarer Nähe seiner neuen Stallungen in Dreieich-Götzenhain. Um noch schneller bei seinen Pferden zu sein, ließ Josef Neckermann den Feldweg entlang der großen Eichen ausbauen und asphaltieren. Den Bauantrag hatte der Gemeinderat sofort genehmigt, nachdem Josef Neckermann sämtliche Kosten selbst trug. Zum feierlichen Einzug spielte die freiwillige Feuerwehr. Von nun an wohnte selbst die Hausangestellte »Klärchen« feudal, im alten Trakt neben der »Königin Mum«, Agnes Brückner, der Mutter von Annemi. Die alte Dame las in ihrem achten Lebensjahrzehnt regelmäßig noch die *Frankfurter Allgemeine*, die bald sehr kritisch über den Stand des Neckermann-Imperiums zu berichten wusste. Nach ihrer Morgenlektüre pflegte sich Josefs Schwiegermutter neben dem Chauffeur ins Auto zu setzten, damit man sie ja nicht vergaß. Sie nannte sich: »4711 – immer dabei«, nach der Werbung für das überaus populäre Kölnisch Wasser.

Auf der eigenen Trainingsanlage in Götzenhain hielt Neckermann Hof. Der langgestreckte Landsitz mit grauem Schieferdach beherbergte elf Pferde. Die eingeladenen Pressevertreter bekamen des Öfteren Anschauungsunterricht in Dressur. Dabei fiel auch etwas Streiflicht auf den Stallmeister ab, Fritz Baranowski, den eigentlichen

Wegbereiter von Neckermanns Erfolgen. In Reiterkreisen war es kein Geheimnis, wer die Pferde so exzellent führte und Tag und Nacht in der Reithalle Gewehr bei Fuß stand. Auskünfte gab Neckermann stets bereitwillig und zeigte auch stolz seine komplette Pferdegarde. Wieland, Gigant, Freiherr, Funkturm und Dokator sowie Puck, der Schimmel der Hausherrin.

Antoinette, die Primadonna von Tokio, war inzwischen zu Neckermanns Tochter Evi übergesiedelt. Doch der altgediente Asbach, der Held von Rom, war noch da. Er erreichte für ein Pferd das ungewöhnliche Alter von 28 Jahren und verdingte sich laut Neckermann »als Babysitter« für die Jüngeren. Für die Olympiade in München sollten noch zwei Neuerwerbungen kommen: Van Eyck und Venetia. Mariano, der Silbergewinner aus Mexiko, stand ebenfalls noch als Ersatz zur Verfügung. Als 14-jähriger Schimmel hatte er allerdings den Zenit seiner Leistung überschritten. Er machte zwar übereifrig alle Übungen mit, aber als Alternative bot sich auch Mazepa an. Ein bemerkenswerter Charakterkopf. Wie in Bronze gegossen harrte er neben seinem Reiter aus. Doch kaum griff Josef Neckermann in die Tasche, kam Leben in die starre Pose: »Wenn es Zucker gibt, ist der Dienst beendet«, meinte sein Herr.

Die Geschäfte der Neckermann Versand AG führte Peter Neckermann mit 13 Prokuristen schon fast selbstständig. Wenn sein Vater nicht gerade bei den Pferden weilte, war er mit der Organisation der ersten großen Benefizveranstaltung beschäftigt. Allein Herbert von Karajan für ein Wohltätigkeitskonzert im Frankfurter Schauspielhaus zu gewinnen, entpuppte sich als ein zeitraubendes Unternehmen. Briefe und Telefonate reichten nicht aus: Josef Neckermann musste sich persönlich zu dem Maestro nach Salzburg bemühen, wo dieser 1967 seine eigenen Festspiele gegründet hatte. Der Termin kam erst zustande, nachdem Karajans Ehefrau, das sonnenblonde, ehemalige Dior-Model Eliette Mouret, von der Bedeutung der Sporthilfe überzeugt worden war. Ihre Aufgabe war es, den vielbeschäftigten Stardirigenten abzuschirmen. Als er schließlich vorgelassen wurde, verstand sich Neckermann blendend mit Karajan. Für beide waren Disziplin, das Streben nach Perfektion und Leistungsbereitschaft zentrale Tugenden.

Krawalle gegen Neckermann

Vor der Münchner Olympiade stieg die Zahl der geförderten Sportler auf knapp 600 Athleten. Die Sporthilfe sammelte über 1,3 Millionen Mark an Spenden ein. Der Rummel um Neckermann rief auch die APO-Aktivisten auf den Plan. Weil sich zum Karajan-Konzert die Spitze der bundesdeutschen Wirtschaft und Politik angekündigt hatte, entbrannte am Abend der Gala, am 30. Januar 1969, eine gewaltige Demonstration. Der Konvoi mit den Ehrengästen kämpfte sich im Schritttempo durch die aufgebrachten Massen.

»Gegen Vietnam, Notstandsgesetze und Neckermann«, skandierten die Demonstranten. Ein Sprecher mit Megafon deklamierte: »Die Spitzen der herrschenden Machtkartelle sind bereits gezwungen, prominente Sportler zu benutzen, um sich der Akklamation der Bevölkerung zu versichern.« Es war die direkte Antwort auf Neckermanns Proklamation bei der Rückkehr von der Olympiade aus Mexiko: »Die Gesellschaft will sich in den Olympiamedaillen bestätigt sehen.«

Als Bundeskanzler Kurt Georg Kiesinger, der ranghöchste Ehrengast bei Neckermanns Sportgala, an jenem frostigen Abend aus seinem Dienstwagen stieg, flogen Eier. Der Buhmann Kiesinger war bereits beim CDU-Parteitag 1968 wegen seiner NS-Vergangenheit öffentlich von Beate Klarsfeld geohrfeigt worden. Jetzt beschimpfte man ihn vor dem Frankfurter Schauspielhaus wegen »kapitalistischer Ausbeutung der Sportler«. Der Protest entlud sich auch auf einen anderen Ehrengast. Das Vorstandmitglied der Daimler Benz AG, zeitweilig auch Chef des Metallindustrieverbandes, Hanns-Martin Schleyer galt wegen seiner NS-Vergangenheit als Feindbild der APO. Der ehemalige Angehörige von NSDAP und SS sollte 1977 von den Terroristen der RAF entführt und ermordet werden. Bei jener Frankfurter Neckermann-Gala demolierten Randalierer seinen Wagen mit Eisenstangen. Schleyer ließ sich weder einschüchtern noch die Laune verderben. Die Daimler Benz AG übernahm die Patenschaft über den olympischen Ruderachter. Die Sponsoringsumme wurde nur intern bekannt: 100 000 Mark im Jahr.

Der Stuttgarter Autokonzern begründete sein Engagement mit

Josef und Evi Neckermann auf Mariano und Antoinette, 1969.

der Erklärung: »Der Achter ist der deutschen Nation liebstes Kind.« Da dürften sich offensichtlich noch einige Konzernherren daran erinnert haben, dass sich bei der Olympiade in Berlin Adolf Hitler diese Disziplin nicht hatte entgehen lassen. Mit Hermann Göring hatte er bei der Achterregatta auf der Tribüne gesessen und war verärgert noch vor der Siegerehrung aufgebrochen, da die Deutschen hinter den USA und Italien nur auf dem dritten Platz gelandet waren. Im Zweier und Vierer, mit und ohne Steuermann, war der Führer mit der Leistung zufrieden – es gab viermal Gold für das Deutsche Reich. Rudern war auch die Disziplin, die bereits Josef Neckermanns Vater in Würzburg gefördert hatte. Insofern lag dem Sohn das Wohl dieses Verbandes besonders am Herzen. Es störte ihn allerdings, dass Daimler Benz im Alleingang handelte, und er polterte: »In Zukunft müssen solche Aktionen mit mir abgesprochen werden.«

Den Reinerlös des Abends bezeichnete Josef Neckermann als »Kleinvieh«: rund 340 000 Mark. Bis zum Jahresende sollten es rund 1,5 Millionen werden. Olympische Spiele im eigenen Land – Josef Neckermann verbrachte die drei Jahre von 1969 bis 1972 im Olympiafieber. Sein Sohn Johannes behauptete: »Wir haben zu Hause nie über Politik, sondern nur über Sport gesprochen.« Weil für Josef Neckermann Sport gleichzeitig Politik bedeutete.

Galoppierende Preise

Der Übergang in die 70er Jahre sollte im Zeichen der allgemeinen Teuerung stehen. Ludwig Erhard war bereits 1966 von seinem Kanzleramt zurückgetreten. 1967 gab er auch den Vorsitz der CDU ab. Sein Abtritt war symbolisch: Die Zeit des Wirtschaftswunders war vorüber.

Die Neckermann-Gruppe zählte ab 1968 mit ihrem Umsatz von rund 1,65 Milliarden Mark und 18 145 Mitarbeitern zu den bedeutendsten Handels- und Dienstleistungsbetrieben der Bundesrepublik. Der Katalog hatte 838 Seiten mit knapp 42 000 Artikeln. Die Auflage erreichte die Grenze von 5 Millionen Stück. Das Netz beim Direktverkauf erweiterte sich auf 34 Warenhäuser und 90 Verkaufsstellen. Neu war ein Lebensmittel-Supermarkt. Den Kundendienst hielten 111 Stationen mit insgesamt 1 700 Technikern aufrecht.

Das Reiseunternehmen N-U-R entwickelte sich in den fünf Jahren seit der Gründung zum größten Anbieter in der deutschen Flugtouristik. Zwischen 1. November 1967 und 31. Oktober 1968 wurden über 230 000 Urlaubsreisen bei den Neckermann-Filialen gebucht. Das entsprach einem Umsatz von 145 Millionen Mark. Den Weg zur Spitze fand auch die 1963 etablierte Neckermann Eigenheim GmbH. Mit ihrem »Programm ohne Lücken« konnten über 2 500 deutsche Familien ihr Eigenheim beziehen. Im Jahr 1968 wurden 504 neue Einheiten schlüsselfertig an die neuen Besitzer übergeben. Gegenüber dem Vorjahr bedeutete das ein Wachstum von 64 Prozent. Steigerungsraten meldete auch die Neckura-Versicherungs-AG. Unter den 52 auf dem Markt operierenden Assekuranzen stand Neckura mit der Anzahl der Versicherten an sechster Stelle. Innerhalb eines Jahres seit 1967 erhöhte sich das Prämieninkasso um 38 Prozent und wies einen Stand von 33,9 Millionen Mark auf.

Auch die erste Jahresbilanz der Neckermann Anlageberatung lag vor. Diese Finanzdienstleistungen wurden ebenfalls per Katalog ins Haus geliefert. Zur Wahl standen neun verschiedene Investmentzertifikate in- und ausländischer Herkunft, plus ein eigener Neckermann-Fonds. Das gesamte Vertragsvolumen der Gruppe belief sich auf 156 Millionen Mark. Davon wurden rund 34 Prozent als Stammkapital eingezahlt. Tendenz steigend: Allein der neue Neckermann-Fonds verzeichnete zusätzlich bis 31. Dezember ein Vertragsvolumen von 105,8 Millionen Mark. Das Einlagekapital bei diesem Wertpapier betrug 44,85 Millionen Mark.

Den Gipfel des bisher besten Bilanzjahres bei Neckermann stellten zwei Neugründungen dar: die Firma N.V. im niederländischen Hulst und ein französischer Ableger mit Sitz in Straßburg. Dies war der letzte heroische Kraftakt des Giganten Neckermann. Wobei die holländische Dependance angesichts der übrigen Dimensionen eher einer Investition aus der Portokasse glich: Das Gesellschaftskapital in Hulst beschränkte sich auf 750 000 Gulden, eingezahlt auf ein Konto wurden nur 150 000 Gulden als Grundkapital. Bargeld gab es tatsächlich nur noch in der Portokasse. Von einer ausreichenden Kapitaldecke konnte längst keine Rede mehr sein. Neckermann expandierte auf Pump.

Johannes Neckermann stieg im Mai 1969 in die Geschäftsführung ein. Er übernahm den Bereich Marketing und Kundenberatung. Besonders nützlich machte er sich bei der Katalogproduktion, bei der er rund um die Uhr im Einsatz war. Als jovialer Pfeifenraucher pflegte er auch gesellschaftliche Kontakte und kehrte den Pferden den Rücken. Sportliche Ambitionen hegte er keine. Dafür besuchte er gerne den »Grünen Hügel« in Bayreuth, um den Wagnerpremieren beizuwohnen. Umso fleißiger trainierte seine Schwester Evi. Ihr heimlicher Traum war, sich neben ihrem Vater zur Olympiade in München zu qualifizieren.

Die Ära Willy Brandt

Im Oktober 1969 wurde Willy Brandt als erster SPD-Politiker zum Bundeskanzler der Bundesrepublik Deutschland gewählt. Auch er war Josef Neckermann wohlgesonnen, schließlich hatte er 1964, während Josef Neckermann in Tokio im Gewitter ritt, in seiner Funktion als Bürgermeister West-Berlins dessen neues Kaufhaus in der Kantstraße eingeweiht. Brandt unterstützte auch Neckermanns Aktivitäten für die Sporthilfe. Allerdings kam es nicht mehr zu einem derart engen Kontakt wie seinerzeit zu Adenauer und Erhard. Anders als seine Vorgänger, die den Erfolg ihrer Politik am Angebot im Neckermann-Katalog maßen, brauchte der markige SPD-Kanzler Neckermanns Kühlschränke nicht, um für seine Politik gut Wetter zu machen. Die Zeiten hatten sich geändert.

Vorerst kümmerte sich Neckermann mit vollem Einsatz um seine neue Firma namens Sporthilfe, die er genauso auf Wettbewerb trimmte wie sein Versandhaus. Auch im Angebot der Stiftung gab es jede Menge Artikel zu erwerben: Editionen mit Sondermünzen und Medaillenplaketten in Bronze, Silber und Gold. Beliebte Stars wie Caterina Valente, Hildegard Knef, Peggy March und France Gall besangen eine Benefizschallplatte. Die Präsentation übernahm Manuela im modischen Mini-Rock. Josef Neckermann lächelte zufrieden in die Kameras: 3 Mark pro Platte gingen an seine Sporthilfe.

Wer damals zur Post eilte, hatte seine Worte im Ohr: »Kauf nur die speziellen Sportbriefmarken.« Die erste Serie erschien als Viererblock in einer Auflage von 7,5 Millionen Stück. Die Entwürfe stammten von dem japanischen Künstler Kohei Sigiura. Bei der Vorstellung im ARD-Sportstudio erklärte Erhard Keller, der Eislauf-Olympiasieger von 1968 in Grenoble: »Mein Weltrekord wäre ohne die Sporthilfe nicht möglich gewesen.« Er fand Gehör bei den Zuschauern. Mit dieser Serie kamen innerhalb eines Monats 11 Millionen Mark zusammen. 3 Millionen direkt für Willi Daumes Olympiaorganisation und 8 Millionen für die »Sportler-Steaks« – wie man scherzhaft die Hilfe bezeichnete. Sie stärkten auch Erhard Keller wieder. 1972 holte er sich auf seinen »langen Messern« in Sapporo erneut Gold.

ZDF-»Glücksspirale« mit Wim Thoelke

Die konkurrierende Deutsche Olympische Gesellschaft nahm Josef Neckermann zunehmend unter Beschuss. Es hagelte heftige Vorwürfe gegen Neckermanns Führungsstil und Geschäftsmethoden. Dieser fühlte sich niemandem Rechenschaft schuldig und ließ die Finanzierungsanfragen, die ihm nicht passten, einfach unbeantwortet. Pläne in Sitzungen zu besprechen, hielt er für Zeitverschwendung.

Er präsentierte nur Ergebnisse. Als Neckermann anfing, Olympiabücher und Sonderbriefmarken zu lancieren, kam es zum offenen Eklat: Die DOG fühlte sich hintergangen. »Es war ausdrücklich mit Herrn Neckermann vereinbart worden, dass er nur Privatspenden einsammeln wird«, protestierte der neue DOG-Vorstand Fritz Dietz, Frankfurter Großkaufmann und Präsident der hessischen Industrie- und Handelskammer.

Für Neckermann war das kein Thema: Er sah in der DOG nur eine überflüssige Konkurrenz. Und wie im Geschäftsleben kannte er nur eins: Den Rivalen zu besiegen. Von Anfang an ging es ihm darum, mit der Stiftung der deutschen Sporthilfe erfolgreicher zu sein, gemäß seinem Wahlspruch: »Was du tust, das tue ganz!« Im Gerangel um die Zuständigkeit unterlag die DOG bald und musste sich mit einer Rolle als Lückenbüßer begnügen.

Zur nächsten Runde in der Spendenschlacht trat Josef Neckermann mit einem neuen Titel an: Die dänische Regierung ernannte ihn zum »königlichen Honorarkonsul«. Damit sollten Neckermanns

Auftritt der Olympiasieger im Dressurreiten bei der Olympiade in Mexiko 1968 bei Wim Thoelkes 3x9. Josef Neckermann, Harry Boldt und Reiner Klimke sangen „Von den blauen Bergen kommen wir“, 1970.

künftige Einladungen zu seinen Veranstaltungen noch mehr Glanz bekommen. Selbstverständlich vergaß er nicht, seinen neuen Diplomatenkollegen den Klingelbeutel hinzuhalten – alles für seinen geliebten »Sch-p-o-o-rt«. Willi Daume konnte sich beglückwünschen. Er hatte sich für die Olympiaorganisation einen Weltmeister der Ideen ins Boot geholt.

Aus dem Feuerwerk der Einfälle wurde die »Glücksspirale« fürs Fernsehen aus der Taufe gehoben. Am 6. November 1969 ging man auf Sendung, ein Gemeinschaftswerk des Nationalen Olympischen Komitees und der deutschen Lotteriegesellschaft, aus deren wohlgefülltem Pott man auch Mittel für die olympischen Spiele 1972 in München schöpften konnte. Die Sendung wurde auch das Sprungbrett für Wim Thoelke, der vom Sportkommentator zum strahlenden Quotenkönig der meistgesehenen Sendung Deutschlands aufstieg.

1970 schließlich veranstaltete Neckermann seinen ersten Sportball. Fortan wurde diese Veranstaltung zum Pflichttermin für die

Josef Neckermann und Udo Jürgens – zwei Profis auf dem Ball des Sports 1971.

bundesdeutsche Prominenz. Fritz Dietz und der DOG blieb nichts anderes übrig, als mit Josef Neckermann Frieden zu schließen, wenn er künftig bei den Sportbällen dabei sein wollte. Er gratulierte dem Kontrahenten, aber den Neid konnte er nicht unterdrücken: »Fair hat's schwer«, grummelte er. Worauf Neckermann antwortete: »Für den Club der Idealisten gibt es nur einen Platz auf der Tribüne. Im Wettbewerb laufen die Profis.«

Kapitel 26

»Was wird jetzt aus der Olympiade?«

Neckermann gegen den Rest der Welt

Am Samstag, dem 15. April 1972, gegen zehn Uhr vormittags, war Josef Neckermann gerade auf dem Sprung zu seiner Trainingsanlage in Götzenhain, als er zurück in sein Haus gerufen wurde. Die Schwägerin Elsa aus Würzburg war am Telefon. Ihre Stimme versagte, als sie ihm schluchzend die schreckliche Nachricht mitteilte: »Walter ist tot!«

Es kam völlig überraschend. Bruder »Walti« sollte im Mai erst seinen 58. Geburtstag feiern. Noch mehr Bestürzung löste eine tragische Parallele aus: Wie der mit 60 Jahren verstorbene Vater Josef Carl starb Walter im Wohnzimmer auf der Couch. Dorthin legte er sich kurz nach acht Uhr früh in der bangen Hoffnung, die starken Stiche in der linken Brusthälfte würden bald nachlassen. Er versuchte so ruhig wie möglich zu liegen und kaum noch zu atmen. Das war ein Fehler. Er verhielt sich gegen die Krankheit, von der er seit einem Jahr wusste, die er aber nicht behandeln ließ.

Er vertraute den Ärzten nicht, hasste die Krankenhäuser. Als er dennoch mit akuter Lungenentzündung in die Klinik eingeliefert wurde, ignorierte er die bedrohliche Diagnose – Emphysem, volkstümlich Raucherlunge genannt. Keine seltene und auch keine unbedingt tödliche Krankheit. Doch beim schweren Raucher Walter Neckermann waren die Symptome schon weit fortgeschritten. Seine Lungenstruktur bestand nicht mehr aus einem feinen Schwamm, sondern aus einem brüchigen Netz der zerstörten Lungenbläschen. Die Atemfunktion nahm kontinuierlich ab, das Herz wurde nicht mehr ausreichend mit Sauerstoff versorgt. Als Begleitsyndrome tauchten Schwindelgefühle auf.

Auch an jenem letzten Samstag, als Walter Neckermann morgens in die Bäckerei Schiffer gegenüber der Benediktinerkirche frische Semmeln holen ging, fühlte er sich unwohl. Auf der Straße ereilte ihn ein Schwächeanfall. Er musste sich auf einen Mauervorsprung setzen und sich ausruhen, wie so oft. Von den Passanten, die ihm versuchten zu helfen, ließ er sich aber nicht ins Krankenhaus bringen, sondern nach Hause. Seine Frau Elsa schlief noch. Er weckte sie nicht, sondern legte sich aufs Sofa. Die Ärzte kennen dieses Verhalten: Aus Angst vor Atemnot versucht sich der Patient nicht zu bewegen. So geschah es auch: »Als meine Mutter ihn auf der Couch fand, stand sein Herz schon still. Er erlag einem akuten Herzinfarkt,« erzählt Tochter Marlene. Walter Neckermann, der heimliche Held der Ardennenoffensive, warf in Friedenszeit sein Leben weg: Er war zu schwach, mit dem Rauchen aufzuhören.

Ingrun »Inki« Neckermann, die Frau von Johannes, reiste einen Tag vor der Beerdigung nach Würzburg an, um Marlene zu trösten. Im Trauerzug auf dem Friedhof war der Neckermann-Clan vollständig versammelt. Walter wurde neben seinem Übervater »J.C.« und seiner Mutter Jula, dem Großvater und Reichstagsabgeordneten Peter Neckermann sowie Großmutter Barbara beigesetzt. Für seine Familie hatte Josef derweil schon eine andere Ruhestätte für die Ewigkeit eingerichtet – in Frankfurt. In diesem Moment schienen frühere Erbschaftsquerelen vergessen zu sein. Vom Schmerz überwältigt, konnte sich Marlene später nicht mehr an die Einzelheiten der Beerdigung erinnern. Dabei berichteten die Trauergäste, dass es zu einer merkwürdigen Begebenheit kam. Es geschah ganz plötzlich. Josef Neckermann trat dicht ans Grab heran und beugte sich mit seinem Kopf weit über den Rand. Er bewegte seinen Mund, es schien, als würde er etwas über dem Sarg murmeln. Die Trauergemeinde fand dafür keine Erklärung. Nur Johannes Neckermann glaubte zu wissen: »Das hatten mein Vater und sein Bruder untereinander noch als Kinder so ausgemacht: Wer früher stirbt, auf den wird gespuckt.«

Angst vorm Hasen

Nur wenige Tage nach Walters Beerdigung ritt Josef Neckermann mit Van Eick zum ersten Mal wieder ins Freie hinaus. Es war nach dem

Ende der Hallensaison im April. Innerlich hatte er sich schon entschieden: Mit dem neuen achtjährigen Hannoveraner Hengst wollte er zur Olympiade. Die Fachpresse lobte die Harmonie seiner Bewegungen, und Tochter Evi schwärmte. Nur Annemi war skeptisch, seit der wilde Schönling unversehens samt Josef Neckermann im Sattel über den mit Gästen vollbesetzten Gartentisch gesprungen war.

Als erfahrener Reiter kannte Josef Neckermann die Gefahren des ersten Ausritts in der Natur: Vorsicht, Frühlingsgefühle! Die Pferde spielen vor Freude verrückt! Er konnte sich auch vorstellen, was so ein temperamentvoller Vollbluthengst wie Van Eick auf der Koppel anstellen würde. Er verhielt sich entsprechend umsichtig und ritt im gemäßigten Galopp die Kastanienallee auf seiner Anlage in Götzenhain entlang. Er hatte nicht mit einem kleinen Hasen gerechnet, der plötzlich aus dem Gebüsch schoss. Van Eick erschrak und stieg, wie man in der Fachsprache sagt, wenn sich das Pferd auf die Hinterbeine stellt. Josef Neckermann klammerte sich mit beiden Armen am Hals des Pferdes fest, um nicht herunterzufallen. Doch dann machte er trotz seiner Erfahrung einen Fehler, wie er in seinem Buch *Im starken Trab* schildert: »Das Pferd zu strafen, kam mir nicht in den Sinn. Ich war selbst zu sehr damit beschäftigt, das Gleichgewicht zu halten. Außerdem dachte ich, es wird schon nichts passieren. Das war falsch. Van Eick stieg erneut. Jetzt hätte ich seitlich vom Sattel abspringen müssen. Stattdessen versuchte ich ihn vorwärts zu treiben. Er stieg zum dritten Mal. Fast senkrecht stand er auf der Koppel. Dabei verlor er das Gleichgewicht.«

Das Pferd fiel zu Boden. Josef Neckermann gelang es, sich im letzten Augeblick aus den Bügeln zu befreien. Er rollte seitwärts ab. Im gleichen Moment erwischte ihn Van Eicks Huf am Rücken. Die Wucht des Schlages war enorm. Es war der Schwung, mit dem der Hengst aufsprang, den Reiter am Boden trat und davonraste. Vom Schmerz betäubt, brauchte Josef Neckermann eine Weile, ehe er wieder zu sich kam. Er musste um Hilfe rufen. Aus eigener Kraft konnte er nicht mehr aufstehen. Die herbeigeeilten Stallleute deckten ihn mit einer Decke zu und ließen ihn im Gras liegen. Erst als der Notarzt eintraf, wurde Neckermann auf eine Trage gelegt und ins Krankenhaus gebracht.

Die Diagnose kam wie ein Schock: Zwei gebrochene Rippen und

eine Rissfraktur des dritten Lendenwirbels. Mit Glück im Unglück entging Josef Neckermann einer Verletzung des Rückenmarks und damit dem Rollstuhl. »Was wird jetzt aus der Olympiade?«, war sein erster Gedanke, als er in einem weißgetünchten Zimmer zu sich kam. Die Ärzte wollten ihm absolute Bettruhe verordnen. Mindestens für einen Monat. Da kannten sie aber Josef Neckermann schlecht. Er war kein guter Patient. Harsch erteilte er die Anweisung, ihn in ein Korsett einzugipsen und unverzüglich zu entlassen. Selbstverständlich auf eigene Verantwortung.

»Was ich in meiner Situation am wenigsten gebraucht hätte, wäre die Schlagzeile ›Neckermann beim Reiten schwer verunglückt‹. Ich durfte mir nichts anmerken lassen«, berichtete er in seinen Memoiren. Es befürchtete nämlich, er könnte wegen seiner Verletzung von der Olympiateilnahme ausgeschlossen werden. So ließ sich der »Eiserne Neckermann« auch nichts anmerken, als er am 6. Juni 1972 im Schlosshotel Kronberg erschien. Es war sein Lieblingsort für alle Feste und Familienfeierlichkeiten. Diesmal warteten auf ihn besonders viele Gäste, um mit ihm den 60. Geburtstag zu feiern.

»Es wird Nacht, lieber Josef...!«

Bundespräsident Gustav Heinemann und Willy Brandt gratulierten per Fernschreiben. Den Glückwünschen schloss sich auch Innenminister Hans-Dietrich Genscher an, der besonders wortreich auf die Verdienste Neckermanns für das Sozialwesen des Sports hinwies. Die Terrasse war noch ins Dunkel getaucht, als Josef Neckermann hinausgebeten wurde. Wie auf einer Showbühne wurden die Scheinwerfer eingeschaltet, und zehn prominente Sportler stimmten ein Lied an. Zur Melodie von Udo Jürgens schmetterten die Gratulanten:

Es wird Nacht, lieber Josef, sei nicht grausam zu mir,
lass mich ein in Dein Häuschen, ich will gar nichts von Dir,
Ein paar ›Mäuse‹ vielleicht, ich bin müde vom Reiten, ich bin müde vom Laufen,
ich kann ohne C-Norm mir kein Hacksteak mehr kaufen.

Im weiteren Textverlauf reimte sich »meine Knochen sind morsche und ohne die A-Norm kriege ich keinen Porsche« oder »ein Bierchen vielleicht, wir sind müde vom Wandern, wir sind außerdem nicht so schlecht wie die andern«.

Es war die kürzeste ironische Form, auf die man Neckermanns Grundregeln für die Sporthilfe reduzieren konnte. Leistung wurden in die Kategorien A, B und C unterteilt und entsprechend gefördert. Als Zukunftsmusik bemühte sich Neckermann darum, den verdienten Sportveteranen eine Rente zu sichern – ein Vorschlag, der für viel Aufregung und Unverständnis sorgte.

Wie so manch andere Aktion des Versandhauskönigs. Im Olympiajahr 1972 setzte Neckermann sein Mitspracherecht im Deutschen Sportbund und dem Nationalen Olympischen Komitee durch. Überall trat er barsch mit Kritik auf. Die Gremien hatten alle Hände zu tun, um Neckermann zu bremsen. Im Endspurt traten Willi Daume und Josef Neckermann im Fernsehen mit gequältem Lächeln auf, um die Zuschauer vom »freundschaftlichen Miteinander« zu überzeugen.

Kapitel 27

»The games must go on«

Der Supermarkt des Sports

So einen heißen Sommer hatte München schon lange nicht mehr erlebt. Täglich kletterten die Temperaturen auf über 30 Grad. Josef Neckermann zeigte sich hitzefest. Zum Training in der Reiteranlage Riem reiste er schon einige Tage vor dem offiziellen Spielbeginn an. Er ritt in der prallen Sonne. »Alle Pferde schwitzten, nur Neckermann unter dem schwarzen Zylinder nicht«, bemerkte sein Stallmeister Fritz Baranowski. Am 26. August 1972 zogen die Nationen ins futuristisch wirkende Münchner Olympiastadion ein. Die XX. Olympischen Spiele sollten ein heiteres Fest werden. Ganz anders als in Berlin 1936. Deutschland wollte der Welt sein neues Image präsentieren.

Schon beim Training saß eine auffallend attraktive junge Frau immer in der ersten Reihe auf der Tribüne. Lange Haare, roter Schmollmund, rehbraune Augen. Es war Josefs Nichte Marlene. Als Absolventin der Münchener Kunstakademie wohnte sie in ihrer Studentenbude im Westend. Kein feines Viertel. Marlene war notgedrungen hier gelandet, weil ihre Mutter Elsa auf äußerste Sparsamkeit achtete und die Billigmieten in Münchens »Klein-Istanbul« schätzte. Manche sagten ihr sogar Geiz nach. Immerhin hatte Marlenes Adresse einen klangvollen Namen – Ganghoferstraße 6. Nach den Olympischen Spielen allerdings wartete auf Marlene schon eine großzügige Drei-Zimmer-Eigentumswohnung im Olympiadorf, die ihr noch der Vater gekauft hatte. Damit wurde sie zur Schwabingerin und bekam den Spitznamen die »Olympische Marlene«. Sie arbeitete als freie Grafikerin, illustrierte Kinderbücher und gestaltete in den

Männermagazinen *Playboy*, *Penthouse* und *Lui* erotische Träume mit dem Pinsel.

Jetzt, wo Onkel Josef Neckermann, im vornehmen Bayerischen Hof einquartiert war und jeden Morgen schon um fünf Uhr aufstand, musste sie auch um die gleiche Zeit aus dem Bett, um gegen sechs Uhr den Trainingsrunden beizuwohnen. Ihre Reiterkarriere hatte sie zwar durch ihr Studium an der Münchner Kunstakademie unterbrochen, aber ihre Liebe zu Pferden war ungebremst. Sie ließ sich die Chance nicht entgehen, sich vom berühmten Onkel einige Kniffe abzuschauen. Über seine Dressurmethoden wurden lange Beiträge in Fachzeitschriften verfasst. »Die Pferde von Neckermann waren so fein geritten und sie zeichneten sich durch wunderbare Mäuler aus«, schwärmte zum Beispiel der Richter Michael Putz in der *Reiter Revue*. Die Bewunderung bezog sich darauf, dass am Gebiss keine Spuren von gewaltsamer oder grober Führung zu finden waren.

Onkel Josef unterstützte Marlenes Talente. Sie gehörte im Neckermann-Clan neben Evi zum dritten Eisen im Reiterfeuer. Zum 13. Geburtstag hatte er ihr den routinierten, voll ausgebildeten Hengst Morgenglanz geschenkt. Mit ihm gewann sie als 16-jährige die fränkischen Jugendmeisterschaften in der Dressur. Drei Monate später brach sich Morgenglanz im Wald einen Fuß. Der Knochen zersplitterte, einen Tag danach musste er eingeschläfert werden. Josef Neckermann bot ihr unverzüglich ein neues Pferd an. Doch Marlene lehnte ab: »Ich war noch in der Trauerzeit für Morgenglanz. Mein Onkel war beleidigt. Er schenkte mir später kein anderes Pferd mehr.«

So feierte man jetzt in München die Versöhnung. Der Onkel war voll der Fürsorge für die Tochter des kürzlich verstorbenen Bruders. Abends war Marlene neben Onkel Josef und Tante Annemi immer beim Essen in Münchens besten Lokalen dabei. Auch zu den rauschenden Empfängen wurde sie eingeladen, kam bei einem Fest sogar auf Tuchfühlung mit dem Fürstenpaar von Monaco, Rainier und Gracia samt ihrem reizenden Nachwuchs. »Leider zu früh«, bedauerte Marlene später, »der Prinz Albert war erst elf Jahre alt und trug kurze Hosen. Außerdem passte seine Schwester Caroline streng auf ihn auf.« Bei diesem Einblick in die Welt der Schönen und Reichen bekam Marlene einen Vorgeschmack auf ihre »wilden Jahre«. Während der Olympiade bewies München, dass ihm sein Ruf als Partyhauptstadt Deutschlands zu Recht vorauseilte. Der schwedische König Gustav lernte hier die Olympiahostess Silvia Sommerlath kennen, seine spätere Königin. Und der 85-jährige IOC-Präsident Avery Brundage »verjüngte« sich mit Prinzessin Reuss. Als eine Neckermann wurde fortan auch Marlene überall gern gesehen und sollte zur Clique des umtriebigen Fürsten Thurn & Taxis gehören. Es gab also genug der guten Dinge, bei denen Josef Neckermann Pate stand.

Der Krach mit dem »Sklaventreiber«

Um ein Haar wäre Josef Neckermann allerdings bei der Olympiade in München nicht dabei gewesen! Nicht wegen seiner Rückgradverletzung, deretwegen er immer noch heimlich eine Stahlkorsage trug. Avery Brundage, Präsident des Internationalen Olympischen Komitees, wollte ihn höchstpersönlich von der olympischen Teilnehmerliste streichen. Der Anlass war kleinkariert. Ein Foto von Josef Neckermann in der *Bild*-Zeitung. Dort warb der Sporthilfechef Seite an Seite mit dem Schlagersänger Udo Jürgens. Bei dieser Anzeigenserie machte eine ganze Reihe von Prominenten mit, um die Sportfans an ihre Pflicht zu erinnern, für die Athleten in München zu spenden. Doch »Slavery Avery« sah rot. Sein Spitzname sagte schon warum: Mit unerbittlicher Härte beharrte er auf dem olympischen Amateurstatus und als Vermächtnis seiner Ära wollte er nochmals den so genannten »Schein-Amateuren« den Garaus machen.

Am Fall Neckermann und seiner *Bild*-Kampagne wollte er ein Exempel statuieren und verlangte von NOK-Chef Daume den sofortigen Ausschluss des Versandhauschefs von den Olympischen Spielen. Dabei konnte von einer »sauberen« Sportveranstaltung schon längst keine Rede mehr sein. Die Fernsehrechte für die Münchner Olympiade wurden für einen damals sagenhaften Betrag von 13 Millionen Dollar verhökert. Eine Rekordsumme, die das neue Zeitalter der totalen Sportvermarktung einläutete. Mit München begann sich die olympische Gigantomanie in einer Spirale nach oben zu drehen, die inzwischen bei astronomischen Milliardensummen liegt.

Josef Neckermann musste vor Olympiaboss Brundage förmlich in die Knie gehen, bis der sich erweichen ließ. Nun war er doch unter den 8 000 Sportlern, die in München um die Medaillen kämpften. Eine derart große Teilnehmerzahl hatte es in der olympischen Geschichte noch nie gegeben. Und noch nie waren so viele Medienvertreter angereist: Über 4 000 Journalisten, Fotoreporter und Kommentatoren begleiteten die Spiele.

Das Duell der Dressurmillionäre

Neckermanns Hauptkonkurrentin bei den Olympischen Spielen 1972 war Liselott Linsenhoff, Erbin der Vereinigten Deuta Ota (VDO) Tachowerke AG mit über 5 000 Mitarbeitern in In- und Ausland. Es war allgemein bekannt, dass zwischen den Rivalen eine erbitterte Feindschaft herrschte – seit über zwei Jahren schon, seit Gründung eines neuen Reiterverbandes »Aktionsgemeinschaft Dressursport«, mit Liselott Linsenhoff als Präsidentin. Zweck des Vereins ohne Neckermanns Mitgliedschaft: »Die Erhaltung der Vereinsförderung des Dressurreitens auf hoher Ebene.« Den Hintergrund dieser Initiative bildete die Kritik an Neckermanns rigiden, leistungsorientierten Methoden, die angeblich die Sportler zu stark psychisch belasten sollten – »weil der Scheck aus Frankfurt ausbleibt, wenn die Leistung nicht stimmt«, kommentierte die *Frankfurter Allgemeine*. Die antiautoritären 68er hatten ihren Weg auch in die Reiterschaft gefunden.

München sollte nun die Entscheidung bringen, wem der Thron des deutschen Dressurkönigs künftig gehören sollte: Liselott Linsenhoff, Deutschlands erste »Olympiafrau zu Pferde«, die schon bei der Olympiade 1956 in Melbourne die Bronzemedaille in der Einzeldressur und Silber in der Teamwertung geholt hatte, oder Josef Neckermann. Zu diesem Zeitpunkt lag er mit einer Bronze- und einer Silbermedaille für Einzelwertung sowie zwei goldenen Medaillen in der Mannschaftskategorie vorn. Zudem hatte er 1966 den Weltmeistertitel gewonnen und war viermal Europameister geworden. Das Duell in München wurde mit Spannung erwartet. Nach ihrem guten Saisonstart 1972 kam Liselott Linsenhof die Rolle des Favoriten zu. Zur letzten Qualifikationsrunde musste sie wegen ihres uneinholbaren Punktevorsprungs schon nicht mehr antreten, während Neckermann noch um seine olympische Fahrkarte nach München kämpfte. In seiner ritterähnlichen Rüstung litt er Höllenqualen, doch er erreichte sein Ziel.

Der »schwarze Dienstag«

Am 30. August begannen die Prüfungen. Josef Neckermann startete auf seiner Stute Venetia, dem »fleißigen Lieschen«. Sein stürmischer Hengst Van Eick blieb also doch im Stall. Neckermann ritt verschnürt in seinem Stahlkorsett. Es war perfekt nach Maß angepasst, auf der Innenseite mit Seide überzogen und darunter wattiert und so fein gearbeitet, dass es unter seinem Jackett nicht auffiel. Seine Haltung war tadellos, die Bewegungen frei. Sowohl als Einzelkandidat als auch mit dem deutschen Dressurteam schaffte er den Einzug ins Finale. Die Würfel waren gefallen. Am Dienstag, dem 5. September, gegen neun Uhr morgens galoppierte Liselott Linsenhof ins Viereck. Ihre Punkte ließen aufhorchen, die Medaille für die Mannschaft rückte in greifbare Nähe. Gleichzeitig tauchten Gerüchte auf, im olympischen Dorf auf dem Münchner Oberwiesenfeld sei es zu einer Schießerei gekommen. Nähere Einzelheiten wurden noch nicht bekannt gegeben.

Josef Neckermanns Start war für 16 Uhr vorgesehen – gegen Mittag erreichte die Meldung über den Abbruch der olympischen Spiele auch die Reiter im Nymphenburger Schlosspark. In den Nachrichten wurde offiziell bestätigt: Fünf arabische Terroristen waren in das israelische Olympiaquartier in der Connollystraße 21 eingedrungen. Sie hatten den Trainer der israelischen Ringer, Moshe Weinberg, sowie den Ringer Yossef Romano erschossen und weitere neun israelische Sportler als Geisel genommen. Für die Freilassung forderten sie einen Austausch mit in Israel inhaftierten arabischen Terroristen.

Vor den Augen der Weltöffentlichkeit verhandelten deutsche Politiker mit den vermummten Terroristen. Die israelische Regierung lehnte die Forderungen ab. Nach 20 atemlosen Stunden nahm das Drama ein blutiges Ende. Alle neun israelischen Geiseln, fünf Araber und ein deutscher Polizist wurden getötet. Der Anschlag kostete insgesamt 17 Menschenleben. In der Zwischenzeit wurde hinter geschlossenen Türen des Organisationskomitees heftig über den weiteren Verlauf der Spiele diskutiert. Noch am Tag der Geiselnahme kam um 15.30 Uhr die legendäre Erklärung des Olympiapräsidenten Avery Brundage: »The games must go on«.

Am Nachmittag des nachfolgenden Mittwochs, dem 6. September, nach einer sechsstündigen Trauer für die Opfer, gingen die Spiele weiter. Die Fahnen wurden auf Halbmast gesenkt. Wie geplant, nur einen Tag später, startete der »Eiserne Neckermann« gegen 16 Uhr zu seinem nächsten Ritt für die Mannschaft. Während der Prüfung beim Galoppwechsel verspürte er einen stechenden Schmerz im Oberschenkel, als hätte man ihm ein Messer hineingerammt. In seinen Erinnerungen *Im starken Trab* berichtete Neckermann: »Ich dachte, der Dorn der Bügelschnalle hätte sich gelöst. Ich konnte kaum erwarten, aus dem Sattel zu steigen, um meinen Pferdepfleger zum Teufel zu schicken. Die Goldmedaille war weg. Das war mir klar!«

Nach sieben Minuten, so lange dauerte die Prüfung mit 24 Lektionen, stieg Neckermann ab und wurde kleinlaut. Nicht die Bügelschnalle war's, sondern ein Muskelfaserriss im linken Oberschenkel verursachte ihm die unerträgliche Pein. Die Punkte, die Neckermann mit seinem doppelten Handicap trotzdem noch ernten konnte, gereichten schließlich der Mannschaft zu Silber. Trotz der neuen Verletzung trat Neckermann mit ungebrochenem Willen zwei Tage später auch zur Einzelwertung an. Als er startete, stand schon fest: Liselott Linsenhoff konnte er nicht mehr gefährden. Die hatte mit ihrem Ergebnis die Goldmedaille praktisch schon in der Tasche. Unter diesem psychischen Druck ging es dem vorjährigen Europameister Neckermann um mehr als seine Ehre: Er wollte in München nicht ohne Medaille absatteln. Das war eines seiner wichtigsten Lebensziele und sollte Entschädigung für Berlin 1936 sein, wo er den Anschluss an die Reiterelite verpasst hatte.

Im Geiste wollte er es seinem Vater beweisen, vermuteten alle, die ihn näher kannten. Josef Neckermann steigerte sich zu einem hero-

Heimkehr von den olympischen Spielen 1972 in München. Josef Neckermann mit den Enkelkindern Julia, Martina, Jo-Jo und Markus.

ischen Kraftakt. Bei der letzten Schrittkombination seiner Stute Venetia tropfte hinten aus dem Schlitz seiner Reiterjacke Blut. Im Farbfernsehen konnte man die rote Spur sehen. Die eiserne Korsage hatte Neckermanns Rücken blutig aufgerieben. Auf die Richter machte die erlittene Folter keinen Eindruck. Im Gegenteil: Für die *Bild*-Zeitung glich die Bewertung einem Skandal. Mit der Schlagzeile griff sie das ungerecht erscheinende Punkturteil des skandinavischen Juroren an: »Schwede betrog Neckermann!« Doch Neckermann selbst gab sich unter diesen Umständen mit der Bronzemedaille mehr als zufrieden.

Josef Neckermann blieb die höchste Krönung mit olympischem Gold im Einzelritt verwehrt. Er trug es mit Fassung. Obwohl er bei der Münchner Olympiade bei der Pressekonferenz nochmals gegen den skandinavischen Punktrichter loswetterte, schloss er sein Plädoyer versöhnlich: »Glücklich ist, wer vergisst, was nicht mehr zu ändern ist.« Bei der anschließenden Pressekonferenz begrub Josef

Neckermann das Kriegsbeil und gratulierte Liselott Linsenhoff zu ihrem großartigen Sieg.

Vor dem Sturm

Die XX. Olympischen Spiele endeten zu Neckermanns Zufriedenheit. Deutschland präsentierte sich in München als die drittstärkste Sportmacht der Welt. Allerdings war das interne Kräfteverhältnis ungleich: Auf Rang 3 des Medaillenspiegels stand die DDR, die Bundesrepublik folgte auf dem vierten Platz. Insgesamt gewannen die Deutschen aber genauso viel Gold wie die USA – nämlich 33. Die Genossen nahmen davon 20 in den Osten mit. Sieger wurde die Sowjetunion mit insgesamt 99 Medaillen, davon genau 50 Stück in Gold.

Als würde tatsächlich der Sport das politische Bild widerspiegeln, steuerte Willy Brandt mit seiner Ostpolitik auf einen Konflikt zu. Knapp zwei Wochen nach der Schlussfeier der Olympischen Spiele in München wurde am 20. September der Bundestag aufgelöst. Durch die zahlreichen Übertritte von SPD- und FDP-Abgeordneten zur Union hatte er seine regierungsfähige Mehrheit verloren. Bei den Neuwahlen holte sich die SPD einen überraschend hohen Wahlsieg: 45,9 Prozent gegenüber 44,8 Prozent für die Unionsparteien. Zum ersten Mal in der Geschichte wurde die SPD die stärkste Partei des Landes – und das bei einer Wahlbeteiligung von sagenhaften 90 Prozent.

Dennoch herrschte allgemeine Verunsicherung. In welche Richtung sollte sich Westdeutschland bewegen? Nach der zweiten Regierungserklärung von Willy Brandt wackelte das Vertrauen in das bisherige System. »Wer mehr verdienen will, muss auch mehr arbeiten«, proklamierte er in seiner Rede. Was meinte er damit genau? Die Pfründe der Erben aus der Gründerzeit zu beschneiden? Die Unternehmer zu gängeln? Die Börsengeschäfte zu beschneiden? Die Gewinne höher zu versteuern? Die Investitionskraft abzuschöpfen? Konzerne zu verstaatlichen? Alles war möglich!

Die Konsumbegeisterung bröckelte, die Kauflust ließ nach. Die Preise stiegen 1973 um 3 Prozent. Weitere Umsatzeinbrüche drohten. Neckermann setzte auf Expansion und erhöhte das Angebot in seinem Katalog auf 42 000 Artikel. Für den reibungslosen und günstigen Nachschub wollte er neue Importquellen erschließen. Nach Hongkong, Japan, Südkorea, Singapur und Taiwan schielte er nach Brasilien und Indien. Neue Kontakte nahm er mit der Türkei auf und »interessante Einkaufsmärkte« entdeckte er auch in der Sowjetunion. Bei seinen bisherigen Lieferanten setzte er die »härteste Kalkulation« der Firmengeschichte durch.

Sein Sohn Peter bemühte sich derweil, durch andauernde Kapitalerhöhung die Investitionsfähigkeit der Firma zu erhalten. Die bei den Banken aufgenommenen Finanzspritzen kosteten viel Geld. Doch der »Olympia-Opa«, wie Sohn Peter ihn nannte, war solche Schwierigkeiten längst gewöhnt. »Beim Sturm bewährt sich der Kapitän auf der Kommandobrücke«, pflegte er zu sagen.

Kapitel 28

»Die Verzweiflung, noch einmal das Unmögliche zu versuchen«

Ein Jubiläumsverkauf mit Folgen

Es gehörte zur Tradition, dass bei den Aktionärsversammlungen etwa 30 Hostessen auf den Gängen des Verwaltungsgebäudes standen, um den Gästen zuzulächeln und ihnen den Weg zu zeigen. Sie trugen die neuesten Modelle aus dem Katalog. Optimistisches Sonnengelb war die Farbe der Saison. Die Kurzarmblazer betonten die schlanke Taille. Die Faltenröcke fielen in fließender Passform. Die Hostessen strahlten auch schon deswegen so fröhlich, weil sie die Kleider anschließend behalten durften. »Als ein kleines Dankeschön«, so Josef Neckermann, der stets auf gutes Betriebsklima achtete.

Herrschte Anfang der 70er Jahre noch eine heiter bis gelegentlich leicht bewölkte Haushaltslage, so schlug das politisch-ökonomische Tief des Jahres 1973 empfindlich aufs Gemüt der Nation. Vor allem beim Kaufverhalten: Die Situation wurde allmählich alarmierend. Pleiten und Insolvenzen, wo man nur hinhörte. Im Juli ging Josef Kun, das größte private Bauunternehmen der Bundesrepublik, mit einem Umsatz von 300 Millionen Mark in einem 680-Millionen-Konkurs unter. Die Rezession wirkte sich allerorts aus: Die restriktive Politik der Bundesbank ließ die Zinsen steigen, Preise für Rohstoffe, vor allem Erdöl, kletterten in astronomische Höhen. Die Zukunftssorgen waren auch bei der Aktionärsversammlung der Neckermann KGaA am 6. August 1973 spürbar. Die Anleger forderten höhere Renditen. Aber noch ließ man sich im Hause Neckermann die Laune nicht verderben.

Die Umsatzzahlen waren wie immer beeindruckend, aber die Rendite war seit dem letzten Halbjahr nur um 0,74 Prozent gestiegen. Der Unmut der Aktionäre wurde durch einige Wortmeldungen aus dem Saal noch geschürt. Die Servicebereitschaft in den Kaufhäusern lasse nach. »Man wird wie ein Bittsteller behandelt«, klagte einer der Aktionäre. Ein gewisser Dr. Hohenemser von der Schutzvereinigung für Wertpapierbesitz monierte zudem: »Bei der N-U-R-Neckermann und Reisen & Co. KG weisen 96 Millionen Mark eine Umsatzsteigerung von 25 Prozent aus, der Ertrag ist allerdings wie im Vorjahr bei zwei Millionen Mark geblieben.«

Peter Neckermann hielt mit ungebrochenem Optimismus entgegen: »Es sind Tatsachen. Aber Resignation liegt mir und auch den leitenden Herren dieses Unternehmens fern. Wir haben uns auf diese Entwicklung eingestellt, und ich bin der Überzeugung, dass wir sie meistern werden.« Sein Vater schränkte die Durchhalteparole umsichtig ein: »In der heutigen Zeit ist es schwerer denn je, Prognosen zu stellen, weil niemand von uns übersehen kann, welche Maßnahmen von politischer und wirtschaftlicher Seite ergriffen werden, die alle Konzeptionen dann zunichte machen.«

Sonntagsfahrverbot in Deutschland

Am 25. November 1973 bewahrheiteten sich Neckermanns Befürchtungen. Es kam das erste von den insgesamt drei Sonntagsfahrverboten. Die Autobahnen waren verwaist. Die OPEC drosselte die Erdölförderung und hob die Preise an. Deutschland, das 75 Prozent seiner Öllieferungen aus OPEC-Staaten bezog, drohte die größte Energieknappheit seit 1945. Die Einbußen in der Automobil- und Zulieferindustrie waren enorm. Neckermann erlebte das schlechteste Weihnachtsgeschäft seit Bestehen der Firma.

Aber der Gründer war nach wie vor ein Optimist und voll im Einsatz. Die späteren Analysen der Wirtschaftexperten von der *Frankfurter Allgemeinen* über das *Handelsblatt* bis zum *Spiegel* irrten, wenn sie die Ursachen der Unternehmenskrise in der erstarrten, patriarchalisch-autoritären Führung suchten. Josef Neckermann legte intern eine erstaunliche Flexibilität an den Tag. Sein Sohn Peter Neckermann dachte renditeorientierter als sein Vater und konnte sich als studierter Betriebswirt in wesentlichen Fragen der Umstrukturierung des angeschlagenen Unternehmens durchsetzen. Bei den Banken und Aktionären genoss er hohes Ansehen, das von ihm geleitete N-U-R Reiseunternehmen warf gute Gewinne ab.

Der Pate der Offenbacher Kickers

Im Mai 1974 präsentierte Josef Neckermann eine Lösung nach seinem Geschmack: einen Baulöwen, dem er schon 1965 zum 43. Geburtstag pathetisch gratuliert hatte, »dass Gottes Segen ihm nicht versagt bleiben möge«. Der Wunsch erfüllte sich für beide, wenngleich nicht auf ganz fromme Weise. Der Bauunternehmer Karl-Heinz Reese hatte durch Mittelsmänner unauffällig Neckermann-Aktien erworben, bis er 1973 rund 25 Prozent am Unternehmen besaß.

Reeses Kapitalbeteiligung bezifferte sich auf 80 Millionen Mark. Das Bruttoanlagevermögen des Immobilien-Multis wurde indes auf 500 Millionen Mark geschätzt. Nun machte er sich daran, »Neckermanns Schiff in einen sicheren Hafen zu lotsen«. Wie die *Frankfurter Allgemeine* im Mai 1974 zu berichten wusste, »trafen sich Peter und Josef Neckermann mit Reese schon seit einem Jahr so ungefähr alle vier Wochen in der Frankfurter Versandzentrale«. Ein Wunschpartner nach Maß?

Der gebürtige Fabrikantensohn Karl-Heinz Reese, Jahrgang 1923, gehörte zu den Legenden der 50er. Als Kriegsschwerbeschädigter begann er nach 1945 in einem kleinen Laden mit dem Verkauf von Lederwaren aus eigener Fabrikation. Die Masse macht's. Der Pfennigfuchser investierte den Verkaufserlös von Gürteln, Handtaschen, Portemonnaies, Schlüsseletuis und Schuhen umgehend in billige Trümmergrundstücke im Zentrum Offenbachs und in Industriegebieten am Rande Frankfurts. Die Zeit war günstig. Für rund 22 Millionen Mark konnte man damals einen Mietkomplex mit 300 Appartements hochziehen. Solche Objekte schossen bei Reese wie Pilze aus dem Boden. Sein Flaggschiff waren die drei Cs: das Offenbach-Center, das City-Center und das Park-Center. Mit seinem Offenbacher Kaufhaus war Neckermann ebenfalls Mieter bei Reese. Mit den Mieterträgen aus seinem weitverzweigten Immobilienreich expandierte Reese ohne

Grenzen. Auf Teneriffa besiedelte er bei Puerto de la Cruz die Küstenstreifen mit Betonburgen für fast 10 000 Urlauber.

Nebenher führte Reese ein schillerndes Privatleben. Was für Neckermann die Sportbälle bedeuteten, waren für den Baulöwen die Partys auf Sylt. Nur, während Neckermann bei solchen Promi-Treffs Spenden einsammelte, ließ es sich Reese viel Geld kosten, für ein paar Stunden die Society um sich zu scharen. Zu seinen verschwenderischen Büfetts mit Champagner und Kaviar pflegte er die »Les Humphries Singers« mit Jürgen Drews zu engagieren. Doch als die Teller leergeputzt und die Sänger verstummt waren, saß der Krösus von Offenbach wieder allein an seinem Tisch. Spätestens da hätten bei Neckermann die Alarmglocken läuten müssen. Doch Reese sponserte die Offenbacher Kickers. Das machte ihn in Neckermanns Augen ungemein sympathisch. Wer sich so für »Sch-p-o-o-rt« engagiert, muss einer wie ich sein, mag er sich gedacht haben. Eine Überprüfung von Reeses Bonität hätte allerdings ergeben, dass von seinen Neckermann-Aktien bereits ein Paket im Wert von 65 Millionen Mark bei den Banken verpfändet war.

Die neue Partnerschaft Neckermann-Reese wurde bei der Aktionärsversammlung im Mai 1974 vorgestellt. Die neuen Pläne betrafen den Reisesektor: Reese sollte den Ausbau des Flughafens in Teneriffa übernehmen, womit sich das Touristikaufkommen auf dieser Insel bald verdoppeln sollte. Die erhöhten Urlauberkontingente sollte künftig Neckermann liefern, natürlich in die neuen Reese-Hotels. Um die Sache voranzutreiben, setzte Reese in Neckermanns Aufsichtsrat auch seinen Wirtschaftsprüfer ein. Und die *Frankfurter Allgemeine* bemerkte ironisch: »Vom Dach seines sechzig Meter hohen Wohnturms, wo Reese seine Penthouse-Wohnung mit Schwimmbad bewohnt, kann er den Neckermann-Komplex am gegenüberliegenden Ufer vom Main in Fechenheim gut überblicken.« Zu diesem Zeitpunkt besaß die Familie Neckermann nur etwa 40 Prozent der Aktien ihres eigenen Unternehmens. 25 Prozent befanden sich bei Reese. Der Rest verteilte sich auf die Kleinaktionäre, deren Stimmungsschwankungen jederzeit eine höchst gefährliche Situation hätten heraufbeschwören können. Josef Neckermann saß also schon auf einem Pulverfass.

Ein verhängnisvolles Jubiläum

Um den »Aktionären Mut zu machen«, kündigte Josef Neckermann bei der Präsentation des Winterkatalogs 1974/75 eine künftige Kooperation mit Japan an. Neckermann sollte die Midoriya Co. Ltd. bei dem Ausbau des Versandhandelsnetzes mit seinem Sortiment unterstützen und aus eigenen Neckermann-Shops in Midoriya-Warenhäusern verkaufen. Um mit der Zeit zu gehen, bot Josef Neckermann seinen Kunden in Deutschland ab 1974 als seine neueste Errungenschaft statt Teilzahlung unbürokratisch ein Darlehen an. Dafür musste er selbst einen Barkredit bei einer Tochter der Frankfurter BHF-Bank aufnehmen, dessen Konditionen sein Sohn Peter bei der Aktionärsversammlung bekannt gab: Der effektive Jahreszins bewegte sich zwischen 15,7 bis 22,8 Prozent. Im gleichen Moment durfte wohl das leise Murren aus den Zuhörerreihen bis zu seinen Ohren vorgedrungen sein: »Verschenken sie die Neckura-Aktien.«

Es war ein gutgemeinter Rat, um zumindest eine Verlustquelle loszuwerden. »Die konsequente Lösung wäre gewesen«, analysierte der *Spiegel*-Wirtschaftsexperte Werner Meyer-Larsen in seinem Buch *Der Untergang des Unternehmers* »fast sämtliche, defizitäre Kaufhäuser zu schließen, denn nach der Ölkrise schrieben sie alle rote Zahlen. Es hätte die Schrumpfung des Unternehmens bedeutet. So etwas kam für den ›Condottiere‹ aber überhaupt nicht in Frage.« Den Rückwärtsgang einzuschalten, war in der Tat nicht Josef Neckermanns Fahrweise. Er wählte den umgekehrten Weg. Das hieß: Alles in eine Waagschale zu werfen. Das Jubiläumsjahr sollte es herausreißen.

»Hurra! Das 25. Jubiläum ist da! Neckermann, ja der Neckermann. Der Neckermann macht's möglich!«, jubilierte die Werbekampagne zur Premiere des neuen Katalogs Frühling/Sommer 1975. Die Zahl 25 lachte den Kunden förmlich an. Zusammengeflochten wie ein bunter Blumenkranz strahlte sie in den Farben Gelb, Rot, Rosa, Orange. Der Anblick vermittelte pure Freude gespendet aus der Blütenpracht von Erika, Margarite, Hortensie, Gänseblümchen, Tausendschönchen und Vergissmeinnicht in weiß.

»Blumen wecken Gefühle«, versicherte die Agentur McCann, die für den Titel zuständig war. Die andere Zahl, die wichtiger war, druckte man in schwarz: Zehn – für zehn Prozent Rabatt auf alle 44 000 Artikel zwischen dem 25. April und 10. Juni 1975.

Jubiläumsverkauf. Zwei Wochen, die Neckermanns Imperium retten sollten. In dem Umfang war er allerdings gar nicht geplant gewesen. Die Aktion war von Neckermann-Junioren angezettelt worden. Ursprünglich sollte nur eine kleine Broschüre in den Katalog eingefügt werden, in der ein handverlesenes Warensortiment zum Rabattpreis angeboten wurde.

»Doch unsere eigene Rechtsabteilung hatte quergeschossen«, erzählte der jüngste Sohn Johannes, damals Marketingleiter im Team. »Unsere Broschüren für den Jubiläumsverkauf waren schon fertig gelayoutet, da bremsten sie uns aus. Laut damaliger Wettbewerbsregeln waren partielle Rabatte nicht erlaubt. Entweder ganz oder gar nicht. Die Zeit lief uns davon – bis Vater entschied: Gut, wir erweitern den Rabatt auf das ganze Katalogangebot.«

Doch dem Patriarch war bei dieser Aktion gar nicht wohl. In seinen Memoiren bekennt er: »Bedauerlicherweise funktionierte mein Instinkt richtig. Doch ich versuchte gar nicht erst, mich ernstlich gegen die Phalanx meines jungen, studierten Führungsnachwuchses durchzusetzen.«

Johannes erinnerte sich ebenfalls, wie sein Vater ihm und seinem Bruder Peter riet: »Ich bin auf eurer Seite, aber klärt erst mal alles mit der Rechtsabteilung ab.« Vielleicht war das der Fehler: »Früher stellte mein Vater seine Anwälte immer vor vollendete Tatsachen, mit dem Auftrag, die Scherben zusammenzukehren, falls es zum Crash kam. Das war sein Stil«, räumte sein Sohn Johannes später ein und schimpfte: »Auf die Anwälte hatte mein Vater schon immer Wut: Er nannte sie ›Leichenwagenbremser‹«.

Der Anfang vom Ende

Die Jubiläumsaktion löste fast ein Erdbeben aus. Die Leute stürmten die 34 Neckermann-Filialen und bestellten wie verrückt. Innerhalb von wenigen Tagen waren alle hochkarätigen Geräte weg! Je hochwertiger die Ware, umso mehr lohnte sich der Rabatt. Bei einem Fernsehgerät, das für 2 390 Mark im Katalog angeboten wurde, machte der Preisnachlass 239 Mark aus. Bei den Kühlschränken, die inzwischen auch im Katalog nicht billiger als im Fachhandel waren, bedeutete der Rabatt für Neckermann einen empfindlichen Verlust.

Am meisten schmerzte ihn der Reinfall mit den Persianerjacken. Für lächerliche 698 Mark waren sie ohnehin schon fast geschenkt, doch nun kam nochmals eine Ermäßigung von knapp 70 Mark dazu. Ein Heer von bundesdeutschen Frauen nützte diese Gelegenheit, sich den Traum von einem Stück Millionärsluxus zum Spottpreis zu erfüllen. Da im Katalog der Vermerk »solange der Vorrat reicht« fehlte, war man nach der allgemeinen Geschäftsordnung verpflichtet, alle Bestellungen zu bearbeiten. Neckermann musste auf die Schnelle tonnenweise Pelze aus der Sowjetunion nachbestellen. Sein Wort zu halten, war für ihn ein oberstes Gebot: »Das schönste Jubiläum ist den Verlust des Kundenvertrauens nicht wert!«, erklärte er. »Es war die Verzweiflung, noch einmal das Unmögliche zu versuchen«, resümierte Werner Meyer-Larsen. »Neckermann hatte mit seinem Jubiläumsverkauf nichts anderes getan, als irgendwelchen Leuten, die sonst woanders gekauft hätten, etwas zu schenken.«

Die ursprüngliche Wunschvorstellung, durch diese gigantische Verkaufsaktion den Kundenstamm zu erweitern, blieb eine Illusion. Für die Generation der 68er war Neckermann bereits als »billiger Jakob« abgeschrieben. Dementsprechend unrealistisch geriet die Bilanz. Für jede zusätzlichen Mark, die Josef und seine Söhne kassierten, zahlten sie einen Pfennig drauf. Die Menge macht's. Der Umsatz aus diesen zwei Wochen betrug 400 Millionen Mark. Der Konzernumsatz erhöhte sich von 2,9 Milliarden des Vorjahres auf 3,5 Milliarden Mark im Jahre 1975. Gleichzeitig brachte die Jubiläumsaktion 4 Millionen Mark Verlust, die man nicht durch Gewinne in anderen Bereichen ausgleichen konnte.

Den mit kleinen Preisen groß gewordenen Versandmultimillionär beunruhigte diese Rechnung zunächst nicht. Sein Sohn Peter, gelernter Betriebswirt, zeichnete die Verluste schlichtweg als »Investitionskosten« aus. Eine Investition, um sich zusätzlichen Umsatz zu kaufen. Mit den neugewonnenen Adressen beabsichtigte man, den

Vertrieb von Einzel- mehr auf Sammelbesteller umzustrukturieren. Deren Anteil sollte auf 30 Prozent steigen. Darin sahen Vater und Sohn eine Gesundschrumpfung der weitverzweigten und kostenintensiven Versandabwicklung. Doch es gab nichts schönzureden: Josef Neckermann hatte sich für 4 Millionen Mark, die er nicht hatte, einen Umsatz von 400 Millionen Mark gekauft.

Damit war der Untergang des Familienimperiums besiegelt. Die Kapitulation wurde in altdeutscher Tradition mit Tapferkeitsparolen noch eine Weile hinausgezögert. Der »Condottiere« verteidigte seine Strategie in einem Interview im *Handelsblatt*: »Wenn dieses Unternehmen sich in seiner 25-jährigen Geschichte gegenüber allen Wechselfällen der Konjunktur erfolgreich behauptete, manche Niederlage in einen Sieg verwandelte, dann wird es in sicherem Vertrauen auf seine ungebrochene Leistungskraft diesen erneuten Kampf um den Konsumenten aufnehmen können.«

Bei der Bilanzpressekonferenz wurde das Ergebnis der Jubiläumsaktion trotz allem nochmals kräftig gefeiert: »Wir haben eine Umsatzsteigerung von 300 Millionen erreicht. Normalerweise – ohne den Jubiläumsverkauf – hätten wir nur etwa 100 Millionen Mark mehr an Umsatz verbuchen können.« Ein schwacher und vor allem ein falscher Trost.

Wirklich ernsthafte Sorgen machte sich Josef Neckermann allerdings wegen Karl-Heinz Reese. Es waren erste Meldung aufgetaucht, die von einem Konkurs des Baulöwen munkelten. Auf der Pressekonferenz teilte er lapidar mit: »Reeses Anteil ist von 25 auf 18 Prozent gesunken.« Er konnte nur hoffen, dass niemand nachhaken würde. Wer dessen Aktien aufgekauft hatte, ob es vielleicht Neckermann selbst gewesen war, sickerte nicht durch. Der Kurs der Neckermann-Aktie blieb jedenfalls stabil. Dafür wurde Josef Neckermann beim Vorstand der Deutschen Bank in Frankfurt gesehen. Es war nicht mehr von der Hand zu weisen, dass das Problem der Kapitalbeschaffung zur Überlebensfrage geworden war. Jetzt ging es um alles oder nichts.

Kapitel 29

»In einer Traumwelt der Verbraucher«

Vom Robin Hood zum Don Quijote

Die Absagen der Fußballstars Pele, Uwe Seeler, Franz Beckenbauer und Bernd Hölzenbein sowie des groß angekündigten Boxweltmeisters Muhammad Ali waren praktisch vergessen, als zu früher Stunde die letzten Gäste den Prominentenball der Stiftung Sporthilfe beschwingt verließen. Über 800 000 Mark an Eintrittsgeldern und nochmals 280 000 Mark an Tombola-Einnahmen flossen in die Kasse. Von solchen Gewinnen an einem Tag konnte Josef Neckermann in seinem Unternehmen nur träumen.

Ungeachtet aller Trendzeichen bei der Konkurrenz, die ihr Sortiment auf höhere Qualitäten und gewinnträchtigere Produkte umgestellt hatte, beharrte Neckermann auf seinem Kurs als Preisbrecher. Während Quelle 12 und Otto 18 Prozent Umsatzgewinne verzeichneten, prahlte Neckermann ungebrochen mit seinen Leistungen: In 18 Einkaufsbüros in Tokio, Seoul, Taipeh, Hongkong, Singapur und Manila waren über 100 Mitarbeiter rund um die Uhr damit beschäftigt, Billigprodukte aufzutreiben. Mehr als 35 Prozent des Warenangebots bei Neckermann stammte aus Fernost. Gerade sollte sich noch China als Lieferant für die Fotoabteilung dazugesellen. Im *Handelsblatt* orakelte Neckermann: »Ich sehe einen Silberstreifen für private Nachfragebelebung«.

Gleichzeitig munkelte man, dass die Familie Neckermann nur noch zu 25 bis höchstens 30 Prozent am eigenen Unternehmen beteiligt sei. Die *Frankfurter Allgemeine* widmete dem Thema im April 1976 einen Kommentar: »Josef Neckermann beherrscht sein Unternehmen nicht über das Kommanditkapital, sondern weil er der allein haftende Gesellschafter ist. Er ist das große Aktivum in der unsichtbaren Goodwill-Bilanz. Ohne ihn hätten allfällige Erosionserscheinungen den Konzern längst viel brüchiger werden lassen. Heute präsentiert sich das Unternehmen noch einigermaßen stabil. Das ist allein sein Verdienst.«

Kurz darauf gab Josef Neckermann seine Absicht bekannt, an der fünften Olympiade seines Lebens teilzunehmen. »Auf nach Montreal!« – tönte sein Kampfruf. Eine Woche später kam die alarmierende Meldung: »Josef Neckermann im Krankenhaus.« Die Symptome wiesen auf eine Viruserkrankung hin, die die Nierenfunktion beeinträchtigte. Die Olympiaqualifikation der Dressurreiter am 1. Mai in Leverkusen fand ohne Neckermann statt. Doch Neckermann blieb in den Schlagzeilen.

Am 1. Juli 1976 explodierte die erste Bombe. Der Sprecher der Frankfurter Handelsbank kündigte die nächste notwendige Kapitalaufstockung in Höhe von 35 Millionen Mark an. Das bisherige Grundkapital betrug 122,4 Millionen Mark. Damit sollte auch der Einstieg eines potenziellen Partners ermöglicht werden. Karstadt oder Otto dementierten, an der Kooperation mit Neckermann *nicht* interessiert zu sein. Die kreditgebenden Banken drängten auf die Erweiterung des Managements und die Ablösung des Firmengründers an der Spitze.

Die Hauptversammlung der Aktionäre am 7. Juli sollte zuerst nur der vorgeschlagenen Kapitalerhöhung zustimmen. Bei der vorher kurzfristig einberufenen Pressekonferenz teilte Peter Neckermann allerdings überraschend mit: »Karstadt wird unser neuer Großaktionär.« Die Hintergründe dieser Meldung schilderte Josef Neckermann in seinen Memoiren: Zwischen Peter Neckermann und dem Karstadt-Chef Walter Deuss waren schon seit Februar 1976 geheime Verhandlungen über eine Fusion gelaufen. Schon im Jahr 1973 hatte er erste Kontakte zum Karstadt-Vorstand aufgenommen. Damals hatte er eine schroffe Absage erhalten: Allem Anschein nach wollten die Konzernherren abwarten, bis sich Neckermanns Position weiter geschwächt hatte. Sie waren offenbar nicht an einer Zusammenarbeit, sondern von vornherein nur an einer Übernahme interessiert.

Die Verhandlungen waren ein Fallbeispiel dafür, wie man einen

Konkurrenten mit unternehmerischer List in die Knie zwingt. Anfang 1976 ging das Karstadt-Management vorerst auf Neckermanns Forderungen ein. Das Versandunternehmen sollte als selbstständig operierende Einheit erhalten bleiben. Josef Neckermann zeigte sich damit einverstanden, jetzt, im Alter von 64 Jahren, in den Aufsichtsrat zu wechseln. Die Söhne Peter und Johannes sollten in führender Position im gemeinsamen Unternehmen Karstadt/Neckermann tätig bleiben. Bei der Kapitalumschichtung sollte Karstadt das Aktienpaket der Neckermanns mit einem Nominalwert von 35,8 Millionen Mark zum Kaufpreis von 95 Mark pro 50-Mark-Aktie übernehmen. Das Unternehmen sollte von einer Kommanditgesellschaft auf Aktien in eine reine Aktiengesellschaft umgewandelt werden. Im weiteren Verlauf der Verhandlungen wurde Josef Neckermann unter Druck gesetzt, den Verkaufswert seiner Aktien von 95 auf 75 Mark zu senken. Der Familienvorstand willigte zähneknirschend ein: »Es war mein höchstes Ziel, den Bestand der Firma zu sichern«, schrieb er in seinen Memoiren.

Der alte Indianer

Die Pressekonferenz bei Sekt und Artischocken mit Shrimps in der Chefetage der Firma Neckermann endete mit einer Laudatio auf Neckermann. Max Kreifels, ein Wirtschaftsprüfer beschrieb den Patriarchen als »ein erstklassiges Beispiel dafür, was es heißt, ein großartiger Unternehmer zu sein«. Josef Neckermann bemühte sich gequält um ein Lächeln. Der anwesende Journalist Hans-Joachim Noack beschrieb diese Situation in der *Frankfurter Rundschau* mit literarischer Ambition: »Da sah der Hausherr aus wie ein alter Indianer. Für einen Augenblick belebten sich seine Züge und legten frei, was ihn charakterisierte: Eine Mischung aus Stolz und devotem Bemühen, die Physiognomie eines Häuptlings, aber auch seine Kundendienst-Mentalität kam zum Vorschein.«

Nach der Aktionärsversammlung im Juli 1976, die in allen Punkten den Vorschlägen von der Kapitalerhöhung bis zur Karstadt-Fusion zustimmte, ließ die Entscheidung über das weitere Schicksal des Neckermann-Unternehmens genau vier Monate auf sich warten. Innerhalb dieser Frist sollte das Kartellamt den Zusammenschluss »zweier gleichberichtigter Partner« bewilligen.

Die nachfolgenden vier Monate vergingen ohne Reaktion seitens des Kartellamtes. Auch der Karstadt-Konzern ließ die Zeit untätig verstreichen. Neckermann saß wie auf Kohlen. Doch die Entscheidung war nicht einfach: Die Gesetzgebung hatte die Entwicklung der Konzerne und ihrer Marktpositionen verschlafen. Laut Wettbewerbsrecht galt es zu verhindern, »dass eine bestimmte Art von Waren den Markt allein zu mindestens einem Drittel, zu zweit oder zu dritt zu mindestens 50 Prozent beherrschen«. Wirtschaftsjournalisten waren sich einig: »Dieser Passus ist eine Panne, er zielt zwar auf Großhersteller, aber kann niemals für Handelsunternehmen gelten, weil es dort nicht auf den Waren- sondern auf den Umsatz-Marktanteil ankommt.«

Die Kunden, durch die anhaltende negative Berichterstattung verunsichert, wandten sich von Neckermann ab. Im Geschäftsjahr 1976 schrieb Neckermann zum ersten Mal in der Firmengeschichte rote Zahlen. Der Gesamtumsatz des Unternehmens ging um 7,7 Prozent zurück. Beim Versand entstand ein Minus von 5 Prozent beim stationären Handel von 9,4 Prozent. Nur die Eigenheim GmbH war profitabel und verzeichnete einen Zuwachs von 42 Prozent, was allerdings nur einem Umsatz von 337 Millionen Mark entsprach. Die N-U-R Reisen GmbH steigerte sich um 9,6 Prozent auf 748 Millionen Mark. Demgegenüber stiegen die Bankschulden auf 410 Millionen Mark, zudem war im laufenden Geschäftsjahr noch ein Verlust von zirka 120 Millionen Mark zu erwarten.

Die Nacht der langen Messer

Die Marathonsitzung am 19. November 1976 in der Versandzentrale zerrte schwer an den Nerven aller Beteiligten. Man saß im Konferenzzimmer und wartete auf die Entscheidung des Bundeskartellamtes in Berlin, das an diesem Freitag zusammengetreten war. Es ging um alles oder nichts. Würde das Kartellamt die Fusion mit Karstadt ablehnen, müsste Neckermann schon am nächsten Montag Konkurs anmelden. Sein Unternehmen würde in seine Bestandteile zerstückelt und verscherbelt werden. Der Quelle-Versand schielte schon auf die Kundenkartei, auf das Touristikunternehmen lauerten gleich mehrere Interessenten. All dies hätte bedeutet, dass der Name Neckermann künftig vom Markt verschwinden würde.

Josef Neckermann saß angespannt am langen Konferenztisch, rauchte Kette und kaute nervös an seiner Krawatte. Aus der geschlossenen Sitzung des Kartellamtes in Berlin sickerte die ganze Nacht kein Laut durch. Erst gegen vier Uhr früh schrillte das Telefon am Konferenztisch bei den Neckermanns: »Die Fusion wurde genehmigt!«

Die Firma war also gerettet. Doch die bisher ausgehandelten Verträge lösten sich in Luft auf. Die Commerzbank vertrat den Standpunkt, nunmehr handele es sich um eine reine Rettungsaktion und keine ordnungsgemäße Übernahme. Daraus resultiere ein finanzieller Vorteil für Karstadt. Die angeschlossenen Banken erklärten sich bereit, einen Schulden- und Zinsnachlass zu gewähren. Sie reagierten damit nicht zuletzt auf den allgemeinen Druck von außen, den Politiker, Gewerkschaftler und nahestehende Industriebosse gemeinsam ausübten.

Die Bank macht's möglich

Niemand machte Josef Neckermann nachher einen Vorwurf wegen etwaiger Managementfehler. Der »Condottiere« genoss einen Sonderbonus, vor allem dank seiner Olympialeistungen. Auch die Medien waren um Fairness bemüht. Die Nachrufe auf seine Firma, die Josef Neckermann demnächst lesen konnte, schwankten zwischen Lob für einen Robin Hood und Häme für einen Don Quijote. Eines hatten aber alle Beurteilungen gemeinsam: »Neckermann lebte in einer Traumwelt der Verbraucher.« So etwas musste zum Fiasko führen: »Zuwenig verdient, weil zuwenig den Kunden abgenommen. Umso penibler hätten die Banken nachrechnen müssen«, schrieb *Die Zeit* im November 1976.

Das taten sie schließlich auch. Bei der letzten Marathonsitzung am

29. November in der Frankfurter Commerzbankzentrale wurde ein vernichtender Beschluss gefasst: Die Familie musste sich von ihrem Firmenbesitz trennen. Von rund 34 Millionen Mark Privatvermögen gingen 29 Millionen Mark verloren, da Josef und Peter Neckermann als alleinige Gesellschafter hafteten. Entgegen der ursprünglichen Vereinbarungen mussten die beiden auch ihre Plätze in der Geschäftsführung räumen. Die Konzernangestellten zogen ein.

Peter Neckermann war der große Pechvogel. Der vorgesehene Posten als Finanzvorstand mit einem Jahresgehalt von 500 000 Mark erwies sich als falsches Versprechen. Es gelang ihm nicht einmal, seinen Pensionsvertrag bei der Firma zu retten. Vater Josef kam etwas besser weg: Als Aufsichtsratsmitglied erhielt er ein Jahreshonorar von 202 500 Mark für das erste Jahr nach der Fusion. Bei der anschließenden Pensionierung verpflichtete sich Karstadt zur Zahlung einer Rente von 150 000 Mark jährlich. Bei dieser Regelung halfen die Banken mit, »weil die Aktienpakete der Familie bereits so belastet waren, dass es noch zu einem Neckermann-Privatkonkurs hätte kommen können«, wusste die *Frankfurter Allgemeine* aus Insiderquellen zu berichten.

Das wurde verhindert. Die Banken, allen voran die BHF-Bank, blieben auf Forderungen von 180 Millionen Mark sitzen. Sie verpflichteten sich, fünf Jahre lang als Treuhänder für Karstadt 26,1 Prozent des neuen Neckermann-Kapitals zu halten. Dadurch war der Karstadt-Konzern vor einer Pleite mit Neckermann abgesichert. Einen nicht unwesentlichen Teil der Kapitaleinbuße trugen die Kleinaktionäre. Sie waren die großen Verlierer, aber ihr Zorn traf Neckermann nicht.

Neckermanns Reaktion beschränkte sich auf den maßvollen Kommentar: »Ich hatte den Eindruck, dass man den Zusammenbruch wollte, um sich dann aus den Trümmern die geeigneten Vermögenswerte die Rosinen herauspicken zu können.« Und mit einem leichten Anflug von Ironie vermerkte er noch: »Hätte ich es gewusst, wie alles ausgeht, hätte ich mich doch noch rechtzeitig um die Teilnahme an den olympischen Spielen 1976 in Montreal bemüht. Dort standen meine Chancen auf eine Medaille gar nicht so schlecht.«

Die Herrschaft von »Papa Deuss«

Zur historischen letzten Sitzung der Aktionärshauptversammlung am 1. Juni 1977 in der Neckermann-Zentrale ließen sich Josef und Peter Neckermann traditionell ein Geleit von den Models geben. Sie trugen die neue Sommerkollektion aus dem Katalog: Ein vierteiliges Hochsommer-Set Laureen in rot-weiß mit Blümchenmuster für 79 Mark. Die Karstadt-Herren saßen bereits an einem langen Tisch an der Stirnseite des Casinos. Sie repräsentierten Europas größte Warenhausgruppe mit einem Jahresumsatz von 7,7 Milliarden Mark.

In der Mitte thronte Walter Deuss, der mächtige Karstadt-Boss. Er sollte 1994 das Warenhaus Hertie übernehmen, und 1997 den Karstadt-Einstieg in die Firma Quelle einleiten. Durch seinen autoritären Führungsstil verdiente er sich den Spitznamen »Papa Deuss«. Doch auch sein Ende sollte unrühmlich werden: Wegen einer Vertrauenskrise im Herbst 2000 ausgeschieden, erhielt er den zweiten Spitznamen »Vater der Karstadt-Misere«. Die hielt Deutschland im Jahre 2005 genauso in Atem, wie seinerzeit die Neckermann-Krise. Deuss reagierte mit Tadel an seine neuen Berufskollegen: »Die Herren in deutschen Vorständen werden immer weniger«. Der »Gründer der Sanierungsfälle«, die über Jahre hinweg nur rote Zahlen schrieben, hatte wohl vergessen, mit welchen Gutsherren-Methoden er sich selbst als junger Manager durchsetzte, unterstützt von seinem Vater, Hanns Deuss, der bei der Karstadt-Hauptaktionärin Commerzbank Aufsichtsratsvorsitzender war. Es war jene Bank, die Neckermanns Untergang besiegelte und die Konditionen seiner Kapitulation diktierte.

Bei Neckermanns Abschied saß Walter Deuss versteinert wie ein Richter bei der Dressurprüfung da und verfolgte regungslos den letzten Auftritt des in der Handelsdisziplin gescheiterten Goldreiters Josef Neckermann. Der trat mit roten Flecken im Gesicht vor. Der freien Rede zunächst kaum noch mächtig, machte der geschlagene Patriarch für die »Katastrophe« das Bundeskartellamt in Berlin verantwortlich. Einige kritische Aktionäre warfen jedoch ein, »dass ein bisheriger Verlust von 229 Millionen Mark, der sich im laufenden Jahr noch auf 350 Millionen ausweiten könnte, nicht nur auf

Markteinflüsse, sondern eindeutige Managementfehler zurückgehen muss«, berichtete die *Frankfurter Allgemeine* und führte aus: »Neckermann wurde teilweise beschuldigt, in einer Traumwelt für den Verbraucher gelebt und das Geld der Aktionäre verschleudert zu haben.« Trotz dieser Schelte wurden die beiden Neckermänner im Vorstand bei der Abstimmung entlastet: mit 41,1 Prozent Ja- sowie 2,4 Prozent Nein-Stimmen.

Verlust der Arbeitsplätze

Als erste Maßnahme strichen die neuen Herren den Slogan »Neckermann macht's möglich«. Wie verfahren die Situation war, zeigte sich erst später. Die komplizierte Sanierung des Unternehmens dauerte fast 11 Jahre lang. Erst 1987 schaffte die Neckermann Versand AG den Sprung in die Gewinnzone. Josef Neckermann hatte zu dem Zeitpunkt längst nichts mehr mit der Firma zu tun, die noch immer seinen Namen trug. Der finanzielle Aufwand war immens, zuerst wurde fast noch 1 Milliarde an Verlust eingefahren, sodass nur ein Konzern wie Karstadt mit der Deutschen Bank im Rücken diese Belastung aushielt. Kein Privatmensch, kein Familienunternehmen wäre im Stande gewesen, so viel Kapital aufzubringen und so lange auf eine Rendite zu warten. Walter Deuss verteidigte seine Strategie gegen die späteren Vorwürfe: »Per Saldo hatte sich die Transaktion gelohnt. Wir sind davon ausgegangen, dass wir in ein intaktes Unternehmen einsteigen. Das war leider nicht der Fall.«

Neckermanns Untergang zog noch weitere Kreise. Eine Reihe der ehemaligen Lieferanten geriet in Schwierigkeiten. Stellvertretend für viele sei nur einer erwähnt: Körting, einst Hersteller des legendären Fernsehgeräts »Neckermann Weltblick«. Die Elektronikwerke in Grassau mussten Kurzarbeit anmelden. In der strukturschwachen Region des Chiemsees gingen bald über 1 300 Arbeitsplätze verloren. Auch Karstadt begann unauffällig mit dem Abbau von rund 2 000 Stellen. Als erster musste Neckermanns Kundendienst daran glauben. Das Netz wurde ausgedünnt und später eingestellt.

Der Wirtschaftsexperte Werner Meyer-Larsen fasste zusammen:

»Neckermann setzte auf Umlaufwachstum. Das Unendliche gibt es aber nur in der Mathematik und beim lieben Gott. Beides war Neckermann nicht. Die Karstadt-Herren wollten Neckermann nicht retten, sondern sich für wenig Geld viel Umsatz sichern. Nur Verkleinerung verhieß Gewinn.«

Die große Sanierung wurde schließlich doch auf den Rücken der Arbeitnehmer ausgetragen. Trotz eines Bruttoumsatzes von 3,5 Milliarden Mark im Jahre 1978, von dem 2,3 Milliarden auf den Versand entfielen, steckte das Unternehmen tief in den roten Zahlen. Von 18 000 Mitarbeitern blieben bis Ende Oktober lediglich 8 500 an ihrem alten Platz, die restlichen Stellen wurden abgebaut. Und der Abbau sollte sich noch weiter fortsetzen. Karstadt beabsichtigte, nicht mehr als 5 500 Leute zu übernehmen. Diese Massenentlassungen wirkten sich nur für den Politiker Holger Börner positiv aus: Der wechselte von der Bundes- zur Landespolitik und wurde am 12. Oktober 1976, mitten in der Neckermann-Krise, aufgrund seiner Kampagne für den Erhalt der Arbeitsplätze zum Hessischen Ministerpräsidenten gewählt. »Neckermann macht's möglich!« Börner durfte sich einer zehnjährigen Amtszeit als hessischer Landeschef erfreuen.

Ein Philanthrop wie Rockefeller

Der Ex-Firmenchef Josef Neckermann bezog ein neues Büro im vornehmen Plaza-Hochhaus in der Hamburger Allee 2–10, schräg gegenüber dem Messegelände. Die Adresse war neu, das Ambiente vertraut. Die Möblierung, die opulenten Pferdegemälde an den Wänden, der weiße Porzellanhengst auf dem Schreibtisch, das alles stammte aus seinem alten Chefzimmer. Und jeden Morgen grüßte fröhlich Gerda Singer ihren Boss wie in guten alten Zeiten.

Neckermann widmete sich nun mit vollem Eifer den Aufgaben der Sporthilfe. Er telefonierte hinter Konzernkapitänen und Stars für seine Sportgalas her, diktierte Bittbriefe, ärgerte die verknöcherten Funktionäre und sich selbst, wenn etwas nicht so funktionierte, wie er wollte. Appelle, Diktate, Ultimaten. Niemals gab er auf. Er erledigte viel Kleinkram, der andere Menschen zermürben würde,

Josef Neckermann und Gerda Singer, 1987.

ihn aber begeisterte. Aus dem größten Einzelkämpfer in der deutschen Handelsgeschichte wurde der größte Spendensammler. Und vielleicht trauerte er innerlich dem verlorenen Warenimperium nicht mehr nach. Besitz belastet, so war er nun frei, um sich die Millionen, die er mit seinem Unternehmen nie verdient hatte, anderweitig zu beschaffen und unter seinen Schützlingen zu verteilen. Neckermann wurde ein Philanthrop der Sportler und kam damit seinem Vorbild Rockefeller auf unerwartete Weise am Schluss seiner Laufbahn noch relativ nahe. Er sonnte sich im Glanz des Wohltäters, sichtlich von Glück erfüllt, strahlte er wie nie zuvor.

Ein schwarzes Jahr

Die Familie glaubte, nach dem Rausschmiss durch Karstadt würde sie kein schlimmes Schicksal mehr ereilen können. Sie fühlte sich von höheren Mächten schon genügend »bestraft«. Doch es kam anders.

Johannes Neckermann war der einzige, der seinen Schreibtisch in der Neckermann-Zentrale hatte behalten dürfen. Wie bisher war er mit der Katalogproduktion betraut. Am 26. Oktober kehrte er nach einem Fotoshooting für die Saison Herbst/Winter 1977/78 mit dem Condor-Flug der N-U-R Reisen aus Tunis zurück nach Frankfurt. Am Flughafen erwarteten ihn seine Mutter und seine Schwester. Beide Frauen trugen schwarz. »Ich fragte nur: Wer?«, erinnerte sich Johannes. »Meine Mutter umarmte mich und brach in Tränen aus – ›Inki‹!«

Am nächsten Tag berichteten alle Zeitungen darüber: »Ingrun Neckermann tödlich verunglückt!« Die dpa tickerte: »Bei einem Verkehrsunfall in Frankreich ist die Frau des jüngsten Sohnes von Ex-Versandhauschef Johannes Neckermann in den Mittagsstunden auf der regennassen Fahrbahn ins Schleudern geraten. Sie war mit ihrem gelben BMW allein von Paris nach Dreieich-Buchschlag unterwegs, wo die Neckermanns ein Haus besitzen. Der BMW prallte mit einem entgegenkommenden Lastwagen zusammen. Die Fahrerin war auf der Stelle tot. Die 36-jährige Ex-Miss Germany und Europa hinterlässt ihrem Mann Johannes drei Kinder: Markus (10), Julia (8) und Lukas (2).«

»Inki« war stets zu ihrem Bruder Ulf nach Paris gefahren. Der Banker unterhielt in Paris einen Großhandel, in Nizza und London ein Hotel. Auch er hatte den Dreh raus, wie man sich das Glück zumindest in Geldsachen pachten kann.

Nach diesem Schlag fand Johannes keine Freude mehr an seinem Job bei Karstadt. Ende August 1978 verließ er als letzter Neckermann die Firma. Für den Neuanfang wagte Johannes den Versuch, mit seinem Hobby Geld zu verdienen – mit der Kunst. Er schwärmte für die römische Schule um 1700. Deren romantische Landschaftsbilder hatte er schon mit 18 entdeckt, als er mit seinem Vater bei der Olympiade in Rom war. Seine Mutter fand Gefallen am neoklassizistischen Pinselstrich des Schweizers Hermann Ruedisuehli (1864–1944). Die Werke dieses vergessenen Malers waren günstig zu erwerben. Was Annemi im Laufe der Jahre aus Ruedisuehlis Nachlass erstehen konnte, ergab für ihren Sohn den Grundstock zu einer privaten Galerie. Für die erste Vernissage lud Johannes potenzielle

Käufer in seine Villa bei Frankfurt ein. Daraus entwickelte sich ein regelmäßiger Termin, und die Einladungen zu den angeregten Abenden mit kunstsinnigem Small Talk bei Partyhäppchen waren sehr begehrt.

In Juni 1979 heiratete Johannes zum zweiten Mal, eine ehemalige Angestellte aus Vaters Firma – Ljiljana Stojanovic. Sie hatte in der Verpackungsabeilung angefangen. Mit ihren Sprachkenntnissen in Serbisch wechselte sie in die Marketingabteilung, zuständig für den Handel mit Jugoslawien. Nach der Heirat sorgte sie als Ersatzmutter für die drei Kinder von Johannes. Die drei Neckermann-Erben der ersten Generation (Eva-Maria, Peter und Johannes) bereiteten sich indes zum Sprung nach Amerika vor – nicht zuletzt aus steuerlichen Gründen. Das Wenige, was vom Familienvermögen noch übrig geblieben war, sollte nicht der Vater Staat kassieren.

Mord mit der Schreibmaschine

Ein Jahr nach dem tödlichen Unfall von Ingrun Neckermann nahmen die Dinge erneut einen unheilvollen Lauf. 1978 verunglückte der 17-jährige Neckermann-Enkel Josef-Johannes »Jo-Jo« Pracht mit seinem Moped auf regennasser Fahrbahn. In einer Kurve kam er ins Schleudern und rutschte unter einen entgegen kommenden Betonmischlaster, der ihn überrollte. Die Ärzte konnten bei der Operation sein Bein nicht retten. Es musste unterhalb des Knies amputiert werden.

Der Großvater Neckermann berichtete in seinen Memoiren: »Jo-Jo zeigte sich als ein echter Kämpfer. Er lernte mit der Prothese Tennis zu spielen, Ski zu fahren, versuchte sich sogar als Fußballtorwart. Er trainierte so lange, bis man beim Gehen nicht mehr merkte, dass er behindert war.« Laut Josef Neckermann setzte dem Enkel in dieser harten Zeit der Umstand, ein »berühmter Neckermann-Enkel« zu sein, schwer zu. »Überall, wo er auftauchte, wurde er zur Zielscheibe der Pressefotografen. Er konnte nicht ›Jo-Jo‹ Pracht sein. Der Name Neckermann erdrückte ihn.«

Sechs Jahre nach Jo-Jos Mopedunfall bereitete man sich bei den

Die Goldene Hochzeit Josef und Annemarie Neckermanns im Schlosshotel Kronberg, August 1984. In der vordersten Reihe: Johannes, Lukas, Necko, Annemi, Evi, Jutta, Peter, Christian. In der hintersten Reihe direkt hinter Necko: Florian Homm.

Neckermanns auf ein rauschendes Familienereignis vor: Die Goldene Hochzeit am 16. August 1984. Am selben Tag feierten auch Jo-Jos Eltern, Neckermanns Tochter Evi mit ihrem Mann »Hänschen« ihren 24. Hochzeitstag. Auf der Treppe vor dem Schlosshotel Kronberg posierte der Clan für ein historisches Gruppenfoto.

Zum letzten Mal so harmonisch, so schön, so geschlossen. Die Großeltern Neckermann wollten nochmals vor den Traualtar treten, um die Heiratszeremonie zu wiederholen. Bei herrlichem Sonnenschein stand der Pfarrer bereits vor der Pforte der weißen Dorfkirche von Kirchborn bei Frankfurt. Gut 200 Gäste warteten auf das Signal, Mendelssohns »Hochzeitsmarsch«, um sich dem goldenen Paar anzuschließen. In der versammelten Großfamilie Neckermann fehlte nur einer: Neckermanns Lieblingsenkel Jo-Jo. Er hatte sich wegen eines dringenden Zahnarzttermins entschuldigt, aber angekündigt, spätestens zum Abendessen da zu sein.

Punkt zwölf Uhr Mittags, als die Kirchenglocken zu läuten begannen, kam ein Anruf von der Autobahnpolizei. Die Beamten teilten mit, dass sich der 23-jährige Josef-Johannes Pracht im Landkreis Dillenburg, auf der A 45 in Richtung Frankfurt, mit einem Sprung von der Autobahnbrücke das Leben genommen hatte. Mit versteinertem Gesicht sagte Josef Neckermann sofort die ganze Zeremonie ab und fuhr mit Jo-Jos Eltern zur Unglückstelle. Dort stand Jo-Jos grauer Opel Manta ordnungsgemäß in einer Einbuchtung eingeparkt, die Türe abgesperrt, die Warnblinkanlage eingeschaltet. Auf dem Beifahrersitz befand sich eine Kölner Zeitung mit der Schlagzeile: »Neckermann-Enkel – Gift-Cocktail – Freundin in der Klinik«.

Der leblose Körper des Neckermann-Enkels lag 37 Meter tief unter der Brücke, zerschmettert auf einer Landstraße. In seiner Wohnung wurde ein Abschiedsbrief gefunden. Die Polizei gab daraus keine Einzelheiten an die Presse weiter. Umso heftiger entbrannte die Berichterstattung in den nächsten Tagen. Josef Neckermann erhob schwere Anschuldigungen, die Presse wäre am Tod seines Enkels schuld. Haupttäter war in seinen Augen der *Kölner Express* mit der Regionalausgabe *Dill-Zeitung*. Beide Blätter hatten mehrmals ausführlich über eine Gift-Cocktail-Party mit Folgen berichtet. Die Frage lautete: »Jux oder Anschlag?« Daraufhin hatte der Staatsanwalt die Ermittlungen eingeleitet.

Der eigentliche Fall hatte mit der Einlieferung der 20-jährigen Studentin Silke D. in die Intensivstation des Dillenburger Kreiskrankenhauses begonnen. Sie war die Ex-Freundin des Neckermann-Enkels. Ein Jahr zuvor hatte sie Jo-Jo den Laufpass gegeben. Von Liebeskummer geplagt, tröstete sich Jo-Jo angeblich mit der besten Freundin seiner »Ex«, doch bald fühlte er sich wieder zu seiner »alten Flamme« hingezogen. Die neue Freundin reagierte mit Eifersucht – soweit die Presseberichte von damals.

Die Situation eskalierte, als jemand Silke auf einer Party unbemerkt Kupfersulfat-Pulver ins Getränk schüttete. Sie trank aus dem Glas und brach danach mit Krämpfen zusammen. Im Krankenhaus wurde ihr der Magen ausgepumpt. Nach dem Vorfall verzichtete Silke zwar auf eine Anzeige, doch die Eltern schalteten einen Rechtsanwalt ein. Sie gingen davon aus, dass nur einer als Täter in Frage kommen konnte: der Neckermann-Enkel Jo-Jo. Der Anwalt sollte ihn auf Schmerzensgeld verklagen. Die Summe war hoch. Der Prozess drohte ebenfalls kostspielig und nervenaufreibend zu werden. Jo-Jo soll auch unter dem Erfolg seiner Schwester Martina gelitten haben, die sich als Reiterin zu profilieren begann und somit der Neckermann-Tradition mehr gerecht wurde als er. Seine Behinderung war nicht mehr wett zu machen: »Ein Neckermann ohne ein Bein ist kein Neckermann mehr«, meinte Kristin Lang, die Pflegetochter. Sie bekräftigte auch: »Mit Mitleid lebt es sich unter den Neckermanns schlecht.« Das Gefühl, ein Versager zu sein und nun auch noch die Familie durch Schmerzensgeldzahlungen zu schädigen, warf den jungen Erben endgültig aus der Bahn.

Der Patriarch Neckermann schob die Schuld allein der Presse zu – »der Geierschwarm der Journaille hatte ihn eingeholt. Jo-Jo sah keinen Ausweg. Die Hetzjagd von Journalisten, die die Pressefreiheit und Berichterstattungspflicht aus Sensationsgier in unverantwortlicher Weise missbrauchten...«, grollte er.

Diese Anschuldigung griff der *Stern* auf, um dem *Kölner Express* eins auszuwischen. Die Überschrift der überhitzten Kollegenschelte lautete: »Mord mit der Schreibmaschine«. Die Kölner Chefredaktion wehrte sich mit einer einstweiligen Verfügung und druckte ihre Stellungnahme ab: »Wer den Vorwurf ›Mord mit der Schreibmaschine‹ erhebt, erklärt den Redakteur zum Mörder.« Der letzte Satz verfehlte die Wirkung nicht. Das Landgericht Hamburg stoppte die *Stern*-Äußerungen.

Kapitel 30

»Wenn der weiße Flieder wieder blüht«

Neckermann tritt ab

Mit nunmehr 68 Jahren beabsichtigte der alte Kämpfer Neckermann, nochmals Anlauf für die Olympischen Spiele in Moskau zu nehmen. Der Dressur-Ausschuss hatte ihn nominiert, doch wie schon 1976 verpasste er die Qualifikation im Bett. Eine Darmgrippe hatte ihn erwischt. Danach entschloss sich Josef Neckermann, »auf dem Höhepunkt meiner Kräfte« abzutreten. Am 28. Juni 1981 feierte er Abschied, von großen Ovationen begleitet, bei einem Tournier in Aachen. Er schämte sich seiner Tränen nicht, als ihm als Gratulanten seine beiden Pferde Duero und Sonnyboy entgegenritten – in strömendem Regen, fast wie einst bei seinem Goldritt in Tokio.

In Aachen jubelten ihm auf der vollbesetzten Tribüne rund 45 000 Menschen zu. Die Bilanz seiner Reiterkarriere war überwältigend: Von 1956 bis 1981 gewann Josef Neckermann genau 333 Turniere und sechs Olympiamedaillen von Bronze bis Gold. Duero war mit 65 Siegen sein erfolgreichstes Pferd.

Ihr großzügiges Anwesen in Dreieich-Kirchborn gaben die Frankfurter Neckermanns 1980 auf. Sie fanden ein neues Haus im Nachbarort Dreieichenhain. Im Garten ließ sich Josef Neckermann eine Ruhebank aufstellen. Oft benutzt hat er sie nicht. Er war in einer Reihe von Ehrenämtern bei Handelsorganisationen vertreten und auch privat überaus aktiv. Aus Gefälligkeit für seine Freunde eröffnete er schon mal eine Kunstausstellung auf Sylt oder besuchte eine Party des *Playboy* in München. Am kalten Büfett traf er seine Nichte Marlene, die Erotik-Malerin. Wo er hinkam, stand Josef Neckermann im Mittelpunkt, umschwärmt von Bekannten, Fans und schönen Frauen.

Es gab fast unentwegt etwas zu feiern. »Mit 75 Jahren, da fängt das Leben an« – sang 1987 die Elite der deutschen Olympiasportler auf einer Schallplatte für »Necko«. Der berühmte Hit von Udo Jürgens wurde von Franz Lambert zum Geburtstagsständchen umarrangiert. Der stürmische Orgelspieler aus den deutschen Fußballstadien gehörte inzwischen längst zum musikalischen Standardbegleiter der Neckermanns. Er spielte bei der Hochzeit des Neckermann-Sohnes Johannes und des Enkels Christian. Auf Einladung von Evi flog der flotte Tasten-Franz nach Toronto, um dort bei einem Reiterfest für Stimmung zu sorgen. Get up and boogie. Wenn Franz Lambert sich heute an die vielen Sportbälle erinnert, bei dem er immer im Foyer zur Begrüßung der Gäste aufspielte, bekommt er glänzende Augen: »Josef Neckermann brachte mir alle zur Orgel. Die Präsidenten, Lübke, Heinemann, Carstens, Scheel, Weizsäcker und die Bundeskanzler Brandt, Schmidt und Kohl...« Eine derart hochkarätige Gästeliste hat es nach seiner Ära in der deutschen Benefizgeschichte nie mehr gegeben.

Josef, Annemi und Peter Neckermann wagen ein Tänzchen anlässlich Neckos 75. Geburtstag, 1987.

Olympische Spiele in Seoul

Die letzte große Reise trat Josef Neckermann als Olympiafunktionär 1988 zu den olympischen Spielen nach Seoul an. Für die Fotografen posierte er überglücklich mit seinen »Goldmädchen« Monica Theo-

Ball des Sports 1987. Bundespräsident Richard von Weizsäcker, Josef Neckermann, Boris Becker. Unten rechts: Berthold Beitz, der legendäre Ex-Krupp-Chef.

dorescu, Nicole Uphoff, Ann-Kathrin Kroth und Isabell Werth, die sich den Sieg in der Dressur für Deutschland holten. Natürlich wurden auch sie von der Stiftung Deutsche Sporthilfe gefördert.

Diese Organisation stellte in 21 Jahren unter der Führung von Josef Neckermann eine erstaunliche Bilanz auf. Mit etwa 230 Millionen Mark, davon rund 90 Millionen aus privaten Spenden wurden rund 16 500 Athleten gefördert. Die Unterstützungssumme lag in den 70er Jahren bei 650 Mark monatlich, das durchschnittliche Stipendium bei 200 Mark im Monat. Beim Eintreiben der Spenden war Neckermann recht energisch: »Keine Gebete! Geld her!«

Manche Athleten hielten den Sporthilfechef Neckermann für den Vater ihres Erfolgs. Der Olympiasieger im Schwimmen, Michael Gross, fühlte sich zu »ewigem Dank« verpflichtet. »Ohne Josef Neckermann hätte ich meine Goldmedaille niemals gewonnen«, bedankte er sich bei seinen Fernsehauftritten mehrmals. Solche Geständnisse wärmten Neckermanns eisernes Herz, nunmehr von drei Bypässen und einem Herzschrittmacher unterstützt. Für den Verlust seines Unternehmens wurde er noch mehr als entschädigt.

Nach Neckermanns Rücktritt als Sporthilfechef zum Jahresende 1988 übernahm Willi Daume ab 1. Januar 1989 den Interimsvorsitz. Ein Ersatz vom Format eines Josef Neckermann fand sich nie mehr wieder. Die Sporthilfe verlor ihre Gloria.

Ehrenplatz für die Ewigkeit

Maria Engelberty trat die Nachfolge von Klara »Klärchen« Rupp an, die nach 30 Jahren mit einer schönen Rente ihren Dienst quittierte. Die Neue war ganz anders. Eine Schwäbin, wortkarg und kräftig. Ihr fiel die schwierige Aufgabe zu, den Ex-Versandhauskönig und seine Frau auf ihrem letzten Lebensabschnitt zu begleiten. Seit Mitte der 80er Jahre litt Annemi an Krebs. Nach insgesamt 14 Operationen, denen sie sich innerhalb der letzten sieben Jahre unterziehen musste, magerte sie bis auf die Knochen ab. »Maria hatte meine Mutti am Schluss getragen, weil sie zu schwach war, die Treppen zu steigen«, berichtete Tochter Evi. Die letzte Stunde schlug für Annemi am 16. Mai 1989. »Mein Vater und meine Brüder wachten bei ihr auf der Intensivstation. Ich landete aus Kanada um 9 Uhr auf dem Frankfurter Flughafen und raste sofort mit dem Taxi ins Krankenhaus. Als mich meine Mutti sah, sagte sie: ›Ich habe nur noch auf dich gewartet.‹« Um zwölf Uhr hauchte Annemarie Neckermann im Alter von 74 Jahren ihr Leben aus.

Die Beerdigung fand auf dem Frankfurter Hauptfriedhof statt. Für einen Grabplatz hatte schon fast 40 Jahren zuvor der Oberbürgermeister Walter Kolb gesorgt. Kolb dachte auch an Frankfurts ewigen Ruhm, und dazu gehörten Prominente auf dem neu sanierten Hauptfriedhof. Er reservierte der Familie eine Ruhestätte in der Nähe des großen Philosophen Arthur Schopenhauer und unweit eines anderen Franken, der wie Neckermann in Frankfurt sesshaft geworden war: Alois Alzheimer, der Arzt für die »Reise in die Vergessenheit«.

Im Familiengrab ruhten bereits Annemaries Vater Richard Brückner (1885–1955), ihre Mutter Agnes Brückner (1885–1978) und die Schwiegertochter Ingrun Neckermann (1942–1977). Annemarie Neckermann bekam einen Ruheplatz neben ihrer Schwester Liselotte Bräuer (1911–1981).

Im Sommer 1991 starb Evis Mann, Hans Pracht, in ihrer gemeinsamen kanadischen Wahlheimat. Er starb an dem fatalen 16. August – es war das schicksalhafte Datum in Evis Leben. Ihre Hochzeit und die ihrer Eltern, der Freitod ihres Sohnes Jo-Jo und schließlich das Ableben ihres Mannes – all dies passierte am 16. August. »Hänschen« litt an Lungenfibrose, dem schleichenden Siechtum der starken Raucher. Bei ihm kam eine Stauballergie aus dem Pferdestall sowie eine verschleppte Lungenentzündung hinzu. »Doch er konnte nicht anders. Mit hohem Fieber ging er noch zu seinen geliebten Pferden. Er lebte in dem Pflichtbewusstsein, dass er überall gebraucht wurde«, seufzte die Witwe Evi.

»Jagd vorbei, Halali«

Im Winter 1991 mietete Evi ein kleines Appartement in Davos an, um dort gemeinsam mit ihrem Vater Weihnachten zu verbringen. »Doch Papi fand keine Ruhe. ›Ich muss zurück‹, drängte er. Ich sah, dass es ihm nicht gut ging und beschloss, bei ihm zu bleiben«, erinnerte sich Evi. Daraus wurden die letzten gemeinsamen vier Wochen – und im Nachhinein betrachtete Evi es sogar als »eine schöne Zeit«.

Es ging rapide bergab. Josef Neckermanns Zustand verschlechterte sich von Tag zu Tag. Er litt an seinem Raucherbein, aus dem der Krebs wucherte. Plötzlich wurde er schwer bettlägerig und konnte nicht mehr aufstehen. Das Schlafzimmer in seiner Villa in Dreieichenhain war mit Vorhängen abgedunkelt. Heimlich rauchte er doch noch die eine oder andere Zigarette, was ihm der Arzt natürlich streng verboten hatte. »An einem winterlichen Nachmittag habe ich plötzlich gemerkt, dass draußen die Sonne scheint«, erzählte Eva-Maria. »Da habe ich die Vorhänge aufgerissen, mich zum Papi aufs Bett gelegt und den Fernseher eingeschaltet. Es liefen gerade die

Ski-Weltmeisterschaften. Auf einmal ging Markus Wasmeier an den Start. Bei der Abfahrt patzte er. Mein Vater hatte sich darüber aufgeregt und furchtbar geschimpft.«

In der gleichen Nacht zum 13. Januar 1992 schlief Josef Neckermann sanft ein und wachte morgens nicht mehr auf. Der Tod machte es ihm leicht. Seine letzte Aufregung galt dem Sport. Für schwache Leistungen zeigte er nicht mal in seinen letzten Stunden Nachsicht.

Die Beerdigung am 20. Januar auf dem Frankfurter Hauptfriedhof glich einem Staatsakt. Die Zeremonie hatte Josef Neckermann vorher festgelegt. Bei der Aussegnung wurde das Lied »Wenn der weiße Flieder wieder blüht« gespielt. Am Grab ging es nochmals im Galopp-Takt: »Jagd vorbei, Halali«, stramm geblasen von den reiterlichen Jagdhornbläsern Rhein-Main.

Unter den Trauerrednern war einer, den Johannes Neckermann am liebsten eigenhändig hinauseskortiert hätte: Walter Deuss, Vorsitzender der Karstadt AG, der Josef Neckermann einst entthront hatte. Johannes Neckermann errötet noch heute vor Wut, wenn er sich daran erinnert. »Wie konnte mein Bruder Peter, der für die Trauerfeierlichkeit zuständig war, nur diesen Verräter, diese Schlange zum Begräbnis einladen!«

Der Auftritt von Deuss erwies sich doch als wichtig. Seine Rede enthielt eine Botschaft, die Neckermanns Größe zeigte: »Er hat die Verletzungen, die mit dem Übernahmevorgang für sein unternehmerisches Selbstverständnis verbunden waren, mit beispielloser Disziplin auf sich genommen, und er hat es darüber hinaus verstanden, unser persönliches, ich maße mir an zu sagen, freundschaftliches Verhältnis von allen nachwirkenden Schatten freizuhalten. Er hat dies, und dafür bin ich ihm dankbar, bei unserem letzten Zusammentreffen, von dem er wusste, dass es sich nicht wiederholen würde, in großartiger Weise bestätigt.«

Peter Neckermann akzeptierte diese Versöhnung, sein Bruder Johannes nicht. Johannes war der gefühlsbetontere von den beiden. Er warf seinem Vater ein Markstück ins Grab.

Goethe ruht auf dem Frankfurter Hauptfriedhof nicht. Wenn Fremde heute diesen Ort besuchen, dann oft wegen des Andenkens an Josef Neckermann. Man findet kein Mausoleum, auch keinen monumentalen Grabstein vor. An der Friedhofsmauer aus roten Ziegeln hängt nur eine schlichte, graue Granitplatte mit Namen.

»Neckermann, ja der Neckermann.« Mit dieser Werbung, die zum ersten Mal 1960 im Fernsehen ausgestrahlt wurde, fing der Kult an. Auch bleibt der Slogan »Neckermann macht's möglich« ein geflügeltes Wort.

Epilog

Die Erben

Peter Neckermann, der tragische Kronprinz

Peter Neckermann, Jahrgang 1935, wanderte 1980 nach Amerika aus. Innerhalb weniger Monate arbeitete er sich zum Vize-Präsidenten der Nationwide Insurance Co. mit Stammsitz in Columbus, Ohio hoch. Mit diesem drittgrößten Versicherungskonzern der USA war 1963 die Neckura-Versicherung in Deutschland gegründet worden. Den Kontakt hatte schon damals Peter Neckermann hergestellt. Die Kapitalanteile von Neckura in Höhe von 9,2 Millionen Mark waren 1975 noch vor der Karstadt-Fusion an den amerikanischen Partner übergegangen.

Seine Frau Jutta arbeitete als Innenarchitektin, ebenfalls in Columbus. Seine monatlich erstellten makro-ökonomischen Studien brachten Peter Neckermann einen internationalen Ruf als Wirtschaftsexperte. Obendrein machte er 1983 seinen Ph.D. an der Ohio State University. Im Juni 1998 stand seine Pensionierung an. Als Prognostiker hielt er derweil weltweit Vorträge. Nach einigen Referaten in Japan kehrte er geschwächt nach Hause zurück. »Er dachte, es sind die Folgen einer Virus-Infektion, die noch nicht näher diagnostiziert wurden. Einige Untersuchungen deuteten darauf hin, dass es nur um eine Bakterien-Krankheit ging, die mit Antibiotika behandelt wurde«, erzählte sein Bruder Johannes.

Am Sonntag, dem 26. April 1998 telefonierte Peter noch mit seiner Frau Jutta, die sich bei einer Kur in Florida aufhielt. Danach brach er zusammen. Noch im halbdämmernden Zustand konnte er die Haushälterin alarmieren. Sie verständigte den Hausarzt. In den späten Nachmittagsstunden wurde er ins Riverside Hospital in Columbus eingeliefert.

Was danach geschah, darüber berichtete Johannes Neckermann entrüstet: »Man soll sich hüten, insbesondere in Amerika, an Sonn- und Feiertagen krank zu werden. Bei der sonntäglichen Untersuchung laborierten die diensthabenden Assistenzärzte mit allerlei Fehldiagnosen. Die richtige Ursache des Zusammenbruchs wurde erst 24 Stunden später festgestellt, was auch schon hätte tödlich sein können – es war ein schwerer Gehirnschlag.«

Ursache war eine verschleppte Entzündung einer Herzklappe. Eine Gefäßfaser hatte sich abgelöst und war in die Blutbahn geraten. »Normalerweise endet eine solche Anomalie mit einer Thrombose im Bein«, führte Johannes aus. »Doch bei meinem Bruder verstopfte sie eine Arterie im Gehirn. Die Blutung löste eine Sprachstörung, Schluckbehinderung, Erblindung auf dem rechten Auge und halbseitige Lähmung aus. Die Hilfe kam zu spät. Mein Bruder wurde ein Pflegefall im Rollstuhl. Sein Zustand hat sich bisher nicht gebessert. Um ihn besser versorgen zu können als in Amerika, kehrten die ›Peters‹, wie wir das Ehepaar Peter und Jutta in der Familie nannten, im Sommer 2004 an den Tegernsee zurück.« An den Ort, an dem die Familie 1943 schon einmal Zuflucht fand. Johannes berichtete: »Mein Bruder ist ein Gefangener in seinem Körper. Seine Frau Jutta pflegt ihn mit geradezu übermenschlicher Kraft, sowohl psychisch als auch physisch. Sie hat ihr Leben ganz auf die Krankheit ihres Mannes eingestellt.«

Als Erste kam bei den »Peters« 1961 die Tochter Susanne zur Welt. Sie lebt mit dem Textilkaufmann Alexander Meder in New York. Auf den Spuren ihres Großvaters Josef landete sie im Textilgeschäft und vertritt mit ihrem Mann die deutsche und französische Haut Couture. Ihr Bruder Christian, Jahrgang 1964, arbeitet in Norwalk, Connecticut, als Unternehmensberater. 1994 heiratete er Darian Hayler. Man bedauerte sehr, dass Josef Neckermann es nicht mehr erleben durfte, denn Darian ist die Enkelin des ehemaligen Reichshandelschefs Franz Hayler.

Eva-Maria Pracht, »Papis« Liebling

Unter den drei Neckermann-Geschwistern verbrachte Evi die meiste Zeit mit ihren Eltern, vor allem mit ihrer Mutter. Als sie 1960 ihren langjährigen Freund Hans Pracht geheiratet hatte, waren sie nicht etwa zu ihm nach Dillenburg oder Haiger umgesiedelt, wo er seine Speditionsfirmen betrieb, sondern »Hänschen« musste nach Frankfurt ziehen. Das junge Paar nahm seine Wohnung in der Kennedyallee, nur einen Katzensprung von den Neckermann-Eltern in der Kleebergstraße entfernt. Nach dem Untergang des Versandimperiums war Evi mit ihrem Mann nach Kanada ausgewandert.

Der Schmerz über den Verlust ihres Sohnes Jo-Jo heilte nie. Vier Jahre nach der Familienkatastrophe erfüllte sich für Eva-Maria Pracht ein alter Wunsch: Einmal wie Papi bei den Olympischen Spielen zu reiten. 1988 in Seoul gewann sie für Kanada zum ersten Mal die Bronzemedaille in der Geschichte der kanadischen Dressur. Ihr Vater wohnte diesem Triumph bei. Als Chef der Deutschen Sporthilfe saß er auf der Tribüne. In seinem Buch *Im starken Trab* berichtete er über seine Gefühle in Seoul: »Es kommt nicht allzu häufig vor, dass Vater und Tochter sich in der gleichen Disziplin mit olympischem Edelmetall schmücken können. Ist es vermessen zu hoffen, dass meine Enkelin Martina bei den kommenden Olympischen Spielen einmal die Familien-Ehre in der Dressur verteidigen kann? Die Begabung hat sie.«

Auch dieser Wunsch wurde wahr, obgleich Josef Neckermann es nicht mehr miterleben durfte: Seine Enkelin Martina, Jahrgang 1964, startete bei den Olympischen Spielen 1992 in Barcelona in der Mannschaftsdressur für Kanada. Ein Rekord stand somit fest: Drei Generationen von Olympiareitern sind in der Geschichte des Pferdesports einmalig. In Kanada heiratete Martina einen bekannten deutschen Pferdeausbilder, Jürgen von Buttlar. Gegen dessen Vater waren die Neckermann-Söhne Peter und Johannes in den frühen 60er Jahren bei Turnieren angetreten.

Johannes Neckermann, Barockfürst der Familie

Schon in seiner Jugend hatte er den wohlwollenden Blick seines strengen Vaters genossen, der meinte, er habe etwas von einem »barocken Fürsten an sich«. Johannes, Jahrgang 1942, fiel aus dem strengen Neckermann-Rahmen. Der kultivierte Raucher teurer englischer Pfeifen wanderte 1981 in die USA aus.

Durch Kunsthandel und Börsengeschäfte war er finanziell abgesichert. In Newport im Bundesstaat Maine gründete er zuerst eine Farmverwaltungsgesellschaft und begann sich als Berater mit dem Weinbau zu beschäftigen. Dafür konnte er eine klangvolle Qualifikation aus Frankreich vorweisen. Kein geringerer als Charles Piat aus Beaujolais hatte ihn 1966 unter die Fittiche genommen, als er sein Praktikum bei der Champagner-Dynastie Taittinger absolvierte. In nunmehr 40 Jahren verdiente sich Johannes Auszeichnungen wie Officier-Commandeur der Confrérie des Chavaliers du Tastevin, den hochtrabenden Titel eines Commandeur der Commanderie de Bordeaux oder eine ähnlich honorige Anrede wie Rector der italienischen Compagnia di Bacco.

Aenne Burda, Franz-Josef Strauß, Ljiljana und Johannes Neckermann auf dem Ball des Sports 1981.

Im Jahre 2001 übersiedelte er in die malerische Landschaft der Täler, Wälder und Seen am Shuyler Lake im Bundesstaat New York. An seinem flachen Landhaus prangt das Familienwappen mit einem napoleonischen »N«, von einem römischen Lorbeerkranz umrandet. In der Garage parkt sein Ferrari und, in seinen Augen noch wertvoller, ein gelber Opel Junior, weil ihn dieser schnittige, zigarrenförmige Sportflitzer an seine flinken Jugendjahre erinnert.

Seine Frau Ljiljana, Jahrgang 1950, hat sich dem Yoga verschrieben. Als strenge Vegetarierin flüchtet sie sich in die meditative Einsamkeit und begleitet ihren Mann Johannes immer seltener. Mit Vorliebe für einsame, weiße Karibikstrände entschwindet sie für jeweils einige Monate im Jahr in eine entlegene Ecke der Bahamas. Johannes findet es dort langweilig. Als verschworener Wagnerianer jagt er hinter neuen *Ring*-Inszenierungen her. Nach Bayreuth, nach Toronto, oder nach New York. Und man höre und staune: Auch in New Orleans gibt es passable Aufführungen von *Rheingold*, weiß Johannes zu berichten.

So sieht sich die Familie Neckermann selbst, meint Johannes Neckermann, der dieses Bild des chinesischen Künstlers Muli Tang anlässlich seines 50. Geburtstags in Auftrag gegeben hat. Es zeigt von links: im Altarbild Josef und Annemarie Neckermann, als Felsenkopf Richard Wagner, und Johannes reitet als Siegfried hoch zu Ross. Der biblische Esel trägt seine Frau Ljiljana als morgenländische Prinzessin. Die Enkelkinder Julia, Markus und Luka, sind in die Allegorien der Nibelungen geschlüpft.

Als Einziger in der Familie hat er drei Kinder. Die zweite Ehe mit Ljiljana blieb kinderlos. Der älteste Sohn Markus, Jahrgang 1967, kehrte inzwischen nach Deutschland zurück. Mit seiner Frau Christine führt er eine Niederlassung der schwäbischen Elektronikfirma ict in Berlin. Die einzige Tochter von Johannes, Julia, Jahrgang 1969, heiratete ebenfalls zurück nach Deutschland. Sie lebt mit ihrem Mann Georg Rössler in einer kleinen schwäbischen Gemeinde. Georgs Vater belieferte einst den Neckermann-Versand mit Bettwäsche und Handtuchwaren. Der Sohn fasste Fuß in der Elektronikbranche.

Der jüngste Sohn, Lukas, Jahrgang 1975, heiratete im Sommer 2004 seine Verlobte Cordula Adamek, die Tochter eines Grafikers beim BMW-Werk in Dingolfing. Lukas absolvierte die Stern Business School in New York und probt die Karriere in Deutschland. Erster Auftritt 2004: Assistent des Vorstandsvorsitzenden der Allianz, Michael Diekmann.

»Die Langs«, Neckermanns Pflegekinder

Die drei Mädchen von Josef Neckermanns 1948 auf der Autobahn tödlich verunglückter Schwester Maria-Barbara »Mady« verbrachten ihre Kindheit und Jugend teils bei den Frankfurter, teils bei den Würzburger Neckermanns. Das Schicksal behandelte sie stiefmütterlich. Am wenigsten glücklich verlief wohl das Leben der mittleren Tochter Jula Margarete Lang, genannt July. Sie schlug sich als Schneiderin, Kindergärtnerin, Schreinerin und als alleinerziehende Mutter mit zwei Kindern durch. Zuletzt verdiente sie einen kargen Lohn in der Altenpflege. Sie starb früh am zweiten Herzinfarkt.

Die jüngste Tochter der Langs, Eva-Kristine, alias Tini oder Kristin, Jahrgang 1942, passte nicht nur ihren Vornamen dem jeweiligen Lebensabschnitt an. Von allen Neckermann-Frauen war sie die einzige, die Abitur machte. Danach studierte sie Kunstgeschichte und volontierte als Journalistin bei Rundfunk und Zeitungen. Auf ihren experimentellen Wegen durchs Leben heiratete sie dreimal und brachte zwei Kinder zur Welt, ehe ihr das Schicksal einen idealen Partner nach Maß für die vierte Ehe präsentierte: Hans Jürgen Commerell. Mit diesem Berliner Architekturfotografen und Galeristen öffnete sich der Himmel der ungeahnten Möglichkeiten.

Gemeinsam gründeten sie ein Architekturforum in Berlin: »Aedes East« in den Hackeschen Höfen und »Aedes West« am Savignyplatz. Kristin wurde als Herausgeberin, Architekturkritikerin und freie Kuratorin tätig. Sie schaffte es, in die Jurys für renommierte Architekturwettbewerbe eingeladen zu werden, wie für das Westgate in Los Angeles, das Olympic Green Beijing oder die Neugestaltung der Zeil in Frankfurt, wo 1955 das modernste Kaufhaus Deutschlands – natürlich Neckermann – entstanden war.

Für ihre Verdienste »im Bereich der multilateralen Kommunikation« wurde Kristin Feireiss 2001 mit dem Bundesverdienstkreuz ausgezeichnet. In ihren Publikationen widmete sie weltberühmten Architekten wie Axel Schultes oder Daniel Libeskind ästhetisch bebilderte Retrospektiven. Ihre Freizeit verbringt Kristin in ihrem Haus in der Toskana.

Ein Großneffe für die Presse

Kristines ältere Schwester Maria Barbara, genannt »Uschi«, Jahrgang 1932, absolvierte nach der Schneiderlehre 1953 die soeben gegründete Meisterschule für Mode in München. Zwei Jahre später heiratete sie den Spengler Jochen Homm, der später den väterlichen, mittelständischen Installationsbetrieb in Oberursel übernahm. Bei ihm auf den Baustellen verdiente sich der Jüngste der drei Kinder, das Nesthäkchen Florian, geboren 1959 in Bad Homburg, schon mit 11 in den Sommerferien sein Taschengeld. Er holte Bier und half, Armaturen und Badewannen in die oberen Stockwerke zu schleppen. Er fiel durch seinen Riesenwuchs auf und gab stolz damit an, der Großneffe des Versandhauskönigs Neckermann zu sein, was ihm mancher gar nicht so richtig glauben wollte. Homm hat es später allen Zweiflern bewiesen.

Nach dem Abitur studierte er an der Elite-Universität Harvard. Dort verdiente Florian dank seiner Größe von über zwei Metern sein erstes richtiges Geld als Profi-Basketballer. Mit 18 gründete er seine erste Investmentfirma, mit 40 wurde er in Deutschland ein Fall für den *Spiegel*. Als umstrittener Hedge-Fonds-Spezialist pokerte er um die Autovermietung Sixt. Nach einem fehlgeschlagenen, von Homm initiierten Börsengang, erstattete der Firmengründer Erich Sixt Anzeige. Der Streit entbrannte um die »forsche Rechnungslegung«. In Insiderkreisen munkelte man, Homm wollte Sixt sein Unternehmen abluchsen.

Für die Illustrierte *Bunte* öffnete Florian Homm im Jahr 2004 die Tore seines Refugiums in Mallorca. »Ein Leben wie im Paradies«, so der Titel der fünfseitigen Farbreportage. Der Panoramablick von der Terrasse ließ die Leser neidisch werden. Weitere Details: Ein Rolls-Royce Corniche Cabrio, Marmor-Design, Privatjet, eine exotische Ehefrau aus Rio sowie Überschriften wie: »Jetzt bewegt er Milliarden.« Anlass dieses Hofberichts war die Übernahme des traditionellen Fußballclubs Borussia Dortmund. Seit 2004 gehören Florian Homm 25 Prozent der Aktien. Der gefürchtete *Bunte*-Kolumnist Paul Sahner eröffnete das Interview mit der provokanten Frage: »Sie werden häufig als Aasgeier bezeichnet?« – Florian brach das Gespräch nicht ab. Er hatte sich längst an die Attribute »Plattmacher« und »Kurskiller« in den Medien gewöhnt.

Für die *Bunte* erklärte er dann ausführlich, was er von seinem entfernten Onkel Neckermann lernen konnte: »Sein absolutes Credo war: Lebe dein Leben in vollen Zügen. Er hatte einen Überlebensdrang, der seinesgleichen suchte: Eine Freude, eine Intensität des Lebens, die ich bewunderte. Die Message war klar: Was du machst, mach' es richtig. Go for it! Hau rein, gehe deinen Weg, lasse dich nicht beirren, finde das, was dir Spaß macht. Mittelmaß war nie sein Thema. Lieber richtig schlecht als mittelmäßig.«

Marlene, Künstlerin, Reiterin, Unternehmerin

Würzburg, Spatenstich 1993. Nach 48 Jahren schloss sich eine Baulücke in der Sterngasse 3. Das Elternhaus der drei Geschwister Neckermann, Barbara, Josef und Walter, am Kriegsende zerbombt, wurde hier als Neubau mit drei Etagen hochgezogen. Unten befanden sich

Läden, oben Büros und Wohnungen. 110 Jahre nach der Gründung durch den Patriarchen Josef Carl Neckermann befindet sich hier wieder die Firmenzentrale des neuen Unternehmens. Den Weinkeller am Friedrich-Ebert-Ring 6 erwarb eine Gewerkschaftsorganisation für die respektable Summe von 3,8 Millionen Mark. Der Garten wurde durch einen wuchtigen, bräunlichen Betonklotz zerstört. Beim Bau stürzte der Kran in die Katakomben der Sektkellerei, in der einst 2 000 Würzburger Zuflucht vor dem verheerenden Bombenangriff auf Würzburg gefunden hatten.

Elsa Neckermann, Jahrgang 1915, Josefs Schwägerin und Marlenes Mutter, machte sich nach dem Grundstücksverkauf daran, ihren Traum von einem glamourösen Millionärsleben zu verwirklichen. Ab ins Zentrum der Reichen und Schönen nach Monte Carlo in ein Terrassenhaus mit Meeresblick. Marlenes Bruder Peter quittierte seine Stelle bei der Kohlenhandlung und flog fortan gerne mit einem Privatjet nach Gran Canaria. Sonst ließ er sich noch mit seiner Frau Anita, in teuere Pelze gehüllt, als Würzburger Faschingsprinz feiern. Am Ende landete der Sohn des einst angesehenen Kohlenhändlers Walter Neckermann als Beamter bei der Würzburger Zulassungsstelle, Abteilung Führerscheine. Wie schon sein Vater und sein Großvater starb er an Herzversagen, im Sommer 2001 im Alter von 59 Jahren. Ein halbes Jahr vorher segnete kurz vor Weihnachten 2000 Elsa Neckermann im Alter von 85 das Zeitliche.

Neckermann macht's wieder möglich!

Der Kohlenhandel J.C. Neckermann GmbH geriet 1996 in die Liquiditätskrise. Das Unternehmen wurde in der letzten Sekunde von Marlenes langjährigem Lebensgefährten Dieter Heisig saniert. Es gehört wohl zur Tradition der Familienunternehmen, dass irgendwann ein Fremder als Retter in der Not ans Ruder kommen muss. Heisigs Konzept sah eine weitreichende Umstrukturierung vor. Die Kartei mit etwa 5 000 Heizölkunden übernahm die französische Firma ELF-Aquitaine. Der neue Weg sollte auf dem Gebiet der umweltfreundlichen, nachwachsenden Energien beschritten werden. So wurden die Würzburger Neckermanns ab 1998 zu Bio-Dieselversorgern für den Bundestag im Reichstagsgebäude in Berlin. Ein Auftrag mit Symbolwert: Der Urgroßvater, Peter Neckermann, hatte 100 Jahre zuvor als Abgeordneter der Zentrumspartei im neuen Reichstagsgebäude in Berlin gesessen.

Es war der Name Neckermann, der für die Europäische Kommission 1999 als Garant eines zuverlässigen Lieferanten für das Programm »Oil for Democracy« bürgte. Der EU-Vorsitzende Romano Prodi erteilte der Firma J.C. Neckermann GmbH den Auftrag, Heizöl für Krankenhäuser, Schulen und öffentliche Ämter in 151 Städte in Serbien zu transportieren. Die Aktion galt dem Sturz des Diktators Slobodan Milosevic und sollte alle oppositionellen Kräfte des Landes mobilisieren. Neckermann machte es möglich, dass in jenem harten Winter 1999 weniger Menschen in Ex-Jugoslawien frieren mussten. Die gelieferte Heizölmenge entsprach insgesamt 3 750 Tanklasterladungen. Innerhalb von zwei Monaten abgewickelt, eine gigantische logistische Leistung. Bei der Gründung einer J.C. Neckermann-Niederlassung im Kosovo wurde Marlene Neckermann als Hoffnungsträgerin begrüßt: Die Erinnerung an die »Neckermänner«, die einst die begehrte D-Mark in die Region brachten und dadurch für etwas mehr Wohlstand sorgten, wurde wach. Der Reihe nach bekundeten die Länder des ehemaligen Ostblocks Interesse an Neckermann-Projekten. Von Ungarn bis zur Ukraine – die Verhandlungen laufen.

Das alte Traditionsunternehmen J.C. Neckermann erwarb sich im 110. Jubiläumsjahr den Ruf als führender Lieferant von Bio-Diesel in Deutschland. Nach Eröffnung einer Herstellungsanlage 2004 in Halle wurde 2005 der Vertrag für eine zweite Anlage in Enns bei Linz abgeschlossen. Der Bio-Diesel macht's möglich: Seit 2004 stellt Marlene Neckermann wieder ihre Bilder, Grafiken und Illustrationen aus. Und sie reitet: Neben ihrem schwedischen Wallach Wondering steht ein junges wildes Pferd, Rainbow Warrior, im Stall.

Marlene, Jahrgang 1944, behauptet sich wie ihr Onkel Josef noch mit 60 als Turnierteilnehmerin, sowohl in der Dressur als auch beim Springreiten. Aus der gemeinsamen Initiative mit ihrem Lebensgefährten Dieter Heisig entstand eine internationale Kino-Koproduktion: die Verfilmung der Biografie von Gustav Klimt. Das Drehbuch kam aus Deutschland, der Regisseur Raoul Ruiz aus Chile, das Geld aus Österreich und der Hauptdarsteller John Malkovich aus den USA. Veronika Ferres spielt die Lebensgefährtin des Malers: »Emilie war eine moderne Frau. Sie akzeptierte Klimts Affären, lebte eine Liebe, frei von Eifersucht.« Es gibt Parallelen zwischen dieser außergewöhnlichen Frau und Marlene, behaupten Freunde des Paares Neckermann-Heisig aus den früheren, stürmischen Zeiten. Die Filmpremiere von *Klimt* findet bei den internationalen Festspielen 2005 in Venedig statt, wohin einst Josef Neckermanns Hochzeitsreise mit Annemi führte. Der nächste Filmstoff?

Philipp Leonhard Neckermann, die vierte Generation

Es galt als eine gute, alte Neckermann-Tradition, sich früh in Geschäften zu üben. Schon mit 18 fuhr der Führerscheinneuling Philipp, Jahrgang 1982, Sohn von Dieter Heisig und Marlene Neckermann, allein mit seiner Freundin Helena nach Serbien. In seinem alten Volvo brachte er gebrauchte Computer in serbische Schulen. Es war eine private Hilfsaktion der Firma J.C. Neckermann. Bei den nicht gerade gefahrlosen Geschäftsreisen in den Kosovo begleitete Philipp öfter seinen Vater, übernachtete in den Feldlagern der KFOR-Truppen und war bei wichtigen Verhandlungen zwischen Bankern, Konzernmanagern der Ölindustrie und Staatsministern dabei.

Für die häufige Abwesenheit im Unterricht zeigten Lehrer und Mitschüler Verständnis: Philipp musste an »gesellschaftlichen Verpflichtungen« teilnehmen. 2002 debütierte er beim Wiener Opernball als flotter Walzertänzer – vorschriftsmäßig in Frack, Fliege und schwarzen Lackschuhen. Beim vielgerühmten, monegassischen »Bal de la Rose« saß er in der Nähe von Karl Lagerfeld und Prinz Ernst August mit Caroline von Monaco.

Zum Studium der Betriebswirtschaft an der Universität Heidelberg trat Philipp 2004 schon mit beachtlicher Praxiserfahrung an. Das Unternehmen J.C. Neckermann besteht inzwischen aus einem komplizierten Geflecht von insgesamt zehn Firmen mit Niederlassungen in Würzburg, Markt Einersheim, Halle, Sarajevo, Belgrad und Enns bei Linz. An vier dieser Firmen ist Philipp Neckermann mit 24 Prozent beteiligt. Für 2007 peilt die Bio-Dieselgruppe J.C. Neckermann einen Umsatz von 400 Millionen Euro an. Ob Philipp dann noch als Junggeselle zu haben sein wird?

Im Frühjahr 2005 wurden Verhandlungen mit dem amerikanischen Konzern Esso-Exxon aufgenommen, um direkt auf dem Raffineriegelände in Ingolstadt eine Neckermann-Niederlassung zu gründen. Mitten im Prüfungsstress musste sich der Junior-Unternehmer Philipp Neckermann im Juli 2005 einen Tag frei nehmen. Rund 22 Millionen Euro Fördergelder gab es mit seinem Vater abzuholen, bei einem feierlichen Termin mit dem Wirtschaftsminister von Sachsen-Anhalt, Horst Rehberger (FDP). Denn das traditionsreiche Neckermann-Imperium des Kohlenhändlers »J.C.« hatte sich um einen Standort erweitert, die Neckermann Renewables Wittenberg GmbH. Auf dem früheren Gelände der volkseigenen DDR-Chemie in Piesteritz wurden 126 neue Arbeitsplätze geschaffen. Und wie einst zu den Anfangszeiten des Großonkels Josef im Versandhandel kochte die Konkurrenz vor Wut: Die Produktion von Biodiesel ist nämlich ein Tummelplatz unzähliger Hersteller, und das Gerangel um die Subventionen drohte zum Nahkampf auszuarten. Doch die Neckermanns konnten sich durch Technologie aus Amerika einen Vorsprung sichern: Ihre modernen Rapsmühlen, mit denen die »gelbe Goldernte« der einheimischen Bauern verarbeitet werden kann, waren für die Förderungsvergabe ausschlaggebend. Und natürlich stand der Name Neckermann für die Landesregierung als zugkräftiger Garant für ihr Wirtschaftsprogramm mit dem Motivationsmotto: »Wir stehen früher auf!«

Der neue Aufstieg der Firma erinnert an die heroischen Zeiten Josef Neckermanns. Mit Mut zum Risiko, Energie, Disziplin und geschickter Werbung in eigener Sache gelang ein unternehmerisches Comeback. Sohn wie Vater kommentieren mit vieldeutiger Miene: »Die anderen haben das Geld genommen, wir den Namen. Die Strahlkraft der Marke Neckermann allein ist unbezahlbar« – zumindest ist sie Millionen wert.

Bibliografie

Adlon, Hedda: *Hotel Adlon*, München 1955.

Böhmer, Christian: *Grete Schickedanz*, Berlin 1996.

Dettelbacher, Werner: *Erinnerung an Alt-Würzburg. Bilddokumente aus der Zeit von 1866–1914*, Würzburg 1970.

Didczuneit, Veit: Külew, Dirk: *Miss Germany. Die deutsche Schönheitskönigin*, Hamburg 1998.

Eichholtz, Dietrich: *Geschichte der deutschen Kriegswirtschaft 1939–1945*, München 1999.

Flade, Roland: *Juden in Würzburg 1918–1933, Dissertationsarbeit*, Julius-Maximiliansuniversität, Würzburg 1985.

Franck, Dieter (Hrsg.): *Die fünfziger Jahre – Als das Leben wieder anfing*, München 1981.

Fuegi, John: *Brecht & Co.*, Hamburg 1997.

Gilberts, Martin: *The Holocaust*, New York 1985.

Grübel, Sybille und Wesely, Clemens: *Würzburg. 100 Jahre Stadtgeschichte, Historische Fotografien*, Erfurt 1998.

Henke, Klaus-Dietmar: *Die amerikanische Besatzung Deutschlands*, München 1995.

Kehrl, Hans: *Krisenmanager im Dritten Reich. 6 Jahre Frieden – 6 Jahre Krieg. Erinnerungen*, Düsseldorf 1973.

Kleinschmidt, Johannes: *Amerikaner und Deutsche in der Besatzungszeit – Beziehungen und Probleme*, Stuttgart 1996.

Knopp, Guido: *History. Geheimnisse des 20. Jahrhunderts*, München 2002.

Lüth, Erich: *Mein Freund Auerbach.* Im Sammelband: Lamm, Hans: *Von Juden in München*, S.364–368, München 1958.

Major Manz: *Alpenkorps in Polen,* Innsbruck 1940.

Mierzejewski, C. Alfred: *Ludwig Erhard – Der Wegbereiter der Sozialen Marktwirtschaft,* München 2005.

Müller, Rolf-Dieter: *Der Manager der Kriegswirtschaft. Hans Kehrl: Ein Unternehmer in der Politik des Dritten Reiches*, Essen 1999.

Neckermann, Josef: *Erinnerungen*, Frankfurt-Berlin 1990.

Neckermann, Josef: *Im starken Trab,* Warendorf 1992.

Ogger, Günter: *Friedrich Flick der Große*, München 1973.

Pieper, Werner: *Nazis on Speed*, Schwerin 2002.

Pritzkoleit, Kurt: *Die neuen Herren. Die Mächtigen in Staat und Wirtschaft*, München-Wien 1955.

Pritzkoleit, Kurt: *Gott erhält die Mächtigen*, Düsseldorf 1963.

Ramge, Thomas: *Die Flicks. Eine deutsche Familiengeschichte über Geld, Macht und Politik,* Frankfurt 2004.

Russell, John: *Francis Bacon*, München 1998.

Seeling, Charlotte: *Mode. Das Jahrhundert der Designer. 1900–1999,* Köln 1999.

Sereny, Gitta: *Albert Speer. Das Ringen mit der Wahrheit,* München 1995.

Scherer, Karl Adolf: *Willi Daume. Ein Portrait,* Freudenstadt 1968.

Schmelzer, Janis: *Devisen für den Endsieg,* Stuttgart 2002.

Skorzeny, Otto: *Meine Kommandounternehmen*, Wiesbaden-München 1975

Speer, Albert: *Erinnerungen,* Berlin 1969.

Speer, Albert: *Der Sklavenstaat,* Stuttgart 1981.

Speer, Albert: *Spandauer Tagebücher*, Frankfurt 1975.

Strachan, Hew: *Der Erste Weltkrieg. Eine neue illustrierte Geschichte*, München 2003.

Strätz, Reiner: *Biographisches Handbuch Würzburger Juden 1900–1945*, I.+II.Band, Würzburg 1985.

Steingart, Gabor: *Deutschland. Der Abstieg eines Superstars,* München 2004.

Vat, Dan van der: *Der gute Nazi. Leben und Lügen des Albert Speer* Berlin 1997.

Zeiler, Karl: *NS-Wirtschaftspolitik*, Sigmaringen 2003.

Register

Danksagung

Es gab viele gute Geister, die mich auf meinem langen Weg zu den Neckermanns begleiteten und unterstützten. Und es gab einen *spiritus rector* – Dieter Heisig. Er ist der erste, dem mein Dank gebührt. *Ich bedauere sehr, lieber Dieter, dass ich Deinen Werdegang in diesem Buch nicht verarbeiten konnte, obwohl Du es nicht nur als Marlene Neckermanns langjähriger Lebensgefährte verdienen würdest. Doch Deine Geschichte hätte jeglichen Rahmen gesprengt.* Dieter trieb sich 1968 als Easy Rider in Amerika und Mexiko herum, 1972 wurde ihm als V.I.P.-Betreuer bei den Olympischen Spielen in München Mick Jagger anvertraut. Es war der Start einer ungewöhnlichen Karriere. Seit 1996 liegt das Schicksal der Traditionsfirma J.C. Neckermann in seinen Händen. Was seinerzeit Eberhard von Brauchitsch für Flick war, bedeutet Dieter Heisig für die Würzburger Neckermanns – er ist der Drahtzieher. Seine Kontakte reichen bis zu Arnold Schwarzenegger und Bill Gates. Dieters späte Anrufe in der Nacht waren stets willkommene Energiestöße. Er feuerte mich an manchen schwachen Tagen imperativ an: »Schreib!«

Wenn es um Geister, Pferde und unglaubliche Familiengeschichten ging, war Marlene eine unerschöpfliche Quelle. Ich freute mich sehr über diese Inspiration. Auch Johannes Neckermann setzte Räder in Bewegung und öffnete viele Türen in der »Neckermann-Burg«, die sonst für mich verschlossen geblieben wären – wofür ich ihm einen besonderen Dank aussprechen möchte. Frau Gerda Singer hörte aufmerksam zu, als ich ihr zwischendurch über meine Recherchen berichtete, und korrigierte mich dort, wo sich Fehler einzuschleichen drohten. Sie hat die große Kiste mit privaten Bildern ihres »Chefs« für dieses Buch geöffnet und viele Schätze zutage gefördert. Wichtige Kurskorrekturen gab mir Dr. Olaf Meier vom Campus Verlag. Ich bedanke mich für die gute Betreuung. Und dass die überbordenden Textmengen meines Manuskripts doch eine Form wie »aus einem Guss« fanden, ist ein Verdienst von Dr. Jürgen Neubauer, der das Buch sachkundig und mit großem Überblick bearbeitete. Wertvolle Starthilfe leistete meine Agentin Sigrid Bubolz-Friesenhahn. Sie fing für das Thema Neckermann sofort Feuer. Und ich danke Liane, meiner überaus aufmerksamen ersten Manuskript-Testerin. Sie erinnerte mich stets an die oberste Autorenpflicht – an die Leser zu denken.

- Peter Neckermann 1842–1902
  &
  Barbara Barth 1835–1911
  - Josef Carl Neckermann 1863–1928
    &
    Jula Lang 1878–1963
    - Maria-Barbara Neckermann 1909–1948
      &
      Hans Lang † 1948
      - Maria-Barbara »Uschi« Lang 1932–
        &
        Joachim Homm
        - Florian Homm 1959
      - Hans »Mockel« Lang 1931–1948
      - Juliane »July« Lang 1936–1989
      - Eva-Kristine »Tini« Feireiss 1942
        &
        Hans Jürgen Commerell
    - Josef
      Annem
      - Peter Neckermann 1935
        &
        Jutta Völk 1939
      - Eva-Maria »Evi« Neckermann 193
        &
        Hans Pracht 1925–1991
      - Johannes Neckermann 1942
        &
        Ingrun »Inki« Möckel 1949–1977
        & (2. Ehe) Ljiljana Stojanovic 1950